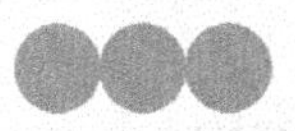

公共管理系列教材

公共经济学教程

Public Economics: An Introduction

主　编　秦立建
副主编　孙　群　彭长生

中国人民大学出版社
· 北京 ·

图书在版编目（CIP）数据

公共经济学教程/秦立建主编. —北京：中国人民大学出版社，2017.1
公共管理系列教材
ISBN 978-7-300-23874-6

Ⅰ.①公… Ⅱ.①秦… Ⅲ.①公共经济学-高等学校-教材 Ⅳ.①F062.6

中国版本图书馆 CIP 数据核字（2017）第 008833 号

公共管理系列教材
公共经济学教程
主　编　秦立建
副主编　孙　群　彭长生
Gonggong Jingjixue Jiaocheng

出版发行	中国人民大学出版社		
社　　址	北京中关村大街 31 号	**邮政编码**	100080
电　　话	010－62511242（总编室）		010－62511770（质管部）
	010－82501766（邮购部）		010－62514148（门市部）
	010－62515195（发行公司）		010－62515275（盗版举报）
网　　址	http://www.crup.com.cn		
经　　销	新华书店		
印　　刷	固安县铭成印刷有限公司		
开　　本	787 mm×1092 mm　1/16	**版　　次**	2017 年 1 月第 1 版
印　　张	21.25	**印　　次**	2024 年 8 月第 4 次印刷
字　　数	483 000	**定　　价**	58.00 元

前　言

改革开放40多年来，中国的综合国力日益增强。然而，资源的配置效率仍然存在很大的改善空间。党的十四大指出，中国经济体制改革的目标是建立社会主义市场经济。党的十八大强调，要坚持社会主义市场经济的改革方向。党的二十大指出，要构建高水平社会主义市场经济体制。党的二十届三中全会强调，高水平社会主义市场经济体制是中国式现代化的重要保障，必须更好发挥市场机制作用，既“放得活”又“管得住”。经济体制改革是全面深化改革的重点，其核心问题是如何妥善处理政府与市场的关系。它包括两方面的内容：其一，使得市场在资源配置中起到决定性作用；其二，更好地发挥政府的作用。很显然，经济体制改革的核心问题，是进入经济新常态时期尤其是中华民族伟大历史复兴之路上亟待解决的重要问题。公共经济学的出现，为解决该问题提供了有力的工具，对于经济社会转型时期的中国具有重要意义。

公共经济学作为一门课程，在国际上已经于20世纪60年代迈入成熟阶段，但是在我国尚处于起步阶段。比如，我国在2000年才启动公共管理硕士（MPA）的培训和教育计划。仅举此一例，即可说明公共经济学在我国的发展是多么的滞后。关于公共经济学的国内多数教材，几乎是国内财政学教科书的翻版，不利于学生接收更多的知识；有的直接采用国外的公共部门经济学甚至政府经济学，无法有效解决中国的现实问题；有的则篇幅过长，不利于教师的教学和学生的学习。目前，我国学术界尚没有一部将公共经济学系统的理论问题、中国特殊国情以及公共管理学科特点相融合的教科书。这种三者融合的教科书，对于了解、认识、把握和解决中国的现实问题至关重要。本书不仅努力尝试解决上述问题，而且合理安排篇幅，以便于课程讲授和读者学习。

这部教材是国内多个志同道合的高校朋友团结协作的结晶。作为中华民族伟大历史复兴过程中的亲历者，笔者和本书的多位经济学同人曾经在公共部门工作过，有幸参与了一些经济社会发展的决策过程，为一些公共部门的决策提供过政策建议。这些宝贵的反映中国实际国情的工作经验，让我们写作本书的视角也显得较为独特。本书的指导思想为：其一，提高公共经济决策的科学性；其二，把握中国是发展中大国的客观现实。基于这个指导思想，本书分为三个部分：基础篇、实践篇以及拓展篇。

第一部分基础篇的内容主要是公共经济学的理论，除了对公共经济学课程的特点进行介绍之外，还系统阐述了公共经济学的理论基础，列出了公共经济的各个部门，指出了政府的经济职能，最后进一步探讨了公共经济如何进行决策。第二部分是实践篇，包含了公共经济的重要实际决策。参照美国公共支出的五大领域，本书在这一部分重点讲述卫生保健、国防经济、教育投资、社会养老保险和社会福利。鉴于财政学课程也是多数人文社科专业的必修课程，所以，本书大胆整合，将有关财政和税收等具体问题的章节合并为一章，即公共收入与支出。与此同时，则强调了公共服务外包及非政府提供在公共经济学中的重要性。面对日益加速的国际化步伐，以及我国的农村发展等问题，本书独特地增加了第三部分内容，即拓展篇——全球化与经济繁荣。该部分包括了一些重要的而且是中国不得不关注的内容，诸如国际经济政策、农业政策、乡村与城市，以及市场经济危机与危机管理。

本书的具体分工如下：第 1 章“导论”，由安徽师范大学的安建增博士撰写；第 2 章“公共经济学理论基础”，由安徽财经大学的汪燕敏博士和淮北师范大学的庄道元博士撰写；第 3 章“公共经济部门”，由安徽工业大学的汪伟博士撰写；第 4 章“政府的经济职能”，由安徽科技学院的赵伟峰教授和刘宗飞博士撰写；第 5 章“公共经济决策”，由安徽财经大学的张志胜博士撰写；第 6 章“公共支出与公共收入”，由安徽财经大学的崔惠民教授撰写；第 7 章“卫生保健”，由安徽财经大学的秦立建博士撰写；第 8 章“国防经济”，由国家工业和信息化部军民经济所的郭艳红博士撰写；第 9 章“教育投资”，由安徽财经大学的程俊博士撰写；第 10 章“社会养老保险”，由淮北师范大学的陈起风教授撰写；第 11 章“社会福利”，由华北电力大学的栾文敬博士和安徽大学的孙群博士撰写；第 12 章“公共服务外包及非政府提供”，由内蒙古大学的乌兰博士撰写；第 13 章“国际经济政策”，由安徽财经大学的马军博士撰写；第 14 章“农业政策”，由安徽大学的常伟博士撰写；第 15 章“乡村与城市”，由安庆师范大学的彭长生教授撰写；第 16 章“市场经济危机与危机管理”，由安徽财经大学的朱世友博士撰写。部分研究生同学做了出色的助理工作，他们是杨倩、周德水、童莹和鲁静婷等。

本教材不仅适用于公共管理学科和其他经济管理学科的本科生、研究生和 MPA，而且适用于党的各级部门、政府部门、事业单位、各类企业，以及提供公共服务的其他各类单位的从业者。

对所有为本书写作和出版过程中提供支持和帮助的朋友，表示诚挚的谢意和崇高的敬意！

秦立建

于安徽财经大学

目 录

基础篇

实践篇

拓展篇

基础篇

第1章

导　论

意大利政治学家马基雅维利（Machiavelli）指出："使那些城邦伟大的不是个体的利益，而是共同的利益。毫无疑问，只有在共和国里这种共同利益才会受到尊重，因为凡是对普遍利益有用的，就被付诸实施。"[①] 美国经济学家道格拉斯·C. 诺思（Douglass C. North）指出："国家的存在是经济增长的关键，然而国家又是人为经济衰退的根源。"[②] 前者说明了公共福利的重要性，以及公共部门（尤其是国家、政府）的产生及其行动对于公共福利提升的重要性。后者则直接表明，政府是重要的经济主体之一，是通过配置公共资源、实施宏观调控、开展公共选择来生产或提供公共物品、调节收入分配、影响经济稳定发展的主体。[③] 简言之，政府不仅是公共权力的行使者，而且是一种经济主体，其在市场经济条件下会发生哪些经济行为，其政策行动、职责范围、活动领域会对市场的运行、对私人部门的发展等产生什么样的影响，其应该在公共资源配置、经济社会的稳定与发展、公共物品或公共服务的生产和供给方面扮演什么样的角色等问题都需要进行研究，也必须给予明确回答。党的二十届三中全会指出："科学的宏观调控、有效的政府治理是发挥社会主义市场经济体制优势的内在要求。"[④] 因此，以政府为代表的公共部门是经济社会发展中无法绕开的话题。所以，便产生了公共经济学——以政府为代表的公共部门的经济活动及其规律为研究对象的科学。这一章的主要目的是概括介绍公共经济学，包括公共经济学的内涵、起源和发展、研究对象、研究内容、学科特征、主要研究方法等。

---

① ［意］马基雅维利：《君主论·李维史论》，325页，长春，吉林出版集团，2011。

② ［美］道格拉斯·C. 诺思：《经济史中的结构与变迁》，20页，上海，上海人民出版社，1997。

③ 参见高培勇编著：《公共经济学（第三版）》，9页，北京，中国人民大学出版社，2012。

④ 《中共中央关于进一步全面深化改革 推进中国式现代化的决定》，17页，北京，人民出版社，2024。

1.1 公共经济学学科的特点

公共经济学作为经济学的分支学科，有其独特的学科属性和内涵。这一节旨在回答如下几个问题：什么是公共经济学？作为一门独立学科，公共经济学的发展脉络是什么？各阶段的基本特征是什么？公共经济学所针对的研究对象是什么？其内容体系包括什么？公共经济学的学科特征是什么？与相关学科的关系是什么？

1.1.1 公共经济学的内涵

概括而言，公共经济学就是研究分析以政府为代表的公共部门的经济活动及其规律的学科，是经济学的分支学科，也可被视为经济学与公共管理学、政治学的交叉学科。

一方面，公共经济的行动主体是以政府为代表的公共部门，而不是私人部门。从词源学的角度看，“公共经济学”是由“public sector economics”翻译而来，原意是指公共部门的经济学。美国著名公共经济学者林德尔·G. 霍尔库姆（Randall G. Holcombe）所著《公共经济学》一书就是以“政府在国家经济中的作用”为副标题的。[①] 在某种程度上可以说，尽管学界在关于公共经济学的内容体系、研究框架、理论基础、学科属性等方面还存在些许争议，但是，在对“以政府为代表的公共部门”的强调方面达成共识。表 1-1 列举了学界关于公共经济学的定义，虽表述存在诸多差异，但都将“公共部门”作为公共经济的行动主体。可以这么认为，在经济学中，有两类社会经济主体，一类是私人部门（private sector），一类是公共部门（public sector）。一般意义上的西方经济学（含微观经济学、宏观经济学）是以私人部门为研究对象的。虽然，其中也涉及政府，但是政府是作为总供给和总需求均衡研究过程中的一个变量而存在的。相反，公共经济学则专注于公共部门的经济行为及其范围、效应、政策等。

表 1-1　学界关于公共经济学的定义或描述一览表

作者	关于公共经济学的定义或描述
黄恒学	“公共经济学是研究公共部门经济行为及其效应的学科。”[②]
郑万军	“公共经济学亦称公共部门经济学，是经济学的一个分支，是研究以政府为主要代表的公共部门经济活动及其规律的科学。”[③]
樊勇明、杜莉	“公共经济学就是经济学中专门研究政府经济行为特殊规律的分支学科，是论述各级政府部门和公共组织（如国有企事业）的存在意义和行为，回答政府必须做什么以及应该怎样做的学问。”[④]

① 参见［美］林德尔·G. 霍尔库姆：《公共经济学——政府在国家经济中的作用》，12 页，北京，中国人民大学出版社，2012。

② 黄恒学主编：《公共经济学（第二版）》，1 页，北京，北京大学出版社，2009。

③ 郑万军主编：《公共经济学》，2 页，北京，北京大学出版社，2015。

④ 樊勇明、杜莉编著：《公共经济学》，3 页，上海，复旦大学出版社，2001。

续前表

作者	关于公共经济学的定义或描述
王宏新	“公共经济学就是一门从经济学角度专门研究政府经济行为特殊规律的分支学科，是用经济分析的方法来解释、分析和规范政府的职能作用的一门学科。”①
高培勇	“公共经济学是一门关于公共部门——亦称政府部门——经济活动的科学。或者说，公共经济学的研究对象是公共部门经济活动的规律性。”②
黄新华	“公共经济学是研究公共经济活动及其一般性规律的科学，是一门综合性和应用性较强的交叉学科。公共经济学的理论和思想是在对政府经济行为进行历史考察、研究中逐步形成并发展起来的。”③
赵建国、吕丹	“公共经济学是一门以公共部门经济活动为研究对象的学科，其主要特点是：以市场机制和政府机制都有缺陷为理论前提，以公共产品（public goods）的需求和供给为核心内容，以私人经济运行法则与公共决策过程相结合为基本方法，从经济学的角度来解释、分析和规范公共部门的职能和作用。”④
约翰·亚当斯 等	“公共经济学就是专门研究公共部门经济行为规律的科学，它是经济学的分支学科，试论述各级政府部门和公共组织存在的意义和行为，并指出以政府为主的公共部门需要做什么以及应该怎么做的学科。”⑤
安东尼·B. 阿特金森、约瑟夫·E. 斯蒂格里茨	“本书试图以系统的方式描述这类政府经济活动的主要后果及其与社会目标的关系。”⑥

资料来源：本表关于公共经济学的定义由作者根据相关教材整理而来。

另一方面，公共经济学以公共部门的经济行为及其规律为研究内容，而不是公共部门的其他行为（如政治行为）。公共部门是作为执掌公共权力、维护政治权利的主体而存在，是实施政治统治和政治管理的主导性力量。虽然在政治统治、政治管理过程中不可避免地涉及利益分配、公共资源配置等内容，但这些都属于政治范畴，其以民主、自由、平等、共和等为基本价值取向。而公共经济学所关注的公共行动发生在经济范畴之内，以公共资源的配置效率、经济发展和稳定、公共物品供给绩效及其公平性等为基本价值取向。概言之，公共权力和公共权利的配置对公共部门的经济行为有着多种影响，但是，其并非公共经济学的基本主题。公共经济学以公共资源的配置为基本主题，关注的是公共部门的经济行为及其相关问题。

1.1.2 公共经济学的起源和发展

对公共经济学发展脉络的分析，有助于我们更清晰地把握公共经济学的学科特点。所

① 王宏新主编：《公共经济学》，4 页，北京，清华大学出版社，2013。

② 高培勇编著：《公共经济学（第三版）》，1 页，北京，中国人民大学出版社，2012。

③ 黄新华主编：《公共经济学》，2 页，北京，清华大学出版社，2014。

④ 赵建国、吕丹主编：《公共经济学》，1 页，北京，清华大学出版社，2014。

⑤ ［英］约翰·亚当斯等主编：《公共经济学——理论、论据和案例研究》，北京，科学出版社，2010。

⑥ ［英］安东尼·B. 阿特金森、［美］约瑟夫·E. 斯蒂格里茨：《公共经济学》，3 页，上海，上海三联书店、上海人民出版社，1994。

以，在讨论了公共经济学的内涵之后，有必要对其起源与发展做一梳理。

以政府为代表的公共部门需要掌控一定的资源才能展开公共行动，也需要通过“公共价值的权威性分配”来提高社会福利水平和社会公正程度，所以政治学家、经济学家在展开研究时自觉不自觉地涉及了“公共经济”问题。然而，作为独立存在、自成体系的公共经济学是在财政学的基础上发展起来的，产生标志是 1959 年美国财政学家理查德·A. 马斯格雷夫（Richard A. Musgrave）出版的《财政学原理：公共经济研究》一书。① 因此，本教材将公共经济学的发展大略分为三个阶段：一是早期的公共经济学思想（19 世纪 70 年代前）；二是从公共财政学到公共经济学时期（19 世纪 70 年代“边际革命”到 20 世纪 50 年代）；三是公共经济学的产生到体系化时期（20 世纪 60 年代至今）。②

1. 早期的公共经济学思想

政府应扮演解决公共问题、处理公共事务、提升公共福利的角色，这势必需要讨论公共收入、公共支出、公共资源配置、公共价值分配等问题。因此，古希腊以来的政治学者、经济学者都多少涉及了公共经济学问题，表达了自己的公共经济学思想。如色诺芬（Xenophon）在《经济论·雅典的收入》中关于公共收入和支出、公共资源与公共建筑的论述，柏拉图（Plato）在《理想国》中关于政府在公共教育中的作用方面的论述，亚里士多德（Aristotle）在《政治学》中关于城邦公共“善”、公共福利的论述，马基雅维利在《君主论》中关于共和国与共同福利之间关系的论述，等等。当然，他们的公共经济学思想是在“不经意间”被提出来的，其观点是“碎片化”的，散见于他们的著作当中，可被视为公共经济学思想的萌芽。

15 世纪初到 17 世纪，随着商品经济的发展，西欧兴起了“重商主义”。代表人物及其著作有：蒙克莱田（Antoine de Montchretien）1615 年的《献给国王和王后的政治经济学概论》、威廉·配第（William Petty）1663 年的《赋税论》、詹姆斯·斯图亚特（James Steuart）1667 年的《政治经济学原理研究》、约翰·尤斯蒂（Johann Justi）1755 年和 1776 年相继出版的《国家经济论》和《财政体系论》等。他们的基本思想是加强政府在经济领域的作用，主张运用财政税收手段保护本国经济主体，促进国内生产和贸易的发展，夯实政府增加公共福利的经济实力和财政基础等。重商主义的思想体系相对完整，对政府的经济行为的探讨也相对完整。当然，这一时期的公共经济思想更多可被视为“政治经济思想”，是在探讨国家、政府公共职能的过程中，为了本国的“政治”——富强、文明等而论述需要国家和政府介入经济领域。

18 世纪中后期以来，商品经济取得了更进一步的发展，尤其是随着英国工业革命的发展，在西方世界逐渐兴起了自由资本主义思潮——崇尚市场经济的自由发展，主张减少政府的职能范围和干预空间——古典政治经济学得到发展。代表人物及其著作有：亚当·斯密（Adam Smith）的《国民财富的性质和原因的研究》（也称《国富论》）、大卫·李嘉图（David Ricardo）的《政治经济学及赋税原理》等。他们的基本出发点是为市场自由清

① 参见郑万军主编：《公共经济学》，12 页，北京，北京大学出版社，2015。

② 公共经济学的发展阶段以及本部分的撰写主要参见黄新华主编：《公共经济学》，2～9 页，北京，清华大学出版社，2014；陈柳钦：《公共经济学的发展动态分析》，载《南京社会科学》，2011（1）。

除政府干预之障碍，主张“管得最少的政府就是最好的政府”。但同时，他们也强调政府存在的必要性。为保证政府工作的顺利展开，对赋税的来源、税收的原则、公共支出、公共工程建设等进行了探讨。不难发现，古典政治经济学的研究涉及了资本主义生产关系的内部联系，对政府与市场的作用边界、政府的职责权限及其局限、国民财富的分配等进行了探讨。这一阶段的研究更加深入，也更为系统。

2. 从公共财政学到公共经济学时期

古典政治经济学的公共经济学思想在某种程度上可被视为“财政学”思想，此后的学者基本上都是围绕着财政收支和管理来展开研究的，这种情况一直延续到19世纪70年代“边际革命”的出现。具体而言，奥地利学者萨克斯（E. Sax），意大利学者帕塔罗尼（M. Pantaleoni）、马尔科（A. Marco）等运用边际效用理论、边际分析法对公共需求、公共产品等主题进行了研究，“促成了公共财政学向公共经济学的演变”①。当然，由于受到语言的限制，他们的思想并未在欧美国家广泛传播，影响力也十分有限。一直到1936年马尔科的《公共财政学基本原理》在美国翻译出版之后，其分析方法、研究主题才逐渐得以传播，社会影响日益扩大。自此以后，经济学界关于“公共财政”（pubic finance）的政府收支主题逐渐被“公共经济”（pubic sector economics）替代，并且，“公共产品”（public goods）这一概念也首次出现在了财政学的研究当中。

进入20世纪以来，自由资本主义逐渐向垄断资本主义过渡，资本主义世界经济危机频发，尤其是20世纪30年代的“经济大萧条”，使得经济学界开始反思“自由资本主义思想”。对于“经济大萧条”，有学者形象地描述道：

> 这次大萧条给西方主要市场经济国家带来了长时间的灾难，失业率高达30%、社会年产值减少了30%，股市暴跌、银行破产、企业倒闭，经济增长倒退了10年……一切在经济学教科书上经过精密论证的市场调节方式都不再管用了。这个时候，人们已经不需要用抽象思维的头脑，而仅仅凭饥饿难耐的肚子就能够知道，市场失灵了，在这个暴风雨来临的时候，市场真的彻底失灵了。②

为了解决“经济大萧条”等问题，学界开始反思自由市场理论，并对政府的功能领域和积极责任展开论证。对于自由市场的批评和对政府干预的支持，最具代表性的是约翰·M. 凯恩斯（John M. Keynes）的《就业、利息和货币通论》（1936年出版）。该著作对自由放任经济政策进行了全面的批判，强调指出国家、政府需要对经济实施干预。凯恩斯的思想在美国总统富兰克林·罗斯福（Franklin D. Roosevelt）那里变成了政策实践，即“罗斯福新政”。罗斯福新政通过“3R”举措——救济（relief）、复兴（recovery）和改革（reform）——实现了政府对经济的干预，取得了较好的效果。凯恩斯主义和罗斯福新政在理论上和实践上佐证了政府干预（直接或间接）的必要性，由此引发了学界对政府经济行为的研究。在这种背景下，关于以政府为代表的公共部门应该从事的经济活动、如何预测和评估公共部门的经济行为与经济政策、公共部门应该以什么样的方式从事经济活动等问题成为了学者们关注的主题。于是，开始从关注“财政收支”逐步转向关注

---

① 黄新华主编：《公共经济学》，5页，北京，清华大学出版社，2014。

② 韩康：《政府经济和政府理性——公共经济学的缘起与发展》，载《国家行政学院学报》，2005（4）。

“公共经济”。1959年，理查德·A. 马斯格雷夫的《财政学原理：公共经济研究》正式将“公共经济”提了出来，也标志着公共经济学的产生。他也因此被学界称为“公共经济学之父”。马斯格雷夫关于他这本著作的介绍，非常准确地解释了公共财政转向公共经济的原因：

> 的确，我一开始就不愿把本书看作对财政理论的研究。在很大程度上说，问题不是财政问题，而是资源利用和收入分配问题。因此，最好把这本书看成是对公共经济的考察。围绕着政府收入—支出过程出现的复杂问题，传统上称为“财政学”……虽然公共家庭（政府）的活动涉及收入和支出的倾向流量，但基本问题不是财政问题。它们与货币、流动性和资本市场无关，而是资源分配、收入分配、充分就业以及价格水平稳定与经济增长的问题。因此，我们的任务看成是研究公共经济的原理，或者更准确地说，研究的是通过预算管理中出现的经济政策问题。①

3. 公共经济学的产生到体系化时期②

在出版了《财政学原理：公共经济研究》以后，马斯格雷夫在1964年和1965年又相继出版了《公共经济学基础：国家经济作用理论概述》和《公共经济学》两本直接以“公共经济学”命名的著作。顺着马斯格雷夫等学者的研究思路，许多财政学研究者开始将“财政学”改称“公共经济学”，如费尔德斯坦（M. S. Feldstein）、约瑟夫·E. 斯蒂格利茨（J. E. Stiglitz，一译斯蒂格里茨）、阿特金森（A. B. Atkinson）、杰克逊（P. M. Jackson）等。1966年，由阿特金森主持的公共经济学会成立，会刊也开始出版发行，同时，学界开始以“公共经济学”为名定期召开学术会议。这些不仅表现在研究主题名称的改变，而且意味着学界将以政府收支为主题的研究，转向财政收支对整个国民经济、社会福利的影响。研究内容也逐渐深入和多元化，包括公共产品及其供给、政府干预范围、政府与市场关系、公共资源配置、理性与公共行为、不完全信息与政府行动、委托—代理关系等。

1972年，美国《公共经济学学报》（*Journal of Public Economics*）创刊，此后公共经济学进入了一个快速发展时期，影响日益扩大，概念框架、内容体系、研究范式、研究方法也得以逐步建构和完善，出现了一批高水平的公共经济学学者和著作。如温弗里（J. C. Winfrey）、爱德华·普雷斯科特（Edward C. Prescott）、斯蒂格利茨、弗里德里克·李斯特（Friedrich List）、迪特尔·亨里奇（Dieter Henrich）、弗朗兹·沙夫勒（Franz Schäffler）、卡尔·门格（Carl Menger）、威廉·S. 杰文斯（William Stanley Jevons）、利昂·沃尔拉斯（Léon Walras）、克努特·威克斯（Knut Wickse）、埃里克·R. 林达尔（Erik Robert Lindahl）、保罗·萨缪尔森（Paul Samuelson）、詹姆斯·M. 布坎南（James. M. Buchanan）等。

到20世纪90年代，西方财政学家的相关著作大都将“public finance”改称为“public economics”或者“public sector economics”。此时，可以认为公共经济学日益成熟，形成了自己特定的理论范式和框架体系，成为独立的成熟的学科。

---

① 黄新华主编：《公共经济学》，7页，北京，清华大学出版社，2014。

② 参见陈柳钦：《公共经济学的发展动态分析》，载《南京社会科学》，2011（1）。

1.1.3 公共经济学的研究对象

对象是指“行动或思考时作为目标的人或事物”①。也就是说，研究对象是研究主体以外的客观事物，是主体认识和实践所指向的客体。一个学科，如果没有明确、具体和特定的研究对象，就不被视为一个学科。简单而言，公共经济学的研究对象是公共部门的经济行为。

公共经济学研究对象的第一个要素是“公共部门”。从内涵上看，公共部门是追求公共利益、提供公共服务、处理公共事务、解决公共问题的组织形态。在结构形式、构成要素、运行方式等方面，公共部门与非公共部门（即私人部门）有很多相似之处。但是，公共部门有着自己独特的属性，主要表现在如下几方面：一是在目的指向上，公共部门担负公共职能，以公共福利的提升和公共利益的实现为目标。也就是说，公共部门不以特定主体为服务对象，而是面向全社会提供政治、秩序、文化、教育、科技、卫生等服务，具有鲜明的公益性。二是在管理对象上，公共部门除了要对组织内部成员实施必要的管理外，还要对全社会的公共事务进行管理，其决定和行为也因此需要全社会（或所管辖区域）接受、服从，具有明确的社会影响性。三是在运行依据上，公共部门除了要遵循效率、效益、价值规律、市场规律等之外，还要依据公共价值行事，包括民主、参与、自由、公平、公正、法治等，具有公共理性。四是在组织产出上，公共部门以公共物品（公共服务）、公共秩序为主，以配置公共资产、解决社会公共问题、管理公共项目为核心主旨，具有福利性。②

从组织类型上看，公共部门主要包括三类：一是政府组织。在狭义上，政府组织仅包括国家行政机关，如我国的中央政府、省市县人民政府、乡（镇）人民政府等。在广义上，政府组织即具体掌控公共权力的国家机关，包括立法、司法和行政三种类型。著名经济学家约瑟夫·E. 斯蒂格利茨曾明确指出，公共经济学的研究内容是政府“生产什么、怎样生产和为谁生产”，具体而言包括三个问题，政府在经济领域中的活动范围是什么、评价测度政府参与经济活动的结果、评估政府的公共经济政策。③ 二是非政府公共组织，也称非政府组织（NGO）、非营利组织（NPO）、第三部门（the third sector）、社会组织、民间组织、慈善部门、社会自治组织等。在一般情况下，非政府公共组织“特指那些具有一定社会公共属性、承担一定社会公共职能、代表一定社会群体共同利益或公共利益的社会组织”④。因此，非政府公共组织具有组织性、私有性、非营利性、自治性和志愿性等特性，既区别于强制性的政府，也区别于私益性的企业。在我国，非政府公共组织主要包括事业单位、人民团体、基层群众自治组织（村委会、居委会）、社会团体、民办非企业单位、基金会等。莱斯特·M. 萨拉蒙（Lester

---

① 中国社会科学院语言研究所词典编辑室编：《现代汉语词典（第7版）》，331页，北京，商务印书馆，2016。

② 参见黎民主编：《公共管理学（第二版）》，62～63页，北京，高等教育出版社，2011。

③ 参见［美］约瑟夫·E. 斯蒂格利茨：《政府为什么干预经济——政府在市场经济中的角色》，6～15页，北京，中国物资出版社，1998。

④ 王名：《社会组织论纲》，7页，北京，社会科学文献出版社，2013。

M. Salamon）曾指出，民间性、私属性的非政府公共组织规模小、灵活性高、专业性强、竞争意识充分，因此可以“较为理想地”担当政府的合作伙伴，弥补政府的某些不足。换言之，政府握有大量公共资源，应该担负提供公共服务的责任。但是，“提供”责任的担负不代表要事必躬亲，相反事必躬亲的效果会事倍功半、适得其反。在“提供”公共服务时，政府可以以项目发包者、服务购买者的身份出现，将服务的具体“生产”任务委托给非政府公共组织乃至企业。这样不仅可以使政府抽身出来考虑更远大的事务，而且可以在公共服务领域形成竞争态势，使公共服务的供给效率、生产质量和具体数量都大为提升。三是公共企业组织。公共企业组织包括两类：一类是指一般的国有企业，它们与私有企业在市场属性上没有本质差异，但在资产所有权上归属国有，其在国家调控经济、获取公共财政、提供基础服务等方面发挥着重要作用。另一类是指自然垄断领域的、受政府特许、授权经营公共资源、提供公共物品的企业（往往也属于国有企业），如经营自来水、天然气、电力等资源的公司。

从发展趋势上看，公共部门越来越转向“多中心”格局。可以这么说，在传统的理论当中，政府是公共经济学的“唯一”主体，人们将公共经济学视同政府经济学。的确，政府是最重要的公共部门，是公共经济中的最重要主体，在相当广的领域内政府居于主导地位。但是，随着学界对“政府失灵”现象和社会自主性的认识的加深，对于各类社会组织、社区基层组织乃至企业在公共经济过程中的重要性越来越重视：

> 当今公共经济的主体已呈现多中心趋势，政府不再是公共经济活动的唯一主体，私人部门、社区、第三部门和国际组织等主体已广泛参与到公共经济活动之中。例如，在世界范围内，私人部门已广泛参与到航空、能源、道路基础设施、电信、教育等公共产品领域。在我们国家，随着改革开放的深入推进，私人部门也已成为公共产品供给领域的重要力量，并发挥着越来越积极的作用。①

公共经济学研究对象的第二个要素是“经济行为”。当然，公共经济学研究的经济行为不同于一般企业的市场经营行为，而是由公共部门实施的、具有公共属性的经济行为。大致包括如下几方面：一是提供公共物品或公共服务的行为，包括科教文卫体、公共交通、通信等方面的服务。二是宏观调控的行为，包括实现经济平稳增长、物价基本稳定、促进充分就业、维持国际收支平衡等。三是促进社会公平的行为，包括消除信息不对称、消除垄断和不当竞争、消除外部负效应、规避不完善市场、减少收入分配不公平等。四是管理公共资产的行为，包括对公共设施、公共信息资源、公共人力资源、公共自然资源、公共企业等实施管理、科学配置。五是管理公共项目的行为，包括对防灾建设工程、基本水利工程等公共工程的启动、建设、后期运营等。

1.1.4 公共经济学的研究内容

如果以具体的公共经济学研究者的具体的著作、关注点为研究内容的话，这一部分的内容将十分烦琐、十分庞杂，也不利于读者理解。因此，这里将公共经济学的研究内容进

---

① 黄恒学主编：《公共经济学（第二版）》，63页，北京，北京大学出版社，2009。

行抽象、归纳和概括。①

第一，从宏观上看，公共经济学的研究内容就是“公共部门的经济行为”。这实际上就是公共经济学的研究对象。

第二，从理论基础上看，公共经济学的研究内容主要是公共物品理论和公共选择理论。② 公共物品理论不仅从“排他与否”和“竞争与否”两个角度揭示了“产品”的种类，更重要的是对政府经济行为的必要性、可能性进行了令人信服的论述。在理论上解释了政府的行动领域（应该做什么，在哪些领域需要做什么）；同时，通过对公共物品多样性的分析，论证了公私伙伴关系的必要性和可能性。公共选择理论将一般经济学中的理性分析引入了公共经济学，既阐释了政府经济行为的必要性，又阐释了政府具体应该如何发生经济行为等。

第三，从内容体系上看，公共经济学的研究内容主要包括三方面主题：一是通过投票机制、政府行动逻辑（基于理性人假设）等展开公共选择行为实践的研究。二是公共收入研究，包括税收、公债、行政性收费、公共企业产权回报、公共资源投资回报等。三是公共支出研究，包括政府消耗性支出、政府转移性支出、公私伙伴关系（政府服务购买性支出）等。

1.1.5 公共经济学与相关学科的区别

通过学科之间的比较有助于更好地理解某一学科的属性。公共经济学是一门综合性、交叉性的新兴学科，与微观经济学、宏观经济学、政治学、公共管理学、财政学等都有交叉。因此，这里对它们之间的区别做一简单分析。

1. 公共经济学与微观经济学

公共经济学与微观经济学有很多相似甚至是相同的地方。比如，在研究方法上基本一致，都以理性经济人假设为逻辑依据，对数理模型分析、博弈分析、边际分析等都推崇有加；在研究主题上都可被视为资源配置研究，具体包括生产什么、如何定价、为谁生产、如何生产等，也都包括需求、供给、价格等要素；在研究取向上，都强调“效率”问题，即资源配置的高效、最优配置等；在概念体系上，两者都认可生产可能曲线、消费可能曲线、边际技术替代率、消费者/生产者剩余等，并使用这些概念展开分析。

当然，公共经济学和微观经济学的区别是明显的。主要包括如下两方面：一是在资源配置的最终目的方面，公共经济学遵循公共理性，比较强调公平、参与、公益等，而微观经济学则依据私人理性或个体理性，比较强调效率、参与者个体受益等。二是在研究对象方面，公共经济学以公共部门的经济行为为核心，而微观经济学以生产厂商、消费者的经济行为为核心，公共部门在微观经济学中被视为“厂商”，与一般的市场经济主体不做明确区别。因此，在微观经济学中也并不特别强调公共部门行为的“公共性”。

---

① 参见樊勇明编著：《公共经济学导引与案例》，1～2页，上海，复旦大学出版社，2003；赵建国、吕丹主编：《公共经济学》，12～13页，北京，清华大学出版社，2014。

② 本教材的后续章节还会详细介绍公共物品和公共选择等问题。这里仅仅是出于论述逻辑需要，对这两个主题进行简单概括。

2. 公共经济学与宏观经济学

公共经济学与宏观经济学有很多共同的研究主题。诸如：经济稳定与发展、物价稳定、资源的充分利用、充分就业、收入再分配、国际收支平衡、宏观经济政策制定及其评估等。在宏观经济学中，公共部门的行为也被视为总供给和总需求中的关键要素，对政府的干预报以某种期待等。另外，两者都不再以微观的市场主体为唯一观测点，而都将视角放在社会整体层面。

当然，公共经济学与宏观经济学也存在一些区别。一方面，宏观经济学以整个国民经济为研究对象，而公共经济学则主要以政府等公共部门的经济行为为研究对象。由于研究对象的差别，因此在讨论相关主题时的具体着眼点差异较大。比如，在研究经济稳定与发展时，宏观经济学主要从总供给和总需求的平衡关系角度展开，通过政府干预、消费信心提升等来实现平衡。而公共经济学则以政府的具体行为范围、行为方式等来展开。另一方面，公共经济学在讨论公共部门经济行为时，相对较为“微观”、具体和深入。如从“物品”的具体属性（排他与否、竞争与否）出发，讨论具体的生产方式。

3. 公共经济学与政治学

政治学以公共权力的配置为主题，包括公共权力主体及其分配制度（国体、政体、政党制度）、具体行动（政治统治、政治管理）、文化意蕴（意识形态、政治文化与政治社会化等)。从这一点上看，其与公共经济学（以资源配置为主题）差异较大。

但是，政治学与公共经济学也存在千丝万缕的关系：一是在着眼点上，都以全社会或某一国家范围的整体为对象，追求公共价值，如稳定、秩序、公平、公正等。二是在研究对象中，都包括公共部门以及不同的公共部门之间在公共行动中的关系，如国家与社会的关系。三是在研究内容上，都不否认国家政治制度和政治行为对经济的影响，因此都对公共政策及其制定、决策、执行、评估等展开讨论。

4. 公共经济学与公共管理学

公共经济学与公共管理学存在密切关联。首先，公共经济学所关注的政府经济行为，往往被视为公共管理的手段、职能和任务之一。其次，公共经济学和公共管理学的目标指向一致，都以“公共性”为圭臬。最后，公共经济学和公共管理学所关注的行为主体都是公共部门。

当然，公共经济学与公共管理学存在几方面差异：一是在研究范围上，公共经济学相对较小——以公共部门的经济行为为主题，而公共管理学除了关注公共部门的经济行为外，还包括政治行为、文化行为、内部治理行为等。二是在学科体系上，公共经济学更多偏向经济学，而公共管理学更多属于政治学。换言之，公共经济学与经济学是“近亲”，而公共管理学则与政治学一脉相承。三是在管理对象上，公共经济学更多涉及的是资源配置、经济稳定与发展、公共项目等方面的问题，而公共管理学所涉及的领域较为广泛，一切公共问题所涵盖的领域都应被公共管理关涉，都属于公共管理学的研究范围。

5. 公共经济学与财政学

公共经济学与财政学的关系最为复杂，很多学者将二者等同。一方面，是因为公共经济学脱胎于财政学，或者说由财政学发展而来。同时也可以说，公共经济学是财政学的最新的和到目前为止的高级发展阶段。另一方面，在概略意义上，公共经济学与财政学都关注政府的收支问题，只不过，公共经济学对收支问题的研究更加深入和具体——财政学中主要从税收（税率、税基等）、国债、投资等角度展开，而公共经济学在研究过程中以理性经济人为假设、以公共物品理论和公共选择理论为支撑，对政府的经济行动领域、行为方式、政府与社会之间的关系等进行了更为具体、深刻的研究。具体而言，两者的区别有三①：一是在研究侧重点上，财政学以政府收入为主，而公共经济学则更多关注以政府为代表的公共部门的“支出”——公共经济行为的效率、范围等。二是在对待政府政策上，财政学往往以政府的既有决策为基础，将之视作合理的行为前提。而公共经济学则以政府决策及其评估为核心，主张通过公共部门的经济行为分析来提出具体合理的政策建议，或者对既有政策的绩效予以评估，并在此基础上给出建议。三是在逻辑依据上，传统财政学将市场机制排除出逻辑分析框架，而公共经济学则兼顾市场机制和非市场机制（即政府强制机制）。

1.2 公共经济学的研究方法

著名管理学家赫伯特·西蒙（Herbert Simon）曾指出，“即使一个实际科学家对方法论本身没有特别的兴趣，他也不可能不对方法论问题表态”②。的确，方法的选择与合适使用是学术研究的核心之所在，研究的有效推进、研究结论的可信性等都与研究方法的选择密不可分。③ 换言之，如果没有合适的研究方法，将无法有效展开研究；同时，如果没有采取合适的研究方法，所得出的研究结论将不被认可。

《现代汉语词典（第7版）》是这样解释“方法”的：“关于解决思想、说话、行动等问题的门路、程序等。”④ 由此可以引申——方法可被视为达到某种目的而采取的途径、实施的步骤、利用的手段、使用的工具等；也可被视为对某种自然规律、社会发展规律的应用；还可被视为对某种科学技术的具体使用、推广等。方法也可以被界分为方法论、一般方法和具体操作技术（可被视为“办法”）这三个层面。⑤ 因此，能够被作为公共经济学研究方法的“方法”有很多种。如果从最抽象的角度看，我们只需要学习一些“方法论”即可（如唯物辩证法、唯物史观等），但其具体应用性和实践性相对较差；如果从最具体的角度看，我们需要学习数不胜数的方法（如某个研究者通过找朋友托关系的办法进入某个政府部门开展调研），这显然十分烦琐，也没有必要，因为很多具体的方法并没有推广的价值。因此，这里主要介绍一些公共经济学常用的，具有可推广性、有效性的一般性研究方法。这些研究方法比方法论要具体，比具体的方法要抽象，是属于“中观”层次的。⑥

---

① 参见黄恒学主编：《公共经济学（第二版）》，5页，北京，北京大学出版社，2009。

② 全国哲学社会科学规划办公室编：《国家哲学社会科学“十一五”研究状况与“十二五”发展趋势》，1739页，北京，社会科学文献出版社，2011。

③ 参见张建民：《公共管理研究方法》，1页，北京，中国人民大学出版社，2012。

④ 中国社会科学院语言研究所词典编辑室编：《现代汉语词典（第7版）》，366页，北京，商务印书馆，2016。

⑤ 参见魏娜：《公共管理的方法与技术》，第一版编写者说明第1页，北京，中国人民大学出版社，2011。

⑥ 参见黄恒学主编：《公共经济学（第二版）》，13～17页，北京，北京大学出版社，2009；郑万军主编：《公共经济学》，16～19页，北京，北京大学出版社，2015。

1.2.1 历史研究方法

有位哲人曾这样说过："到目前为止，任何活着的人都还没有活到明天。"因此，明天会发生什么事、出现什么样的情况，谁都无法绝对准确地预测。但是，预测对于公共经济学而言又十分重要。比如，在进行公共决策时，能否准确地预测未来是能否科学决策的关键因素。由此而言，科学有效地预测未来而不是猜测未来或"瞎蒙"就显得至关重要。历史研究方法对于预测未来较为有效，因此历史研究法就成为公共经济学常用的研究方法之一。

历史研究方法就是通过搜集、分析历史资料和信息，在对它们进行充分、准确和系统描述、解释的基础上，分析当前实践，预测未来实践。简单而言，历史研究方法就是通过搜集、分析历史而得出假说、结论并分析当前、预测未来的研究方法。表 1－2 就是历史研究方法的一个例证。通过表 1－2 中的数据信息，我们不难发现，个人所得税和公司所得税一直是美国联邦政府财政收入的主要来源，因此在制定经济政策时，就有必要鼓励大众创新和企业创新，这也构成了经济发展的基本政策指向。

表 1－2　　1960—2000 年美国联邦政府财政收入来源

来源	1960 年		1980 年		1990 年		2000 年	
	总额（亿美元）	占联邦政府财政收入的比重（%）	总额（亿美元）	占联邦政府财政收入的比重（%）	总额（亿美元）	占联邦政府财政收入的比重（%）	总额（亿美元）	占联邦政府财政收入的比重（%）
个人所得税	407	44	2 441	47.2	4 869	47.2	10 045	49.6
社会保险	147	15.9	1 578	30.5	3 800	36.8	6 529	32.2
公司所得税	215	23.2	646	12.5	935	9.1	1 511	7.5
消费税	117	12.6	243	4.7	353	3.4	689	3.4
遗产税和馈赠税	16	1.7	64	1.2	115	1.1	300	1.5
关税	11	1.2	72	1.4	167	1.6	243	1.2
其他	12	1.3	127	2.5	74	0.7	935	4.6
总额	925	100	5 171	100	10 313	100	20 252	100

资料来源：［美］林德尔·G. 霍尔库姆：《公共经济学——政府在国家经济中的作用》，12 页，北京，中国人民大学出版社，2012。

历史研究方法可以采取定量研究（如表 1－2 所示案例），也可以采取定性研究，如截取某个地区的某个事例作为分析问题、得出结论的依据。

历史研究方法有三个突出的优势。第一个优势是历史信息与历史结果是真实的存在，如果能够在其中寻找出契合实际的因果关系，发现经济社会的发展规律，将会使研究结论得到确证，更具参考价值。第二个优势是"鉴古以知今"——无论是归纳法还是统计学中的"时间序列分析""平滑法"都充分证明了这一点的合理性。对此，有学者这样明确指出："尽管各个不同阶段上政府经济活动的背景、条件，乃至活动规模、活动方式本身同目前中国的政府经济活动有很大差异，但是通过对古今公共经济条件和现实的比较，研究中外杰出的经济学说、理财思想和实践经验，其中不乏至今仍有借鉴意义。”① 第三个优势是历史研究方法具有全面性和综合性，可以对特定时期特定国家的历史信息和数据进行系统的分析，最大限度地还原历史原貌，得出真实结论，更好地服务于公共决策。当然，历史研究方法也有缺憾：历史信息和数据可能存在缺失，致使研究分析无法系统化；研究者可能会戴着“有色眼镜”去搜集与分析历史信息和数据，致使其有选择地使用历史材料，得出不准确的结论；还可能出现仅关注大事件而忽略细节问题的研究取向，致使研究结论出现偏差。

1.2.2 比较研究方法

比较研究是公共经济学研究的重要方法之一。比较研究方法指的是通过比较不同对象来获得一般结论的研究方法。以表1-3为例，通过与最大值、最小值、平均值和中位数的比较，可以很清晰地辨识在对应指标中我国在二十国集团（G20）中所处的“位置”，存在什么样的差距，在哪些领域存在差距等。通过这些数字的比较，也能够为政府的决策方向和下一步关注重点提供真实有力的参考。

表1-3 G20国民幸福感、人均国民收入和公共财政收支结构

指标	幸福指数	人均国民收入（美元）	人均财政支出（美元）	人均社会保障支出（美元）	人均卫生保健支出（美元）	人均教育经费支出（美元）	人均环境保护支出（美元）	人均军费支出（美元）
最大值	7.477	59 600	19 824.28	7 467.8	3 292.24	3 424.15	188.66	2 172.23
最小值	4.772	1 530	228.77	1.60	3.91	45.96	0.05	27.73
平均值	6.234	25 341.05	7611.2	2 516.86	925.69	1 314.91	50.33	605.99
中位数	6.48	18 500	4 490.26	1 234.48	134.4	1 141.21	13.47	557.62
中国	4.978	5 600	1 472.91	147.18	84.73	247.52	34.66	123.14

注：这些数字以2013年的相关数据为基础计算而来。

资料来源：辛璐璐、刘雪华：《公共财政支出效率与国民幸福感关系研究——基于G20国际比较视角的实证分析》，载《新疆社会科学》，2015（1）。

比较研究方法对于政府经济行为研究很有意义。“对在不同背景中政治问题得到处理的方式进行观察，为政策学习与展现新的思想和新的视角提供了重要的机会。”② 一方面，通过比较可以更好地辨识研究对象的特征。③ 这是一种“相对”的分析思维，利用“相对性”来鉴别事物的异和同，探析一般属性与个别属性、普遍规律与特殊规律之间的联系。④ 另一方面，比较研究可以弥补案例研究方法的缺陷，案例研究方法在“解剖麻雀”、认识研究对象特性等方面有着重要作用，但在利用案例研究方法时，常常将视野局限于特定案例或事件，这无法对公共经济学现象形成“通则性概括”，必须将案例研究

① 黄恒学主编：《公共经济学（第二版）》，16页，北京，北京大学出版社，2009。

② ［英］乔纳森·霍普金：《比较方法》，见［英］大卫·马什、［英］格里·斯托克编：《政治科学的理论与方法》，228页，北京，中国人民大学出版社，2006。

③ 参见［法］马太·杜甘：《国家的比较：为什么比较，如何比较，拿什么比较》，1页，北京，社会科学文献出版社，2010。

④ 参见张宝成：《民族认同与国家认同》，28页，北京，人民出版社，2012。

方法与比较研究方法紧密结合才能得出具有启发价值的结论和概括。[①]

在公共经济学研究中，可以比较的层面很多。诸如：国与国之间、同一国家不同地区、同一国家不同时期的政府经济行为、公共经济实践模式的比较；不同公共经济政策的比较；不同公共经济形态、公共经济格局的比较等。总之，只要具有相似性、同质性、同构性，就可以通过比较研究方法来展开分析讨论，获得结论。

在公共经济学研究中，比较研究的目的指向也有多个层面。诸如：通过比较，把握一般与个别之间的关系，用以解释公共经济现实；通过比较分析，可借鉴、复制、移植、学习不同的公共经济实践经验和政策方案；通过比较分析，可在掌握事实的基础上，为特定主体提供创新性的决策建议等。通过比较"解释"事实的做法较为初级，而通过比较"创新"政策的做法较为高级，值得推崇。

比较研究可以采用定量比较（定量方法），也可以实施定性比较（质性方法）。

1.2.3 案例研究方法

案例研究方法又称个案研究方法，指的是结合特定的公共经济行为实践或典型个案，以其为素材展开具体分析、解剖，探讨典型个案的特定情境和过程，进而得出新的假说和结论的研究方法。诺贝尔经济学奖得主埃莉诺·奥斯特罗姆（Elinor Ostrom）在其名著《公共事物的治理之道》一书中就运用了大量的案例来说明自主治理组织与公共池塘资源的配置问题。[②]

案例研究方法较为实用。一方面，用活生生的具体的实践案例和经验证据来说明问题，既形象又容易被接受；另一方面，通过"解剖麻雀"的方式，可以更好地深入具体的情境当中，以把握公共经济行为和实践的过程、机制、条件、问题等。[③] 前者说明案例分析方法对于论证方面的积极作用，后者则表明，案例分析方法能够为研究提供思路、灵感，两者共同增强了研究的现实针对性和实践意义。总之，案例研究方法兼具综合性、实践性、事实性等特征。当然，在使用该方法的过程中，应注意案例的典型性和代表性。

在公共经济学的具体研究过程中，案例研究方法的应用可以从多个层面展开。诸如：既可以是现实中的案例，也可以是历史中的案例；既可以是一个具体的公共经济事件，也可以是某种政府经济行为；既可以是具体的公共经济制度，也可以是某个国家或地方的公共经济政策；既可以是经济政策的制定过程，也可以是经济政策的缘起、制定、执行、评估、发展全过程等。

1.2.4 规范研究方法

简言之，规范研究方法是以回答"应该是什么"为目的的研究方法，注重运用社会伦

---

① 参见［英］乔纳森·霍普金：《比较方法》，见［英］大卫·马什、［英］格里·斯托克编：《政治科学的理论与方法》，229页，北京，中国人民大学出版社，2006。

② 参见［美］埃莉诺·奥斯特罗姆：《公共事物的治理之道》，上海，上海三联书店，2000。

③ W. L. Neuman, *Social Research Methods: Qualitative and Quantitative Approaches*, Boston, Allyn and Bacon, 2003, pp. 451-452.

理、价值取向、理论演绎等方式得出结论。[①]

规范研究方法对于公共经济学研究十分重要。公共经济学是"公共"的经济学，具有"公共"属性。而涉及公共问题、公共利益时，就必然需要价值判断。比如，公共经济学关注社会公平，那么，什么是公平、怎样才算公平，对这些问题的回答就需要依赖于规范研究方法。再如，公共经济学关注政府经济政策的制定和评估，这两方面都需要回答什么样的政策才是"好"的、"合理"的，这也是规范研究方法所"擅长"的。又如，通过实证研究方法得出的数字结论，除了具有解释功能之外，还需要研究者进行主观判断，主观判断的过程就是规范研究的过程，最起码这一过程需要规范研究的结论予以支撑。

概言之，在公共经济学研究过程中，时刻面临"好"与"坏"、"合理"与"不合理"、"对"与"错"、"应该"与"不应该"等合意性的判断问题。诸如，政府经济行为目标的确定、公共经济政策的选择与评估、公共资源的配置及其评价、如何在效率和公平之间做出选择等。当然，规范研究方法也存在些许缺憾——仅仅在于"说理"，而对现实问题的描述、解释相对缺乏；具有较强的批判性，而往往对现实问题缺乏关切等。

1.2.5 实证研究方法

实证研究方法与规范研究方法相反，注重通过对公共经济行为事实信息和数据信息的搜集、整理和分析，得出"实际是什么以及将会怎样"的结论。简言之，实证研究不在于说理，更不在于价值判断，而注重对数据的处理，得出定量的、数字化的结论，解释说明实际是什么；或者通过数据处理，分析得出相关变量之间的关系，并依据"相关关系"来预测未来。

在公共经济学研究过程中，实证研究常常通过如下几种方式展开：一是案例分析。上面已做分析，这里不再赘述。二是访谈法，通过对现实的公共经济行为相关者进行访谈，以获得他们对于相关问题的看法，理清相关问题的事实真相等。三是问卷调查，通过提出理论假设、设计问卷、发放问卷、回收分析问卷等过程，来获取相关事实信息，或者描述事实，或者依据问卷数据展开推断。四是面板数据，通过对统计面板数据的搜集、整理和分析来得出结论。五是数理模型，通过对相关关系的假设，建立数理模型，进而实施数学推断、预测未来。

实证研究方法能使研究结论得到确证（证实或证伪），也便于通过要素之间的相关关系来预测未来。这是实证研究方法的优势。但是，实证研究存在两方面局限：一是成本相对较高，实施难度相对较大。二是在研究过程中，往往会落入数字、模型的陷阱，通过复杂的公式、高深的模型要么得出外人看不懂的结论，使研究成为"理论同行间的数字游戏"；要么得出一个大家都熟识的结论（不用数字证明也同样会得出这样的结论），使研究成为无意义的"理论家们的学术游戏"。

在这里还需要强调两点：一是除了上述几种方法外，公共经济学研究过程中还常常使用博弈分析法、成本—收益分析法、归纳分析法、演绎分析法、数理模型分析法等，这里不再一一赘述。二是上述几种研究方法虽有区别，但并不是完全排斥的，它们各有优劣，

---

① 参见郑万军主编：《公共经济学》，17页，北京，北京大学出版社，2015。

在公共经济学的研究过程中，要根据具体情况综合运用上述几种方法，使不同的方法相互补充。

本章小结

1. 政府不仅是公共权力的行使者，还是一种经济主体，其在市场经济条件下会发生哪些经济行为，其应该在公共资源配置、经济社会的稳定与发展、公共物品或公共服务的生产和供给方面扮演什么样的角色等问题，都需要进行研究。这便是公共经济学出现的基本原因。

2. 公共经济学就是研究分析以政府为代表的公共部门的经济活动及其规律的学科，是经济学的分支学科，也可被视为经济学与公共管理学、政治学的交叉学科。公共经济学的研究对象是：公共部门的经济行为。其第一个要素是“公共部门”，包括政府组织、非政府公共组织和公共企业组织。第二个要素是“经济行为”。当然，公共经济学研究的经济行为不同于一般企业的市场经营行为，而是由公共部门实施的、具有公共属性的经济行为。大致包括：提供公共物品或公共服务的行为、宏观调控的行为、促进社会公平的行为、管理公共资产的行为以及管理公共项目的行为等。

3. 公共经济学的研究内容包括三个层面：从宏观上看，公共经济学的研究内容就是“公共部门的经济行为”。从理论基础上看，公共经济学的研究内容主要是公共物品理论和公共选择理论。从内容体系上看，公共经济学的研究内容主要包括公共选择行为实践研究、公共收入研究和公共支出研究等。

4. 公共经济学是一门综合性、交叉性的新兴学科，与微观经济学、宏观经济学、政治学、公共管理学、财政学等都有交叉。它在研究方法、研究主题、研究范式等方面既受其他学科的渗透，也对其他学科产生影响。

5. 公共经济学研究常用的研究方法有历史研究方法、比较研究方法、案例研究方法、规范研究方法和实证研究方法等。它们各有优劣，在公共经济学的研究过程中，要根据具体情况综合运用上述几种方法，使不同的方法相互补充。

关键术语

公共经济学　公共部门　经济行为　财政学　微观经济学　宏观经济学　公共管理学　政治学　历史研究方法　比较研究方法　案例研究方法　规范研究方法　实证研究方法

复习思考题

1. 如何理解公共经济学的概念及研究对象？结合公共经济学研究对象来谈谈学习公共经济学的意义。

2. 试述公共经济学的起源和发展阶段，及每一阶段的主要特点。

3. 公共经济学的研究内容包括哪些？结合公共经济学研究内容来谈谈政府职能转变实践。

4. 试通过比较公共经济学与相关学科来分析公共经济学的学科特点。

5. 公共经济学常用的研究方法有哪些？它们各有哪些优点和缺憾？

第2章

公共经济学理论基础

经济学的教训之一是相信市场能够自动实现资源的最优配置。周期性的经济危机和两次世界大战沉重地打击了市场原教旨主义。二战以后，几乎在所有的国家，公共部门都得到了扩展，人们对公共部门理论的研究兴趣也与日俱增。一位公共部门经济学家写道：

> 有很多的理由来研究公共部门。首先，人们可能只是很想了解政府运作。但是，在另外的层面上，对于各个部门经济学原理的了解将有助于我们作为一个国家去创建更有效率的政府。在代议制民主政体中，政府的一些责任扩展到全体公民，因而如果我们能更好地了解经济体中的公共部门是如何运作的，也就能够更好地形成集体选择。①

目前，几乎所有国家都实行混合经济：众多经济活动由私人企业从事，同时，政府也从事一部分经济活动。因此，现代社会的公共部门经济学研究才如此重要和有趣。

2.1 帕累托效率

经济学中最持久的一个信条是：市场可以带来有效的资源配置。但是，如果私人市场有效，那么为什么政府还要发挥经济作用呢？要回答这个问题，需要准确地理解经济效率的含义。本节的目的就在于此。

经济学家通常所说的效率是指帕累托效率（Pareto efficiency），即在某种既定的资源

① ［美］林德尔·G. 霍尔库姆：《公共经济学——政府在国家经济中的作用》，3页，北京，中国人民大学出版社，2012。

配置状态中，任何改变都不可能使至少一个人的状况变好，而又不使任何人的状况变坏。这个概念是以意大利经济学家维弗雷多·帕累托（Vilfredo Pareto，1848—1923）命名的，他在《政治经济学讲义》和《政治经济学教程》中最早给出了帕累托最优（Pareto optimality）的定义，并认为公共政策应该以此为目标。帕累托最优也被称为“经济效率”或“帕累托效率”，从一定意义上讲，这种称谓是恰当的，因为帕累托最优所涉及的仅仅是个人福利，而不是不同人的相对福利，明显不关心不平等。① 相比之下，约翰·罗尔斯（John Rawls，1921—2002）把正义（justice）作为公共政策的首要目标。他在《正义论》中写道：“正义是社会制度的首要价值，正如真理是思想体系的首要价值一样。”② 罗尔斯的分配正义观反映出了以某种补偿或再分配使所有社会成员都处于平等地位的愿望和努力，致力于维护社会最弱者的最大利益。这一社会正义论实质上也反映了现代福利国家的社会正义观。在中国，党的二十大报告强调要坚持把实现人民对美好生活的向往作为现代化建设的出发点和落脚点，着力维护和促进社会公平正义，着力促进全体人民共同富裕，坚决防止两极分化。

公共部门面临的最困难的选择是权衡取舍——特别是在提高效率与更公平地分配收入之间。下面我们主要讨论帕累托效率，它已经成为经济学界共同的效率标准。而公平标准相对来说更加多样化③，很难达成共识，当然也很难用经济学语言理论化。

2.1.1　帕累托效率及其实现条件

如果在其他人的境况不变差的情况下，没有人的境况会变得更好，具备这种特征的资源配置就是帕累托最优或者帕累托有效（Pareto efficient）。帕累托最优状态就是不可能再有更多的帕累托改进的余地。换句话说，帕累托改进是达到帕累托最优的路径和方法。帕累托最优是公平与效率的“理想王国”。④

帕累托最优状态必须满足的条件被称为帕累托最优条件，它包括交换的最优条件、生产的最优条件以及交换和生产的最优条件。可以用无差异曲线和埃奇沃思图简略地表示以上条件，有关这两个工具的思想由英国数理经济学家弗朗西斯·伊西德罗·埃奇沃思（Francis Ysidro Edgeworth，1845—1926）提出，不过其具体图形由帕累托给出。

交换的帕累托最优条件是指任何两种商品的边际替代率对于消费者都相等（$MRS_A = MRS_B$），在收入一定的情况下，也等于两种商品的价格之比。反映在埃奇沃思图中，全社会只有两个消费者 A 和 B；只有两种商品，数量分别为 X 和 Y；社会资源总量、价格既定；消费者追求效用最大化。

图 2-1 中，交换双方的无差异曲线切点的轨迹 vv' 称作交换契约线。在交换契约线上实现了交换的帕累托最优，此时不可能通过产品的重新分配使其他人的满足水平提高，而不使另外的人的满足水平下降。

---

① 参见［印］阿马蒂亚·森：《伦理学与经济学》，35～42 页，北京，商务印书馆，2000。

② John Rawls，*A Theory of Justice*，Cambridge，Harvard University Press，1971.

③ 比如自由主义者、自由意志论者和马克思主义者的公平标准就相去甚远。

④ 帕累托公平是效率意义上的公平。

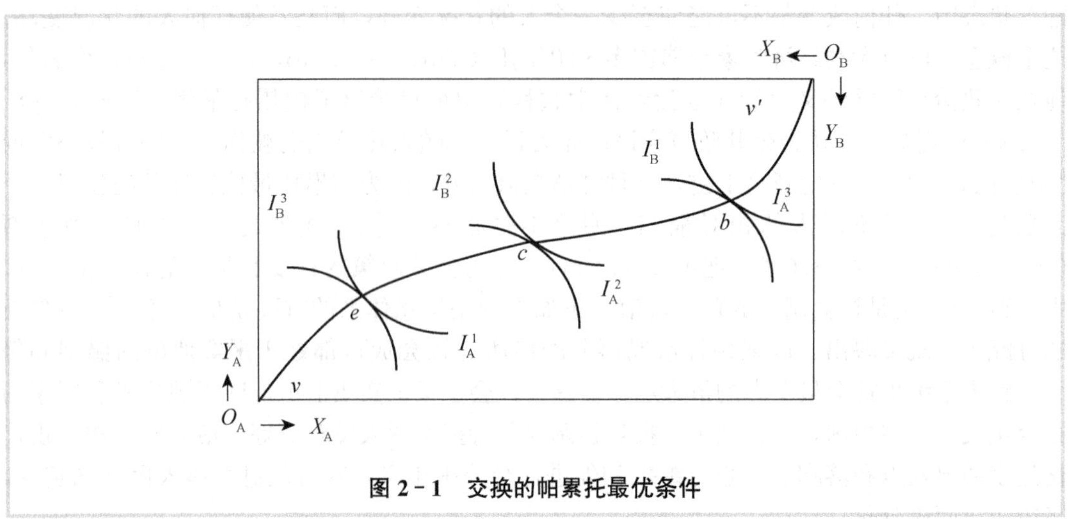

图 2-1　交换的帕累托最优条件

生产的帕累托最优条件是指在所有商品的生产中任何两种生产要素的边际技术替代率都相等（$MRTS_A = MRTS_B$），在成本一定的情况下，也等于两种生产要素的价格之比。同样地，在埃奇沃思图中，全社会只有两个生产者 C 和 D，只有两种生产要素，数量分别为 L 和 K；社会资源总量、价格既定；生产者追求利润最大化。

图 2-2 中，两个生产者的等产量曲线切点的轨迹 qq' 称作生产契约线。在生产契约线上实现了生产的帕累托最优，此时不可能通过生产要素的重新分配使一种产品产量增加，而另外一种产品产量不减少。

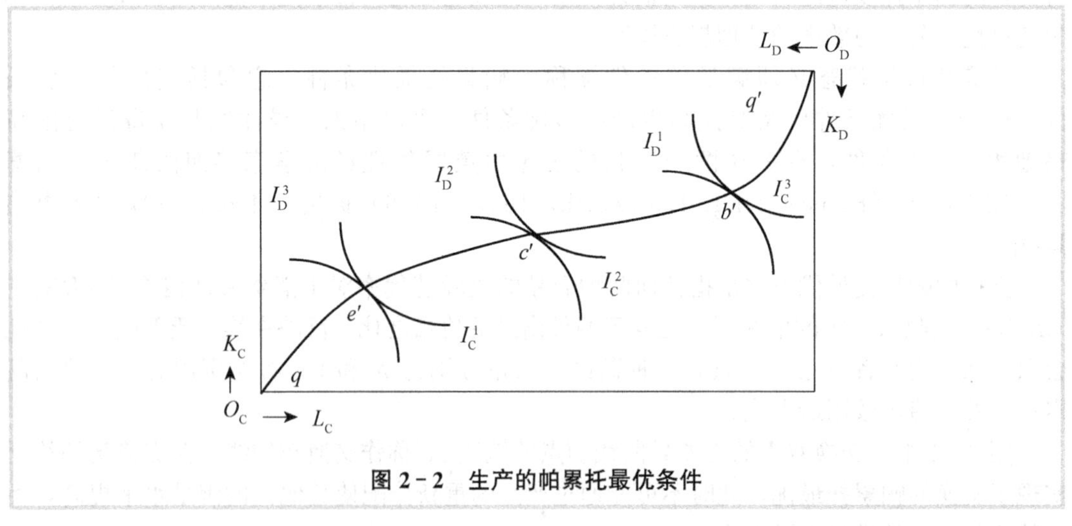

图 2-2　生产的帕累托最优条件

交换和生产的帕累托最优条件是指所有生产者生产任何两种商品的边际转换率等于所有消费者购买任何两种商品的边际替代率（$MRT_{XY} = MRS_{XY}^{A} = MRS_{XY}^{B}$）。将生产契约曲线转换到以商品为坐标量的平面直角图上便可得到转换曲线（生产可能性曲线）。生产可能性曲线是指在其他条件（如技术、要素供给等）不变的情况下，生产产品 X 与 Y 所能达到的最大产量的组合。利用生产可能性曲线和效用无差异曲线可以得到生产和交换的帕累托最优状态（见图 2-3）。

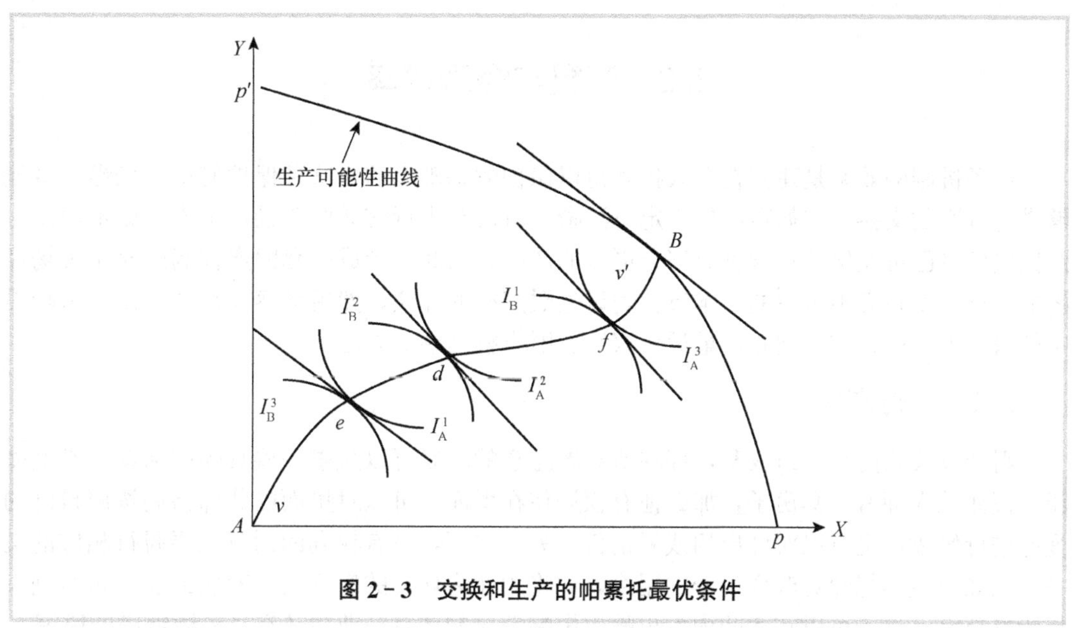

图 2-3　交换和生产的帕累托最优条件

在图 2-3 中，生产可能性曲线 pp' 与交换契约线 vv' 相交于点 B。点 e 的边际替代率与生产可能性曲线上点 B 的边际转换率相等，因为过点 e 的无差异曲线的切线与过点 B 的生产可能性曲线的切线恰好平行，因此，点 e 同时实现了交换和生产的最优。

2.1.2　福利经济学与帕累托效率

福利经济学的两个最重要的定理——第一定理和第二定理描绘了竞争性市场和帕累托效率的关系。第一定理告诉我们，如果经济是竞争均衡的（以及满足特定的其他条件）或者瓦尔拉斯均衡，则资源分配会满足帕累托效率。① 第二定理提出了相反的问题。如果我们想达到帕累托最优状态，则可以通过完全竞争市场。政府需要做的唯一的一件事，就是再分配初始财富。

福利经济学第二定理有着重要的现实含义。在分权（decentralization）式配置机制中，生产决策和消费决策是由各种各样的企业和个人做出的。相反地，在集权（centralization）式配置机制中，所有这些决策都集中在某一机构（中央计划者）手中。福利经济学第二定理指出，要实现资源的有效配置和达到合意的收入分配，不必有一个全知全能的中央计划者。以最大化利润为目标的竞争性企业，可以做到和中央计划者一样好。因此，该定理提供了依赖市场机制的主要理由。20 世纪后期中国由计划经济向市场经济转型是国际政治经济领域最重大的事件之一。1978 年，党的十一届三中全会拉开改革开放大幕，开启了社会主义现代化建设新时期。党的二十大报告明确提出构建高水平社会主义市场经济体制。

在理想条件下，竞争性市场会导致资源的帕累托最优配置，这是标准的微观经济学内容。这些理想条件主要包括：企业和家庭数量众多，但都是价格的接受者；企业和家庭均掌握了市场提供的产品及其价格的完全信息。现实经济中，支撑福利经济学第一定理的理想条件根本得不到满足，从而达不到帕累托最优，这就为来自公共部门的干预提供了理论依据。

---

① 帕累托效率未必一定是合意的。它只是表示在没有人受损的条件下不可能有人境况会改善。

2.2 产权与经济效率

市场机制的效率是建立在个人权利得以保护的基础上的，这种保护使得市场参与者能够进行自愿的交换。假如财产权界定不清晰，就没有进行交易的激励，个人也就不愿意生产比他们自己可能保护不被剥夺部分更多的产品。因此，形成一套财产权制度对于市场经济的运行来说是必不可少的。本节首先讨论财产权的性质，然后考察在财产权没有清晰界定的情况下可能存在的问题，最后考察解决财产权问题的方法。

2.2.1 财产权

财产权代表的是一组权利，即在所有者愿意的时候可以从事一些具体的活动。举例来说，假如某人拥有一套房子，那么他有权居住在里面，可以对里面的装饰格局按照自己的爱好进行修改，也可以对外出租或者销售。另一方面，享有权利的同时也要履行相应的义务。比如业主不能随意改变房子的用途，如将用途为住宅的房子改作商店或者出租给别人作为办公室，也不可以在房间内发出噪声影响邻居的休息，业主还有义务缴纳房产税等。

在市场经济中，大多数权利都是被指派给个人的，财产权是可以用来交易和出售的。如果交易价格低于双方的保留价格，那么双方都可以从这次交换中获益，这样的交换是符合帕累托改进的。如果在所有可能存在帕累托改进的地方都发生了类似的变动，那么整个经济就可能达到帕累托最优。而只有在财产权得到清晰界定的情况下，互惠的交易才能够发生。因此，要达到帕累托最优，关键在于要为所有有价值的资源建立起财产权。赋予农民更加充分的财产权益，是实现中国乡村振兴的重要抓手。党的二十大报告指出，深化农村土地制度改革，赋予农民更加充分的财产权益。

2.2.2 界定不清的财产权

经济效率的关键在于：个人有权生产某种东西，并用这种东西与他人交换在他看来有价值的资源。如果财产权界定不清，就会有人在不付费的情况下使用资源，这就带来了滥用资源的动机。而且，如果资源可以在不付费的情况下获得，也就不会有生产这些资源的动力，因为没有销售这些资源的市场。

空气污染就提供了一个由于财产权界定不清而带来资源配置无效率的典型案例。造成空气过度污染的关键问题在于没有对空气的财产权做出清晰的界定。因此，无论工厂还是汽车都将污染气体排入大气，且毫不考虑这样做给他人带来的成本。同样的分析也适用于水污染、噪声污染、野生动物过度猎杀以及一连串相关的问题。

财产权通常得不到很好的界定（参考案例 2 - 1）。因为，即便财产权得到了清晰的界定，也常常难以执行。如果得不到实施，界定也会变得没有什么价值。因此，财产权的实施能力与财产权的清晰界定二者有紧密的联系。比如，尽管有科研人员的大力帮助，但普氏野马依然被认为处在灭绝的边缘，而家马却从无灭绝之虞。原因在于家马是私有财产，牧民有保护自身财产的积极性，而野马被认为是公共财产/国家财产，公共部门缺乏足够的物质保障去保护这些野生动物，由此引来过度捕杀，产生了所谓的“公地悲剧”。

2.2.3　科斯定理

对于野生动物的保护，一些非洲国家进行了大胆的尝试。它们将一些受保护的野生动物的部分所有权授予当地居民，居民能够从野生动物的观光旅游中获益，从而有了保护境内野生动物的积极性，这也是非洲野生动物保护比较好的原因之一。上述规定财产权归属的解决办法，可以看成是更加一般化的科斯定理的特例。科斯定理是以英国经济学家罗纳德·科斯（Ronald Coase，1910—2013）命名的[①]，但其本人从未将定理写成文字。对于科斯定理，比较流行的说法是：只要财产权是明确的，并且交易成本为零或者很小，那么，无论在开始时将财产权赋予谁，市场均衡的最终结果都是有效率的。为了说明这一概念，我们来看看下面的例子，这是引自科斯文章的真实案例。[②]

某糖果制造商在生产中使用两个研钵和杵已经有许多年了。不久，某医生迁居邻近房屋内。在头几年，糖果制造商使用的机器并没有对医生造成损害，但此后医生在花园尽头紧挨制造商炉灶处造了一间诊所，他发现糖果制造商的机器发出的噪声和震动使他难以使用他的新诊所，医生便提出诉讼，要求糖果制造商停止使用机器。法院判决确定了医生享有不让糖果制造商使用机器的权利。

不过，在科斯看来，法院的判决并不是唯一的解决办法，事实上可以通过当事人之间的讨价还价达到帕累托最优状态。如果制造商支付给医生一笔钱，且其数目大于医生将诊所迁至成本较高或较不方便的地段所带来的损失，或超过医生减少在此地看病所带来的损失，或多于作为一个可能的建议而建造一堵墙以隔开噪声与震动所花的成本，医生也许愿意放弃自己的权利，允许制造商的机器继续运转。如果制造商付给医生的钱少于他改变在原地的生产方式、或停止生产、或搬迁他处所需要的费用，制造商也许会愿意这样做。问题的解决实质上依赖于他继续使用机器是否使制造商的收入增加大于给医生带来的收入减少。

现在考虑如果制造商胜诉的话，那么，他将有权继续使用有噪声和震动的机器而不必支付给医生任何赔偿费。于是，情况就要倒过来了，医生将不得不付钱给制造商以求他停止使用机器。如果医生在机器继续使用时减少的收入大于他付给制造商的费用，那么显然在由医生付钱以便制造商停止使用机器方面就大有讨价还价的余地。这就是说，不用因制造商继续使用机器而付钱给他，而是要赔偿医生因此所蒙受损失的情况（如果医生有权不让制造商使用机器的话），将变为医生想付钱给制造商以促使他不继续使用机器（如果制造商有权使用机器的话）。总而言之，无论将权利判给谁都不影响资源配置效率。但是，考虑到收入分配，权利的初始配置对于当事人福利的增减意义重大。

2.3　公共物品

政府供给的产品范围广泛，包括国防、教育、警察、消防等。部分产品，如教育，私

---

① 一般认为，科斯定理是科斯在芝加哥大学接受任职时的讲话。但科斯认为该定理是基于他 1960 年的文章《社会成本问题》，并且也不是他本人命名的。

② Ronald Coase，“The Problem of Social Cost，” *Journal of Law and Economics*，1960 (3).

人也提供；其他产品，完全由政府提供。这些产品有什么经济特性？它们与主要由私人市场提供的食品、轿车等产品怎样区分？

2.3.1 公共物品

经济学家为了区分公共物品和私人物品，常常提出以下两个标准。第一个标准，该物品是否具有竞争性消费的特征。竞争性消费是指如果某人使用一个产品，别人就不能使用该产品。比如，我买了一个蛋糕，别人就不能购买这个蛋糕了。相反，非竞争性消费指的是一个人消费不会减少或阻止他人消费的情形。满足非竞争性消费特征的消费品被称为集体消费品。对非竞争性产品收费会阻止一些人享受该产品，即使他们的消费不会增加边际成本。这样，对非竞争性产品收费反而因消费不足带来低效率。但是如果不对非竞争性产品收费，那么该产品的供给就缺少激励。在这种情况下，低效率表现为供给不足。因此，与集体消费品相关的市场失灵有两种基本形式：消费不足和供给不足。

非竞争性消费的经典例子是国防。如果政府建立军队，那么所有公民都将得到保护。一个婴儿出生或一个富翁移民美国，完全不会影响国防成本。但对于某些集体消费品来说，人数的增加会改变其集体消费品的特征。比如，当火车上的乘客较少时，增加一个人不会增加其成本。可是当火车票售罄时，为了搭载这班车乘客必须等到有人退票。

区分私人物品和公共物品的第二个标准是排他性特征。有无可能（不发生很大成本）将任何人排除在公共物品的利益之外？如果国家遭受外敌入侵，要把任何公民排除在军队保护之外都很困难。既然每个人相信无论他是否为国防出资都会从国防中收益，那么他就没有被激励为国防自愿付费，这就是为什么必须通过征税让人们为国防出资的原因。人们不是自愿为公共物品出资的现象称为搭便车问题（free rider problem）。显然，如果排他不可能，那么就不可能使用价格体系。如果不能用价格分配特定产品，那么这种产品就不可能完全由私人提供。如果必须要提供这种产品，政府就责无旁贷。

综上所述，公共物品是与私人物品相对应的一个概念，消费具有非竞争性和非排他性特征，一般不能或不能有效通过市场机制由企业和个人来提供，主要由政府来提供。

2.3.2 公共物品的分类

根据消费上的非竞争性和非排他性特征可以将公共物品分为三类（见图 2－4）。第一类是纯公共物品，即同时具有非排他性和非竞争性，最典型的是国防。第二类公共物品的特点是消费上具有非竞争性，但是却可以较轻易地做到排他，有学者将这类物品形象地称为俱乐部物品（club goods）或人工稀缺物品（artificially scarce goods），比如付费高速公路、付费电影。第三类公共物品与俱乐部物品刚好相反，即在消费上具有竞争性，但是却无法有效地排他，有学者将这类物品称为公共资源（common resources），比如公共池塘、公共牧场等。俱乐部物品和公共资源通称为“准公共物品”（quasi-public good 或 semi-public goods），即不同时具备非排他性和非竞争性。准公共物品一般具有“拥挤性”的特点，即当消费者的数目增加到某一个值后，就会出现边际成本为正的情况，而不是像纯公共物品，增加一个人的消费，边际成本为零。准公共物品到达“拥挤点”后，每增加一个人，将减少原有消费者的效用。公共物品的分类以及准公共物品“拥挤性”的特点为我们探讨公共产品供给方式的多重性提供了理论依据。

	有消费竞争性	无消费竞争性
可排他	**私人物品** 大米 衣服	**俱乐部物品** 社会保险 高速公路
不可排他	**公共资源** 空气 生物多样性	**公共物品** 公共卫生 国防

图 2-4　产品分类

只有非常少数的纯公共物品是必须由政府来提供的，比如国防。多数准公共物品可以由私人提供。对于电视和广播来说，虽然其消费具有非竞争性，但是排除一些消费者也是可能的。例如，付费电视使用电视扰频器。相比之下，公路的排他成本虽然较高，但也是可行的，只要全程封闭并且设一个入口和出口就行了。

即使是纯公共物品，也是可以由私人来提供的。现代经济中，纯公共物品的最好例子就是计算机软件了。一旦某种程序设计出来，任何人都可以使用，同时又不会减少其他人的使用价值。制造商通常会利用某种保护程序来防止程序被复制，但实践表明这没有太大的效果。但为什么像微软这样的私人软件公司却能够如此成功呢？因为微软虽然在技术上无法做到排他，但在法律上可以，尤其是对于机构使用者来说。事实上，微软公司的利润主要来自企业用户而非成千上万的家庭用户。另一个例子是灯塔。灯塔也是纯公共物品，并且也可以由私人提供。比如，一家很大的航运公司为了保障本公司轮船的安全，在轮船的必经之处建立了灯塔。其他轮船也能从中获益，但该公司对此并不介意。但由于该公司建造灯塔只是为了满足本公司轮船的需要，这会造成灯塔的供给不足。软件的使用也是如此。因此，纯公共物品虽然不排斥私人提供，但会产生供给不足问题。

2.3.3　公共物品的产量

如果公共物品由公共提供，政府应该生产多少产品呢？对于私人消费品来说，生产的最佳水平应该出现在追加生产的边际收益等于边际成本的点上。这一原则也适用于公共物品。对于一罐饮料、一包花生等私人消费品来说，生产的每一单位的效用等于个人消费的东西。所以，一罐饮料的社会价值也就等于消费者饮用的私人价值。但对于公共物品来说，生产的每一单位的价值是由所有消费者的价值累加得出的。需求曲线可以被看作“边际支付意愿”曲线。也就是说，在公共物品的每一产出水平上，个人愿意为获得 1 单位公共物品支付多少。这样，需求曲线的纵向相加就是他们的边际支付意愿之和，即所有人一起愿意为获得 1 单位公共物品支付的总量。同样可以说，由于个人需求曲线上的每一点代表了他在政府支出水平上的边际替代率，通过需求曲线纵向相加，我们就可以得到边际替代率之和（多生产 1 单位公共物品的总边际收益）。结果就是图 2-5 所示的集体需求曲线。

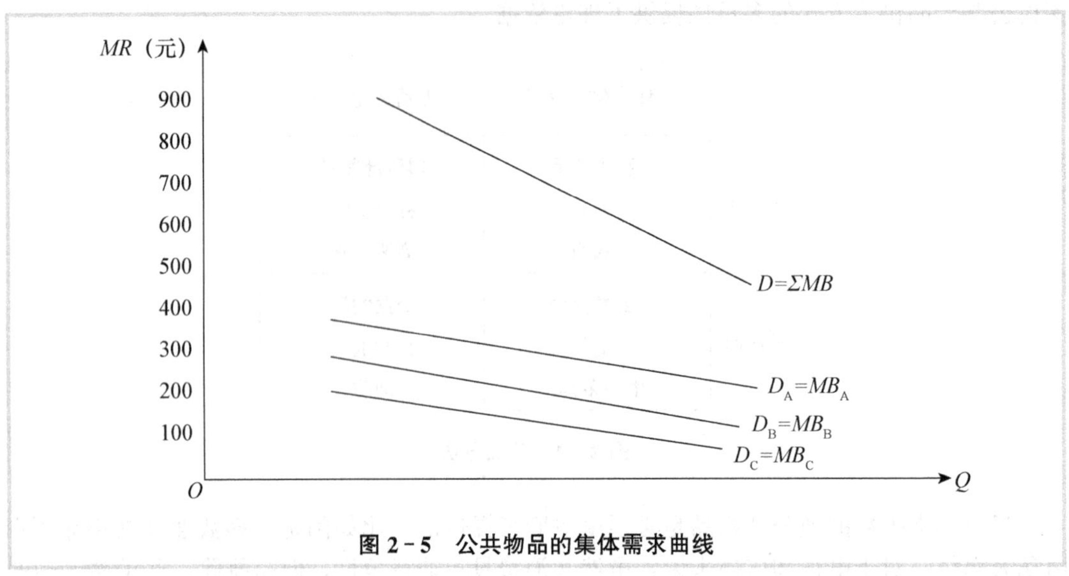

图 2-5　公共物品的集体需求曲线

图 2-5 中，D_A、D_B 和 D_C 代表的是 3 个个体对一种公共物品的需求曲线。要得到该物品的总价值，只要将这 3 个个体的价值加在一起，表现为图中的 $\sum MB$。我们可以像画私人物品的供给曲线一样画出公共物品的供给曲线。对于每一产出水平，价格代表为多生产 1 单位公共物品，需要放弃多少其他产品，即边际成本或边际转换率。在集体需求等于供给的产出水平上（图 2-6 的 e 点），边际支付意愿之和（边际替代率之和）正好等于生产的边际成本或边际转换率。由于在该点多生产 1 单位公共物品的边际收益等于边际成本，或者说边际替代率之和等于边际转换率，则公共物品的集体需求曲线和供给曲线的交点 e 给定的产出水平是帕累托效率的（见图 2-6）。

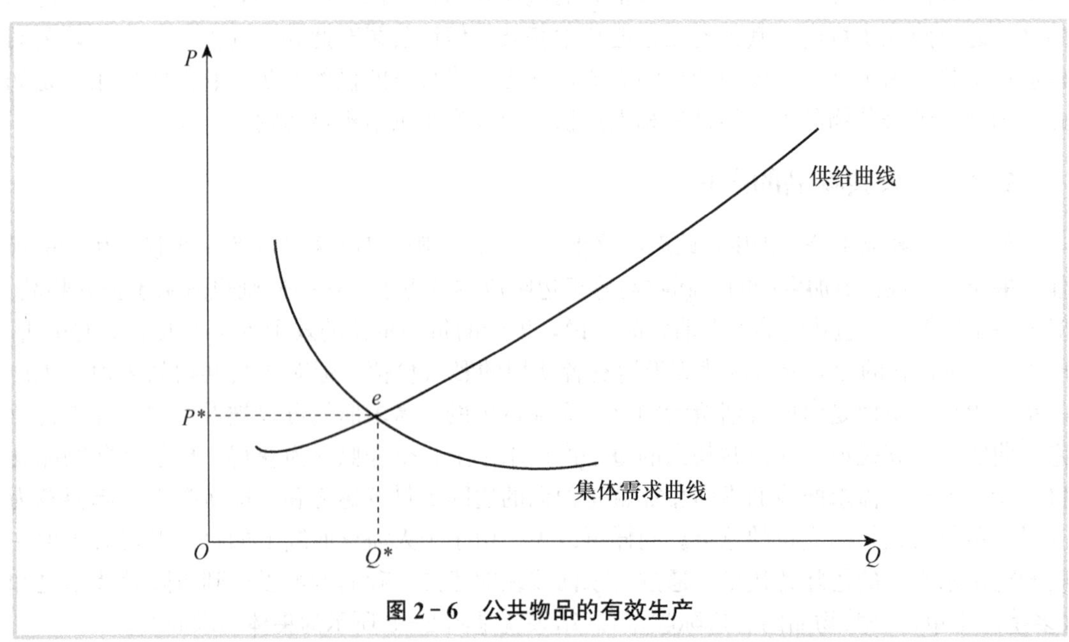

图 2-6　公共物品的有效生产

2.4 公共选择

私人市场的均衡由需求曲线和供给曲线的交点决定。价格体系会把消费者偏好变化的信息传递给企业，同时把技术变化的信息从企业传递给消费者。正如福利经济学第一定理所指出的，在竞争性经济中，价格体系导致资源配置是有效率的。公共部门的资源配置与此完全不同，公共物品支出通过政治程序决定。人们投票选出代表，而后公共代表对公共预算进行投票。

2.4.1 个人的公共物品偏好

集体决策很难，因为不同的人对于应该在公共物品上花多少钱有不同的看法。个人看法不同的原因有很多，首先是偏好不同，其次是收入和相应的税收不同。富人收入较高，通常在所有商品上花的钱都多，包括公共物品和私人物品。但是，当政府在公共物品上多开支时，富人所承担的额外成本的份额通常较大。就私人物品而言，穷人和富人一般支付相同的价格；就公共物品而言，富人实际上要支付较高的价格。税收价格（tax price）是指当政府支出增加一元时，个人必须支付的额外金额。税收价格乘以政府总支出等于个人支付的税收。较高的税收价格意味着富人希望的公共物品支出水平要低。

假设经济体的总人口为 N。在均一税（flat tax）下，不管收入是多少，每个人要支付同样的数量，于是税收价格为 $1/N$，纳税额为 G/N，G 为政府支出。在比例税（proportional tax）下，每个人按相同的百分比纳税。$\bar{Y}$ 为平均收入，那么 $N\bar{Y}$ 为总收入；如果税率为 t，那么 $tN\bar{Y}$ 就是支付总收入，它等于政府支出 G：

$$G=tN\bar{Y}$$

税率是：

$$t=G/N\bar{Y}$$

收入为 Y_i 的人的纳税额是：

$$tY_i=GY_i/N\bar{Y}$$

于是，具有平均收入（$Y_i=\bar{Y}$）的个人税收价格为 $1/N$，高于平均收入的个人面对的是较高的税收收入，低于平均收入的个人面对的是较低的税收价格。

均一税下，只有收入效应，所以高收入者更喜欢较高的公共支出水平。在比例税下，穷人面对的是较低的税收价格，偏好的公共物品支出水平较高，但穷人收入较低又会导致较低的公共物品需求，因此，净效应不明确。在累进税（progressive tax）下，低收入者面对的税收价格比在比例税下的低，因此，他们喜欢的支出水平高于在比例税下的支出水平。

在私人市场上，决策以个人为基础做出。相反，在公共部门，决策是集体做出的。只要有集体决策，就有协调意见分歧的问题。如果是独裁社会，独裁者的偏好占优。但是民主社会中没有这么容易的答案。许多不同的投票规则已经被提出，包括全体一致投票、简单多数投票和 2/3 多数投票。

2.4.2 投票悖论和阿罗不可能定理

多数投票均衡要求有一个备选方案在和其他任何备选方案比较时都能得到多数。当有不止两个备选方案时，有时多数投票不能得出明确的结果，这被称为投票悖论（voting paradox）或孔多塞悖论（Condorcet's paradox），由 18 世纪法国思想家孔多塞（Condorcet，1743—1794）提出。下面的一个简单例子可以说明这一悖论：有三个投票人 1、2、3 和三种备选方案 A、B、C。投票人 1 的偏好关系如下：A>B>C。投票人 2 的偏好关系如下：C>A>B。投票人 3 的偏好关系如下：B>C>A。假定我们对 A 和 B 进行投票。投票人 1 和投票人 2 选择 A，A 获胜。相比之下，B、C 对决，投票人 1 和投票人 3 更偏好 B。A、C 对决，投票人 2 和投票人 3 更偏好 C。可见，多数规则（majority rule）下没有明确的赢家。

为了避免投票循环，民主社会常常按照投票顺序进行决策。例如，先让 A、B 进行比较，胜者再与 C 进行比较，没有进一步的角逐，此时 C 会最终获胜。在这种情况下，控制议程——投票次序至关重要。但是，如果人们知道有某种特定的投票次序，他们就会想进行策略投票。也就是说，在第一轮投票时，投票者考虑到最终的均衡结果，可能不会按真实偏好投票。他可能投票支持 B，即使他更偏好 A，因为他知道 C、B 对决时，B 会胜出，而 A、C 对决时，C 会获胜。由于与 C 相比，他更偏好 B，所以他就投票支持 B。

投票循环以及由此引起的策略性投票显然不能令人满意。人们自然会问：是否有其他政治机制可以解决这个问题？肯尼斯·阿罗（Kenneth Arrow，1921— ）指出，在非独裁的情况下，不存在可以满足所有这些理想特征的规则，这一定理被称为阿罗不可能定理。更具体地说，阿罗认为，任何一个理想制度，或者说社会福利函数应该具有如下特征①：

第一，帕累托效率原则或全体一致（unanimity）原则。如果所有人都偏好 A 胜于 B，则社会也偏好 A 胜于 B。

第二，非独裁（non-dictatorship）选择。社会偏好不应由一个人或者少数人的偏好所决定。

第三，独立于无关的备选方案（independence of irrelevant alternatives）。X 和 Y 之间的社会偏好应该仅仅依赖于 X 和 Y 的个体偏好。例如，如果学生保送上大学时就清华大学和北京大学进行选择，结果不应该取决于是否有第三个备选方案（例如香港大学）。

第四，不受限的（unrestricted domain 或 universality）定义域。它适用于所有可能的个人偏好类型。具体来说，对于任何一群个体选民的偏好，社会福利函数应该产生唯一且完备的社会选择排序。

阿罗指出，满足上述四个条件且具有传递性偏好次序的社会福利函数不存在，多数规

① K. J. Arrow, "A Difficulty in the Concept of Social Welfare," *Journal of Political Economy*, 1950, 58 (4).

则的一个根本缺陷就是在实际决策中往往导致循环投票。

尽管阿罗不可能定理表明，不存在总能满足上述社会选择机制理想特征的投票规则，但在有些情况下，简单多数投票制度的确能够产生明确的结果。当效用水平是公共物品支出水平的函数并且每个人的偏好轮廓都有一个单峰时，就足以保证多数投票均衡的存在。举例来说，当偏好是单峰时，我们可以按照人们对公共物品支出的偏好水平进行排序，即从偏好最少到偏好最多的人排序。在这种情况下，中间的人将最终获胜。中间的人是指有一半人比他偏好少，另一半人比他偏好多的人。表 2－1 中的 C 就是中间投票人。C 获胜的原因很简单：任何低于 10 000 元的支出水平和 10 000 元对决，C 和所有想要超过 10 000 元的人会支持 10 000 元。同样地，任何高于 10 000 元的支出水平和 10 000 元对决，C 和所有想要低过 10 000 元的人又会支持 10 000 元。因此，多数投票结果对应于中间投票人的偏好。

表 2－1　　偏好的公共物品支出水平

A	B	C	D	E
6 000	8 000	10 000	12 000	14 000

由于中间投票人可以决定公共物品的支出水平，为了确定支出是太多还是太少，我们只需要考察他如何投票就可以看出效率水平。假定中间投票人只比较他得到的收益和承担的成本，那么公共物品支出是太多还是太少，取决于他的成本占总成本的份额低于还是高于他的收益占总收益的份额。

为了说明这一点，假定经济体有 N 个人。均一税下，每个人的税收价格是 $1/N$，那么中间投票人得到总边际收益的 $1/N$，承担 $1/N$ 的总成本。在比例税下，税收价格是 $Y_m/N\bar{Y}$，其中 Y_m 是中间投票人的收入，$\bar{Y}$ 是平均收入。实行累进税，税收价格会更低。由于存在一些非常富有的人，收入分配是非对称的，中间投票人的收入会低于平均收入，即 $Y_m<\bar{Y}$，他的成本份额比收益份额要小，因此会投票支持过度支出，即边际收益之和小于社会总边际成本的支出水平。因此，实行比例税制或累进税制，多数投票将造成公共物品的过度供给。

2.4.3 林达尔均衡

前面讲过多数投票可能没有确定性的结果。即使有，也可能不是有效的，投票人可能进行策略性投票，不表露他们的真实偏好。虽然没有理想的制度，但有没有解决某一个问题的制度？经济学家一直在寻找这样的可供选择的制度。最有名的是林达尔均衡，它是以瑞典经济学家埃里克·林达尔（1891—1960）命名的。林达尔认为，如果每一个社会成员都按其所获得的公共物品或服务的边际效益的大小来分担费用，则公共物品或服务的供给就可以达到最佳或高效率配置，这种状态被称为“林达尔均衡”。图 2－7 说明了林达尔均衡。图中个人 1 和个人 2 的需求曲线纵向相加，得到集体需求曲线。在供给曲线上，价格衡量的是边际生产成本。林达尔均衡出现在集体需求曲线和供给曲线的交点 Q^* 上。在均衡点，边际收益之和刚好等于边际成本，因此，林达尔均衡是帕累托均衡。

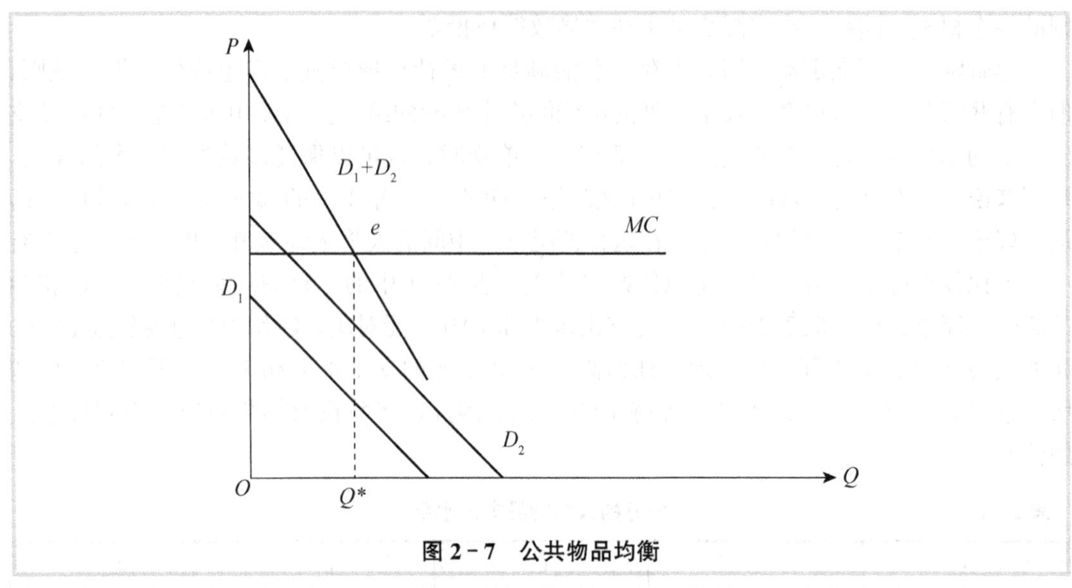

图 2-7 公共物品均衡

对林达尔均衡有很多批评，其中最有力的批评是人们没有说真话的激励，因为他们的税收价格会随着他们说出来的需求的增加而上升。也就是说，他们说出来的需求越高，公共物品的均衡支出就越高。但是，如果他们了解林达尔机制，就不会真实地表露他们的需求。

2.5 寻租理论

如果将政治决策过程看作市场，那么，有效率的结果应该来自对利益群体各种需求的权衡。的确，我们注意到，每个人都可以参加公共部门的讨价还价过程，这种情况是真实的。然而，特殊利益群体会更强有力地提出它们的需求，因为它们有着集中的利益，且有很强的利益驱动参与讨价还价，这要由普通大众付出代价（每个人付出的代价很小）以支持每个特殊利益群体的项目。如果情况仅仅是资源的转移，那么，这样的过程可能只是再分配，而不是低效率的。然而，特殊利益群体利用资源是为了取得它们的收益，因而从社会的观点看，这种支出是一种资源的浪费。

2.5.1 寻租

让我们来看这样一个例子。有一个行业协会游说政府，要求对一些竞争性进口产品征收关税。这种限制抬高了国内产品的价格，从而为国内的厂商创造了利润。该行业协会所利用的游说团、律师以及其他雇员都是宝贵的资源，当然这其中也包括他们自己的努力，这些本来都是可以用于生产活动的，不仅可以给他们自己带来收益，而且会增加该经济体的总产出。事实上，他们是在利用宝贵的资源来谋取私人利益，却让市场的其他参与者去承担成本。从社会的观点看，这种通过政治过程来寻求社会资源转移的支出纯粹是资源的浪费。

戈登·塔洛克（Gordon Tullock，1922—2014）最早提出了上述观点，安·克鲁格（Anne Krueger，1934—　）将其加以概念化。根据克鲁格的定义，术语“寻租”（rent seeking）是指人们凭借政府保护而进行的寻求财富转移的活动。不过，在这样的意义上来使用“寻租”这个词，最早可以上溯到大卫·李嘉图（David Ricardo，1772—1823）。李嘉图认为，工资与利润都是生产性的。没有工资，人们就不去工作，而将时间花费在闲暇上；同样，没有利润，就不能吸引资本的投资，人们就会尽量把资源消费掉。但是，土地则没有别的选择。李嘉图由此得出结论，为土地使用支付的地租是非生产性的。他在《政治经济学及赋税原理》中写道：“地租再生产没有给社会增加绝对利益，只不过是一个阶级牺牲另一个阶级的利益而获利罢了。”[①] 对于李嘉图的地租理念，我们当然可以提出质疑，因为地租有助于土地的合理使用，并有助于将土地资源配置到最具价值的使用领域。但是，寻租这个词还是有其用途的。它可以被用于这样的场合，即为了私人的利益而支付生产要素的成本，而这些要素对社会总产出没有什么帮助。这种情况适用于游说团体为了特殊利益群体的收益而从事的活动。这些人本来可以生产某种东西，增加社会总产出，可是他们却利用资源来将其他人的利益转移给雇用他们来游说的人。

2.5.2　寻租的福利成本

寻租的福利成本是什么？我们可以用图形来对此问题进行分析。图 2-8 显示了寻租的潜在结果。该图首先假定了一个具有固定边际成本的竞争性市场，*MC* 是相关产业的供给曲线。如果在其中引入壁垒，比方说价格支持或者其他的因素，就会使价格上涨（P^* 涨到 P'）、产量受到限制（Q^* 降到 Q'），所形成的垄断将给传统意义上的福利造成损失。阴影 Δabc 代表了市场收缩造成的损失。此外，还会形成相当于矩形的垄断利润。不过，这一分析还是忽略了用于寻租开支的资源。

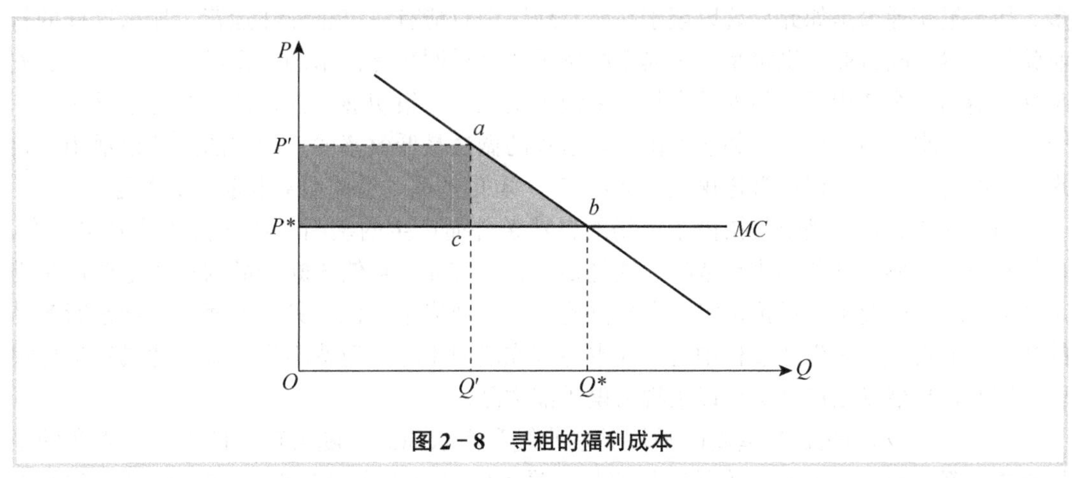

图 2-8　寻租的福利成本

与市场竞争一样，在政治竞争中，也会出现一些企业击败另一些企业的情况。因此，

① ［英］李嘉图：《政治经济学及赋税原理》，50 页，北京，华夏出版社，2005。

有些企业可以从寻租中获得的收益远远超过它们对此的付出。另一些企业为确保自身利益可能也付出了巨大的费用，但最终却一无所获。在这样的情况下，寻租活动的损失大大超过了其所获得的收益。按平均水平计算，这样的寻租造成的福利成本究竟会有多大呢？如果大多数企业都参与寻租活动，并从中获得了高出其寻租支出的多于常规的利润，那么，这将鼓励它们去从事寻租活动，就好比利润会激励企业从事任何活动一样。因此，寻租的开支也会增加，直到寻租收益达到常规回报的水平。同样，如果就平均水平来说，寻租是一种赔本的买卖，那就会激励企业退出竞争，直到寻租收益达到常规回报的水平。因此，就像在任何市场中一样，会有一些企业进入寻租，也会有一些企业退出寻租，最终达到寻租收入与经济中其他活动回报的平衡点。这类竞争性政治过程表明，寻租的福利成本大约等于政府给予的寻租收益。

2.6 自然垄断

只有在理想条件下，经济才能够达到帕累托效率。市场无法实现帕累托效率有六个重要条件，包括竞争失灵、公共物品、外部性、不完全市场、信息失灵以及宏观层面的失业、通货膨胀与失衡。尽管市场失灵在某种程度上提供了政府干预的理由，但市场失灵本身并没有提供公共生产的依据。许多公共物品是私人生产的，但也有许多私人物品是公共生产的。

2.6.1 自然垄断

导致私人物品公共生产的最重要市场失灵源于非竞争性市场。市场可能不具有竞争性的常见原因是规模报酬递增的存在。在这种情形中，实现经济效率要求企业的数量不能太多。如果报酬递增是如此显著以至于在所有地区中只能有一家企业在运营，那么这样的行业就是自然垄断行业。供水是一个典型的例子。管道网络是供水的主要成本，一旦管道安装好，增加一个使用者的额外成本相对来说无足轻重。很明显，并排的两个管道网络，一个向这家供水，另一个向其邻居家供水，这种的做法是低效率的。同样的道理也适用于自来水、电力、燃气（包括管道煤气和天然气）、电信产品、铁路服务和航空服务等。

简单地说，自然垄断是指由于市场的自然条件而产生的垄断。从社会产品分类来看，自然垄断产品属于准公共物品范畴。这是因为，一方面，自然垄断产品的消费主要用于满足私人需求，因此可通过价格机制实现排他，且排他成本较低；另一方面，自然垄断产品的技术特征决定了其生产过程中边际成本为零或趋向于零，消费不具有竞争性或竞争性很弱。因此，自然垄断产品又可以被视为俱乐部物品。

图 2-9 显示的是自然垄断的平均成本曲线和需求曲线。随着产量的增加，生产的平均成本下降，只有一家企业才是有效率的。最大的可行性产出是 Q_r，在这点平均收益曲线与平均成本曲线相交，利润为零。市场效率要求价格等于边际成本，此时，产量为 Q_c。但是，当平均成本递减引起边际成本低于平均成本时，生产者就会遭受损失。因此，如果自然垄断企业要做到盈亏平衡，生产者必然收取超过边际成本的价格。

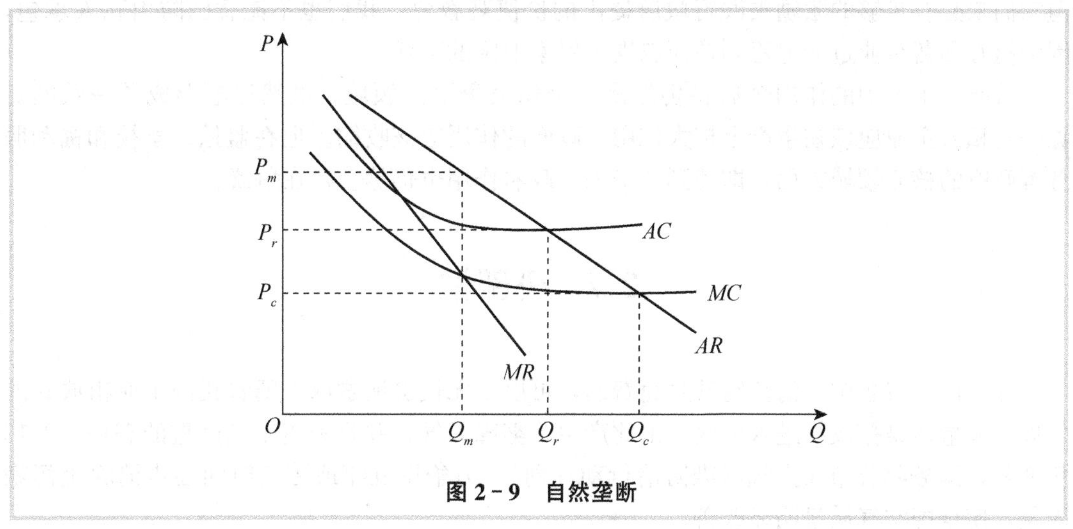

图 2-9 自然垄断

如果存在有效的潜在竞争，零利润点（产量为 Q_r）正好是自然垄断行业可以运营的点。但是由于所有自然垄断都存在巨额的沉没成本[①]，不担心其他企业进入的垄断者会索取利润最大化的价格 P_m（产量为 Q_m）。单个企业控制了市场会使人们担心垄断者会剥削消费者，这就需要政府进行干预。

2.6.2 对自然垄断的外部干预

政府可以通过给该行业提供补贴使企业产量达到效率水平，但这要求政府对企业的成本和收益状况有足够了解。另一种方式是由政府接管生产。但有越来越多的人认为，政府经营生产做得不好。与其自己生产产品，不如让私人部门生产，同时管制价格。而且，政府可以用补贴鼓励企业增加产量或扩大服务。

提出用管制和补贴作为市场失灵补救办法的人相信，公共部门效率比私人企业要低。其理由与个人和企业层次的激励约束有关。的确，公共部门存在一系列抑制效率的约束，表现在雇佣和晋升、采购、长期投资的预算编制等方面。虽然所有这些可能都是好的理由，但是企业不是一定要交给私人部门才能解决这些难题。已经实验了多种形式的介于传统的公共机构与私人企业之间的组织，包括国有公司（state-owned enterprise，SOE）和基于绩效的组织（performance-based organization）。有许多政府公司的例子，如邮政局、铁道总公司和各种能源公司、矿业公司、电信公司、军工企业、烟草公司等。基于绩效的组织是仍然保持在公共部门内的政府机构，但是这些机构的官员根据绩效获得回报。比如英国的专利局、美国的航空交通组织（Air Traffic Organization，ATO）。[②]

公共生产的另一个理由与价值观有关。私人企业可能不会很好地实现公共目标，即使通过管制也做不到。尽管私立学校在培养学生技能、考试能力方面可能比公立学校更好，

---

① 指由于过去的决策已经发生了的，而不能由现在或将来的任何决策改变的成本。

② ATO 成立于 2000 年，隶属于联邦航空管理局（Federal Aviation Administration，FAA），职责是指导和管理日常的美国空中交通管制系统。2015 年，美国国会针对 ATO 是私有化还是继续由政府运营发生了激烈的争论。

但它们未必有足够的激励去践行政府提出的价值观教育。我们也不愿意国防由私人承包，因为担心私营企业过分追逐利益而忽视了保家卫国的责任。

政府在生产中的作用今后将仍然是一个积极争论的领域。虽然逐渐形成了一致的意见——私人企业应该在生产上扩大作用，政府的作用应该收缩。但在监狱、学校和福利服务等政府的核心领域方面，即使到了未来，政府作用也仍然会存在争议。

2.7 外部性

在人们的观念中，清洁空气是免费的，可以毫无代价地索取。随着我国工业粗放式的发展，大量污染排放物进入大气，由此产生了雾霾天气，并且呈越来越严重的态势。2013年9月，国务院公布《大气污染防治行动计划》，力争用五年或更长时间逐步消除重污染天气，使全国空气质量明显改善。

2.7.1 外部性问题

大气污染只是范围更为广泛的外部性的一个例子。只要个人或企业从事的行动对另一个人或企业有影响，后者并没有因此付费或收费，那么我们就说存在外部性。受外部性影响的市场结果是低效率的资源配置。亨利·西奇威克（Henry Sidgwick，1838—1900）最早表达了外部性的思想，阿瑟·赛斯尔·皮古（Arthur Cecil Pigou，1877—1959）将其概念正式表述了出来。

在某些情形中，个人或企业的行动会给其他人带来无偿的收益，这被称作正外部性，如在房子附近种植鲜花、保持房子周围整洁、雪天及时清理积雪等。对他人产生不利影响的行为被称为负外部性。存在外部性的商品会生产过度。在图2-10中，需求曲线反映多生产1单位商品A的个别边际收益，而供给曲线反映多生产1单位商品A的边际成本。在两条曲线的交点，边际收益等于边际成本，产量为Q'。现在，有了外部性，该行业的供给曲线反映的不是边际社会成本（MSC），而是边际私人成本（MPC）——由生产者直接

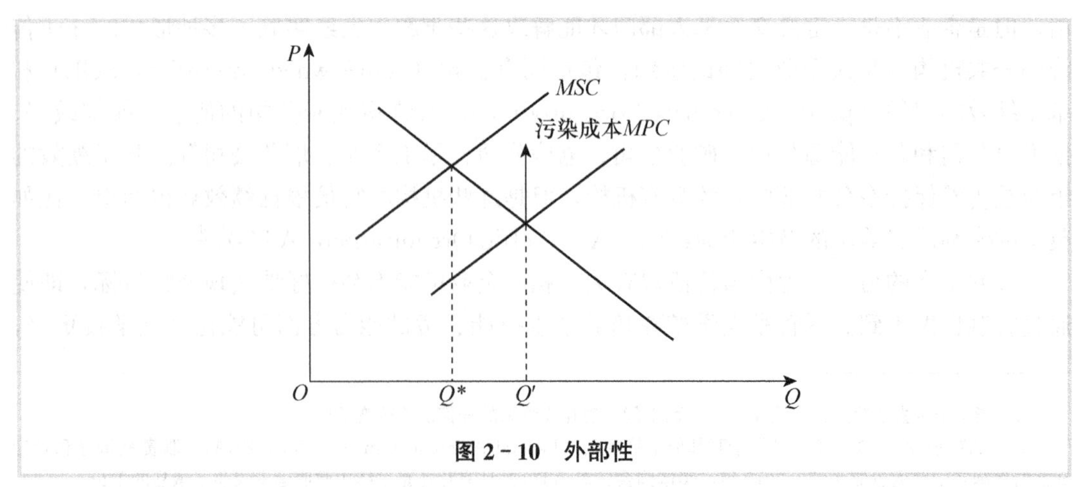

图2-10 外部性

承担的成本。边际社会成本曲线高于该行业的供给曲线。由于效率要求增加产出的边际社会成本等于边际收益，所以产量为边际社会成本曲线与需求曲线的交点 Q^* 。在该点，生产的有效水平低于市场均衡水平。

2.7.2　外部性的私人解决办法

在一定条件下，市场可以在没有政府的帮助下解决外部性问题。通过形成充分规模的各种经济单位，可以使任何行动的大部分结果都发生在特定单位的内部，从而实现外部性的内部化（internalize）。这是最简单的可行途径。假设一个小区相邻的人家共享一条通往街道的小路，每家的生活质量都受到其他家庭保养小路努力程度的影响。这些家庭可以集体决定——影响所有人的设施的维修应该集体进行。他们形成一个合作委员会，签署集体协议，共同承担维修成本。邻居们通过集体协议来处理相互施加的外部性，向整个群体提供"公共物品"。

外部性往往也可以通过产权的适当安排得到解决。产权能够赋予特定的个人控制某些资产，从而得到财产使用费的权利。例如，同一房间里有吸烟者和非吸烟者，如果非吸烟者的损失超过了吸烟者的所得，那么，非吸烟者可以集中起来要求吸烟者不要吸烟并给予补偿。

当产权没有完全界定时，法律制度可以防止外部性的产生。法律一般不允许一方伤害另一方，这里的伤害也包括施加给其他人的经济成本。公益诉讼是解决"公地悲剧"的一种诉讼手段。现代西方国家，尤其是美国，公益诉讼制度已相当地完善和成熟。2012 年我国《民事诉讼法》修改中特别新增加了关于民事公益诉讼的规定，该法第五十五条规定：对污染环境、侵害众多消费合法权益等损害社会公共利益的行为，法律规定的机关和有关组织可以向人民法院提起诉讼。在案例 2－2 中，就是由环保志愿者协会起诉了污染企业。

市场解决方法在很多情况下会失灵。首先，与公共物品有关。如果非吸烟者集中在一起补偿吸烟者不吸烟，那么这和付款让任何一个非吸烟者声称他不在乎其他人吸烟没什么两样，很多人会努力成为一个搭便车者。其次，与不完全信息有关。吸烟者会努力说服非吸烟者，如果要让他们不吸烟，就要提供许多补偿。在任何这样的讨价还价的情形中，一方为了得到更多，很可能会冒不能达成对彼此都有利的协议的风险。最后，与交易成本有关。这是司法程序解决外部性问题的主要不利之处。许多外部性牵涉到的损失可能太小，不足以成为起诉的理由。由于产生外部性的人知道这一点，他们可能倾向于把所造成的外部性一直增加到受损方起诉合算的这一点，从而带来了相当大的低效率。而且大多数诉讼的结果也有一些不明确之处。如果诉讼成本大，不确定性会进一步阻止个人考虑通过法院体系解决外部性的问题。因此，对于法律补救方法，实际上存在使用差别，穷人可能无法或者不愿意承担诉讼风险，而富人会热衷于诉讼方法。

2.7.3　外部性的公共部门解决方法

市场解决方法的失灵要求公共部门介入。公共部门解决环境外部性的办法分为两大类：基于市场的解决办法和直接管制。基于市场的解决办法有三种形式：罚款和税收、给治理污染补贴以及可交易的许可证。

罚款和税收可以使得边际私人成本等于边际社会成本，边际私人收益等于边际社会收益。但实行罚款，政府可能无法确定企业会选择的排放水平。如果污染水平太高，政府将不得不提高罚款，但找到合适的“价格”要花很长时间。

政府也可以不对污染课税，而是给治理污染的支出提供补贴。补贴的数额等于治理污染的边际社会收益与企业的边际私人收益之差时，可以达到治理污染支出的有效水平，但是不能达到社会资源的有效配置。理由很简单：补贴降低了生产的总边际社会成本，但较低污染的收益超过了这些成本，从而有补贴的最优产出水平大于企业没有补贴时的最优产出水平。

一种流行程度不断提高的基于市场的解决办法是可交易的许可证，它能够限制企业可以排放的污染水平。例如，每个企业被允许每年排放一定限额的污染，一个没有用完限额的公司可以出售部分许可证给其他想要扩大排放污染的企业。只要降低污染的边际成本大于许可证的市场价格，企业就愿意购买许可证。这样，在均衡中，每个企业会将污染降低到一个水平，以使减污的边际成本等于许可证的市场价格。与罚款相比，可交易的许可证优势在于政府可以确定企业会选择的排放水平的总量。实行可交易的许可证有两个困难。第一个问题是初始安排的规定。合理的初始安排必须能够反映企业的当前产出需要，也要反映企业当前的技术状况。第二个问题更复杂。可交易的许可证只有在污染的位置没有什么差别的地方实施效果良好，这就限制了该制度在大范围内推广的可能性。

大多数经济学家倾向于支持基于市场的解决办法，但是政府传统上更依赖直接管制。比如，确定汽车的排放标准，颁布关于有毒化学物质的具体管制办法，对捕鱼和狩猎进行限制以减少过度利用这些共有资源带来的低效率。管制的支持者认为，管制的确定性更大：如果企业被禁止排放超过一定水平的污染到水中，那么人们知道最大的污染水平是多少；而实行罚款，污染水平则取决于降低污染水平的成本。但罚款的提倡者认为，罚款可以通过简单的调整，引导企业把污染水平降到合意水平。实际上，对管制的主要批评是管制不能以最有效的方式降低污染，因为不同企业可能面对治理污染的不同边际成本。而且，管制通常很少或几乎没有给企业提供激励，以确保企业将污染降低到已经设定的水平以下，不论这样做的成本有多低。

本章小结

1. 经济学家通常所说的效率就是帕累托效率。如果财产权界定不清，会带来资源配置无效率。

2. 区分公共物品和私人物品有两个标准：消费是否具有竞争性和是否具有排他性。公共物品的需求是由所有消费者的价值累加得出的。公共物品供给的集体决策大致有两套程序，即多数投票和林达尔均衡。

3. 寻租是指人们凭借政府保护而进行的寻求社会资源转移的活动，而这些活动对社会总产出没有什么帮助。与市场竞争一样，寻租过程中不同企业的竞争使得寻租的福利成本达到常规回报的水平。

4. 规模报酬递增的存在产生了自然垄断。如果自然垄断企业要做到盈亏平衡，生产者必然收取超过边际成本的价格。对自然垄断的政府干预手段包括管制、补贴和公共生产。

5. 只要个人或企业从事的行动对另一个人或企业有影响，后者并没有因此付费或收费，那么我们说存在外部性。受外部性影响的市场结果是低效率的资源配置。环境污染外部性的私人解决办法包括内部化外部性、赋予产权（科斯定理）和运用法律制度。公共部门解决办法包括罚款和税收、给治理污染补贴以及可交易的许可证。

关键术语

帕累托效率　财产权　公共物品　科斯定理　税收价格　投票悖论　林达尔均衡　寻租　自然垄断　外部性

复习思考题

1. 什么是纯公共物品？与私人物品有哪些区别？
2. 什么是林达尔均衡？
3. 试述市场失灵的表现。
4. 举例说明负的外部效应与正的外部效应对资源配置效率的影响。
5. 税收和财政补贴治理污染的作用机制有何不同？

案例分析

案例 2－1　乌木的归属

2013 年 2 月，四川彭州通济镇农民吴高亮无意中在自家承包地里挖出了七根乌木，被通济镇政府强行收归国有。为了争夺乌木的所有权，吴高亮和通济镇政府开始对簿公堂。吴高亮以《物权法》第一百一十四条为主要依据，其中规定："拾得漂流物、发现埋藏物或者隐藏物的，参照拾得遗失物的有关规定。"所以，法律没有规定的国家动植物资源，就不属于国家所有，而是属于埋藏物。就是说，这些乌木应该不属于国有，应属于发现者。通济镇政府主张乌木国有的依据是《民法通则》第七十九条，即"所有人不明的埋藏物、隐藏物，归国家所有"。吴高亮质疑镇政府的逻辑，"如果说这些乌木归国家所有，那现在市场上的乌木是不是都归国家所有，经营者是否都要上缴"。

法律专家各有说法，分歧之一是乌木究竟属于埋藏物、隐藏物、无主物还是天然孳息，主要分歧在于法律依据是适用于《民法通则》还是《物权法》。

中国政法大学教授柳经纬表示，此事件中乌木应该归发现者所有。他提出，《物权法》中对哪些事物产权属于国家做了列举式规定，而这些列举式规定应该做限定解释。"只有符合法律中列举的情况时，财产才属于国家。列举情况之外的，国家不对其拥有所有权"。他认为，由于乌木的所有权在现行法律中并无明确规定，因此适用于民法原理的"先占原则"，即无主之物，谁发现就归谁。中国政法大学教授李显冬表达了同样的观点："就像采蘑菇、挖奇石，也没听说这些东西都是归国家所有。"

但是，中国著名民法学家、《物权法》核心起草人梁慧星教授认为，此事适用于《物权法》第一百一十六条的规定："天然孳息，由所有权人取得；既有所有权人又有用益物权人的，由用益物权人取得。"他称，用益物权人是国家，所以乌木该归国家所有。

对此，柳经纬不认同："讨论孳息就必须要有原物，没有原物就不能称作孳息。果树结果，果子是孳息，果树是原物；母牛产小牛，小牛是孳息。但是乌木就找不到原物，因此不能认为是孳息。"

前不久新华网组织的一次网上相关调查也显示，近六成网友认为，乌木应归发现者所有。民意如此偏向一边，不知道能说明些什么？

资料来源：《教授：法律未明确规定乌木所有权　谁发现就归谁》，见搜狐网，2015-07-03。有删减。

思考：当从法律的角度无法判断乌木归属时，我们是否可以从经济效率的角度判断乌木的归属？

案例 2-2　大连首起环境污染民事诉讼结案

2015 年 2 月，大连市检察院与大连市环保局进行工作沟通过程中发现大连日牵公司未经环保审批，私自上马投产铁箱制造项目。该项目产生的废水属于《国家危险废物名录》列明的危险废物，属法律规定的有毒物质，对周边环境资源造成严重且不可逆的污染损害。

3 月至 6 月，大连市检察院会同大连市环保局监察支队对违法排污企业实地进行勘查，走访多家单位，调取相关资料，确认其违法排污事实及证据。同时，大连市检察院咨询环保界专家，对企业的排污事实定量、破坏环境严重程度、修复生态环境费用计算方式进行详尽考证，确立提起民事诉讼的理论基础和计算依据。

6 月 4 日，大连市检察院决定，对大连市环保志愿者协会起诉大连日牵公司涉嫌违法排放有毒物质并向其索赔用于修复环境相关费用共计 722 万余元的诉讼请求给予支持。

诉讼过程中，针对环境诉讼案件的特殊性，大连市检察院积极配合法院促成调解结案。12 月 23 日，经大连市中级人民法院调解，污染企业赔偿环保组织 200 万元用于支付修复环境等环保费用，此款项将存放于环境公益专门账户中，先期 100 万元赔偿款已支付到位。

大连市检察院相关部门负责人表示，该案不仅震慑和惩治了环境违法行为，也向仍在以污染环境为代价、只谋求经济效益的企业敲响了警钟。同时，该案的办理对检察机关继续开展环境保护领域内的民事诉讼起到了借鉴意义。

资料来源：《大连：首起环境污染民事诉讼案调解结案　污染企业赔偿 200 万元》，见新华网，2015-12-30。有删减。

思考：本例中诉讼代表人是环保组织吗？为什么？你觉得应该如何选择诉讼代表人？

第3章

公共经济部门

我们的生活从摇篮到坟墓，无不与公共经济部门[①]的活动密切相关。一位美国评论家这样写道：

> 现代城市居民生活在公共医院，在公立的学校和大学受教育，生活中的不少时间用在搭乘公共交通工具上，通过邮局和半公营的电话系统通信，饮用公营的水，经由公共的污染处理系统清除垃圾，读公立图书馆里的书，在公园里野餐，受公安、消防、卫生机构的保护，最后死在公立医院，可能还安葬在公墓里。尽管是思想保守的人，他每天的生活也难以避免是同政府以及许多地方公共服务的决策息息相关（蒂茨，1968）。[②]

既然如此，那什么是公共经济部门呢？西方经济学将所有的经济主体分为公共部门（public sector）和私人部门（private sector）两大类，并认为公共部门是指政府及其附属物，私人部门是指企业和家庭。公共部门的存在和规模扩张会减少可供私人部门使用的经济资源，公共部门的行为会直接或间接影响私人部门的经济行为，进而影响整个社会的资源配置和使用效率。

3.1　公共经济部门的内涵

3.1.1　公共经济部门的含义

经济学家希克斯（Hicks，1904—1989）曾经这样定义：公共部门是指这样一种提供

---

① 由于公共经济的主体是公共部门，且公共经济学系从经济学视角讨论公共部门的资源配置问题，故在本书的论述中将公共经济部门等同于公共部门。

② ［英］K. J. 巴顿：《城市经济学》，155页，北京，商务印书馆，1984。

服务和产品的部门，其所提供服务和产品的范围与种类不是由消费者的直接愿望决定的，而是由政府机构决定的，在民主社会，是由公民的代表来决定的。[①] 虽然这一定义没有概括公共部门的全部活动范围，但它揭示了公共部门的关键点：公共部门是某种政治秩序的产物，而不是市场运作的结果。斯蒂格利茨则通过区别公共部门与私人部门的概念来定义公共部门，他认为公共部门与私人部门的重要区别在于两个方面：一是经营公共部门的负责人所拥有职务的合法性直接或间接从政治选举过程中产生；二是政府被赋予一定的强制力，这种权利是私人机构所没有的。简单地讲，公共部门与私人部门的核心差异在于其是否拥有合法的强制力，政府是社会中唯一可以合法使用暴力的机关。[②] 我国有的学者认为，公共部门是社会共同设置的、为社会公众服务的机构。它有广义和狭义之分，广义的公共部门既包括政府性公共组织（各级政府部门、各种公营企业、公用事业部门等），也包括非政府性公共组织（各类社会政治组织、民间公共团体等）；狭义的公共部门仅指政府性公共组织，即预算管理下的各种政府部门。

公共部门是相对于私人部门的一种重要的组织体系，以公共权力为基础。公共组织存在的合法性受到公众的信任与支持，它们依法管理社会公共事务，不以市场取向或营利为目的，其目标是谋取社会的公共利益，对社会公众负责，它不偏向于某个个人、政党或集团的特殊利益。因此，其产出是维持社会存在与发展的公共产品、公共秩序与安全、社会价值的分配。从这个角度出发，公共部门是指被国家授予公共权力，并以社会的公共利益为组织目标，管理各项社会公共事务，向全体社会成员提供法定服务的政府组织。其中，政府是公共经济部门的最主要成员。

3.1.2 公共经济部门与私人经济部门的区别

从经济学角度看，公共部门与私人部门的区别至少体现在以下几个方面：

第一，产权基础不同。私人部门的产权基础是私有产权，公共部门的产权基础是公共产权。私有产权与公共产权的最大不同，就在于其产权边界是否清晰，是否可以细分。由于界定产权需要一定的成本，因此，只有当界定产权的收益大于成本时，产权界定才具有经济意义。对于那些如果界定产权反而会使成本大于收益的产权项目，自然就成为公共产权。

第二，动力与约束机制。私人部门的行为目的是私人利益最大化，亦即消费者在收入约束下效用最大化，生产者在资本约束下的利润最大化。公共部门的行为目的是公共利益最大化，相应地，其预算约束是全社会拥有的资源。表面上看，两者的区别仅仅表现为“公”与“私”，但由此而引起的实现目标的途径和行为特征大相径庭。

第三，决策方式。产权基础的区别必然导致决策（即行使产权）方式的区别。私人部门由于建立在私有产权的基础上，其决策权必然是分散地、自主地行使。而公共部门由于建立在公共产权的基础上，其决策权必然只能集中行使；至于决策形成过程，则是通过公共决策机制（行政体制）规定的。

第四，交易机制。私人部门经济活动的交易机制是市场机制，产权通过有偿方式在私

---

① Hicks, *Public Finance*, Digswell Place, James Nisbet&Co. Ltd., 1958.

② J. E. Stiglitz, *The Economic Role of State*, Cambridge, MA: Blackwell, 1989.

人部门内部转让，这种有偿让渡确保了产权对行为主体的有效激励与约束，从而使私人部门的资源配置至少在微观上具有效率。而公共部门经济活动的交易机制一般是非市场机制，产权的让渡可以无偿地进行。一方面，它无偿地从私人部门取得一定的资源；另一方面，它又无偿地提供公共消费的商品与服务。

3.2　公共经济部门的外延

3.2.1　三大部门的分类与区别

在传统社会中，私人部门一般是指家庭和私人企业（厂商），而公共部门则主要是指政府部门，它涵盖国家立法机关、国家行政机关、国家司法检察机关，并构成国家政权的组织体系。在第二次世界大战之后，随着行政权的扩大，政府管理经济与社会各方面事务的数量与形式也发生了重大变化，如国家行政权扩大和行政机构在社会经济、政治、文化等方面管理功能放大。政府由传统的“守夜人”和社会生活的仲裁者，直接进入了社会生活的各个方面。政府直接投资办企业，建立起国有企业，提供公共产品；直接开办公立学校，使更多的平民子女接受国民教育；授权委托其他社会组织形式，分担一部分社会事务管理责任。

由此可见，公共部门的外延不仅包括直接行使国家权力的职能机关，还应包括一些不以营利为目的、免费或部分免费地为社会提供产品或服务的非营利组织。这是因为，虽然这些非营利组织并不直接拥有公共权力，但是它们却在实际上执行着政府的政策，甚至有的还成为职能机关的委托或授权对象。政府可以通过非营利组织这一载体来推行政府的某些政策以实现其政策目标，这在中国政府管理体制下尤为明显。譬如，政府通过举办教育机构来实施和贯彻其教育方针与政策，通过设定医院来执行其医疗卫生政策，通过支持科研院所的发展来体现其知识政策等。

因此，具有公共部门一部分内在性质的组织范围明显地扩大了。它既包括国家政权组织，尤其是管理社会公共事务的行政组织、事业单位，也包括由政府直接投资、在所有制形式上属于国家的国有企业、公办学校、公立医院等。为了更加清晰地说明政府的外延，我们可以从“部门”的概念出发，以利益属性和志愿性为划分标准来厘清公共部门的边界。

从研究不同社会部门管理规律的视角出发，美国学者莱斯特·塞拉蒙用“政府部门—营利部门—非营利部门”的“三元模式”将整个社会部门区分为三大类，亦即通常意义上所说的“第一部门”“第二部门”和“第三部门”。如图 3－1 所示，横坐标表示从强制性到志愿性，纵坐标表示从私益性到公益性。

第一部门为政府组织，即纯粹的公共部门，主要包括政府及其附属机构，如各级政府和各委办局、法院、环保、气象、学校、医院等公立机构。它是以服务公共利益并不以营利为目的，提供的是纯粹公共产品，政府的活动对所辖区的公民都会发生巨大影响，追求的是国家利益或者是行政区域利益最大化。第二部门为工商企业，即纯粹的私人部门，它

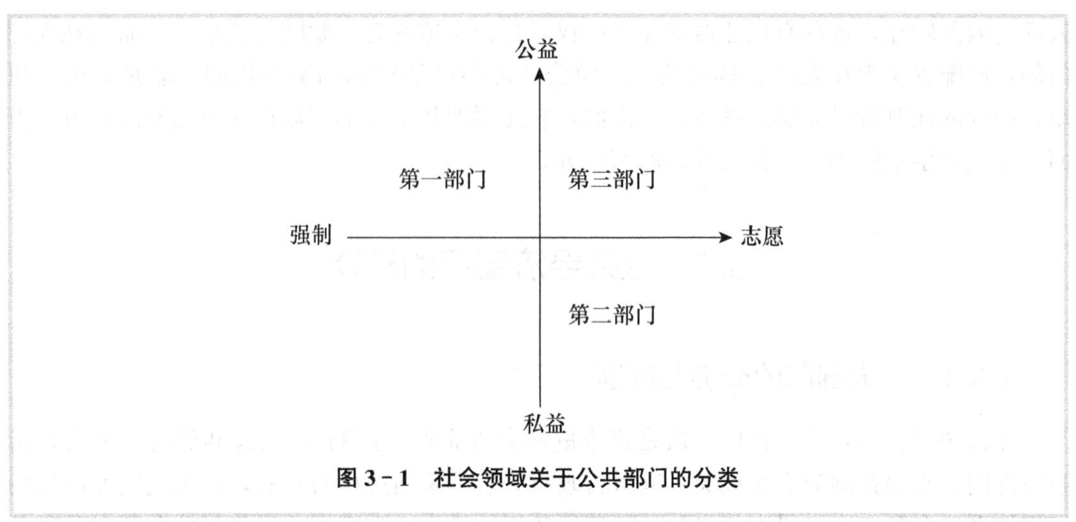

图 3－1　社会领域关于公共部门的分类

根据美国学者保罗·C. 纳德、罗伯特·W. 巴可夫的研究，三大部门的差异具体体现在环境、交易和组织程序等方面，其区别如表 3－1 所示。

表 3－1　　三大部门的具体区别

因素		部门		
		第一部门（公共组织）	第二部门（私人组织）	第三部门（非营利组织）
环境	市场	市场由监督机构组成	人们的购买行为决定了市场	市场由监督机构和委托人的购买行为构成
		提供同一服务的组织相互合作	为提供某项服务相互竞争	相互默认或谈判而达成各自只为某一特定市场区域提供服务的协议
		资金来源依赖于财政拨款（免费服务）	资金来源依赖于收费	资金来源既依赖于财政拨款，又依赖于服务收费和税金
		市场信号弱	市场信号清晰	有的市场信号清晰，有的模糊
交易	制约	指令和义务限制了自主权和灵活性	自主权和灵活性只受到法律和内部多数人意见的限制	签约限制了自主权和灵活性（例如，医院的医生、表演艺术中心的用户）
	所有者	公民经常以所有者身份向组织及其执行者提出期望和要求；无所不在的利益相关者	所有权属于股东，他们的利益可以用财务指标来衡量；除了股东之外，几乎没有利益相关者	所有权属于促进了他们利益的使用者（如医院的医生）；许多利益相关者
组织程序	目标	长期和短期目标不断变化、复杂、相互冲突且难以界定	清楚的、大家认同的目标	多重长期目标，很难将它们按照优先顺序排列，使得短期目标不清
	权力限制	政府控制下的机构管理	基本不受外界影响的机构管理	权威控制下的机构管理

资料来源：彭虹斌：《我国公办中小学校转型选择》，载《华东师范大学学报（教育科学版）》，2005（6）。

提供的公共产品是纯粹的私人产品，以实现私人利益最大化为目标，为了盈利根据消费者的需要组织经济资源，展开种种经济活动的组织。第三部门是介于政府组织与工商企业之间的一些部门，即非营利组织，它是以会员缴纳的会费、民间捐款或政府财政拨款等非营利性收入从事前两者无力、无法或无意作为的社会公共事业，提供的是准公共产品。

相对而言，第三部门非常复杂，有的具有工商企业的特点但又不同于工商企业，往往被称为公共企业或公益企业；有的则更类似于或依赖于政府组织，往往被称为非政府公共机构。前者如在城市中由市政府投资兴办和经营的自来水公司、城市公共交通公司等；后者如由政府投资兴办和主管的高等院校、科研机构、社会福利机构、非营利性的公共医疗机构以及类似于中国青少年基金会的中介组织等。另外，在某种意义上，可以将图 3－1 中未被标明所属部门的社会领域，即以强制性手段获取私益的区域，大致可以将公共企业或国有企业等组织形式包含在内。

3.2.2　公共经济部门的构成

据上所述，公共部门在外延上可以从广义和狭义两个角度来解释。狭义的公共部门仅仅包括第一部门的范畴，即政府部门及其附属物，即通过政治程序设立的、在特定的区域范围内独立行使立法、行政、司法权的实体。

广义的公共部门可以看作除了第二部门（市场）之外的社会领域的其他组成部分，即第一部门以及包括公共企业和某些第三部门在内的组织的综合体。广义的公共部门不仅包括政府部门及其附属机构，而且包括各个企事业部门。前者主要包括行使国家权力的各类机关、事业单位；后者主要包括由中央银行和政府拥有的商业银行等金融公共企业和政府出资兴办的保险、证券等非金融公共企业（见图 3－2）。

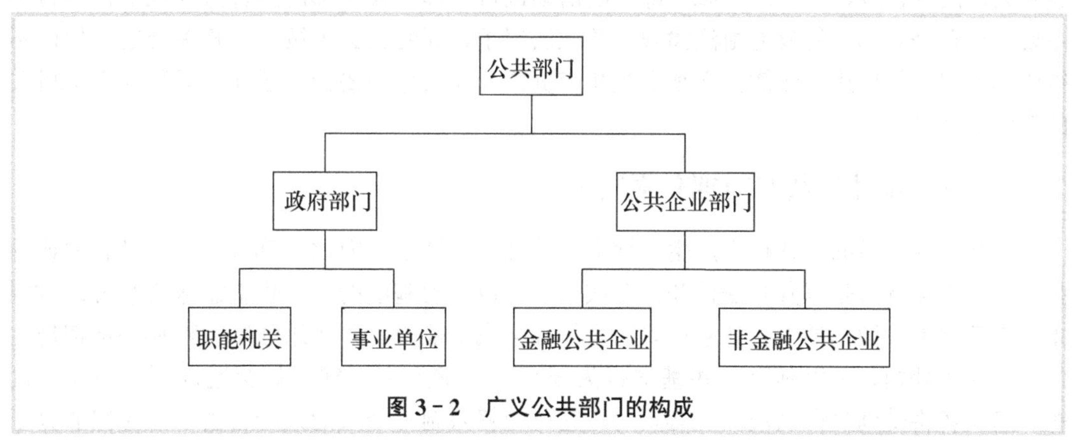

图 3－2　广义公共部门的构成

公共经济部门数量众多，表 3－2 反映了近十年来（偶数年份）我国主要国有公共经济部门的就业人数。可以看出，随着经济社会的发展，政府承担了越来越广泛的公共管理和社会服务职能。与之相对应的是，公共经济部门的就业人数逐年增加，成为一个庞大的群体，在经济和社会生活中占有重要的地位并发挥重要的作用。

表 3-2　　我国主要国有公共经济部门的就业人数　　单位：万人

年份	就业部门				
	公共管理和社会组织①	教育业	卫生、社会保障和社会福利业	科学研究、技术服务和地质勘查业	水利、环境和公共设施管理业
2006	1 257.5	1 448.0	466.8	193.0	165.4
2008	1 328.8	1 481.9	501.2	201.6	172.8
2010	1 415.6	1 517.4	562.6	219.6	189.9
2012	1 528.6	1 567.2	639.5	232.5	208.9
2014	1 585.1	1 602.7	703.9	224.8	211.9

资料来源：http://data.stats.gov.cn/easyquery.htm? cn=C01。

3.3　公共经济部门的性质

从公共部门的内涵和外延可以看出，公共部门与私人部门相比有着明显的不同，它的性质可以概括为以下六个方面。

3.3.1　公共部门的合法性

私人部门的经营管理或由所有者自己来承担，或由公司股东们指定代理者。而公共部门的领导者则主要通过政治选举产生，或是由政治当选人任命的方式产生。正是由于公共部门的产生建立在政治选举方式基础上，才使得它所拥有的权力具有合法性，才能获得超越私人部门的权威，并可以对私人部门的活动进行管理。公共部门的合法性在日常运行中主要体现在公共部门的权力由法律规定并依法授予，同时也必须按法律相关规定行使而不得滥用职权；如果违反法律，必须承担相应责任，在工作中要接受公众、司法和立法机关的合法监督等。

3.3.2　狭义公共部门拥有强制力

狭义公共部门的公共权力产生于社会，并凌驾于社会，因此其具有的权力具有明显的强制性。其强制力是以其合法性和社会成员自愿遵守为基础的，这也就意味着它可以做很多私人部门无法做到的事。如它可以向全体社会成员征税，并运用强制力对那些不按规定纳税者给予处罚；可以制定一些基本行为规范，要求人们遵守，如交通规则、治安条例等，违反者将受到严厉制裁。在必要时，它还能够限制一个人的人身自由，如对犯罪分子的羁押。正如阿尔蒙德等人所说："政治体系不是制定和实施规章的唯一系统。但是，政治体系制定的规章实施是靠强制来支持的。"②

---

①　公共管理和社会组织主要包括中国共产党机关、国家机构、人民政协和民主党派、群众社团、社会团体、宗教组织等。

②　［美］加西里艾尔·A. 阿尔蒙德、G. 宾厄姆·鲍威尔：《比较政治学》，5 页，上海，上海译文出版社，1987。

3.3.3　公共部门具有普遍性

公共部门的强制力不是针对个别人或某个群体，而是针对全体社会成员和组织。公共部门是一个面向全体社会成员的普遍性组织，每一个社会成员都有资格消费公共部门提供的产品和服务，如良好的社会治安、强大的国防、方便的道路交通等，每个社会成员都可以从中受益。另外，公共部门的强制力同样也带有普遍性，无论身份、职业、社会地位有什么差异，都受到来自公共部门（主要是政府）所制定法律和规章强制力的约束。

3.3.4　公共部门的唯一性

对个人和社会来说，公共部门是唯一的，属于寡头垄断。在一些实行多党制的国家，经常是不同党派轮流上台执政，执政者可能会变更；有时由于社会的动乱和变迁，也存在当前的执政者可能被替代的情况。此时公共部门会出现人员更迭，但无论人员如何变换，最终在一个社会中不会有两个公共部门并存。新的公共部门的出现，只能是对原公共部门的继承或替代，不可能同时存在两套公共部门的组织体系。因此，对个人来说，无论是政党竞选，还是社会变动，最终只能面对一个处于垄断地位的公共部门。也正是由于公共部门是唯一的，就更加增强了它的强制力，无论是否愿意，社会成员都只能接受它的管理，享用它提供的产品和服务。

3.3.5　公共部门的非营利性

公共部门在整个社会中承担的是政权组织和社会管理的任务，它的存在是为了给社会提供优秀的公共产品，帮助社会更好地运转，具有非营利性。它运行的目标是实现公共利益，而私人部门的行为则是为实现利润最大化。两者之间有着本质的差异，公共部门追求的并非利润最大化，而是社会安定、和谐与发展。尽管我们无法否认，作为公共部门的个体成员具有“经济人”的动机和意识，但作为一个整体，公共部门的活动不是以营利为目的的。因此，公共部门是非营利性的。从另一个角度来考虑，如果公共部门具有营利性，而同时它又是一个具有强制力、处于垄断地位、具有社会普遍性的组织，可以想象，整个社会的优秀资源将会全部被吸纳到公共部门里面，而其他组织则无法生存或发展，那将是一场灾难，显然这样的组织与整个社会无法共存。不过，需要指出的是，公共部门的非营利性是其整体意义上的属性特征，对于公共部门的某个特定组成部分，如国有企业却并不如此。这一点我们要具体地看待。

3.3.6　公共部门行为的法治化

党的二十届三中全会指出，法治是中国式现代化的重要保障。必须全面贯彻实施宪法，维护宪法权威，协同推进立法、执法、司法、守法各环节改革，健全法律面前人人平等保障机制，弘扬社会主义法治精神，维护社会公平正义，全面推进国家各方面工作法治化。市场经济是法治经济。在市场经济条件下，私人部门和公共部门都要处于法律的约束之下，都不能超越法律的规范来行动。公共部门行为的法治化包括：公共部门的权力由法律规定并依法授予；必须按法律规定行使权力；如果违反法律，必须承担相应责任；要接受公众、司法和立法机关的监督等。与私人部门相比，公共部门的法治化对市场经济体制有着更为重要的意义。因为，只有公共部门行为实现了法治化，才会清晰地界定公共部门和私人部门，即政府与市场的关系，才能将它拥有的垄断性强制力约束在合理的范围内，从而保障市场能够健康地运行和发展。

3.4 公共经济部门的分类

3.4.1 公共经济部门的一般分类

从活动范围看，公共部门包括所有不属于私人部门的经济领域。私人部门被认为由消费者在商品和劳务上的开支以及企业用在厂房、设备和库存商品上的开支组成的那部分经济，即纯属市场买者卖者之间的经济关系。政府购买商品和劳务的所有开支不包括在私人部门，而当政府雇员以顾客身份购买消费品和劳务时，这些开支就成了私人部门的一部分。所以，从活动范围看，各级政府部门、准公共组织如许多国家的公营社会保险或医疗卫生、教育部门、公营企业和公用事业部门等，都属于公共部门。显然，公共部门在现代经济中占有相应的比重，其范围所及从本章导语可以直观判断。

从行为主体看，广义公共部门的行为主体是政府部门和公共企业部门。正是在这个意义上，可以把政府部门当作公共部门的近似或代名词。也正是基于这一点，许多著述直接以政府部门活动作为公共经济学的研究对象。

党的二十届三中全会强调，聚焦构建高水平社会主义市场经济体制，充分发挥市场在资源配置中的决定性作用，更好发挥政府作用。从配置机制看，公共部门被看作不同于市场机制的另一种配置机制。毫无疑问，斯密那“一只看不见的手”是配置资源的主要的有效的方式，但是除了可能出错和有所不及的市场机制外，人类社会还存在着其他配置资源的方式，比如，包括习俗、道德在内的“另一只看不见的手”①，还有公共部门特别是政府的财政机制。后者的作用方式有两个：一是税收。税收对私人部门来说，其作用与市场机制中的价格相对应；税收对宏观经济来说，其作用是保证财政收入（公共收入）。二是公共支出。一方面从某些公共支出分解为各种补贴的角度看，这些补贴实质上是负税，其作用往往也与价格功能相对应；另一方面从公共支出的总量来分析，公共支出的总规模会与财政赤字、通货膨胀、国际收支失衡、失业问题等宏观经济运行的问题密切相关。

从预算归属看，公共部门包括所有非私人预算的领域，或者说，凡是实行公共预算或预算来源于政府的部门都可以划入公共部门。这是自斯密以来一直被遵守的传统。斯密认为国家职责的适当履行必须有一定的费用，而这一定的费用又必须有一定的收入来支付。因此，获得政府预算的部门自然就是履行公共职责的公共部门。斯密指出的国家职责是：

> 按照自然自由的制度，君主只有三个应尽的义务——这三个义务虽很重要，但都

---

① 我国社会学家李培林反复论述过，社会相互作用机制或发挥协调功能的各种非制度化规则组成的“社会潜网”，就是同样配置资源的另一种机制。参见李培林：《再论“另一只看不见的手”》，载《社会学研究》，1994（1）。其实，诸贝尔奖获得者贝克尔早已从经济学角度论述了社会相互作用机制。

是一般人所能理解的。第一，保护社会，使不受其他独立社会的侵犯。第二，尽可能保护社会上各个人，使不受社会上任何其他人的侵害或压迫，这就是说，要设立严正的司法机关。第三，建设并维护某些公共事业及某些公共设施（其建设与维持绝不是为着任何个人或任何少数人的利益），这种事业与设施，在由大社会经营时，其利润常能补偿所费而有余，但若由个人或少数人经营，就决不能补偿所费。[①]

3.4.2 公共产品供给主体视角下的公共经济部门分类

现代市场经济体系中公共产品的供给者是多元的，公共经济的主体已呈现多中心趋势，政府已不再是公共经济活动的唯一主体，私人部门、社区、第三部门和国际组织等都已广泛参与到公共经济活动之中，成为公共经济的主体（见图3-3）。

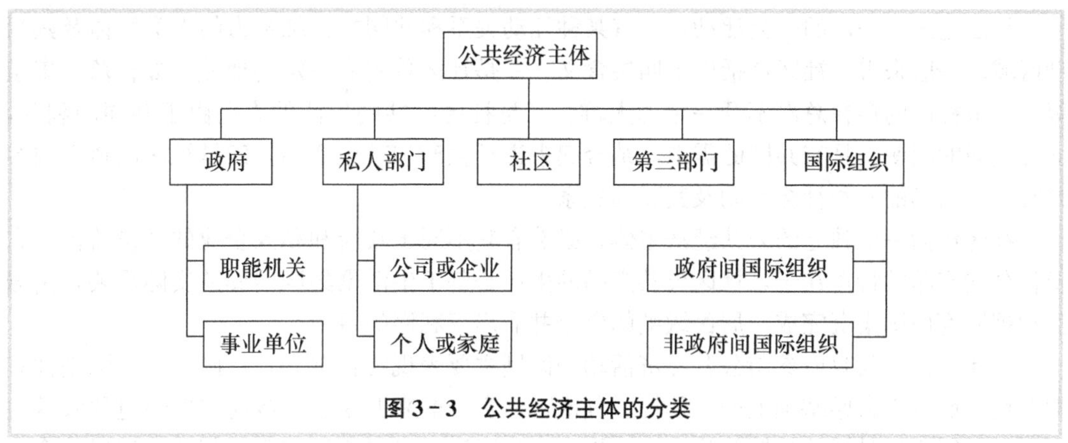

图3-3 公共经济主体的分类

1. 政府

政府是公共产品提供的主体，包括中央政府和各级地方政府。中央政府主要负责涉及全国范围内公共产品的提供，如国防、外交、全国性的公共设施及一些市场经济运行所必需的制度、规则以及框架的制定等。地方政府主要负责涉及本地区公共产品的提供及按照国家统一的法律和政策制定和实施地区性经济和社会发展的方针、政策及规划等。同时，政府也由一系列职能部门组成，每个政府部门按分工相应负责某类公共产品（如社会治安、教育、科技、公共卫生与保健等）的提供。

2. 私人部门

传统的理论将私人部门完全排斥在公共产品的生产之外，可能并不十分恰当，目前作为私人部门的厂商为了非营利目的而生产公共产品的现象尽管不是主流，但也已相当普遍。其原因可能有这样几个方面：

一是厂商生产公共产品是自身价值的体现，一些私人厂商在取得经济成就之后愿意回报社会，当资本积累到一定规模、自身的生产和消费都需要缓冲的时候，将一部分或一些盈利外溢于社会，既可获得好名声，赢得人们的尊重，满足精神上的需求，又不影响自己

① ［英］亚当·斯密：《国民财富的性质和原因的研究》（下卷），252～253页，北京，商务印书馆，1983。

的经济利益。厂商对这些公共产品的生产，如捐赠一所学校、造一座桥梁、承包一片社区绿地之类的事，还是愿意干的。

二是间接服务于经济利益，但这种经济利益并不具有可预见性或必然性，只能说可为经济利益的获得做一些铺垫。对厂商而言能产生经济效益最好，没有经济效益也无伤大雅。这时的厂商从理论上说较之前更热衷于这些活动：捐钱捐物，做个公益广告，支持公益性演出，资助医生到社区义务看诊等，既可扩大企业影响，改善企业形象，又可在社区内推销相关方面的业务。

三是为企业未来服务，到学校设奖学金、助学金，免费为大中专学生建实验基地，资助企业建博士后流动站，并与个人签订今后科研成果转让协议、人才流动的协议等。这些活动总体来说不一定能产生经济利益，但有可能对企业今后的发展有利。

3. 社区

社区是进行一定的社会活动，具有某种互动关系和共同文化维系力的人类群体及其活动区域。一般来讲，社区包括以下四层含义：一是社区总占有一定的地域，如村落、集镇等。二是社区的存在总离不开一定的人群。三是社区中共同生活的人们由于共同的利益，面临共同的问题，具有共同的需求而结合起来进行生产和其他活动。四是社区的核心内容是社区中人们的各种社会活动及其互动关系。

社区作为一个独立的公共经济主体，必然有它不同于政府和私人企业的经济特征。它提供公共产品的特点在于，社区公共产品的生产是基于生活聚集区居民的实际需要，由居民根据协商原则集资完成，居民缴纳的资金并非出于利润的目的。

因此，社区与政府参与公共经济活动的区别主要表现在：首先，社区不具有强制性和普遍性，而具有自愿基础上的契约性。其次，从资金的来源来看，政府主要通过税收筹集资金；社区则通过居民自愿筹集资金。再次，社区通过自愿协商和产前契约使居民的个人偏好能够较好地显示出来；而政府与个人之间的一对多的关系无法真实地表达每个人的偏好。最后，政府向全体国民提供公共产品，而社区仅仅向社区内的人员提供。因此，社区在一定范围内能使公共产品具有排他性，成本—收益偏离不大。

作为公共经济主体之一，社区供给公共产品有一种特殊的方式——自愿供给，自愿者要么自愿付出时间，要么自愿付出金钱，为社区提供公共产品。如在美国，沿海救生艇的服务是自愿供给的，许多医疗研究是靠捐赠进行的，许多剧院、交响乐团、体育俱乐部也都是靠捐赠维持的；而新加坡等地市民自愿小组、义工等组织和个人提供助残、消防安全、住宅安全、成人教育等公共服务。

4. 第三部门

由于界定标准不一，世界各国关于第三部门亦有着不同的表述，许多相同或相近的概念往往被各有侧重地使用或交叉使用，如“独立部门”“非营利组织”“非政府组织”“志愿者组织”“慈善组织”“免税组织”等。中国的第三部门亦有多种称呼，主体包括在民政部门和工商部门登记的社会组织、社会团体、民办非企业单位、基金会和境外基金会代表机构等。按照《中共中央关于构建社会主义和谐社会若干重大问题的决定》，第三部门在中国被纳入了社会建设的轨道。

总体来看，第三部门是介于第一部门（政府）、第二部门（企业）之间的组织或部门，主要包括志愿团体、社会组织或民间协会等，具有组织性、自愿性、自治性、非营利性等特征。

由第三部门提供公共产品源自一系列来自公民个人、政府以外以及政府本身的压力，它反映了自 20 世纪 70—80 年代以来一系列独特的社会和技术的新的变化和特征，以及酝酿已久的对政府能力的信任危机。在传统意义上，由政府或者国有企业提供公共产品是天经地义的，特别是第二次世界大战以后，受到凯恩斯主义的影响，在世界范围内政府或国有企业在提供公共产品中占了绝对的地位，人们无时无刻不感受到政府的存在。但是，从 20 世纪 70 年代开始，这种形势发生了变化，由于市场和政府在提供公共产品上的无能或缺位、公民意识的觉醒以及信息技术的革命，第三部门发展迅猛，在文化、教育、研究、卫生、医院与健康、诊所、危机防范、社会服务、环境保护、扶贫等各个领域，都能看到第三部门的身影。由于具有创新优势、贴近基层优势、灵活优势和效率优势，第三部门已经成为公共产品提供的重要主体之一。

5. 国际组织

随着全球经济一体化的不断深入发展，世界各国之间的联系越来越密切，国家之间的政治和经济关系也相互影响、相互作用，与此同时，国家之间会出现各种各样的问题。过去几十年中，像自然灾害、环境污染、全球变暖、金融动荡等具有全球影响的问题越来越严重。对这些问题，单个国家不愿而且往往也无力解决，并且这些问题的解决都具有正外部性，所有国家都能够从任何一个问题的解决中获得收益。联合国在《执行〈联合国千年宣言〉的行进图》报告中指出，在全球领域，需要集中供给十类公共产品：基本人权、对国家主权的尊重、全球公共卫生、全球安全、全球和平、跨越国界的通信与运输体系、协调跨国界的制度基础设施、知识的集中管理、全球公地的集中管理、多边谈判国际论坛的有效性。

据估计，每年由于全球公共产品供应不足造成的损失不可估量。在一国之内，公共产品由政府提供。政府获得纳税人的税收，从而为纳税人提供必要的公共产品。但是在世界范围内并不存在一个凌驾于各国之上的政府，至少不存在一个与民族国家政府具有同等权威或合法性的全球政府。那么，谁来提供全球公共产品呢？

世界范围内存在大量国际组织，这些国际组织是伴随世界上国与国之间的关系越来越紧密、为解决国际各种问题应运而生的非营利性组织。它们提供的国际公共产品和公共服务，比如国际贸易体系、国际法准则、保护环境行动、国际的人道主义救护以及国际互联网等，都是为世界所需人群服务的，在一定范围内具有非排他性和非竞争性。国际组织可以促进国家间的合作，共同为全球或国际公共产品的供给融资。在世界范围内，联合国、世界银行、国际货币基金组织、世界卫生组织等国际组织在全球公共产品的供给中起了非常重要的作用。

公共经济主体的多中心趋势对政府的治理结构产生了重要影响。它意味着政府存在自身的限度，并不是公共经济的唯一主体，不是公共产品的唯一供给者，在政府之外还有其他公共经济主体的存在。正如文森特·奥斯特罗姆（Vincent Ostrom）所指出的，“每一公民都不由‘一个’政府服务，而是由大量的各不相同的公共服务产业所服务……大多数公共服务产业都有重要的私人成分”①。这意味着随着经济领域和社会领域自组织力量和自

---

① 转引自［美］迈克尔·麦金尼斯：《多中心体制与地方公共经济》，114 页，上海，上海三联书店，2000。

治程度的发展，政府作为公共领域垄断者的单中心模式已经发生改变，公共领域的治理已出现了多中心倾向。公共领域的多中心体制否认了政府作为单中心治理者的合理性，认为政府的作用是有限度的，主张建立政府、市场、社会乃至国际社会多维框架下的多中心治理模式。

3.5 公共经济部门的基本经济问题

在某种程度上，市场与公共经济部门作为相互补充的两种经济制度，是人类历史性选择的结果。公共经济部门对经济活动的影响，主要体现在合理配置资源、协调收入分配和促进经济稳定三个方面。但这三个方面的职能，归根结底都是围绕着公共经济部门的基本经济问题展开的。

根据标准的西方经济学理论，每个经济主体都必须解决三个基本经济问题：生产什么、如何生产和为谁生产。

3.5.1 生产什么

在私人部门，生产什么是由人们的消费偏好决定的，通过市场价格信号引导企业进行生产选择。政府部门的生产选择比私人部门的生产过程要复杂得多。

首先，不同市场主体的选择不同。公共部门内部经济主体有三类：既包括“非市场主体”的部门，如国防；又包括“市场主体”部门，如一般的国有企业；还包括“准市场主体”的部门，如教育。对于“非市场主体”部门，生产什么的问题完全取决于“公共选择”的结果；对于“市场主体”部门，生产什么的问题应该由市场价格信号来决定；对于“准市场主体”部门，生产什么的问题由“公共选择”和市场价格信号共同决定。在现实中，三种不同的部门可以有不同的融合方式，加上公共部门可以与私人部门结合，种种情况都增加了公共部门生产选择的复杂性。其次，不同产品的选择不同。公共部门生产的产品包括公共产品、准公共产品和市场产品。公共产品如国防、公共安全，准公共产品如教育、公共交通，市场产品如国有企业生产的种种产品。不同产品的不同生产选择途径与不同生产主体的不同生产选择途径相似。

如果将社会产品简单划分为公共产品和私人产品，那么，在社会资源确定的情况下，两种产品生产之间存在相互替代关系。在公共产品与私人产品之间进行的选择是一个公共选择问题而不是市场问题，这种选择的结果对社会经济政治格局有时会产生深刻影响。

3.5.2 如何生产

在私人部门，怎样生产的问题是相互竞争的企业在利润最大化原则驱动下通过技术选择来确定的。在这个问题上，公共部门的选择同样是复杂的。

首先，公共部门必须选择生产主体。在西方国家，对于公共产品，公共部门可以选择由公共部门的“非市场主体”部门生产，也可以选择由公共部门的“市场主体”部门生产，甚至可以由私人部门生产；对于准公共产品也存在类似的生产选择问题，如教育。有些公共产品或准公共产品为符合社会价值原则必须由公共部门的“非市场主体”部门提供，如国防、公共安全和强制性的义务教育。这种生产主体的选择同样可以极大地影响社会的整体经济效益。例如，如果将强制性的义务教育交给公共部门的“市场主体”部门或私人部门生产的话，整个社会的教育范围和教育水平将会发生根本性的变化，直至影响整个社会的发展水平。

其次，同私人部门一样，公共部门也必须选择生产技术。这里涉及公共部门的效率问题与激励机制问题。一方面，公共部门所提供的公共产品的价值由于缺乏市场价格而难以估计，尤其是公共部门提供的服务；另一方面，公共部门的目标事实上是综合目标，像私人企业那样用单一目标衡量是不准确的。这样，公共部门所选择的生产技术或管理方式就不能保证在经济意义上最有效。而最重要的也是最复杂和难以处理的则是激励机制问题。

公共部门还可间接影响私人部门生产方式的选择。如政府可以通过税目和税率的结构变化影响私人企业生产方式的选择；政府也可以制定劳动法、环境保护法、反托拉斯法等法规，通过制定产业政策或价格补贴等方式影响私人企业生产方式的选择。

3.5.3　为谁生产

按照西方经济学的观点，在私人部门，收入的分配是由各生产要素的边际贡献所确定，各个经济主体的收入由它所提供的生产要素的价格（边际贡献）和它所拥有的该要素的数量（资源禀赋）共同决定。公共部门的一个主要目标就是纠正私人部门的这一分配方式与社会公平原则之间存在的偏差。除此之外，公共部门生产产品也存在合理分配问题。对于绝大多数公共产品来说，分配实际是个“公共选择”问题。原因在于，除了极少数公共产品，如国防和公共安全可以绝对平等地消费外，大部分公共产品只为一部分人提供着便利。

公共部门在决定生产的同时实际上决定了这些公共产品的分配，如公共部门决定在哪里建高速公路，实际上意味着公共部门决定将该公共产品分配给主要使用该公路的消费者。公共部门生产的公共产品的分配除了遵循大多数人受益的原则外，主要受不同的利益集团所支配。由于公共产品的生产必须耗费社会资源，公共产品分配的不公意味着社会资源分配的不公，因此，从一定意义上说，公共产品分配的不公可能比私人部门收入分配不公在社会公平原则上来看更为恶劣。并且，由于公共产品的消费不是需要付出经济代价的，这会导致对公共产品的滥用。

本章小结

1. 公共部门是指被国家授予公共权力，并以社会的公共利益为组织目标，管理各项社会公共事务，向全体社会成员提供法定服务的政府组织。狭义的公共部门仅仅包括第一部门的范畴，即政府部门及其附属物，是指通过政治程序设立的、在特定的区域范围内独立行使立法、行政、司法权的实体。广义的公共部门可以看作除了第二部门（市场）之外的社会领域的其他组成部分，即第一部门以及包括公共企业和某些第三部门在内的组织的综合体。

2. 现代市场经济体系中公共产品的供给者是多元的，公共经济的主体已呈现多中心趋势，政府已不再是公共经济活动的唯一主体，私人部门、社区、第三部门和国际组织等都已广泛参与到公共经济活动之中。公共领域的多中心体制否认了政府作为单中心治理者的合理性，认为政府的作用是有限度的，主张建立政府、市场、社会乃至国际社会多维框架下的多中心治理模式。

3. 公共经济部门必须解决三个基本经济问题：生产什么、如何生产和为谁生产。公共部门生产的产品包括公共产品、准公共产品和市场产品，其分配除了遵循大多数人受益的原则外，主要受不同的利益集团所支配。

关键术语

公共经济部门　私人经济部门　第三部门　政府　公共企业　社区　国际组织　公共产品

复习思考题

1. 公共经济部门与私人经济部门的区别是什么？
2. 结合实际，谈谈你身边有哪些公共经济部门？
3. 如何对公共经济部门进行分类？
4. 公共经济部门的作用有哪些？
5. 谈谈公共经济主体从单中心演变到多中心的合理性与现实性。
6. 请展望公共经济部门的发展趋势。

案例分析

案例 3－1　从灯塔经济学看私人部门提供公共产品

17 世纪以前，英国几乎没有灯塔，即使到 18 世纪灯塔也并不多见。然而，确实存在各式各样的航标。大多数标志设在岸上，且并非特意用于导航。这些标志包括教堂尖塔、房屋和树丛等，浮标和信标也做导航之用。16 世纪初，航标的管理和信标的提供由海军大臣负责。为了提供浮标和信标，他指派代表向受益于这些航标的船只收费。1566 年，领港公会被赋予提供和管理航标的权力，它也负责监督私人航标的管理。

17 世纪初，领港公会在卡斯特和洛威斯托夫特设置了灯塔。但是直到该世纪末，它才建造了另一座灯塔。同时，私人也在建造灯塔。1610—1675 年间，领港公会没有建造一座灯塔，而私人建造的至少有 10 座。当然，私人建造灯塔的要求使领港公会很为难。一方面，领港公会希望自己成为建造灯塔的唯一的权威机构；另一方面，它又不愿意用自己的钱建造灯塔。因此，它反对私人建造灯塔的努力，但它没有成功。

私人避免侵犯领港公会法定权力的办法是从国王那里获得专利权，国王允许他们建造灯塔和向受益于灯塔的船只收取使用费。具体的做法是由船主和货运主递交一份请愿书，声称他们将从灯塔获得极大的好处并愿意支付使用费。

同时，领港公会实行了一项既能保住权力又能保住钱财的政策。领港公会申请经营灯塔的专利权，然后向那些愿意自己出资建造灯塔的私人出租，并收取租金。私人租借的先决条件是保证进行合作而不与领港公会作对。

如果我们考察一下19世纪初的情况，就可以理解私人和私人组织在英国的灯塔建设中所起的重要作用。1843年灯塔委员会在它的报告中声称，在英格兰和威尔士有42座灯塔（包括浮动灯塔）属于领港公会，3座灯塔由领港公会出租给个人，7座灯塔由国王出租给个人，4座灯塔是起初根据专利权后来根据国会法令属于私人业主。也就是说，在总共56座灯塔中，有14座由私人或私人组织经营。在1820—1834年间，领港公会建造了9座新的灯塔，购买了5个租给个人的灯塔，购买了3座属格林威治医院所有的灯塔。1820年的情况是，24座灯塔由领港公会经营，22座由私人或私人组织经营。但领港公会的许多灯塔原先不是由它们建造的，而是通过购买或租约到期而得到的。1820年24座由领港公会经营的灯塔中，12座灯塔是租约到期的结果，1座是1816年由切斯特理事会转让的。

资料来源：[美]科斯：《论生产的制度结构》，215～240页，上海，上海三联书店，1994。

思考：1. 私人部门为什么可以作为公共经济主体？相比于政府，私人部门在提供公共产品方面有什么特点和优势？又可能会存在哪些不足？

2. 私人部门可以提供哪些公共产品和服务？

案例3-2　联合国促成《巴黎协定》

巴黎气候变化大会2015年12月12日晚通过全球气候变化新协定。协定将为2020年后全球应对气候变化行动做出安排。当晚，《联合国气候变化框架公约》近200个缔约方一致同意通过《巴黎协定》，协定共29条，包括目标、减缓、适应、损失损害、资金、技术、能力建设、透明度、全球盘点等内容。

《巴黎协定》指出，各方将加强对气候变化威胁的全球应对，把全球平均气温较工业化前水平升高控制在2摄氏度之内，并为把升温控制在1.5摄氏度之内而努力。全球将尽快实现温室气体排放达标，本世纪下半叶实现温室气体净零排放。

《巴黎协定》的达成是艰难的，它旨在促使各方在即将到期的《京都议定书》之后签署一份后续协议。2009年在哥本哈根召开的气候变化大会是签订这一后续协议的最后期限，但是在此举行的多边磋商进程在还剩两天的时候因为无法达成一致而陷入停顿，当时各国元首均抵达哥本哈根，而五个国家秘密达成了一项气候协议。

哥本哈根的灾难促使许多人将关注的焦点投向了个人、机构、企业界和社会团体的行动，以此作为应对气候变化更有效的方式，并在城市和企业等其他层面以及国家层面上应对气候变化。我们常说联合国的领导多么重要，全球性协议对于就这一紧迫的全球问题做出令人满意的应对是多么关键。简而言之，我们需要多边进程来发挥作用。

恢复多边磋商体系的努力不是一年内完成的。2010 年，首先在墨西哥开启了孜孜不倦且灵活的工作，并最终签订了《坎昆协议》。2011 年在南非德班，制订了一个开展四年谈判的框架，2012 年和 2013 年在多哈和华沙取得小幅进展后，2014 年秘鲁会议上的积极努力受到了普遍称赞，帮助使 2015 年成为取得显著成功的一年。

在巴黎，联合国最终发挥了作用。现在该由各国、公司、民间社会和我们所有机构——大学、教堂、医院、服务机构和地方政府立即而且积极地向前推动这一努力。如果我们作壁上观，巴黎的协定将仅仅是空话。就这一努力来说，巴黎可能是一个历史性的转折点。

资料来源：《世界终于达成全球气候新协定》，见新华网，2015-12-14；《美学者回顾联合国如何一步步达成巴黎协定》，见新华网，2015-12-16。

思考：1.《巴黎协定》为什么这么难达成？

2. 作为公共经济部门，国际组织的作用体现在哪些方面？

第 4 章

政府的经济职能

在我们的日常生活中，政府扮演着重要的角色。英国经济学家约翰·穆勒对政府有过这样的论断：

> 一个仁慈的政府应该尽量减少干涉，政府只要管好国防、司法和公共事业就行了，政府职能行使所依据的共同理由除了增进普遍的便利外，不可能再找到其他任何理由，也不可能用任何普遍使用的准则来限制政府的干预，能限制政府干预的只有这样一条简单而笼统的准则，即除非政府干预能带来很大便利，否则决不允许政府干预。①

那么，政府在市场经济中应该承担的责任是什么呢？在对市场经济进行管理和监督的过程中，政府干预经济的方式和措施又是什么呢？具体来看，政府经济职能的主要内容体现在三个方面：一是对公民权利的保护，二是政府参与市场生产，三是政府对市场失灵等现象的管制。

4.1 政府经济职能概述

4.1.1 政府经济职能内涵

关于政府经济职能的含义，美国经济学家约瑟夫·斯蒂格利茨在通过对美国政府职能进行梳理后，认为政府可以通过生产、购买商品和服务以及国民收入再分配等形式干预市场经济，发挥其经济职能；萨缪尔森在其专著《经济学》中对政府的经济职能进行了系

① J. A. Allan, *Virtual Water*, A Strategic Resource Global Solutions to Regional, 2003.

统的阐述，他认为：要建立和维持一个健康的经济环境，政府的作用至关重要。政府必须推崇法治，强调合同的有效性，并使其管制有利于竞争和创新。通过对教育、医疗、交通设施的投资，政府在开发人力资源过程中可以起到重要的作用。但在那些政府没有比较优势的部门，则必须依靠私人部门。对那些市场失灵信号明显的领域，政府应当集中精力加以管理；而对那些政府具有相对劣势的部门，政府则应该放松管制和解除干预，让私人部门发挥作用。布鲁姆斯坦等经济学家则从政府对区域经济发展作用的角度进行了探索。

在前人的研究基础上本书认为，政府经济职能应该是以政府机构为行为主体，基于全体社会成员的基本利益，对国民经济进行全局性的规划、协调、服务和监督的过程；它是为了达到一定目标而采取的协调和组织经济活动的各种方式、方法的总称。上述政府经济职能的界定显示出其具有以下几个方面的特征：第一，政府经济职能的行为主体是政府机构，而不是任何其他经济组织、单位和个人。第二，行为的目的是为达到一定的政府目标。在不同的历史时期，政府都是代表国家和公众利益的，其经济职能也一定是为达到政府目标和维护公众利益而施行的。第三，行为的实施范围是具有全局性的。

4.1.2 政府经济职能定位及历史变迁

从历史角度来看，西方政府经济职能的定位与资本主义制度的产生和发展相吻合。西方经济学家对政府经济职能的认识存在自由放任主义和国家干预主义两种不同的主张。在不同的历史时期，为适应资本主义市场的发展变化及应对市场经济的特定问题，政府经济职能的两种主张交替占据主体位置。整体来看，西方政府经济职能的变迁主要经历了以下四个阶段，其时间进程如图 4-1 所示。

1. “重商主义”的政府经济职能定位

“重商主义”产生于 18 世纪初资本主义的萌芽阶段，政府的这种经济职能定位是一种早期的国家干预主义理论，尽管它从来没有得到过系统阐述，但却反映了资产阶级试图通过政治力量促进自然经济解体和资本原始积累的愿望。这一理念认为货币是财富的唯一形式，商品流通是财富产生的源泉，对外贸易则是增加一国财富的根本途径。在这种假设的基础上，西方国家极力主张政府对市场经济采取各种积极的干预政策：首先，在国内市场上，政府通过国家政权的力量扫除封建割据对商业资本充分发展的障碍，积极保护商业利益，发展商品生产。其次，在对外贸易的过程中，政府施行贸易保护政策，采用各种手段来扩展本国商业的销售市场，扩展商业资本的生存空间，以获得更多的财富。这种理论首次提出了政府的经济职能即是保护本国商业，且强大的政权力量是国家致富的重要保证。

2. “保护公民权利”的有限政府定位

18 世纪中叶，资本主义已完成资本的原始积累，资本短缺现象已基本消除。随着私有产权制度的牢固确立以及市场竞争规则的健全，资本主义经济已经日渐成熟，市场机制也已趋于完善。在这一背景下，以亚当·斯密为代表的古典自由主义经济学家，创造性地吸收了重农学派的观点。他们认为，国家是人类在由自然状态向政治社会转化的过程中，经过人民内部的契约活动而产生的社会共同体。政府的权力是人们为了保证自己以及其他人的权利不受非法伤害而自愿让渡给政府的，因此，国家在市场经济的发展中应将其职责定位于保护个人最大程度的自由及其私有财产权、保护国家安全等方面，政府的经济职责是“有限”的，是市场经济的“守夜人”和“警察”，政府应该给予个人和企业最大限度的自由和放任。

3. “全面干预”的政府职能定位

20 世纪 30 年代，西方国家发生了历史上最深刻、最持久、最广泛的经济危机，在这一背景下，经济学家普遍对市场的自由调节作用产生了怀疑，对有限政府的职能定位进行了新的探索。以英国经济学家凯恩斯为代表的经济学家在批判自由主义的基础上，提出了现代国家干预主义的政府职能理论。凯恩斯指出：

> 由于存在信息不对称、外部效应、交易成本等原因，市场的自我调节并不完善，往往会存在“市场失灵”的现象，在市场失灵的情况下，政府应当积极干预经济，通过各种货币政策、财政政策以及行政管制等手段来全面引领市场发展，提高社会的有效需求，以此克服市场缺陷所带来的种种经济困难。①

4. “干预最小化”的政府职能定位

进入 20 世纪 70 年代，西方各国的经济先后遇到了麻烦，先是通货膨胀加剧，随即出现了在物价总水平急剧上升的同时失业也大量增加的“滞胀”现象。这些问题的出现使人们对政府干预调节的功效失去了信心，特别是 20 世纪 70 年代的两次石油危机严重地打击了西方各国的经济，动摇了凯恩斯主义的基础。在这种背景下，由货币学派、供给学派、新制度学派、产权学派和公共选择学派等组成的新自由主义经济理论开始从不同角度重新审视政府的职能定位。以詹姆斯·布坎南为代表的公共选择学派提出了“政府失效”的概念，并以此作为分析国家干预行为的基础。他们指出，由于政治家在政治活动中同样要追求自己利益的最大化，加上不同政党之间存在相互竞争的关系，政府本身也具有各种各样的缺陷和不足。因而，政府对于社会和经济领域的干预，并不一定能够弥补市场的失效，政府干预的范围应该尽可能地缩小。

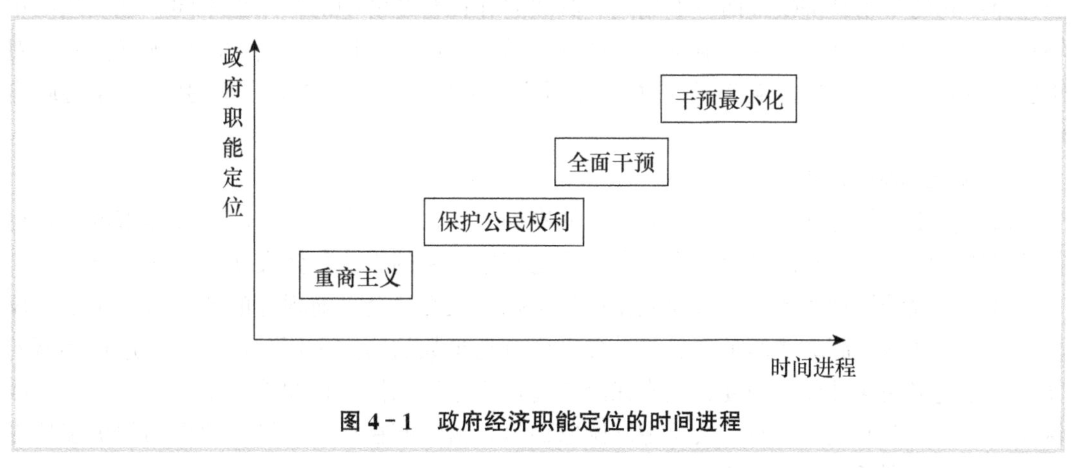

图 4-1　政府经济职能定位的时间进程

---

① ［英］约翰·梅纳德·凯恩斯：《就业、利息和货币通论》，95 页，北京，商务印书馆，2005。

4.1.3 政府经济职能定位的影响因素

影响政府在公共行政中的经济职能定位的制度因素是多方位的（见图 4－2）。一般来说，决定一国政府的行政生态环境因素包括社会经济环境、政治环境和非正式约束。其中社会经济环境的影响是决定性的，政治环境的影响最为直接，而非正式约束对政府职能的制约作用是间接性的。

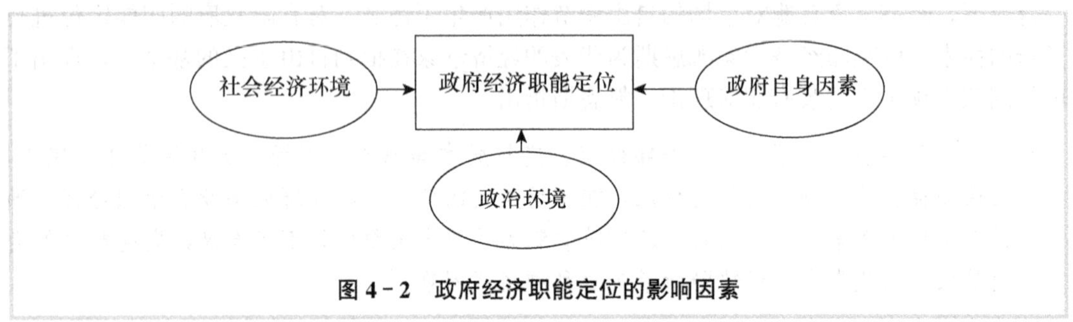

图 4－2 政府经济职能定位的影响因素

1. 社会经济环境的影响

第一，经济发展水平的影响。经济发展水平对政府经济职能的影响是通过制度供给与制度需求两种途径实现的。首先，经济发展水平的高低决定了政府对于公共物品的供给能力的大小。目前的高福利国家无一例外是经济发展水平较高国家。其次，经济发展水平的提高带来了国民收入水平的提高，由此形成国民社会资源需求的不断提高，从而要求政府不断增加对社会公共资源的投入。

第二，经济结构变化影响政府的经济调控职能。随着人类社会从工业化社会向后工业化社会和信息社会的过渡，社会风险的构成也将随着经济结构的变化而变化。产业转型要求经济结构基础上的市场经济制度和政府职能的转变。

第三，经济运行机制的影响。在市场经济国家，政府对社会经济干预的方式与范围也因选择不同的市场经济模式而各不相同，其政府在社会经济中的作用也不同。越发达的市场越要求高效率、高素质的政府调节。特别是随着经济的发展，总会不断出现新问题，对于这些新问题，已经发育起来的市场总有不适应的方面，因而要求不断引入并完善政府调节。

2. 政治环境的影响

政府作用的优劣，都取决于政府职能的准确界定，高效有力的政府管理是市场正常运行的必要保障。政治状况对政府在社会经济运行中作用的影响具体表现在以下三个方面：

第一，政治体制对政府经济职能作用的影响。人类社会目前现存的政治体制主要有议会民主制和独裁专制政体两种。目前世界上尚有近半数的国家采用独裁制，在这种类型的国家，究竟采用何种经济制度、政府在经济管理中应该承担何种职能，主要视政府的施政目标与施政理念而定。而对议会民主制国家而言，其政府在社会经济中的作用则更多地受到政党结构与利益集团的影响。

第二，政党状况方面的影响。不同政党有着不同的政治理念和不同的经济管理政策观点。不同理念的政党上台执政后必然会形成迥然不同的社会经济公共政策，并影响政府在其中的职能调整。

第三，利益集团对政府经济职能的影响。利益集团存在的一个重要目的是影响政策制定过程，以便实现自己的目的和主张。一些特殊利益集团出于个别的目的，在决策中迟缓而保守，在知识分工深化的时代，这将使信息越发不对称、不完善，在传播中失真，利益集团则会因拥有“垄断”优势攫取超额利润。不仅如此，利益集团的力量分布状况与博弈过程，都影响着政府在经济调节中承担的职能范围。

3. 政府组织自身的影响

作为社会经济的主要管理者，政府自身的特点会对其经济职能的履行产生重要影响。

第一，政府规模与政府效能的影响。政府规模及效能同社会经济的发展之间是一种互动的关系。在市场经济建设时期，公众会比较自然地选择比较成熟的政府机构，表现在政府规模比较庞大，政府雇员相对稳定，具有较好的施政经验和能力，社会成员对于政府的认同感较好。

第二，政府管理方式的影响。一般来讲，实行不同的经济体制会影响政府对于社会经济生活干预的范围和力度。如我国实行计划经济体制时，政府采取行政手段对社会经济生活进行集中的直接控制与干预，各级政府设立了许多专业管理部门，直接管理企业的生产经营活动；当我国由计划经济体制转向市场经济体制时，政府的管理方式转向宏观调控和公共管理，实行专业管理方式的目的更多地体现在满足社会的有效需求，从而保证社会总供给和总需求的平衡。

4.2　政府经济职能内容——保护公民权利

在人类由自然状态向政治社会转化的过程中，政府是经过人民内部的契约活动而产生的社会共同体，更能够代表一般公众的利益，在众多政府经济职能中，保护公民权利不受伤害，并及时对国家内部公民间的纠纷进行调节是其最基本的经济职能，也是其他经济职能产生的根本条件。

4.2.1　保护社会安全

1. 社会安全概述

社会是一组通过共同的认同感联合起来的制度化群体，是各种社会关系的总和。社会安全实际上就是认同的安全，是指社会公众的正常生活、切身利益乃至生命的安全。社会安全是社会稳定程度的一种反映，是国家安全的重要内容，是与经济安全、政治安全、文化安全、意识形态安全密切相关的一种安全。

社会安全是影响我国经济发展、社会稳定及构建和谐社会的关键因素。目前传统的社会安全体系受到了市场经济体制、社会转型、社会变革等各方面的冲击，社会安全面临的严峻形势越来越凸显出来，各种安全事件频频发生，给国家、社会和人民带来了重大的损失。政府对社会安全的保护是实现社会稳定发展的前提，也是政府其他经济职能实施的必要条件。

2. 政府保护社会安全的手段

政府保护社会安全主要是要求政府积极培育社会自治能力，并进行有效的管理。落实政府的这种责任可以从以下几个方面做起：

一是尽量降低政府对社会的干预，创建“有限政府”。政府应该逐步还权于社会，减少对社会的行政干预，积极与非政府的其他社会组织合作，由社会组织承担政府的部分职能，增强社会的自治能力。在这一过程中，政府应该坚持“有限政府”的基本理念，降低对社会的控制程度，将许多相关的社会管理和规范职能移交给社会中介组织，充分发挥社会组织与市场经济的纽带职能，增加与社会组织的合作管理，培育一个强大的自治社会。

二是强化社会性组织的职能建设。与政府相比，社会性组织具有公益性、公众性、自治性及非营利性的特征，其在信息服务、反映民众诉求、引导社会自律等方面具有比政府更大的优势，可以更有效地发挥公共服务职能。强化社会性组织的职能建设就是降低社会性组织对政府的依赖，增强其自治能力，使之脱离政府附属物的行列。因此，政府应该通过立法保护、政策支持和制度保障等各种途径，积极引导和建立各种社会性组织，逐步剥离各种社会性组织的政治职能和行政职能，增强社会性组织的自我管理、自我服务、自我协调、自我监督的能力；要落实各种社会组织的经营和管理自主权，确保各种社会性组织在法律范围内享有较为广阔的自主活动领域。

三是维护稳定的社会结构。社会的稳定与社会群体收入比例结构有关，一般情况下，“橄榄形”社会结构最为稳定。所谓“橄榄形”，是指社会群体中中等收入阶层的群体所占比例最大，而高收入和低收入阶层群体尽可能小。维护社会的稳定就是政府通过各种手段，将偏离“橄榄形”的社会结构调整到“橄榄形”上来（见图 4－3）。

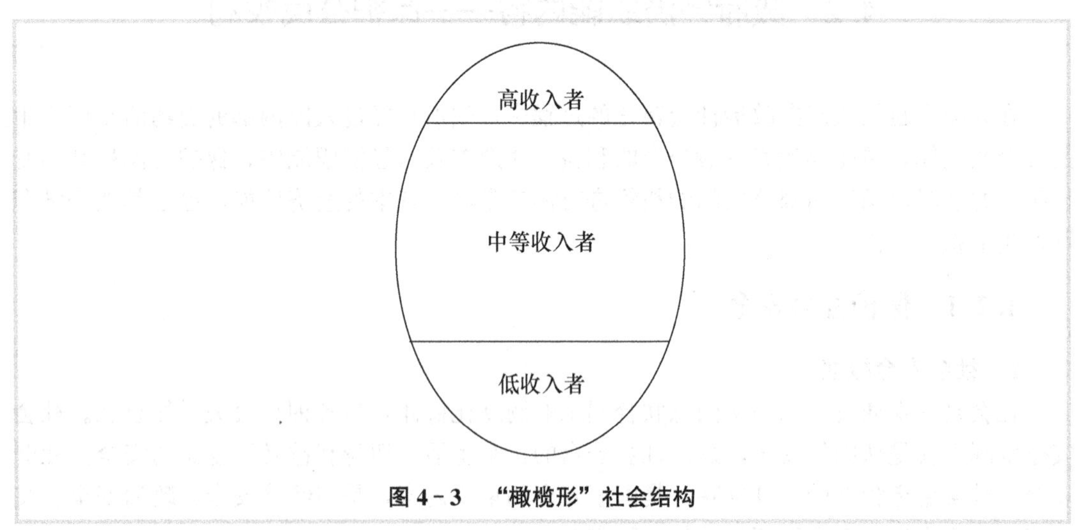

图 4－3 “橄榄形”社会结构

4.2.2 保护公民权利

保护公民权利是市场主体对政府的需求，也是政府存在的基础和前提。正如洛克所言，“国家是由个人组成的社会，它的目的只是为了谋求、维护、增进公民们自己的利益；

而公民利益就是生命、自由和身体的健康无恙以及诸如对金钱、土地、房屋、家具等外在财产的占有权；政府的职责就是公正无私地执行平等的法律，总体上保护所有的人并具体地保护每一个公民属于今生的对这些东西的所有权”。

1. 保护公民基本权利

公民基本权利是一国宪法确认的公民在政治、经济、文化、人身等方面所享有的基本权利。资产阶级国家称为人权、公民权。我国宪法对公民基本权利的规定主要包括公民政治权利和自由、宗教信仰自由、人身与人格权、监督权、社会经济权利、社会文化权利和自由等，体现了广泛性、平等性、真实性以及权利和义务的一致性。

政府对公民基本权利的保护可以分为积极和消极两种。消极保护是指政府对个人的某些权利有依法保护和在任何情况下不得侵犯的义务。消极权利包括自由权（个人的行动、安全、居住、迁徙、言论、著作、出版、信仰、请愿、职业、通信、集会、结社等自由）和平等权（男女平等、宗教平等、种族平等、政治平等、经济平等、党派平等、人格平等）。积极权利是指个人要求政府加以积极行为的权利，也即社会福利权利，主要指各种受益权（如工作权、劳动受益权、受教育权、社会救济权、保健权、休假权、娱乐权等），对这些权利政府不得消极无为，而必须积极地实现和加以保护。

公民对其基本权利的保护需求是最强烈的。政府对公民基本权利的保护一般是通过立法的形式来进行的，在《宪法》的基础上，通过各种法律对公民的基本权利实施强制性保护，对危害公民基本权利的行为进行惩罚。

2. 明确市场主体产权

在市场交易中，产权是公民的一项非常重要的权利，保护产权也是政府的一项特殊经济职能表现，在市场化的进程中具有非常重要的意义。

（1）产权及产权制度。产权是指因物的存在而产生的，与这些物的利用相联系的，人们之间一种被认可的行为性关系。产权界定了人们的行为规范，人们在相互联系时需要遵守这种规范，否则需承担相应的成本。产权的实质是人与人在物的基础上的关系，是指人们是否有利用自己的财产采取某种行动并造成相应后果的权利。产权的确定可以明确产品的排他性和竞争性，从而避免市场竞争中的外部性现象，有效降低市场交易成本。所谓产权制度，是指为产权的界定和使用、产权的转让和收益而建立的制度性规则。

（2）产权界定的意义。产权的界定可以诱导市场主体的经济行为，在市场环境的各种约束下，激励市场主体做出理性选择。在市场交易中，市场主体需要面对环境的不确定性，但是在不完全竞争市场的背景下，市场主体之间信息是不对称的，并且各经济主体对环境的反应和行为方式也存在有限理性的特征。产权的界定就是通过一系列的制度和规则减少环境的不确定性及信息的不对称，提高市场主体对环境的认知能力，减少市场对其行为的约束，进而做出理性选择。

除此之外，产权的界定还可使经济的外部性内部化。经济的外部性会使市场中存在搭便车等机会主义行为。这种现象的产生与产权的不清晰有很大关系，在产权不清晰的情况下，市场主体难以对其经济行为的效果进行合理预期，也不能对其经济行为享有（承担）完全的收益（责任），从而导致各市场主体对财产的争夺或对后果的逃避。而只有当产权清晰的时候，各市场主体才能将市场竞争聚焦于生产效率的提升和创新发展，进而促进经济增长。

（3）政府在界定及实施产权中的作用。在产权的界定及实施过程中，并非只有政府发挥作用，习俗和道德、契约和市场等都会从某一层面约束市场主体的行为。相比其他方式的制约，政府在产权的界定和实施过程中有着更为重要的作用，这主要体现为政府是一种被高度认可且具有合法使用强制性手段的社会机构，是一种具有较高权威的仲裁者，可以弥补其他方式强制性不足的问题。

4.3 政府经济职能内容——政府生产

市场经济是一种主体经济，这里的主体包括政府、企业和个人。所谓政府生产，是指政府等公共组织，以社会公共需要为目的，通过公共权力的行使来配置社会资源和分配社会福利的经济活动。政府生产是一种普遍存在的经济活动，古今中外概莫能外。其区别仅在不同历史时期、不同国家的政府参与市场生产的程度和幅度有所不同而已。

一般情况下，政府主要参与生产市场经济本身无法有效完成的任务，如公共物品的生产；政府通过使用和消耗物质资料和行政费用，生产并向社会提供公共物品，解决市场在公共物品领域的失灵问题。

4.3.1 政府生产的必要性

政府生产主要用来应对市场经济条件下，企业、个人不能解决或不能有效解决的问题，用来克服市场缺陷，满足社会公共需要。

公共物品的生产和供应存在天然的缺陷，是市场失灵的领域。在没有政府主体参与的市场经济中，因其自身存在的正外部性，公共物品的私人生产难以从市场价格机制中得到合适的回报，在这种情况下，社会将面临公共物品供给短缺或者公共物品的利用不足等问题。政府参与公共物品的生产可以克服这一市场失灵的现象。同时，政府在进行区域社会治理的过程中，需要为区域社会经济发展提供基础服务以及良好的制度生存环境，而这些服务和环境的有效发挥均要求政府完成公共物品的充分供应。可以说，政府参与公共物品的生产是政府调节市场经济的重要手段，也是发挥政府职能的重要条件。

4.3.2 政府生产的有限性

任何商品的生产过程，都是政府主体与其他市场经济主体进行相互合作和联系，共同承担某种经济行为的过程，或者说政府在生产的过程中所承担的责任和参与生产的范围应该是有限的，是市场自主有效行为之外的生产活动。美国经济学家斯蒂格利茨说："政府是否应该提供公共物品，这似乎已没有什么疑问，但是，政府不应该大包大揽企图成为公共物品供应的唯一主体，政府在公共物品的供应方面应该发挥市场力量和其他社会组织的作用。"政府生产范围的有限性受以下几个方面的影响：

1. 政府能力的有限性

政府能力的有限性体现在三个方面：

一是政府能力是社会生产能力的组成部分，政府能力的提升受限于社会整体生产能力的提升，而社会整体生产能力又是生产力与生产关系发展的结果，是有限的，因此，政府能力也不可能是无限的。

二是政府能力的提升小于社会需求的增长。随着经济的发展，政府对经济的宏观调控和微观规制在逐步完善和改进，政府能力呈现持续上升的态势。然而，在同一时期，社会需求的数量及类型也在不断提高，尽管政府生产范围不断扩大，但仍有大量非政府供应的产品逐渐渗透到了政府的生产范围。例如，在 16 世纪的英国，政府提供的公共物品是很少的，范围是很窄的，学校、医院、道路、消防器材、公园、桥梁、堤坝、排水沟、排灌网、码头、图书馆等都是由私人慈善机构自愿组织提供的。而在今天，这些物品大部分都是由政府来供应，政府能力的提升为公共物品的充分供应提供了有力保障。但是，公共物品的收入需求弹性较高，在经济发展的过程中，随着人们收入的提高，人们对公共物品的需求增长将超过人均收入的增长，在不少西方工业化国家，其国家财政支出占 GDP 的比重呈现不断上升趋势（见表 4-1），这一现状也间接验证了人们对政府生产的需求大于收入水平的结果。因此在这种情况下，政府能力的提升难以超越人们需求的增加，有限的政府能力不可能满足所有对公共物品的社会需求。

表 4-1　西方主要国家财政支出占 GDP 比重　（%）

国家	2010 年	2011 年	2012 年	2013 年
法国	49.46	50.83	51.96	52.89
比利时	48.66	49.49	50.77	51.00
意大利	46.06	46.15	47.66	48.20
荷兰	45.62	45.10	45.94	46.82
德国	43.56	44.55	45.16	44.37
英国	36.55	37.34	35.16	38.56
西班牙	36.61	35.71	36.33	37.11
澳大利亚	31.85	31.99	33.64	34.50
美国	31.23	31.40	31.76	32.93

资料来源：国际货币基金组织：《世界经济展望》，2013 年 4 月。

三是政府财政收入的有限性决定了政府生产范围的有限性。政府生产需要财政资金的支撑，从生产资料的采购，到社会产品的加工生产，再到社会产品的维修和保养都需要政府资金的投入；不仅如此，政府职能的正常发挥，需要多层次管理人员的加入，政府的管理经费也是必不可少的。这一切政府支出都需要政府通过政治权力，强制性地征收一部分社会产品，也即通过税收的方式筹集资金。受限于选民对政府的投票，在任何社会中，政府税收的范围和规模都是有限的，因此，政府财政收入的有限性决定了政府生产范围是有限的。

2. 政府生产主体的特殊性

政府生产主体的特殊性体现在两个方面：

一是生产主体的强制性。政府作为商品的生产主体，所生产产品与私人产品在商品性质上并无差别，都是需要通过物质资源的消耗产生的，但是，产品的私人主体并不具备政府的强制力，在同一生产资料的竞争中处于劣势地位，也即政府生产产品与私人产品在资源分配中存在一定的替代和竞争关系。在任何时期，经济资源都是有限的，用于公共物品的经济资源多了，用于私人物品的经济资源必然就要减少，反之亦然。如果政府将所有的公共物品都纳入其供应范围，就必然要将用于私人物品的经济资源用于提供公共物品，由此就会导致私人物品供应不足或消费者的消费得不到应有增长，损害消费者福利。

二是政府与其他经济主体之间具有竞争性。并非所有公共物品都需要通过政府的行为参与生产，市场力量和其他社会组织有能力也有动力提供某些公共物品，也即在某些公共物品的生产中，政府和其他经济主体之间存在一定的竞争关系，政府没有必要取代和排斥市场力量和其他社会组织而成为公共物品的唯一供应者，没有必要提供所有的公共物品。

3. 政府生产的低效性

在某些情况下，政府生产会损害社会公平，这一层面的表现与公共物品的公共性程度有关。有些政府产品的受益人是全体国民，而有些政府产品的使用存在较高的门槛和限制，其受益人或消费者只是一部分人，如一个社区的居民、一个城市的居民等。因此，社会的公平性也要求政府生产的范围必须是有限的。

除此之外，政府生产还具有低效率的特征。由于行为目标、经营方式、激励制度、软预算约束、效率评价困难等方面的原因，往往效率不高，世界上许多国家都试图通过改革来提高政府供应公共物品的效率。退一步讲，假设政府供应范围是无限性的，在这种情况下，政府将面临管理层次多、管理复杂程度高、监督成本高昂或监督机制缺乏等问题，从而造成低效率的管理；同时由于政府供应所有公共物品，难以避免消费者对公共物品的浪费性使用或者漠视公共物品的有效利用，这也将造成整体社会福利的下降。

4.3.3 政府生产的内容

政府生产的有限性决定了政府生产内容必须是有选择的。一般情况下，政府生产的内容应该围绕在以下几个方面：

1. 公共程度高的公共物品

由公共物品的性质可知，一种公共物品的受益人或者消费者的人数越多，则公共程度越高，反之，则公共程度越低。公共程度越高的物品，其外部的影响性也越大，因此，政府应该首先选择生产公共程度高的纯公共物品，随着政府自身能力的增长，再逐渐扩大范围，生产公共程度较低的公共物品。历史发展经验显示，政府生产产品首先选择的是国防这一关系全体社会公民的公共产品，其次为公共秩序，也即保障公民的内部社会安全，并依次选择一些公共程度较低的公共产品，基本上遵循了公共程度由高到低的演化过程。一般情况下，政府包含了最低一级政府到地方政府再到中央政府这么一个多层级的政府体系，公共物品的公共程度应该作为划分不同层级的政府供给公共物品的范围和依据，公共程度越高的公共物品，越应由高层次的政府来供应，公共程度越低越应由低层次的政府来供应。

2. 其他市场主体生产可能损害社会安全的公共物品

在现实生活中，有的公共物品也可以由非政府的其他市场主体进行提供，但由于非政府的其他市场主体仅代表了某一群体的利益，由它们生产特定类型的公共物品可能会造成危害社会稳定的后果。比如国防建设和司法建设，前者可能直接威胁社会的稳定，造成国家动乱，并且多市场主体拥有国防力量，会使其在市场经济中拥有强制性力量，造成市场竞争的不公平性；后者则可能使某些市场主体成为为少数人谋取私利而损害大多数人利益的工具。因此，这类公共物品均应由政府进行垄断生产，进而保障大多数人的公共利益。

3. 正外部性较强而又不具排他性的公共物品

大部分公共物品具有很强的正外部性，但不具有排他性，如传染病防治、基础科学研究等，类似公共产品难以从市场价格中体现其真正的价值，搭便车现象普遍，市场主体不能从这类公共物品的生产中获取应有的利益，因此其并无生产的偏好。除此之外，此类公共物品往往需要大量的成本投入，这也是一般市场主体所不能承担的，在政府不进行干预的情况下，此类公共物品会出现供不应求的局面。因此，这种正外部性强而又不具排他性的公共物品应由政府进行生产。

4.3.4 政府生产的方式

1. 免费生产与有偿生产

从消费者是否需要付费的视角来看，政府生产方式存在免费生产和有偿生产两种。前者是指政府通过征税等手段筹集资金，进行直接生产或购买某种产品，然后无偿提供给消费者的生产供应方式；而后者则是政府直接生产或购买某种产品后，通过直接或间接向消费者收取一定使用费用的生产供应方式。政府选择是否收费应考虑两个方面的因素，一是政府产品的公共程度，对于纯公共产品应采用免费供应的方式；公共程度低的产品可采用有偿供应的方式，以更大程度地实现社会公平。二是政府自身能力，政府在生产产品时应首先考虑产品供应的均衡性，然后再依照公共程度的高低决定是否免费供应。除此之外，对于有偿供应的政府产品，应该根据政府的供应能力、供应成本、公共物品的外部性等来决定合理的收费标准。

2. 直接生产与非直接生产

从政府参与的角度来看，政府生产还存在直接生产和非直接生产两种方式。对这两种生产方式的选择应考虑以下几个因素：一是政府产品的公共程度，公共程度越高，非排他性越强，则政府越应该直接生产。二是政府产品的外部程度，外部程度越大，越应由政府直接生产。三是政府生产的成本与效率问题，某些政府产品既可由政府直接生产也可以进行间接生产，在这种情况下，应综合考虑两种生产方式的成本与效率。政府生产过程中，应该选择成本更低、效率更高的生产方式。如果一项政府产品的供应，间接供应的成本低于直接供应，效率高于直接供应，则应该选择间接供应。反之，则应该选择直接供应。

一般情况下，政府生产方式的选择并非非此即彼，而往往是需要将两种方式结合起来：在政府生产的某一阶段或时期实行间接供应，而在另一些阶段或时期实行直接供应，如桥梁、港口、飞机场，即可先采取间接供应的方式，然后采取直接供应的方式，这就是经常采用的 BOT（build-operate-transfer，建设—经营—转让）方式。

3. 直接经营与委托经营

政府产品生产结束后可由政府直接经营，也可由政府委托给非政府机构经营。对政府产品的经营方式的选择需做如下考虑：一是不同经营方式的后果，如国防、司法等政府产品就不便实行委托经营，因为一旦受托人因某种原因不提供服务，国家安全就难以得到保障。二是经营方式的效率比较，经营方式不同，提供同样数量和质量的公共物品，所需要耗费的经济资源、运作效率会存在差别，政府应该进行比较，选择效率高的经营方式。

4.4 政府经济职能内容——政府管制

政府管制是指政府以治理市场失灵为己任，以法律为依据，以颁布法律、法规、规章、命令及裁决为手段，对微观经济主体的不完全公正的市场交易行为进行直接控制和干预。党的二十届三中全会强调，坚持系统观念，处理好经济和社会、政府和市场、效率和公平、活力和秩序、发展和安全等重大关系。从整体上看，政府主要是对市场失灵的内容进行管制，包括对市场垄断行为、市场信息不对称行为、市场外部性问题以及市场收入分配层面的管制。

4.4.1 对市场垄断行为的管制

市场机制只有在充分竞争的情况下，才能实现资源的有效配置，但是，在竞争的过程中，生产会逐渐集聚和集中，从而形成垄断。为了防止垄断力量过分破坏市场经济秩序，政府需要利用各种手段对市场垄断行为进行管制。

1. 市场垄断行为的影响

在市场经济中，规模经济、特质资源及行政壁垒都会带来市场垄断，垄断行为带来的影响主要表现在以下几个方面：一是社会福利水平下降。由于垄断生产者是产品价格的控制者而非价格的接受者，在生产过程中，垄断主体可以通过降低产量而抬高价格的方式获得更多的垄断利润。这种情况下，消费者利益大受损失，造成整个社会福利的降低。二是垄断生产中资源配置无效率。在垄断的条件下，市场主体可以凭借其垄断优势获取额外利润，而不会受到其他市场主体的竞争，因此，垄断主体没有主观降低生产成本及管理成本的意愿，从而造成生产过程中资源配置无效率。三是垄断会滋生寻租现象。垄断主体为了持续获得超额的垄断利润，会通过游说、行贿等手段捕获政府政策的支持，从而产生寻租现象。由于寻租行为并不能增加任何社会财富，只是社会财富的再分配形式，因此，用于寻租活动的经济资源是一种资源的浪费，同时，寻租最终也会造成资源配置的扭曲。

2. 政府管制手段

市场垄断阻碍了正常的市场竞争、降低了市场效率、造成了社会资源的浪费，因而需要政府对垄断行为进行管制。反垄断也是政府经济行为的重要组成部分。当前，政府主要依托反垄断法规并配合其他经济和行政手段对市场垄断行为进行管制，具体来看政府管制手段主要包括：

（1）管制垄断价格。由于垄断行业往往只有少数几家生产主体，垄断主体为了追求自身利益最大化，往往会制定高于市场规律的价格，如果任由垄断企业自行定价，就会出现远高于实际成本的垄断价格，从而损害市场效率及社会公平。

管制垄断价格的核心是对产品进行正确的定价，并运用行政及法律手段对垄断行业进行强制实施。当前，对垄断价格进行管制的办法有两种：一是合理收益率定价法，二是价格上限定价法。

合理收益率定价法起源于 19 世纪的美国，目前在美国、日本、瑞士等国家得到广泛运用。这种方法通过限制企业资本投资收益率来使企业获得公正的报酬。在收益率规制下，允许企业的投资获得公正的收益，但不允许企业获得超过公正收益率水平以上的利润。根据美国经济学家伯格和采尔哈特的研究，合理收益率定价法包括三部分内容：第一，评价企业的成本，消除不必要的成本；第二，保证收益率对特定行业是公正的；第三，设定价格以使收入能够超过成本，并且获得一个公正的收益率。

价格上限定价法起源于 20 世纪 80 年代的英国。这种方法规定，被规制企业价格的平均增长率不得超过零售物价指数与技术进步率之差。通过设定价格上限，一方面可以防止垄断企业通过垄断地位设置垄断高价，另一方面还可以通过合理确定技术进步率来激励企业降低成本，提高效率。企业只要通过努力使自己的效率提高到超过规定技术进步率的水平，就可以获得相应的超额利润。

(2) 防止破坏性竞争。这一层面的政府管制主要出现在由政府授予特权而产生的自然垄断上。自然垄断具有规模经济效应、投资成本沉淀等经济特征。自然垄断行业大多集中在电信、电力、铁路、煤气、供水等公益性行业。这些行业一般需要巨额投资，投资回收期较长，资产具有很强的专用性，只有由一家或少数几家进行垄断经营才能使效率最大化，过度竞争反而会造成社会资源的浪费。政府对这类垄断行为进行管制就是为了避免其他企业进行破坏性竞争，导致重复投资和过度竞争，从而影响社会的整体福利。

4.4.2　对市场信息不对称行为的管制

信息不对称是指在市场交易的过程中，交易一方比另一方拥有更多关于交易对象及内容的信息状况。这种现象是长期存在的，在信息不对称的情况下，市场信息难以有效引导经济主体做出经济决策，从而影响资源的配置效率，导致市场失灵。面对信息不对称性，市场本身会产生一些应对机制和方法，但是都具有很大的局限性，需要政府介入，靠政府的力量对这一现象进行干预。

1. 信息不对称的影响

信息不对称会产生“逆向选择”和“道德风险”两种低效率的市场行为，造成市场交易双方利益失衡，影响社会公平及市场配置资源的效率。信息不对称会产生以下经济影响：

(1) 劣币驱逐良币效应。劣币驱逐良币是指当一个国家同时流通两种实际价值不同而法定比价不变的货币时，实际价值高的货币（良币）必然要被融化，收藏或输出而退出流通领域，而实际价值低的货币（劣币）反而充斥市场。信息不对称也会带来类似效应。在商品市场上，如果买卖双方均拥有产品质量的完全信息，价廉物美的商品将逐渐赢得市场。但是，在现实的交易过程中，消费者对产品的信息掌握得并不全面，难以有效区分产品的真假及优劣。当面临货币投票时，往往对真货及假货做出相同的选择，也即市场上“良币”与“劣币”面临的相同的市场价格。在这种情况下，生产优良产品的厂商其利润将大大低于生产劣质产品的厂家，优良产品的生产就会逐渐减少，甚至消失，造成“劣币驱逐良币”的现象发生。

(2) 市场萎缩及需求不足。在市场交易中，买方往往处于信息劣势地位。在购买某种商品时，买家通过有限信息辨识良货及劣货的能力较低。在这种情况下，为了避免买到劣质产品，一些买家将会选择“一律拒买”的消费行为。其结果会导致整个社会的需求降低，相关市场也会逐渐萎缩。如2004年发生的高致病禽流感，就曾使消费者拒绝购买所有的畜禽产品，导致一些地区的鸡鸭及蛋品市场消失或萎缩。

(3) 市场交易的公平性难以保障。信息对称是市场进行公平交易和竞争的必要条件，如果在市场交易中双方的信息不对称，具有信息优势的乙方就会利用其信息优势欺诈对方，实施不公平的交易行为，从而损害对方的经济利益，也即所谓的“道德风险”问题。而信息弱势一方由于缺乏必要信息，在选择购买商品时会出现“逆向选择”的差错。

2. 政府对信息不对称的管制

尽管在市场经济的发展中会产生一些抑制信息不对称问题的机制和方法，例如建立信誉机制、增加商品信息透明度等，但是市场行为并不具有强制力，信息劣势一方的权利难以得到有效保障，因此需要借助政府力量进行干预。一般情况下，政府对信息不对称管制的方式包括以下几个方面的内容：

一是政府通过立法的形式强制生产商向消费者提供足够的商品信息。政府根据不同商品的特征，规定卖方必须向买方提供必要的信息。例如商品的生产日期、产品的要素构成、有效期、禁用范围等。

二是政府制定统一的商品标准，并建立商品的出售审核制度，也即一种商品上市之前，必须经过政府制定部门的审核，取得相应的商品质量证书，通过政府的选择后再面向消费者。这种手段是政府利用其公信力用强制的手段代表信息弱势群体对商品的生产者进行选择。

三是对利用信息优势进行不公平交易的行为进行处罚，从而保障消费者的安全。当生产者利用其信息优势进行销售而造成对消费者权利的损害时，政府可依法对其进行处罚。

四是政府制定和实施经济合同法，使市场交易双方的经济合同能够得到履行，减少合同订立中的逆向选择问题，保障交易双方责任的履行和权利的实现。

4.4.3 对市场外部性问题的管制

外部性又称为溢出效应、外部影响或外差效应，指一个人或一群人的行动和决策使另一个人或一群人受损或受益的情况。经济外部性是经济主体（包括厂商或个人）的经济活动对他人和社会造成的非市场化的影响，即社会成员（包括组织和个人）从事经济活动时，其成本与后果不完全由该行为人承担。外部性分为正外部性（positive externality）和负外部性（negative externality）。正外部性是某个经济行为个体的活动使他人或社会受益，而受益者无须花费代价。负外部性是某个经济行为个体的活动使他人或社会受损，而造成负外部性的人却没有为此承担成本。

产生外部性的原因在于经济活动中个体成本与社会成本、个体收益与社会收益之间的差异，也即外部性是经济主体经济行为的外在影响。在现实生活中，外部性是经常存在的，只要存在外部性，社会中资源配置就不是有效的，政府必须采取各种手段进行管制，进而校正市场经济中的外部效应。政府对外部性的校正有多种措施，在这些措施中，较常见的有行政规制、政府税收或罚款及政府补贴等手段。

1. 行政规制

行政规制是对生产消费行为作出某些限制，主要用来对一些负外部性行为的校正。一般情况下，政府对负外部性的行政规制可从两个方面进行：一是对负外部性水平的规制，如对污染水平的限制，通过设定排污标准来控制外部性；二是对直接生产过程的规制，如限制使用某种污染性较强的原料。除此之外，政府的行政规制还包括对产权的保护，按照经济学家科斯的理论，产权模糊是外部性的根源，因此，政府明确界定并有效保护产权可以极大地减少外部性的产生。

2. 政府税收或罚款

政府税收或罚款主要用来矫正负外部性，通过向具有负外部性的经济行为进行征税或处罚，增加负外部性经济主体的生产成本，使之与社会边际成本相一致，也即实现负外部性的内部化。这种矫正的税收或罚款有以下两个方面的作用：一是将外部边际成本加大至私人边际成本之上，以此增加产品的生产成本和售价，进而将产品的产量减少至社会边际效益同社会边际成本相等的最佳水平。二是将部分收入转移到遭受负外部性影响的个人或厂商。

3. 政府补贴

补贴手段主要用来矫正正外部性的经济行为，通过对具有正外部性的行为进行补贴，使其私人边际效益提高到同社会边际效益相一致的水平，实现正外部性内在化。这种补贴与经济行为的正外部性成正比（见图 4－4）。这种手段的作用有以下几个方面：一是可以将外部边际效益加入私人边际效益之上，增加对带有正外部性的产品的需求和供给，降低消费者为其支付的净价格，进而将产量调整到社会边际效益同社会边际成本相等的最佳水平。二是增加带有正外部性产品生产者所获得的效益，从而鼓励这类产品或劳务的生产。

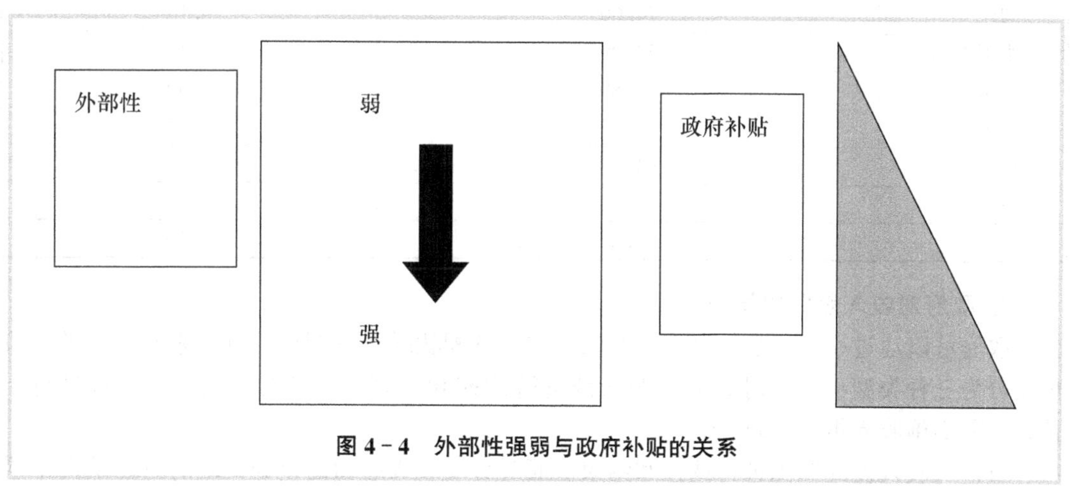

图 4－4　外部性强弱与政府补贴的关系

4. 法律手段

政府主要通过法律手段对权益界限不明确造成的外部性进行矫正。如科斯所说，在相关交易方之间，将既定的权利自由交换为现金支付是有效率的，政府可以通过设定资源使用的权利而使外部性内在化。

4.4.4 对市场收入分配的管制

市场是基于效率原则对社会进行的资源分配，这种分配会导致社会收入差距过大及两极分化的产生，不利于社会的稳定发展。除此之外，市场经济难以解决社会范围内的失业、养老、医疗保健、扶贫等问题。因此，政府需要从全社会的整体利益出发，对市场经济下的收入分配差距进行调整和管制，使之能被控制在可以接受的范围之内。

1. 收入差距的影响

金融危机以后，以10%最富有人口占全国（地区）财富比重及其变动趋势衡量的各国收入差距显示，世界财富两极分化日趋严重（见表4-2）。收入差距不仅是经济问题，也是政治问题和社会问题。适度的收入差距可以产生一定的激励作用，能够促进区域生产要素的优化配置，激发低收入群体的劳动热情，强化社会的竞争意识，进而促进区域经济的发展。然而收入差距过于严重，将会危及经济及社会的正常发展。尤其是因非法因素引起的收入差距，会严重扰乱市场环境，导致社会整体心态失衡，威胁到社会的安全与稳定。具体来看，在经济层面，收入差距加大，会弱化劳动者的生产积极性，且因为低收入者的有效需求不足，导致社会的整体需求趋向萎缩，进而减缓经济发展速度。在政治层面，低收入者难以获得足够的政治支持，其政治诉求不能影响政策的制定，进而对现行制度产生对立情绪，引发各种社会矛盾，危及社会安全。

表4-2　世界部分国家和地区的收入差距现状及其变动幅度

国家和地区	10%最富有人口占全国（地区）财富比例（%）	2000年至2014年间变化幅度（%）
俄罗斯	84.80	7.70
中国香港	77.50	11.90
美国	74.60	0.00
印度	74.00	8.10
中国大陆	64.00	15.40
韩国	62.80	9.60
中国台湾	62.00	7.70
德国	61.70	−2.20
英国	54.10	2.60
日本	48.50	−2.50

2. 政府对收入差距的管制

政府可以通过一定的政策制定，对区域收入分配状况进行调控。具体来看，这类政策可以分为三种类型：一是对收入差距来源进行调控和约束；二是对收入分配过程进行干预；三是实施收入再分配政策。

（1）对收入差距来源进行调控和约束。面对劳动收入层面的差异，政府可以从两个层面进行调控：一是对整体劳动能力的改进和调整；二是通过政策制定，促进群体劳动时间的均衡。前者主要通过增加政府人力资源的投资来实现，具体来看主要是在区域范围内实施义务教育、对低收入者提供各种短期培训和职业培训，降低低收入者的受教育成本，增加低收入者的劳动能力。例如，我国实施的对低收入学生的助学贷款政策以及各种奖助学金制度、对下岗职工的再培训政策，都是从改进低收入者的劳动能力层面对收入差距进行调控。而改良群体劳动时间则主要是从劳动起点入手，通过创造机会均等的环境，避免劳动就业的不均衡，纠正和防范市场的不正当竞争。具体来看，是在一些区域范围内，存在一些利益集团，通过其有利地位，利用不平等的价格对劳动力实施限制性就业，造成劳动力参与劳动的机会失衡，进而造成收入分配的差距。所以政府应该制定相应政策，打击非市场因素造成的就业壁垒，促进劳动就业机会的均衡。

（2）对收入分配过程进行干预。收入分配过程是造成收入差距的重要层面，对其进行干预的措施主要有以下几个层面：一是实施差额的财产税政策，通过对居民财产征税，降低财富差异的代际传递及局限性传递，增加财富在社会间的流动和分化，进而降低收入差距。二是实施低收入群体保护政策，主要是通过制定最低工资制及劳资协商制度等，确保低收入群体的收入水平和收入安全。三是加强对特殊行业的收入分配监督和管理，主要是指对推进自然垄断行业的改革，加强收入分配控制，防止行业间收入分配差距过大。

（3）实施收入再分配政策。收入再分配政策是指政府通过征税、政府转移性支付等手段对初次分配进行再次分配的政策。该政策包含两个方面：一是利用税收降低高收入者的收入，二是通过转移性支付增加低收入者的收入。前者主要表现为政府全力推进税制改革，利用税收政策调节居民收入差距。这种调节可以从两个层面进行概括：一是收入层面的税收政策，例如个人所得税中的累进税制，就是通过对高收入者征收更高的税进而降低其与低收入者之间的收入差距。二是消费层面的税收政策，如奢侈品及生活必需品之间的差别税率，也是间接地对高收入群体进行征税。除此之外，税收政策还体现在对不同收入形式的税收差别上，例如对劳动所得实行低税而对非劳动所得（如利息、租金）实行高税，也是通过税收调节收入差距的一种方式。这也是政府建立健全社会保障制度的一种重要形式，通过对低收入群体实施转移性支付，直接增加低收入者的收入水平，强制性地安排无收入人员就业、保障部门低收入社会成员的收入，满足其基本生活条件，促进社会公平和稳定发展。

本章小结

1. 政府经济职能的变迁显示，在不同历史时期及时代背景下，对政府经济职能的定位选择有所不同。整体来看，政府经济职能是以政府机构为行为主体，基于全体社会成员的根本利益，对国民经济进行全局性的规划、协调、服务和监督的过程，它是为了达到一定目标而采取的协调和组织经济活动的各种方式、方法的总称。其定位选择受社会经济环境、政府环境以及政府自身因素的影响。

2. 保护公民权利是政府最基本的经济职能，也是其他经济职能发挥作用的必要条件。对公民权利的保护主要体现在保护社会安全及保护公民权利等层面。

3. 政府作为市场经济的主体之一，其经济职能的一个重要表现就是政府生产，也即政府在民主投票的基础上，综合考虑政府主体与其他市场主体的生产能力和生产效率，选择适当的生产方式，参与纯公共物品、涉及国家安全的公共物品，以及较强正外部性且非排他性物品的市场生产。

4. 政府作为更具公信力和强制性的机构，有责任和义务对市场失灵的状况进行管制，也即政府以颁布法律、法规、规章、命令及裁决为手段，对市场垄断行为、市场信息不对称行为、市场外部性问题以及市场收入分配等层面进行相关管制。

关键术语

政府经济职能　政府生产　政府管制　公共产品　政府主体　市场主体　公民权利　产权　市场失灵　外部性

复习思考题

1. 简述政府经济职能定位的影响因素。
2. 简述政府选择直接生产与非直接生产的依据。
3. 简述政府管制的手段。
4. 政府如何对市场交易过程中信息不对称现象进行管制？试举例说明。
5. 结合我国市场经济现状，结合政府经济职能的基本内容，阐述我国政府是如何对市场失灵状况进行调节的。

案例分析

案例 4-1　BOT 成功案例——马来西亚南北高速公路

马来西亚南北高速公路也是发展中国家经营 BOT 模式的成功案例之一。马来西亚南北高速公路全长 800 千米，南临新加坡、北靠泰国，其中部分路段为收费道路。由 United Engineer 公司组建了一个新公司——普拉斯作为项目发起公司，负责该高速路的筹资、设计、建造与经营。预计项目总成本 18 亿美元，特许经营期 30 年。项目资金构成中，900 万美元为项目发起公司的股本，18 000 万美元为该公司的股份资金，其余 90%均来自银行贷款。

该高速公路项目获得了很高的政府担保：政府提供的援助性贷款为 23 500 万美元，约为项目从开始筹资到建造完工总成本的 13%。该笔贷款在 25 年内还清，并在前 15 年内可延期偿付，其固定年利率为 8%；政府给予了普拉斯公司最低营业收入担保，即如果公司在经营的前 17 年内因交通量下降而出现现金流动困境的话，政府将另外提供资金；马来西亚政府还授予普拉斯公司经营现有的一条高速公路，长 309 千米，公司不需购买该路段，其部分通行费收入用于新建公路；在外汇方面，马来西亚政府提供的担保是：如果汇率的降低幅度超过 15%，政府将补足其缺额；最后，政府还提供了利率担保：如果贷款利率上升幅度超过 20%，政府将补足其还贷差额。

马来西亚政府与普拉斯公司签订了固定总价格合同，然后由普拉斯公司与各个分包人分别签订固定总价合同。在收费方面，高速公路的通行费率由政府和普拉斯公司共同确定。日后费率若有提高将与马来西亚的物价指数相联系。

高速公路的筹资采取了传统的资本结构，包括负债与权益资本。项目发起人从中国香港、新加坡和伦敦筹集到 9 亿美元。该项目还从政府那里获得了一笔 2.35 亿美元的援助性贷款。为了缓解其现金紧缺，项目发起人向其分包人提出，只以现金支付合同总价的 87%，另外 13%作为分包人的入股资金，而且这些股份资金只能在工程建设完工后约 7 年时间才能进行转让。这一措施将权益资金的风险有效地转移给了项目分包人。

思考：BOT 成功的主要原因是什么？马来西亚政府在这一过程中的经济职能定位是什么？

案例 4－2　中国电信垄断案例

我国电信业长期是在高度集中的行政垄断体制下运行的。这种垄断地位的形成不是企业规模经营的结果，而是政企不分的经营管理体制的产物。行政垄断的企业经营者，又是产业政策、价格政策的制定者和决定者，从而就难免产生没有规模的垄断现象。这既不适应国内市场日益扩大的信息服务的需求，也不能有效应对国际信息产业的竞争和挑战。随着信息产业类国有企业的改革和重组，大力推进技术创新和管理创新，我国电信业在计划经济体制下的行政垄断局面发生了变化。

通信业实现了政企分开，完成了电信和邮政的分营以及电信业的拆分重组。电信管理体制和运营机制发生了深刻变化，市场竞争格局初步形成。到 2001 年，我国电信业的总资产已超过 1 万亿元。固定电话用户达到 1.79 亿户，移动电话用户达到 1.45 亿户，分别居世界第二和第一。在这样一个大市场中，主要的竞争者为中国电信、中国移动、中国网通和中国联通 4 个大运营商。我国电信四大运营商的实力差距已不是很大，但又有各自不同的优劣势，它们形成了电信市场分层竞争的格局。

中国电信业在经过 1998 年的拆分后丧失了最具增长潜力的移动业务，发展速度逐步下降。目前资产总额和收入状况还相当可观，但发展后劲明显不足。中国移动，尽管业务单一，缺乏骨干网络，但具有高速增长的移动业务市场的优势。2013 年中国移动业务收入完成 6 302 亿元，高于全国电信业务收入的平均增幅；用户总户达 7.67 亿户。中国网通除了拥有在北方 10 省市的本地接入网优势外，还拥有原网通中全国主要经济发达地区的骨干网。中国联通是我国目前唯一的全业务电信运营商，在移动通信、固定通信、数据通信、互联网和电子商务、无线导呼等领域均有涉足。联通移动通信业务有着高速的发展。联通手机用户已超过 1.4 亿，市场占有率达 28%。

思考：中国电信垄断的原因是什么？政府对电信行业的管制对其他行业有什么样的警示？

第5章

公共经济决策

公共经济决策是政府和公共部门指导宏观经济发展的主要形式与手段。为了保证公共经济决策的有效性，避免出现重大的决策失误，党的十八大报告对建立与健全我国公共经济决策权力运行的制约和监督体系专门提出了具体的要求，强调“要坚持科学决策、民主决策、依法决策，健全决策机制和程序”。这不仅是对中国共产党新时期基本治国理念的全新表述，也为我国公共经济决策机制的科学运行提供了强有力的政治保证，特别是对进一步改革与完善具有中国特色社会主义的公共经济决策体制有着重要指导意义。

5.1 公共经济决策的内涵

5.1.1 决策的内涵

决策的行为是人类固有的行为，它涉及政治、经济、军事、文化、社会各个领域。决策的含义是非常宏观的，它是指人们为了达到或实现一定的目标，在一定信息和经验的基础上，根据客观条件，采用科学的方法，从若干个备选行动方案中选择一个满意的方案所进行的分析、判断和抉择的过程，包括发现问题、选择目标、收集信息、制订方案、评估方案、做出决断、组织实施、信息反馈等一系列的活动。同时，决策的过程也是计划、管理的过程，是带有谋略性的决定。

5.1.2 公共经济决策的内涵

1. 公共经济决策的概念

随着国家现代化进程的持续发展，政府对宏观经济的干预随之加强。因为市场对资源的配置作用虽然不断强化，但仍存在许多难以解决的问题，因此，政府的宏观干预即公共经济决策就日益显示出其重要性。

所谓公共经济决策，简单地说，就是具有公共决策权的组织为解决公共问题、提供公共服务和生产公共产品，提高公共管理水平，在法律法规允许的框架内，通过一定程序和方式，在两种以上可能方案中做出选择的行为。具体到我国，一些学者认为，公共经济决策就是执政党及其政府在现行政治经济制度的基础上，为了达到一定时期经济发展的目标而制定经济活动的准则和内容。

2. 公共经济决策的特征

公共经济决策是一种公共性质非常强的经济决策行为，它与市场经济中其他性质的决策行为相比，具有以下特征：

第一，经济性。公共经济决策主要是政府部门运用国家财政资金，提供公共物品与服务以满足公共需要的理性抉择，强调政府的经济决策要有利于资源的优化配置，这充分显示了其经济性。

第二，公共性。公共经济决策是政府、公共企业等公共部门为了最大限度满足公共利益、满足人民需要而开展的公共行为。此外，公共经济决策的实施，必然涉及资源（人力、物力和财力）的使用，这些不是个人或企业资源，而是特定的公共资源。

第三，政治性。公共经济决策过程，实际上也是政治博弈过程，政治家、官员、企业、公民以及相关利益集团都能通过政治领域中的投票者或游说者对公共经济决策施加不同程度的影响。

第四，目的多样性。市场经济主体片面地追求经济利益，公共经济决策则追求经济增长、社会公平、政治稳定等多重公共目标。

第五，执行的滞后性。滞后作为一种普遍问题也存在于公共经济决策过程中：一方面，公共经济决策作为来自社会各方面经济信息的综合反映，在信息的汇总和整理时往往会遇到很多困难，处理这些困难时会出现一定的时滞；另一方面，决策后的执行者也会因不符合自身利益而延缓执行或抵制。

5.1.3 公共经济决策的主体

公共经济决策主体即依法定程序授予而拥有经济决策权的公共决策者。公共经济决策主体与其他社会主体相区别的一个重要特点，即拥有国家赋予的公共决策权力。现代社会的公共经济决策范围越来越广，公共经济决策主体因而呈现出明显的多元性，即除了政府等公共部门和组织之外，还有普通选民以及利益集团也会通过不同途径对公共经济决策施加积极影响（见表 5-1）。

表 5-1 公共经济决策主体的决策方式

决策主体	决策方式
政府	“一言堂”决策、内部决策、咨询决策、集思广益决策
公民	选举、社情民意反映、专家咨询、社会公示、社会听证
利益集团	制度化影响（联席会议、主管部门或人大政协提案、信访）、 非制度化影响（公共舆论、社会关系网络、诱导手段）

5.1.4 公共经济决策的客体

公共经济决策客体是指公共经济决策的对象，即中央和地方各级行政机关为履行其职能而依法处理的公共经济事务。就中央行政机关而言，即从整体上对全国性经济工作进行决策，确定大政方针。地方各级行政机关则是根据中央制定的经济战略决策、法规命令，对辖域内公共经济事务进行领导和管理，以及做出相应决策。

5.1.5 公共经济决策的目标

一般说来，公共经济决策的目标主要集中在三个方面。一是效率与效益。公共经济决策的本质是对社会资源予以合理配置，不同于私人部门的利润最大化目标，它的出发点主要在于克服市场经济缺陷，最大限度实现经济效率与社会效益的和谐共生。二是政治与社会稳定。公共经济决策的目标不仅限于促进经济增长，还包括维护国家政治与社会稳定。三是公平与正义。公共经济决策的公共性决定了其必须立足于社会资源的公平分配。因为任何公共决策都会使一部分人利益受损，另外一些人受益，社会个体因而都从自身利益最大化的视角来对待公共经济决策。唯有将公平与正义作为公共经济决策的优先价值，才能获得最大多数社会个体的支持。而要想保证公共经济决策时能够做到公平与正义，按照美国政治哲学家罗尔斯的理解，必须坚持两个原则：

> 第一个原则：每个人对与其他人所拥有的最广泛的基本自由体系相容的类似自由体系都应有一种平等的权利。第二个原则：社会的和经济的不平等应这样安排，使它们被合理地期望适合于每一个人的利益，并且依系于地位和职务向所有人公开。①

5.2 公共经济决策的历史变迁

公共经济决策相伴国家而生，并作为国家为实现其职能而进行资源配置和应用的一种活动，在人类社会发展的不同历史阶段，随着社会生产力及经济运行方式的发展变化而不断变化，因而也就在不同的历史阶段呈现出不同的特征。根据人类社会同历史阶段的形态演变，公共经济决策行为大致经历了三个阶段。

5.2.1 君主财政时期

君主财政，又称为家计财政，是指奴隶社会中国王占有全部土地和奴隶，国家财政收支与国主收支不分的一种经济运行方式。这种经济运行方式下，“朕即国家”，一切都属于国王所有。在国家经济生活中，国王的需要就是国家的需要，国王个人和家庭的需要也常常与国家职能实现的需要紧密联系，不可分割。国家财政进行分配的依据，除了政治权力之外，就只剩下国王作为最大的奴隶主所占有的个人生产资料所有权的收入。这其中包含了国王个人收支的家政财务的内容，从而使奴隶制经济财政呈现出国王家政财务的特征。

① ［美］约翰·罗尔斯：《正义论（修订版）》，61～62页，北京，中国社会科学出版社，2009。

君主财政体制下，公私没有界限，保证国家经济运行的各种决策的制定和执行完全是国王一人的主观臆断，民众和行政官员没有任何发言权。

5.2.2　封建经济时期

封建经济阶段，国王不再是全社会土地的所有者，而仅作为地主的一员占有部分土地。新兴的地主阶级占有了大部分土地，他们或雇用农民依自己需要进行生产，或租给农民由农民依自己需要进行生产并从中收取地租。土地制度的变化引起国家财政决策模式，尤其是国家财政分配内容的变化，并主要表现在三点：一是国王作为地主阶级中的一员，其个人及家庭需要只能靠所拥有的资产（主要是土地）来满足，并与国家需要逐步分别开来，国家财政的供给仅为了维持以国王为首的国家机器的运转。同时，西方封建社会末期，新兴资产阶级进入议会，对国家财政的收支管理上出现了单独机构和人员，对国家财政的收支监督进一步加强。二是国家财政与诸侯财政并存。在封建诸侯割据严重时期，政治和财政体制不统一，因而建立一个为整个社会服务的公共财政是难以实现的。三是商品经济的发展，促使封建社会末期的财政收支由实物向货币方式转变，国家财政模式也逐渐过渡为公共财政。

5.2.3　政府财政时期

政府财政也称为公共财政，它是市场经济条件下财政模式的必然选择，也只有到了市场经济时期，政府财政才具有了明显的公共服务性质。在市场经济下，政府财政措施主要用于市场机制无法有效运行的领域，并以确保市场经济的正常运转。具体到政府财政时期公共经济决策的运作方式，因后文有较详细的论述，在此就不再赘述（见表 5－2）。

表 5－2　公共经济决策的历史变迁

历史阶段	决策主体	决策客体	决策内容
君主财政时期	国王	奴隶	国王独揽国家财政
封建经济时期	国王、地主	农民	国家财政分配模式
政府财政时期	政府部门	市场	公共经济措施

5.3　公共经济决策的科学化与民主化

公共经济决策正确与否，直接关系到国家经济是否繁荣、人民是否幸福和社会是否稳定，而要确保公共经济决策正确，决策的科学化与民主化是不可或缺的两个基本条件。

5.3.1　公共经济决策科学化与民主化的内涵

1. 公共经济决策科学化的内涵

公共经济决策的科学化，是指以科学的理论为指导、科学的技术方法为手段、科学的决策程序为依托、科学的决策评估为保障、规范化的法律制度为纽带而进行的公共经济决策活动，其目的在于降低决策的风险和成本。公共经济决策科学化的主要标志是在决策过程中广泛应用先进的科学思想、理论、方法和技术，以及为实现最终决策目标而确保决策体制、决策程序以及决策方式科学化的程序与方法。

2. 公共经济决策民主化的内涵

公共经济决策民主化是指公共经济决策主体在决策过程中要广泛听取专家和群众意见，“集中民智”，反复论证，从而达到决策结果符合民愿、决策过程尊重民意的决策目标，并应在做出决策的过程中具备论证、协商、审议及集体讨论决定等环节。公共经济决策民主化的主要标志是在决策过程中，各种决策主体能够畅通、规范、高效、有序地发挥作用。实现公共经济决策民主化，关键是要坚持两点。一是坚持公共经济决策价值取向民主化，即以反映和实现民众的公共利益作为决策的根本宗旨，要求在决策过程中广泛听取民众意见，了解其真实需求，做出最符合其根本利益的抉择。二是坚持公共经济决策参与机制民主化，即通过法律形式让民众对重大公共经济决策享有知情权和参与权。

3. 公共经济决策科学化与民主化的关系

公共经济决策的科学化与民主化并非完全的因果关系，但随着决策民主化进程的加快和对科学化要求的提高，二者显现出日益紧密的联系。

第一，决策民主化是科学化的重要途径与保证。决策民主化是科学化的基础，离开了决策的民主化就不可能有真正意义上的决策科学化。推动决策的民主化，首要的问题是要充分吸收社会各方面对政府决策的民主参与。因此，作为领导者在制定科学决策时，必须充分发扬民主，调动各方面的力量，广开言路。只有在高度的民主气氛中，各种意见、方案互相碰撞，才能闪出真知灼见的火花。

第二，决策科学化是民主化的目标与追求。决策科学化是决策民主化所要追求或达到的目标，通过决策的民主化实现决策科学化。离开民主化，决策科学化不可能达到较高水准。仅有决策的民主化并不能保证实现决策科学化，它必须要遵循科学的程序和方法。决策科学化的意义在于降低决策的风险和成本，而决策的民主化则为实现决策的科学化提供最可靠和最有效的体制保证，使决策的科学化程度达到一个新的、更高的水平。

5.3.2 公共经济决策科学化与民主化的必要性

1. 公共经济决策科学化的必要性

现代社会是一个复杂、多变、庞大的有机体。与此相联系，公共经济决策越来越呈现出综合化、高速化、定量化、远景化趋势。在这种背景下，单凭个人或团体的经验来进行决策已远远不够了。只有实行合理、规范、迅速、高效的科学决策，才能适应经济和社会发展的客观需要，并反过来给经济和社会发展以正确导引和强有力的支持。

需要强调的是，现代科学技术的飞速进步，不仅以其对社会行为的广泛影响而使一种合理化意识深入人心，从而对公共经济决策的科学化构成强力驱动；同时也以层出不穷的新方法和新技术，为公共经济决策的科学化提供了坚实的理论基础和物质基础。如果说个人知识能力的有限性和所获信息的不完全性对最优决策构成了限制，那么，新数学方法的大量引入和电子计算机手段的广泛运用，则为提高公共经济决策的科学化水平彰显了广阔的空间。一句话，现代公共经济决策体系的运作越来越具有“科学管理”的意味。

2. 公共经济决策民主化的必要性

第一，实现公共经济决策的民主化是“政治决策的时代”的客观要求。二战以来，时代的重心倚向了和平与发展，随着科技的进步、经济的繁荣与文化的发展，人类所面临的社会问题日益增多，各种矛盾纵横交错。由此，各国需要解决的公共经济问题随之增多和复杂，公共经济决策的范围空前扩大，地位突出，作用增强，并成为政治生活的主要内容，当今时代因而被称为“政治决策的时代”。在“政治决策的时代”，公共经济决策单纯依靠决策者来进行，往往不能准确把握住问题的实质，而决策的民主化则可以帮助决策者有效避免错误的判断和错误的决策。

第二，实现公共经济决策的民主化是市场经济的内在要求。市场经济本质上是一种竞争型经济，公共经济决策的任何一项失误，都有可能引起一连串的连锁反应，产生严重的经济和社会后果。公共经济决策者只有在充分发扬民主的基础上，遵循科学的程序，不断地做出科学的决策，才能减小甚至避免这种风险。决策者必须充分发动公众，让公众参与到公共经济决策中来，集思广益，最大限度地发挥公众智慧，实现决策的民主化，在激烈的市场竞争中做出正确公共经济决策的把握性才越大，否则有可能“一着不慎，全盘皆输”。

第三，实现公共经济决策的民主化可有效调节各种社会矛盾。市场经济日益完善和发展，导致各种社会利益群体的纷纷涌现。各种利益群体为了各自的利益，会向政府等公共部门提出多种利益诉求，并努力通过自己的活动影响公共经济决策。此外，各种利益群体之间也往往因利益纷争而产生矛盾和冲突。因此，只有实现公共经济决策主体多元化，进行民主化的决策，才能充分发挥公共经济决策的调控功能，有效调节各种社会矛盾，促进社会生活健康有序发展。

第四，实现公共经济决策的民主化，有利于促进公共政策的研究工作深入开展。公共政策科学是一门新兴的学科，实现公共经济决策的民主化，有利于形成“百花齐放”“百家争鸣”的理论氛围，使公共政策理论研究生机盎然，调动相关领域专家和学者的研究积极性，从而促进公共政策科学继续向“高、精、尖”方向迈进。

5.3.3 公共经济决策科学化与民主化的实现途径

1. 如何实现公共经济决策的科学化

正确的公共经济活动来自正确的公共经济决策，而在复杂的经济因素作用下，想要实现公共经济决策的科学化，必须从以下几个方面着手：

第一，树立正确的决策思想。公共经济决策过程归根结底是一种主观的选择过程，其中决策者的价值观、责任心、进取精神等主观因素的影响力很大。因此，决策者在进行公共经济决策时，必须树立正确的决策思想，实事求是，量力而行，这样才能使决策者避免因主观好恶而做出错误决策。

第二，定性与定量决策方法相结合。当代管理新科学及其数量方法的产生，尤其是电子计算机的广泛应用，为公共经济决策的科学发展提供了新的工具，定量决策成为公共经济决策的重要趋势。“人—机”结合的量化决策理论和方法，提供了公共经济决策的新视野，使人们能够对日益复杂和日益增多的决策信息进行量化统计和定量分析，将定性决策条件下的不确定性决策转化为定量决策条件下的确定性决策，从而提高公共经济决策的准确性和时效性。但是，定量决策也有其局限性，这就是公共经济决策中的许多信息很难用数据来量化，尤其是在意见各异或利弊并存的决策方案选择中，决策者的个人经验同样是决策的决定性因素之一。所以，定性决策和定量决策相结合的发展方向标志着公共经济决策科学化的高级阶段趋势。

第三，短期决策与长期决策相结合。由于经济决策的现实性特点，决策者短时间内面临着大量需要决策的事务。这就需要决策者从短期和长远目标相结合上来认识和处理经济决策问题，需要从只考虑现实性、单一性，转变为现实性与未来性相结合、单一性与整合性相结合，将决策的时限延伸到遥远的未来，从而增强公共经济决策的预见性。长期决策实际上是一种战略性决策。实际操作上，一方面，公共经济决策直接关系到全社会、全体国民和国家的整体利益，涉及各种复杂因素，所以，充分预见到现实决策的各种未来趋势，并制定相应方案，是现代社会对政府的必然要求。另一方面，无论是一个国家还是一个地区，要取得稳定的综合全面的发展，必须制定本国、本地区的长期战略规划，并使其成为现实决策的指导性纲领。

2. 如何实现公共经济决策的民主化

第一，注意公共经济决策权的分享。公共经济决策中的分权是实现决策民主化的必要条件。决策分权具体又分为中央与地方层级的分权，以及同级别的不同部门间的分权等。一方面，决策权应“下移”，即中央（或上级部门）应将原先由自身掌握的某些经济决策权力下放给地方（或下级）行使，扩大地方（下级）的公共经济决策权限。另一方面，公共经济决策的中枢部门应将原先独自享有的决策权与同级不同部门“共享”，即协商决策，也就是党的二十届三中全会所指出的：健全协商于决策之前和决策实施之中的落实机制，完善协商成果采纳、落实、反馈机制。

第二，专家参与公共经济决策应制度化。面对巨大数量的动态信息和瞬息万变的复杂而宏大的社会系统，专家经常化、普遍化、制度化的参与决策就显得十分重要。为此，一是要在公共经济决策中枢为辅助决策的专家设置正式的职位。二是应加强智囊机构的建设。通过调整政策研究机构的人员结构、知识结构，明确其职能，大力提高其参与决策的能力；通过委托民间咨询机构开展政策研究，加强与民间咨询机构的联系，听取和采纳民间研究机构的合理建议，鼓励和支持民间咨询机构的发展。三是应建立相应的制度，使专家参与公共经济决策规范化。主要是建立专家咨询制度和公共经济决策论证制度，要求所有重大公共经济决策必须经过专家参与论证、向专家征询意见，并对专家的选择方式、专家参与的方式等做出明确规定。

第三，追求公共经济决策复合化。复合决策即团体决策，这是一种以决策者为核心的、包括专家和利益集团以及一定的社会行为主体在内的内在决策。这种决策是社会环境动态化和社会因素及其相互关系复杂化的产物，也是人类教育水平和智能水平提高、民主参与意识增强的产物。

第四，广泛吸收民众参与决策。一是通过立法，确定民众直接参与和间接参与公共经济决策的范围。二是建立并逐步实行投票表决制度，扩大公众通过投票表决的方式直接参与公共经济决策的范围。三是建立公共经济决策的听证制度，扩大实行听证的公共经济决策的范围，把公众听证作为决策过程一个必不可少的环节。

5.4　国外公共经济决策的现状

进入 21 世纪后，随着科学技术和信息化的迅猛发展，国外公共经济决策所涉及的规模、范围和复杂性均达到前所未有的程度，公共经济决策体制发生了全面而又深刻的变化。国家行政机关的公共经济决策能力不断提高，政策研究咨询组织（思想库、智库）的作用越来越突出，监控主体（立法、司法、非政府组织、公民、大众传媒）对公共经济决策监控的力度不断加大，利益集团对公共经济决策影响力也越来越大。

5.4.1　国外公共经济决策主体

当前国外主要国家的公共经济决策体制虽存在很大差异，但都已实现从经验决策到科学决策、从个人决策到组织集体决策、从非程序决策到程序决策的过渡。一般来说，国外的行政机构、咨询机构、监控主体、利益集团都在公共经济决策过程中发挥着不可或缺的作用。

1. 行政机构

行政机构主要由行政组织中的领导成员以及少量较为重要的人员构成。国外最高层次的公共经济决策行政机构，是由行政首脑和政府要员组成的内阁。如美国总统领导的内阁、日本以内阁总理大臣为领导的内阁会议、英国以首相为首的责任内阁等。掌握公共经济决策领导权是西方行政机构最主要的权力。伴随着公共经济决策任务加重，各国普遍加强了决策中心办事机构的组织建设。行政首脑的办事机构是距离决策中心最近的组织，处于辅助决策的重要地位，发挥着咨询、规划、协调、控制的作用。国外主要发达国家的公共经济决策中枢一般采取个人决策和集体决策两种方式。采取总统制政体的国家，一般实行个人决策方式；采取议会制政体的国家，通常由在议会大选中获胜的首相或总理组成内阁实行集体决策。

2. 咨询机构

二战后，国外普遍重视公共决策的咨询机构建设，各种“智囊团”“思想库”的咨询参谋作用越来越重要。“思想库”等咨询机构就是以公共政策为研究对象，以影响政策选择为目标，独立于政府、企业和利益集团之外的非营利机构。这些咨询机构有的是政府组织，有的是民间组织，大多由专家学者和有声望的社会人士组成。咨询组织已成为国外公共经济决策的有机组成部分。如，为美国政府公共经济决策服务的咨询机构就有多个，日本各部门政府建立的咨询机构达数十个。咨询机构主要按“谋”“断”分开原则，协助决策者发现问题，提出解决问题的决策方案，并根据决策方案提出部署措施等。简而言之，咨询机构在公共经济决策中的任务主要包括：第一，搜集信息并进行研究分析；第二，拟定决策方案，进行科学论证，为决策中枢提供科学的决策依据；第三，直接参与决策中枢的决策研讨，并就各种问题及时提供咨询服务。

3. 监控主体

一般说来，对公共经济决策行为和内容进行监督的组织和个人都属于监控主体，其主要职责是监督决策者是否拥有法定职权，决策行为与程序是否合法，决策方案是否合理等。国外发达国家的公共经济决策，横向上主要受立法和司法机构、政党（尤其是在野党）、非政府组织、公民和大众传媒的监督。监控主体对公共经济决策的监控方式，因国家形式不同而存在差异。一般说来，立法与司法机构直接通过立法和司法审查方式对公共经济决策实施否决权。政党往往通过党内决策审议或通过立法机构审查的方式来行使监控。非政府组织通过介入决策咨询、决策听证等方式来行使监督权。公民个人或是借公共经济决策听证会，广泛征求民意之机，或是通过有关表达渠道反映自身意见来发挥监控作用。而大众传媒通过对所传播的政策信息和政策问题进行选择、整理、淘汰、处理，借助所形成的强烈舆论压力，促使决策者接受来自公众的愿望和要求的方式来实现自身的监控职能。

4. 利益集团

利益集团，是指基于某种共同价值、利益、态度或是某种职业和行业而形成的正式、非正式团体和群体。其目的在于建立、维持、增进共同利益和态度所蕴涵的行为模式；其职责是履行利益聚合功能，以保障或增进成员利益为最高目标。利益集团对公共经济决策制定的影响力大小，取决于其自身所处的社会地位、成员多少、声望大小、财力厚薄、组织强弱、领导力高低、内部凝聚力以及策略运用等因素。在美国，研究利益集团的学者认为，国会、行政当局和利益集团间已存在一个非正式的“铁三角”关系。虽然有时某一任总统或某一届国会曾试图改变这种关系，但很少有人怀疑利益团体在渗透美国政府方面的能量。大体来说，利益集团影响公共经济决策的方式有两种。一是通过政治捐款，支持国会议员和总统当选，进而影响未来的公共经济决策。二是对具体问题向议会议员和政府官员进行有针对性的游说，并借助媒体，使得某一项具体公共经济政策通过或被拒绝（见表 5-3）。

表 5-3　国外公共经济决策主体的决策内容和方式

决策主体	决策内容	决策方式
行政机构	决策中心办事机构的组织建设	个人决策和集体决策
咨询机构	协助决策者发现问题，提出解决问题的决策方案，并根据决策方案提出部署措施等	直接参与决策
监控主体	监督决策者是否拥有法定职权、决策行为与程序是否合法、决策方案是否合理等	立法和司法机构、政党（尤其是在野党）、非政府组织、公民和大众传媒的监督
利益集团	履行利益聚合功能，保障或增进成员利益	政治捐款和游说

5.4.2 国外公共经济决策程序

在依法行政的条件下，国外普遍重视公共经济决策程序的法治化。因为公共经济决策的对象十分复杂，决策后果事关重大，要有较高的程序法治化要求。公共经济决策程序的法治化，是将公共经济决策最重要的、最必要的程序加以确定。确定的方式或是通过《行政程序法》等相关法律，或是通过政府首脑的有关政令。只有将公共经济决策程序法治化，行政机构、咨询机构、监控主体、利益集团等利益相关方才能合法地介入决策过程，发挥各自应有的监控作用。

国外的公共经济决策按照先后顺序一般分为决策规划、咨询审议、决断后的审查三个阶段。规划阶段的程序设计是对决策主体综合协调能力的一个考验，能否有足够的资源进行协调，是决策主体能否实现决策领导权的关键。咨询审议阶段实际上是决策科学化与民主化的必经阶段，是一个体现民意与集中民智的阶段，是公共决策科学化与民主化高度统一的阶段。审查阶段是对公共经济决策进行把关的环节，目的是确保决策质量。

5.4.3 国外公共经济决策的特点

1. 公共经济决策体系合理化

公共经济决策体系的合理化，是指决策机构设置科学，决策权力分配合理，各个决策主体的功能清晰，任务明确。如，国外公共经济决策体系中，信息主体专门搜集、统计、储存、检索、传播、显示等有关决策情报资料，各种专家学者组成的“智囊团”或“思想库”则为决策提供信息咨询服务。而且在公共经济决策过程中，各个决策主体虽分工明确、职权清晰，但又有机联系。公共经济决策体系的合理化为决策完整有序的运作提供了基本条件。

2. 公共经济决策主体“经济人”假设

决策主体的人性假设是所有决策体制赖以形成的前提。国外将公共经济的决策主体人性假设为“经济人”，认为决策主体有可能在一定情况下会用公权力为私利服务。基于“经济人”假设，国外从各个方面对公共经济决策主体进行限制，如建立决策听证制度、责任追究制度、评估制度等。也正是在“经济人”假设前提下，国外完成了公共经济决策的现代化体制构建，并最终形成了制度化的决策体制。

3. 公共经济决策过程程序化

强调决策程序化是国外公共经济决策的一个显著特点。国外对重要公共经济政策的出台非常重视，往往不惜花费大量时间，并遵循严格程序，以确保决策的科学化与民主化。自 1946 年美国制定《行政管理程序法案》规定了公共经济决策机构在做出决策时应使用的程序以来，西方许多国家都先后制定颁布了类似法律或政府首脑政令，把公共经济决策过程定位于相对稳定的程序，通过规范决策程序，防止决策的主观随意性。实践证明，公共经济决策程序化不仅从程序上避免了决策的随意性，保证了决策质量，还有利于收集民意，且使得决策方案在正式实施前尽可能地优化。

4. 公共经济决策方式民主化

随着知识经济和信息时代的来临，并考虑到现代公共经济决策所面临的复杂环境以及决策者能力和知识的局限性，西方发达国家积极顺应决策主体扩大化的趋势，在公共经济决策过程中充分发挥智囊机构、专家群体以及普通民众的智慧。许多国家明文规定，重大公共经济决策必须经过咨询机构和相关专业人员的参与和论证。国外还积极运用电子化咨询手段让普通民众就公共经济的决策议题发表不同意见。另外，国外还从制度上创造和疏通制度化的表达渠道，让公民个人就公共经济的决策议题发表主张，从而提高了决策的科学化程度。

5. 公共经济决策评估体系化

随着政府成本意识的增强，在西方发达国家公共经济决策的评估越来越受重视。1960

年到1970年间，美国联邦政府几乎所有的项目都写明需要进行项目评估。在此期间，国会还专门建立了一个从事公共决策项目的评估组织。随着时代的发展，公共经济决策评估方面的投入也越来越大。美国在20世纪70年代末期，被评估的政策就达10万项，总投入达1.7亿美元。另外，评估体系也日渐完善，既有事前评估、事中评估、事后评估，也有政府系统内部的评估，还有政府系统外部的民间机构的评估。这些评估保证了对公共经济决策的正确评价，并为追究决策失误的相关责任提供了科学的依据，从而有效防止了不负责任盲目决策以及谋取私利的行为，保证了公共经济决策的科学化与民主化。

5.5 我国公共经济决策的发展历史和现状

5.5.1 新中国成立以来我国公共经济决策的发展历史

新中国成立以来，我国公共经济政策体制大致经历了以下两个发展阶段：

第一阶段是新中国成立到改革开放前的时期。这一阶段的公共经济决策制定是与计划经济体制相对应的，即一切公共经济决策都在中央固定不变的计划约束之内，包括宏观与微观的所有经济领域，在决策方式上多由部门领导个人来决定，民主集中制原则没有得到充分体现。另外，此时政府的公共经济决策功能，不仅仅在于解决公共经济中出现的问题，甚至还要承担新社会秩序的建立任务、颁布新的社会行为规范以及实现理想政治蓝图等历史使命。因此，在这个时期，由于中国社会并不是一个以经济为中心的社会，公共经济政策很大程度上充当了实践执政党政治理想的工具，是服务于国家意识形态需要的。对于这一阶段的公共经济决策，学者们普遍认为具有三个主要特征：一是决策权力的集中性，表现为决策权力主要集中在执政党；二是决策结果的统一性，公共经济决策一旦做出，其他任何国家机关、组织和个人都不能再另做主张，更不能表示反对，必须坚决执行；三是决策实施的组织性，执政党中央一旦做出决策，便通过中央到基层各级党组织传达、动员，并组织贯彻落实。这种决策体制，横向上保障了执政党对公共经济决策的政治领导，纵向上实现了对地方、对基层、对个人的政治整合，既为贯彻落实公共经济决策提供了组织保障，同时也促进了基层社会民众对公共经济决策合法性的认同。

第二阶段是从改革开放至今。改革开放政策的实施，以及我国工作重心重新转移到经济建设上来的转变，使得我国政府公共经济决策的指导思想从根本上发生转变，并开始真正步入现代化的轨道。尤其是个人利益、团体利益以及地方利益意识的觉醒，使决策者在公共经济决策过程中实施民主决策、吸收专家学者和相关利益群体参与决策逐渐成为发展趋势。另外，改革开放后，国外尤其是西方发达国家公共经济决策的科学理论与方法的大量引进，使得我国政府等公共部门在吸收借鉴了西方科学决策的方法及程序后，公共经济政策的制定质量得到了有效提高。

我国现阶段公共经济决策的发展状况，可以从决策体制改革目标、决策结构、决策方式和决策机制四个方面展开讨论。首先，在决策体制改革目标方面，基于“文革”沉痛教训的深刻总结，执政党明确将实现公共经济决策的民主化、科学化和法治化作为决策体制改革的首要任务。其次，改革决策权力高度集中的决策结构，逐步形成了一元（执政党）主导、多元参与的公共经济决策结构。再次，在决策方式方面，从经验决策为主转向经验决策与科学决策相结合、以科学决策为主上来。最后，在决策机制层面，一是建立健全决策程序，二是从非制度化向制度化转变（见表 5-4）。

表 5-4　改革开放前后公共经济决策比较

阶段	改革开放前	改革开放后
决策权力	集中	分散
决策方式	经验决策	经验决策与科学决策相结合
决策结果	统一性	统一性

5.5.2　我国公共经济决策现状

经过改革开放近 40 年的发展，我国现行公共经济决策体制改革已经实现了由传统的经验型决策为主向现代民主、科学决策为主的战略性转型，并取得了一系列突破性进展，但同时仍存在着诸多亟待改进之处。

第一，公共经济决策系统及机构存在诸多缺陷。公共经济决策系统是由决策、咨询、监控、执行等子系统分工合作、密切配合的有机整体，尽管我国现代公共经济决策系统已经开始发育，但仍不成熟，存在诸多缺陷。一是公共经济决策各子系统的结构不尽合理，配置也不规范，这些结构性的原因直接导致了各系统之间职责不明、界限不清、互相牵制、缺乏协调和沟通机制，进而影响了决策的效率和科学性。二是决策主体权力、职责及范围划分不明确，各机构自成体系、缺乏规范的制度设计。当前，我国公共经济决策体制正处于“范式”转型过程中，传统决策体制的影响力依然深远，党政决策权力、职责及范围划分不明确，关系尚未理顺，人大的决策权力尚待充分发挥。三是法律制度缺位，致使有关公共经济决策研究机构在组织、人事、经费上受制于各级党政机关，缺乏独立性，难以发挥辅助决策的功能，致使一些没有经过科学论证、民主讨论后的公共经济决策匆匆出台，对国家经济与社会发展造成了一定的负面影响。此外，公共经济决策制度仍不尽合理，某些主管部门集决策权、管理权、监督权于一身，一些急功近利、缺乏战略眼光、忽视社会效益的公共经济决策常常得以实施。四是体制外或民间的政策研究组织发育缓慢，不仅数量少，而且与决策子系统及官方研究咨询组织缺乏制度化的联系，不能在公共经济决策中发挥应有的功能和作用。五是咨询机构的独立性不够。我国公共经济决策的咨询机构多是政府下属机构，缺乏独立自主性，由于它们的计划、人事和财务都受主管部门的制约，有时不得不服从某些主管部门的局部利益，使得所谓的专家咨询和论证往往沦为形式。

第二，公共经济决策过程的民主化、科学化、程序化和法制化有待提高。主要表现在三个方面：一是决策偏重个人意志，民主集中程度不够。有些决策者在公共经济决策过程中往往从自身愿望、好恶出发，偏重个人意志与主观判断，背离了民主集中制的原则。同时，公众的参与程度低、决策的民主化不够，难以在决策过程中充分体现广大群众的意愿与需求。在事关切身利益的公共经济决策过程中，绝大多数的公民个体始终处于被动、弱势地位。二是科学化程度不高。在目前的公共经济决策实践中，决策体制在形式上仍然是封闭的，没有通过长期的调查研究和理论探讨、没有经过广大群众参与讨论的公共经济决策行为屡见不鲜。可以说，科学合理的公共经济决策程序在我国仍没有完全确立起来，一些功能环节并没有受到应有的重视甚至完全被忽视。三是决策缺乏规范，随意性强。缺乏政策制定和执行的完善的法律手段，决策过程缺少制度和法律的约束，致使一些决策程序流于形式，公示、听证、咨询等走过场，且不计后果、不负责任的主观随意决策现象屡屡发生。

第三，公共经济决策方法较为单一、陈旧。在公共经济决策过程中，许多地方及部门由于没有及时引进、消化和吸收国外先进的政策研究理论、方法和技术，仍主要采用经验型决策方式。这种决策方式采取的是“试错法”，即根据决策者偏好来选择方案，若在实施中发现问题，就通过信息反馈来修正已执行决策或尝试另外的方案。这种决策方式容易导致决策失误，带来灾难性的后果；或者失去改革和发展的大好时机，造成高昂的机会成本损失。

第四，公共经济决策权力的约束度不够。没有约束的权力必然会走向变异，公共部门拥有垄断性强制权力，在不受约束的情况下，公共经济决策者有可能会无所顾忌地进行主观、盲目的决策。由于公共部门作为公共产品与服务的供给者，具有垄断地位和良好的组织性，没有竞争压力和破产压力，而作为消费者的公民通常分散生存和活动，没有有效的组织性，难以对公共经济决策结果进行抵制。此外，法制约束机制作用乏力。目前我国各级政府都具有强大的政治能力，有些公共经济决策行为甚至凌驾于法制之上，导致公民个人和法律对这些公共经济决策的约束乏力。

第五，重大公共经济决策的不可行性论证制度尚未完善。不可行性论证是指在重大公共经济项目实施和投资之前，对项目成功的必要条件的否定和不利因素展开前瞻性研究。它侧重从反面重新评价可行性研究报告给定的公共经济决策方案，找出其中的不利因素以及潜在的风险。近年来，我国对重大公共经济项目的不可行性研究和评估工作虽然取得了重大进展，但因忽视不可行性研究而导致公共经济决策失误的事件仍时有发生。

5.5.3 改革完善我国公共经济决策体制

针对目前我国公共经济决策中存在的弊端，根本的解决方法是从完善公共决策体制本身入手，建立以“科学化、民主化”为目标的决策模式。

第一，树立现代决策观念，营造良好的决策环境。现代公共经济决策所涉及的因素空前增多，单靠个人的知识、能力、智慧已无法应对，公共经济决策活动必须向着集团化、民主化、科学化、法制化的方向发展。公共经济决策科学化首先要求民主化，没有充分的民主，就不能广开言路、集思广益，就不能最大限度地发挥创造力。为此，必须转变传统决策观念，强化决策者的民主意识，做到民主决策。一方面要体现人民群众的积极参与，让广大人民群众真正做到关心决策并愿意参与到决策进程中来，通过不断提高广大人民群众的参与度和积极性来扩大公共经济决策的民主基础。另一方面决策要代表和体现人民群众的意愿和要求，发扬我党密切联系群众的优良传统，全心全意相信与依靠群众，做到决策切实反映广大人民群众的根本利益和呼声。另外，尽量做到不经过充分征求各方面意见不做决策，确保决策由个人行为变为有民主基础的集体行为。

第二，健全公共经济决策体制。在社会主义市场经济建设的关键时期，必须重视公共经济决策的规则与程序建设，完善公共经济决策体制，将公共经济决策行为纳入制度化轨道。具体而言，就是要建立健全决策子系统并处理好其间的关系，理顺决策系统中各决策主体的关系，完善体制内的政策研究组织；减少信息沟通的层级，提高内外部信息沟通效率和准确率，为正确公共经济决策开辟多元化的信息通道；促使决策权适度下放，集中决策与分散决策相结合；大力扶持发展民间咨询组织，积极鼓励它们参政议政，为政府的重大公共经济决策出谋划策。

第三，积极借鉴国外先进的公共决策理论、方法和技术。国外公共经济决策史上占据主导地位的决策模式有理性决策、有限理性决策、渐进决策等。对于各种决策模式的选择要与我国的客观现实和具体的决策问题相结合，要在绝不照搬西方政治模式的前提下，积极吸收国外在科学决策方面的一些先进理论、方法、技术以及合理机制。同时，大力选聘德才兼备人才，提高公共经济决策者和相关研究人员的业务素质，从而逐渐提高公共经济决策的科学化与民主化水平。

第四，优化公共决策系统的运行，逐步实现决策过程程序化和决策方式现代化。要按照完善的政策制定过程从问题界定到跟踪研究、评价的一系列功能环节，使公共决策过程程序化，特别是要注意加强问题的界定、结果预测和跟踪评价等这些决策中的薄弱环节。虽然科学的决策程序并不能保证公共经济决策结果的正确性，但它能保证决策过程的科学性。由于公共经济决策程序不完善以及没有强有力的约束，公共经济决策失误在我国时有发生。因此，我们应将公共经济决策需遵循的步骤与程序制度化和法律化，以期有效防止主观随意决策现象的发生。同时，还要改变公共经济决策理念，注意变革决策方式，实现由经验型决策向现代决策方式的转变，积极向民主化、科学化、法制化方向发展。

第五，加强内外部力量对公共经济决策者的制衡与监督。要想对公共经济决策者实行有效的制衡与监督，我们既要进一步包括完善人大的听证、审批、质询制度，还要加强社会舆论监督，以及严明的公共经济决策失误的责任追究制度等。此外，还应将重大公共经济决策的事前权力制衡与事后责任追究结合起来。事后责任追究固然有其总结经验的作用，但毕竟已造成后果。如果能够重视事前公共经济决策的权力制衡，则可以防患于未然，最大限度地减少损失，甚至可以避免状况的出现，且更能够体现公共经济决策者的远见。

第六，完善决策不可行性论证制度，健全公共经济决策风险预警机制。建立不可行性研究机制，应着重抓好以下几方面工作：首先，营造有利于公共经济决策不可行性研究的宽松环境，在决策论证过程中，要营造广开言路的外部氛围，杜绝长官意志，克服人微言轻的现象。其次，将不可行性研究纳入重大公共经济决策程序并使之规范化、制度化。最后，保持不可行性研究的独立性，避免情感因素和利益因素的影响。不可行性论证给公共经济决策者提供了双向的咨询与建议，对不可预测的情况提前采取预案处理和防范措施，从而使公共经济决策者能够对决策实施后可能带来的负面影响引起足够重视。

本章小结

1. 公共经济决策是具有公共决策权的组织为了解决公共问题、提供公共服务和生产公共产品，在法律允许框架内，通过一定的程序和方式，在两种以上的可能方案中做出选择的行为。公共经济决策以经济性、公共性、政治性、目的多样性和执行的滞后性区别于其他方面的决策行为。

2. 公共经济决策与国家相伴相生，并在国家不同的发展阶段中呈现出不同的特点。从君主财政、封建经济，再到政府财政时期，决策权逐步由国王一人逐渐转移到公共部门的成员手中，决策的公共性凸显。

3. 现代科学技术的飞速发展为公共经济决策的科学化提供了条件，公民意识觉醒则促进了决策的民主化。但决策科学化与民主化的实现，不仅要从根源上树立正确的决策思想，还应制定科学的决策方法，并需完善现有的决策制度，更应推动决策主体的多元化。

4. 新中国成立以来，我国公共经济政策体制大致经历了改革开放前后两个发展阶段。在党、政府和人民的共同努力下，公共经济决策的程序、方式和方法不断科学化和民主化，但仍存在一些亟待解决的问题。要想更好地解决问题，我们不仅要积极借鉴国外的先进理论方法，还应进一步树立现代决策观念、健全决策体制、优化决策系统，逐步实现公共经济决策体制的科学化、民主化和现代化。

关键术语

决策　公共经济决策　公共经济决策主体　公共经济决策客体　君主财政　政府财政　利益集团　思想库　公共经济决策科学化　公共经济决策民主化

复习思考题

1. 简述公共经济决策特征。
2. 简述公共经济决策的历史变迁。
3. 简述国外公共经济决策的特点。
4. 如何实现公共经济决策的科学化与民主化?
5. 简述公共经济决策的科学化与民主化之间的关系。
6. 经济新常态背景下，我们应如何改革完善我国公共经济决策体制?

案例分析

案例 5-1　县委书记召开黄牛工作会议，只为让领导看到政绩

某地有个县委书记为了提高该地知名度、促进地方经济发展，提出要召开一个全国性黄牛工作会议。他把会场布置在贯通三县的公路边上，下令村民们要在几天之内在公路两旁搭建很多牛棚，并且每户必须牵一头牛到指定的牛棚里以供上级有关部门参观考察。很多村民因为家中没有养牛，不得不花钱从外地租，每头牛每天租金 10 元。

该书记曾说："关键不是让百姓看到政绩，而是要让领导看到政绩。"靠着这种做法，该县委书记先升任市委领导，后来又当上了省级干部。

资料来源：2012 年中央机关公开遴选公务员考试案例分析例题。

思考：1. 造成以上公共经济决策失误的主要问题和原因是什么？

2. 作为一个领导者如何在公共经济工作中做到正确决策？

案例 5－2　世界上最失败的水利工程之一——阿斯旺水坝

阿斯旺水坝位于埃及开罗以南 900 公里的尼罗河畔。水坝的建设自 1960 年开始，历时 10 年，耗资 9 亿美元。这座世界第二大人工湖吞下尼罗河的全年径流，实现河水多年调节，使埃及的粮食基本自给自足。但是，阿斯旺水坝的建设却产生了一系列无法挽回的影响，严重威胁到岸边的历史文物，有不少古迹神殿沉入湖中。联合国教科文组织为此发动了一连串救援活动，虽然抢救回部分古迹，但仍有非常珍贵的文化遗产惨遭灭顶。由于大坝设计的时候对环境保护的认识不足，大坝建成后在对埃及经济起了推动作用的同时也对生态环境造成了破坏。水坝使下游丧失了大量富有养料的泥沙沃土，尼罗河河谷和三角洲的土地开始盐碱化，肥力也丧失殆尽。现在，埃及是世界上最依赖化肥的国家。

水坝严重扰乱了尼罗河的水文。原先富有营养的泥沙沃土沿着尼罗河冲进地中海，养活了在尼罗河入海处产卵的沙丁鱼。现在沙丁鱼已经绝迹了。建坝以后下游地区开始蔓延血吸虫病，变成了血吸虫病的高发区。阿斯旺水坝已经成为世界上最失败的水利工程之一，这对此后一些国家和地区大型水坝建设的决策起到了警示作用。

资料来源：吴凡：《阿斯旺水坝的利与弊》，载《海河水利》，2001（4）。

思考：1. 阿斯旺水坝建设违反了公共经济决策的哪些基本原则？

2. 阿斯旺水坝建设对我国未来的公共经济决策有什么警示作用？

实践篇

第 6 章

公共支出与公共收入

公共支出是公共政策选择结果的具体体现。公共支出来源于以税收为主的公共收入。公共收入是公共经济活动的起点和基础，与公共支出共同构成公共预算，是公共经济学的核心内容之一。随着政府逐渐增强和熟练运用经济干预手段，公共支出规模与日俱增，其作用也日益突出，《赤字民主：凯恩斯的政治遗产》中曾对公共收入与公共支出做出如下描述：

> 公众对政府支出扩张的接受开拓了赤字融资，鼓励了公共支出之路，人们知道未来和现在的税收成本，所以不会系统性地保持因赤字支出中的财政放松。问题的核心仍是古老的李嘉图问题：未来的税收义务与债务是否存在于当代人适当的折现，于是，税级攀升导致的选民对预料到的政府公共支出扩张问题的担忧就会随之发生。

公共支出是满足公共需要的物质前提。公共支出规模适度、合理增长及结构优化将有助于巩固国家政权、促进经济可持续发展以及不断提高国民福利水平。那么，我们应如何理解公共支出与公共收入呢?

6.1　公共支出

公共支出既是政府实现其职能和政治经济目标的财力保证，也是政府为社会提供公共产品、满足公共需要的物质前提。它集中反映了政府执行各项职能的耗费，是国家重要的宏观经济调控手段之一，是政府通过对税收聚集的公共资金加以使用，以使政府职能得以发挥。

6.1.1 公共支出概述

1. 公共支出的概念

公共支出最先是由政府生产公共产品支出所引起的，后来又包括各种符合公众需求的收入转移行为。公共支出反映了一个政府的政策选择，一旦政府已决定以多少数量、以什么质量向公众提供公共产品，则公共支出实际上就是执行这些政策所必须付出的成本。所以，公共支出就是政府行为的成本。① 因此，公共支出被界定为各级政府履行其必要职能所进行的各项活动的成本，包括提供公共产品和准公共产品，以及为实现收入分配而进行的转移支出。

2. 公共支出的特点

公共支出是政府履行其职能的具体表现之一，具有不同于私人支出的一些特点。

(1) 公共支出资金来源于财政收入。国家的财政收入来源于税收、收费、国债、国有资产收益及其他收入等，其中税收具有固定性、强制性和无偿性，是财政收入的主要来源。财政收入的主要用途是满足公共需要。但是，随着政府介入社会经济活动的范围与程度不断加大、加深，政府公共部门的相对规模也有上升的趋势。在公共支出的资金来源中，非税收收入（尤其是国债）所占的比重在不断上升，因此，公共支出常出现赤字现象。

(2) 公共支出的主体是公共部门。公共产品的特征决定了公共产品主要应由政府提供，因此，公共部门（主要是政府）也就成了公共支出最主要的主体。另外，与政府有关的机构、事业单位如行业协会、学校等，也具有准公共机构的性质，在一定的历史时期，其支出也来源于国家财政，因此与公共部门一起构成了公共支出主体。

(3) 公共支出的目的是满足公共需要。公共支出的一切活动都是围绕该如何满足社会共同需要来展开的。虽然社会上个人的需要是千差万别的，个人的消费偏好也大不相同，但是作为生活在一定社会条件下的个体某一时期内却有着共同的需要。比如，治理环境污染、保卫国家安全、进行国家管理等不仅是每个社会成员生存和发展所必需的，同时也是社会正常运转和发展的需求所在。这些社会共同需要单靠市场机制是不可能实现的，因而必须由政府组织实施才能实现。

(4) 公共支出具有非营利性。在市场经济条件下，政府或个人的经济活动往往受到利益的驱使，以营利为目的，追求利润最大化。而作为社会组织者和管理者的政府，追求的是最大限度地满足公共需要，因而，政府组织和实施的各项活动都不是以营利为目的，即使是取得了一定的收入，也是以弥补成本为限，不要求获得额外的收入。

(5) 公共支出具有一定的生产性。公共支出的主体只是一个非物质生产性社会管理机构，并不能创造社会财富。但严格来说，不同体制下的国家财政都具有一定的物质生产性。例如，国有化的煤炭、钢铁、运输等行业，大都具有物质生产性，当政府对这些企业进行补贴时，所发生的公共支出就是一种生产性支出。

---

① 参见赵建国、吕丹主编：《公共经济学》，165页，北京，清华大学出版社，2014。

3. 公共支出的分类

不同的公共支出项目对国民经济的影响存在着差异，根据公共支出的经济性质，以公共支出是否与商品和服务相交换为标准，可以将公共支出分为购买性支出与转移性支出两大类别。购买性支出直接表现为政府向企业和个人购买商品或服务的支出，包括社会消费性支出和公共投资支出，前者如国防支出、行政支出、文教科卫支出，后者如各级政府的固定资产投资支出等。政府在付出这类支出的同时，获得了相应的商品和服务。[①] 转移性支出是指政府无偿向居民和企业、事业单位以及其他单位供给财政资金，是政府按照一定方式把一部分财政资金无偿地单方面转移给居民和其他收益者的支出。转移性支出主要由社会保障支出和财政补贴构成，它体现的是政府的非市场型再分配活动。在财政支出总额中，转移性支出所占的比重越大，财政活动对收入分配的直接影响就越大，这是一种收入再分配的方式，体现了公共财政的效率、公平和稳定三大职能。

为了便于国际比较，从统计分类来看，国际货币基金组织按照职能分类和经济分类对公共支出进行了分类（见表 6－1）。

表 6－1　　国际货币基金组织的财政支出分类

职能分类	经济分类
1. 一般公共服务	1. 资金性支出
2. 国防	（1）商品和服务支出
3. 教育	a. 工资、薪金以及其他有关项目
4. 保健	b. 商品和服务的其他购买
5. 社会保障和福利	（2）利息支付
6. 住房和社区生活措施	（3）补贴和其他经常性转让
7. 其他社区和社会服务	a. 对公共企业
8. 经济服务	b. 对下级政府
（1）农业	c. 对家庭
（2）采矿业	d. 对其他居民
（3）制造业	e. 国外转让
（4）电业	2. 资本性支出
（5）道路	（1）现存的和新的固定资本资产的购置
（6）水输送	（2）存货购买
（7）铁路	（3）土地和无形资产购买
（8）通信	（4）资本转让
（9）其他经济服务	3. 净贷款
9. 无法归类的其他支出	
（1）公债利息	
（2）其他	

资料来源：陈共编著：《财政学（第八版）》，北京，中国人民大学出版社，2015。

6.1.2 公共支出的规模

1. 理论上最优规模的确定

判断公共支出在资源配置中所占比例是否最优，首先得确定判断的标准。经济学上通

① 参见杨龙主编：《公共经济学》，205～206 页，北京，中国社会科学出版社，2014。

常采用社会净效益最大化标准，即当改变社会资源在私人部门和公共部门之间的配置比例时，如果整个社会的所得要大于整个社会的所失，也就是社会净效益为正，那么这种资源配置方式的改变就是有效率的。

一般认为，如果同样数量的资源交给公共部门配置，以公共支出的形式用于公共产品的生产和提供，所获得的社会收益要大于将这部分资源交给私人部门支出后用于私人产品生产所能获得的收益，那么说明这时应增加公共支出的规模；反之，则应减少公共支出的规模。只有当同样数量的资源交给公共部门配置所获得的收益与交给私人部门配置所获得的收益相等时，即当资源配置在私人部门的边际收益等于其在公共部门的边际收益，并且已经不可能再通过改变社会资源在私人部门和公共部门之间的分配比例来提高整个社会的收益时，那么整个社会资源在私人部门和公共部门之间的分配就达到了最优的状态，这时的公共支出规模就是最优支出规模（见图 6－1）。

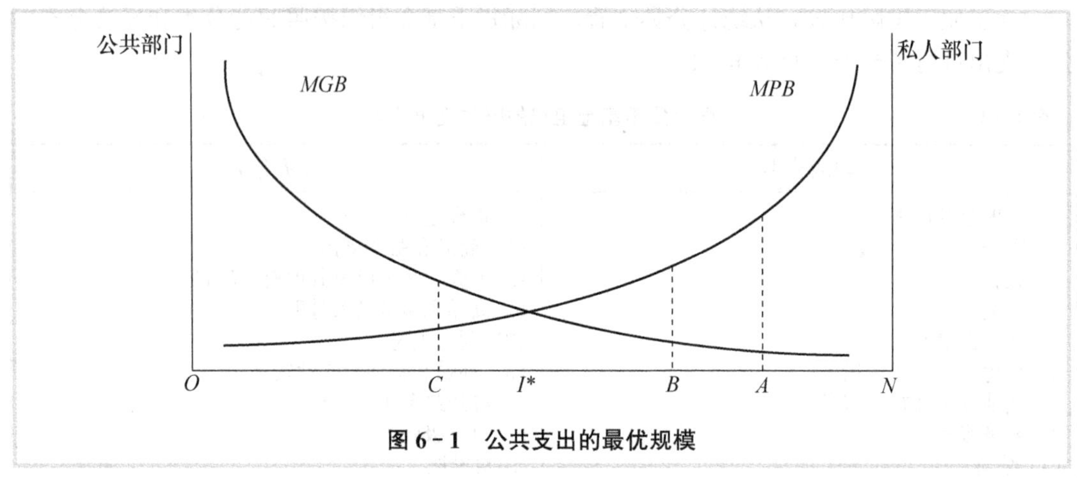

图 6－1 公共支出的最优规模

在图 6－1 中，左、右两条纵轴分别是公共部门和私人部门配置资源所获得的边际收益，横轴表示全社会可供配置的社会资源总量，*MGB* 为公共部门的边际收益曲线，*MPB* 为私人部门的边际收益曲线。按照上文的分析，*OC*、*OB* 与 *OA* 所代表的支出水平都不是最优支出规模，公共支出规模只有在私人部门的边际收益等于公共部门的边际收益时，也即在图中 *MPB* 与 *MGB* 相交点所对应的支出水平 OI^*，整个社会资源在私人部门和公共部门之间的分配就达到了最优的状态，这时的公共支出规模就是最优公共支出规模。

2. 现实中应考虑的因素

公共支出规模过大或过小都会对资源配置的效率产生不利影响。从理论上来说可以确定公共支出的最优规模，但现实生活中要精确地找到这一最优点则相当困难。由于各国的政治、经济制度以及历史传统等不同，公共支出规模也不可能有一个统一的标准。但就某一国家来说，在现实中确定公共支出规模时应考虑以下几个因素：

（1）满足政府职能的需要。政府职能包括政治职能、经济职能和社会职能。随着经济的发展，政府职能的范围和重点也在不断地变化和调整。处理政府职能的履行与公共支出规模二者之间关系的一种比较理想的目标是：能够保证政府职能充分履行的公共支出规模不会对社会私人部门的投资产生挤出效应。为此，首先要科学界定政府职能范围，其次要确定政府履行职能的成本，再次要确定新增加社会资源中可以分配的数量。此外，还应该提高政府的工作效率，尽可能降低成本。

（2）要与经济发展水平相适应。经济发展水平决定了社会财富和社会资源的多少，也就大体决定了公共收入的水平，从而决定了公共支出的规模。政府公共支出的主要来源如税收、公债都受制于经济发展水平。经济发展水平高，税收和发行公债的空间就大，公共支出的规模也才可能增加。如果在经济发展水平一定的条件下，政府行使职能的资金能够得到保障，私人投资和个人的生活也能够保持在与经济发展速度相适应的水平，则可以说政府公共支出规模与经济发展水平是相适应的。

（3）要与国情相适应。国情是指一个国家的社会性质、政治、经济、文化等方面的基本情况和特点，国情影响着政府职能的范围，影响着政府公共支出的规模和结构。例如，发达国家公共支出规模要普遍高于发展中国家；同是发展中国家，更强调政府作用的国家的公共支出规模要高于更强调市场作用的国家；强调集体主义、更注重社会公平的国家的公共支出一般要高于强调个人自由竞争、追求效率的国家。国情是影响公共支出规模的重要因素，一国在确定公共支出规模时应慎重考虑本国的国情。①

3. 近年来我国的公共支出规模

从表 6－2 可以看出，2015 年我国财政支出总额为 175 768 亿元，较 1995 年的 6 823.72亿元增长了约 26 倍。2015 年财政支出占 GDP 的比重为 26.0%，约是 1995 年的 11.2%的 2.3 倍。财政支出占 GDP 的比重逐年上升，这与世界各国的财政支出无论从绝对规模还是从相对规模来看都呈现出随着人均收入的提高而增长的趋势相吻合（见表 6－2）。

表 6－2　　1995—2015 年我国的公共支出规模

年份	全国财政支出（亿元）	财政支出增长率（%）	GDP（亿元）	GDP 增长率（%）	全国财政支出占 GDP 比重（%）
1995	6 823.72	16.3	61 129.8	11.0	11.2
1996	7 937.55	16.3	71 572.3	9.9	11.1
1997	9 233.56	16.9	79 429.5	9.2	11.6
1998	10 798.18	22.1	84 883.7	7.8	12.7
1999	13 187.67	20.5	90 187.7	7.6	14.6
2000	15 886.50	19.0	99 776.3	8.4	15.9
2001	18 902.58	16.7	110 270.4	8.3	17.1
2002	22 053.15	11.8	121 002.0	9.1	18.2
2003	24 649.95	15.6	136 564.6	10.0	18.1
2004	28 486.89	19.1	160 714.4	10.1	17.7
2005	33 930.28	19.1	185 895.8	11.1	18.3
2006	40 422.73	23.2	217 656.6	12.7	18.6

① 参见梁朋主编：《公共财政学（第三版）》，36 页，北京，首都经济贸易大学出版社，2012。

续前表

年份	全国财政支出（亿元）	财政支出增长率（%）	GDP（亿元）	GDP 增长率（%）	全国财政支出占 GDP 比重（%）
2007	49 781.35	25.7	268 019.4	14.2	18.6
2008	62 592.66	21.9	316 751.7	9.6	19.8
2009	76 299.93	17.8	345 629.2	9.2	22.1
2010	89 874.16	21.6	408 903	10.6	22.0
2011	109 247.79	15.3	484 123.5	9.5	22.6
2012	125 952.97	11.3	534 123	7.7	23.6
2013	140 212.10	8.3	588 018.8	7.7	23.8
2014	151 785.56	15.8	635 910	7.3	23.9
2015	175 768.00	/	676 708	6.9	26.0

资料来源：中华人民共和国国家统计局编：《中国统计年鉴 2015》，北京，中国统计出版社，2015。

6.1.3 公共支出的结构

1. 公共支出结构的概念

公共支出结构也称“公共支出构成”，是指公共支出在各部门之间的组合状态以及数量配比，或者说，各类支出的组合以及各类支出在总支出中所占的比重。一般来说，一国在一定时期内的公共支出结构总是表现为各类支出的集合，并呈现出一定的数量关系。但如果从整个财政体系的角度考虑，公共支出结构往往是该时期政府财政职能和政府政策的体现，分析国家在一定时期内公共支出结构的重点与政策变化，可以为优化公共支出结构提供依据。正确理解公共支出结构应从以下几个方面入手：

（1）公共支出结构是稳定性与变动性的统一。公共支出结构在很大程度上是与政府的工作重心紧密相连的，是对政府的政策倾向的反映，因此在一定时期内具有稳定性。但是基于一国所处的经济发展阶段的不同，公共支出结构又不是一成不变的，而是处于不断变化之中的。对此，美国经济学家罗斯托提出了著名的“公共结构转换论”。他认为，在经济发展的早期阶段，政府基础设施支出在公共支出中往往占有较高的比重，在经济发展到一定阶段，政府支出则由基础设施转向教育、保健、社会福利等方面。

（2）公共支出结构具有质的规定性和量的稳定性，是质与量的统一。质的规定性是指公共支出各要素自身所具有的特点，量的稳定性则是指公共支出各构成要素在数量上的比例关系。考察公共支出结构通常从质和量两个方面进行的原因在于，公共支出结构不仅仅是由比例构成的，它也在很大程度上反映着诸多要素在公共支出中占何种地位、起什么作用，以及提示人们该如何调整他们之间的关系等。

（3）公共支出结构具有自我调整性。在市场经济体制下，公共支出实质上是一种民主决策支出，这就决定了其所发生作用的根本途径是通过市场机制的自发调节方式。但是又由于公共支出兼具经济和政治的双重特点，也不能排除政府有意识地宏观调控。

2. 影响公共支出结构的因素

公共支出作为政府调节经济的基本财政政策手段之一，虽然体现着政府的意志和政策，但对政府来说，公共支出的结构构成又不能是随意的，而是要受到各种因素制约。①

（1）政府职能状况。政府职能是指国家行政机关依法对国家和社会公共事务进行管理时应承担的职责和所具有的功能。从某种程度上说，公共支出是政府活动的资金来源，也是政府活动的直接成本。因此，政府职能的大小及侧重点，决定了公共支出的规模和结构。

（2）一定时期内政府的目标。由于公共支出兼具政治和经济双重特性，这就使得政府公共支出结构受到政府一定时期内的目标制约。例如，在战争时期，稳定压倒一切，政府公共支出必须首先考虑军事斗争方面的一切费用，而在经济衰退时期，为了增加就业，促进经济增长，则要实行扩张型财政政策，扩大政府在公共投资方面的支出。

（3）政府调控资源的能力。公共支出的性质在一定程度上反映了一国政府在一定时期内直接动员社会资源的能力的大小。而根据公共支出的性质对公共支出进行分类时，一般分为购买性支出与转移性支出，其中，购买性支出的比重体现了政府调控资源能力的强弱，转移性支出的比重体现了政府实施再分配能力的强弱。转移性支出的比重的上升，反映了随着我国中央放权让利政策的实施，政府配置资源的能力也呈现不断下降的趋势。

（4）公共支出的客观数量界限。在财政资源配置的过程中，公共收入与公共支出所支配的社会经济资源在总量上是一致的，但在资源配置活动中，收入则是第一层次的，可以说，没有收入就没有支出，收入是支出得以实现的前提，而支出只能以收入为限。因此，财政支出结构如何配置，最终会受到可供支出的财政收入限制。

（5）公共收入总量。政府能在多大程度上安排支出以及各种公共支出项目的满足程度，首先受一定时期内公共收入的总量和增长状况的制约。财政多收才可以多支，更多的政府支出项目才可以得到保证。但要注意的是，只有以正常的税收和其他预算收入形式所形成的公共收入来衡量时，这种制约关系才存在。国家通过公债、向银行透支及财政性货币发行所增加的收入是不能作为公共支出增长的正常来源的。

（6）经济发展水平。经济发展的水平决定了政府收入及其供给水平，同时，政府支出的结构也受到经济发展水平的影响。在一定时期内，一国的经济发展水平决定着社会需求水平和结构。相关理论研究表明，在市场经济发展的不同阶段，政府支出结构是不同的。在经济发展初期，政府的投资性支出占整个政府支出的比重较大；在经济发展中期，财政投资在社会总投资及在公共总支出中的比重都呈下降趋势；在比较成熟的市场经济中，公共产品方面的支出在公共总支出中比重将大幅上升，并将超过其他方面的支出。②

6.1.4 我国公共支出存在的问题

1. 公共支出“越位”与“缺位”并存

公共支出的“越位”，主要表现在两个方面：一方面，现行公共支出中，各类事业费庞杂，财政供养人员过多、负担过重，许多不属于公共产品或准公共产品也在财政中列

① 参见杨龙主编：《公共经济学》，202页，北京，中国社会科学出版社，2014。

② 参见邓晓兰主编：《财政学》，100页，西安，西安交通大学出版社，2007。

支，从而在一定程度上制约了政府职能的正常履行。另一方面，各种政策性补贴支出的比重虽然有所下降，但绝对数依然在增长而且规模偏大，合理与不合理的财政补贴混在一起，这既挤占了有限的财政资源，扭曲了财政的资源配置职能，也与市场经济体制改革的深化相悖，严重束缚公共支出结构的优化。

2. 重要产业和重要领域的公共支出不足

一是对农业投入力度仍然不够。虽然中央一贯十分重视农业发展，中央财政支农支出占本级财政总支出的比重也处于上升趋势，但许多地方政府为了政绩和经济增长一再挤占或减少对农投入，使全国财政农业支出占总支出的比重逐年下降。二是对研究与开发的投入偏低。研究与开发投入反映一国的科技发展和创新潜力，对提高国家的综合国力和增强国际竞争力具有战略意义。根据联合国教科文组织《科学应用与发展》中工业化发展过程的四个阶段划分标准，中国处于第一阶段末期第二阶段初期，在这个时期，发达国家政府研发投入占 GDP 的比重一般在 1%以上，而中国 20 世纪 90 年代以来财政科技投入占 GDP 的比重一直维持在 0.8%左右的水平，可见中国科学研究的财政投入水平是比较低的。三是基础设施、公用事业等方面的投资有待加强。经过多年改革，中国经济建设支出比重逐年下降，但仍远高于发达国家。更严重的是，其内部支出结构不尽合理，用于基础设施、公用事业等方面的支出明显低于 4%的世界平均水平，致使能源、道路、交通等公共项目的支出缺口依然很大，导致一些地方依然存在“基础瓶颈”制约。

3. 综合政府支出不断扩大

综合政府支出迅速增长的直接后果首先是综合政府赤字不断扩大，通货膨胀率居高不下，扩大了的综合政府赤字很大程度上最终都仍将落到财政的头上，这又必然导致财政支出的不断增长。其次，综合政府支出不断扩大，致使中央政府宏观调控乏力，地方政府及所属国有企业“投资饥渴症”得不到有效控制，影响了经济结构和产业结构的调整，致使经济增长方式转变缓慢，最终必然影响经济的持续增长。最后，综合政府支出不断扩大，也不利于政府职能转变，不利于实行政企分开、政银分开以及建立社会主义市场经济体制改革目标。①

6.2 公共收入

公共收入是公共部门向公众提供公共产品、满足社会公共需要的经济来源，也是公共部门正常运转的基础。公共产品无法通过市场机制来有效地供给，因此就需要政府或其他公共组织通过非市场机制来提供，公共收入是公共经济活动的起点和基础，与公共支出共同构成公共预算，是公共经济学的核心内容之一。

6.2.1 公共收入概述

1. 公共收入的含义

公共收入，一般也被称为财政收入、预算收入、政府收入或者国家收入，是指国家或政

① 参见雷良海：《财政支出增长与控制研究》，131 页，上海，上海财经大学出版社，1997。

府为了履行其职能、满足其支出需要而通过国家财政体系取得的社会资源的总和。它通常可以从以下几个方面来理解：第一，由于公共收入的获得依靠公共权力，而公共权力的体现和使用者就是政府，因此，公共收入的主体就被界定为政府。第二，公共收入是为了满足社会公共需要而产生的。第三，公共收入是凭借公共权力获得的。第四，公共收入是一定量的货币收入。第五，公共收入是从企业、个人处取得的，企业、个人及非公共部门是公共收入的来源。① 根据以上分析，我们可以对公共收入的概念做出以下界定：公共收入是为了满足社会公共需要，凭借公共权力，由以政府为代表的公共组织向私人部门和个人筹集的一种收入。

2. 公共收入的特征

（1）公共性。公共性是公共收入区别于私人收入的一个最主要的特征。公共权力产生于社会共同需要，公共收入作为公共权力在经济方面的表现，同样源于社会的共同需要。在西方财政史上，“公共财政”是否定“家计财政”的产物，“家计财政”是“朕即国家”和专制王权在财政上的集中体现。

（2）强制性。由于公共收入的获得主要是以公共权力为依托，而公共权力的一个主要特点即强制性，相应地公共收入也就具有了强制性的特征。如果说私人收入的获得与使用具有自由与自愿的性质，那么公共收入则具有公共强制性。

（3）规范性。相比较公共收入，私人收入具有非规范性特点，其获取与使用缺乏制度化的规定与保证，体现为一定程度的主观随意性。公共收入需要依据一定的法律和规章制度，不能随意收入和使用。公共收入的种类、规模、征收对象、征收手续、资金管理、使用方向等，都有明确的制度规定。

（4）稳定性。公共收入的征收与使用具有强制性，而且又有制度化的规定与保证，因此，公共收入具有客观的稳定性。尽管由于经济活动的复杂性与多变性，公共收入在结构方面会有所变化，在数量上会上下波动，但从总体上来看，公共收入具有稳定的来源渠道和数量保证。

6.2.2　公共收入的形式

公共收入主要有税收收入、债务收入、国有资产收益、政府费收入以及其他收入。

1. 税收收入

税收是国家或政府为了实现其职能，凭借政治权力，按照法律规定的标准和程序，无偿地、强制地取得财政收入的一种形式。税收的历史悠久，自古以来一直存在，具有强制性、无偿性、固定性。② 政府可以通过多种形式取得履行其职能所需要的公共收入，但税收是最有效或最佳形式。税收收入也是在现代市场经济中取得收入的较为完备的形式，是世界各国财政收入的主要来源。③

---

① 参见赵建国、吕丹主编：《公共经济学》，198 页，北京，清华大学出版社，2014。

② 参见江沁、杨卫编著：《政府经济学》，98 页，上海，同济大学出版社，2009。

③ 参见［美］哈维·罗森：《财政学》，323 页，北京，中国人民大学出版社，2000。

2. 债务收入

国家采取信用形式，以债务人的身份向国内和国外举借的各种债款，称为公债或国债。公债是国家取得财政收入的一种特殊形式，它是用来弥补国家财政开支不足或为进行大规模经济建设而动员筹集财政资金的一种收入形式。据文献记载，公元前 4 世纪，古希腊和古罗马就出现了国家向商人、高利贷者和神庙借债现象。封建社会，由于战争引起的财政支出的增加，公债有了进一步的发展。不过，封建社会时期，公债在社会经济生活中的作用远不及现代社会，因而那时候公债规模较小，制度也不完善。到了现代社会，随着国家干预经济的加强，公债得以发展并发挥越来越多的经济功能。

3. 国有资产收益

国有资产收益也叫经营性国有资产收入，主要是指国有资产管理部门以国有资产所有者代表的身份，以上缴利润、租金、股息、红利和权益转让等形式所得的收益。国有资产收益形式主要取决于国家对国有资产的经营方式，这部分国有资产收益具体包括：国有企业缴纳所得税后应上缴国家的利润；股份有限公司中国家股应分得的股利；有限责任公司中国家作为出资者按照出资比例应分取的红利；各级政府授权的投资部门或机构以国有资产投资形成的收益应上缴国家的部分；国有企业产权转让收入；股份有限公司国家股股权转让收入；对有限责任公司国家出资转让的收入；其他非国有企业占用国有资产应上缴的收益；其他按规定应上缴的国有资产收益。

4. 政府费收入

政府费收入是指各级政府及部门所收取的各种费用和基金性收入，包括行政执法过程中收取的各种规费和公共财产使用费。它们主要是地方政府的收入，各种费收入也成为财政收入的一部分。中国现阶段政府费收入大体有如下五类①：

第一，规费收入。规费是指政府部门为公民或社会组织提供某些特殊服务或实施行政管理所收取的手续费和工本费，一般包括行政规费和司法规费②，如商标注册费、企业开办登记费等。

第二，公产使用费。这是按受益原则对享受政府所提供的特定公共产品或劳务相应支付的一部分费用。一般说来，政府收取使用费的主要作用，一方面有利于政府所提供的公共设施的使用效率，另一方面有助于避免经常发生在政府所提供的公共设施使用时的拥挤问题。

第三，特别课征。这是指政府为新增加或是改造旧有公共设施，根据公众受益大小而按比例课征的收入，目的是用以补充工程费用的全部或一部分。特别课征和税收的相似之处在于它们均以公共目的为主，具有强制性和固定性，但特别课征对于个人享受的特殊利益是可以度量的，只限于特定的地方建设，不可用于政府行政经费支出，且须以特定公共服务作为交换。

第四，各种摊派性费收入。这是指政府以各种名义征收的基金，如电力建设基金、机场建设基金以及各种强制性、摊派性收入。这类收入从严格意义上讲，由于不具备有偿性

① 参见杨龙主编：《公共经济学》，166 页，北京，中国社会科学出版社，2014。

② 参见江沁、杨卫编著：《政府经济学》，102 页，上海，同济大学出版社，2009。

特点，因此不再是真正意义上的费收入，而是一种“捐税”。

第五，特许金。这是指政府给予个人或企业某种行为或营业活动的特许权所取得的收入，取得特许权必须按照规定缴纳特许金，不缴纳或缴纳未清而进行该种活动，就是违法行为。

5. 其他收入

其他收入是指上述四种收入之外的政府的各种杂项收入，比较常见的有罚没收入以及对政府的捐赠等。此外，还有经济学意义上所谓的“通货膨胀税”。罚没收入是指行政机关在执法和执行行政公务过程中，对违法或违章者处以的罚款、罚金。其目的是通过罚款，将它们在违法活动过程中所获得的利益收归社会所有，以补偿社会损失。对政府的捐赠是指政府的某些特定支出项目得到的来自国内外个人或组织的捐赠。政府引致的通货膨胀实质上是将私人部门占有的一部分社会资源转移到公共部门，只不过它采取了一种较为隐蔽的形式。从这个意义上说，它和税收无异，所以也常常被称为“通货膨胀税”。[①]

6.2.3　公共收入的原则

作为经济和伦理话题，公共收入原则的讨论由来已久。从威廉·配第到斯密、萨伊到瓦格纳，都对公共收入的原则做出过充分的论述。公共支出的成本要通过公共收入去弥补，公共收入又要从社会成员那里去取得。因此，效率原则以及受益与支付能力原则是公共收入的重要原则。

1. 效率原则

效率原则是指公共收入的获得过程应当注意经济效率和行政效率。从资源配置的角度考虑，公共收入要有利于提高社会资源配置的效率，是社会从可用资源中获得的最大收益；从经济角度来看，公共收入要有利于市场机制的有效运行，尽量减少因干扰私人经济部门的选择而造成的超额负担。从行政效率的角度讲，公共财政部门应该尽量降低公共收入获得的直接成本或行政成本。

2. 受益原则

受益原则指的是政府对其所产生或提供的公共产品或服务成本费用的分配，要与社会成员从政府所产生或提供公共产品或服务中获得的收益相联系。换言之，纳税人在缴纳税款后，可享受到由政府提供的公共产品和服务。单纯考虑这个原则意味着政府收费（规费）和使用费是最理想的公共收入的形式，因为规费和使用费具有类似于私人产品价格的功能，它可以将产品或服务的成本费用按照实际消费量分摊给其他消费者。

3. 支付能力原则

支付能力原则指的政府对所提供的产品或服务的成本费用的分配，要与社会成员的支付能力相联系。它从另外一个角度来描述公共产品成本应该如何在社会成员之间进行分摊，即根据社会成员的支付能力决定他所应该分摊的公共产品成本，而与社会成员从公共产品中所获得的边际效益的大小无关。

---

① 参见郭小聪主编：《政府经济学》，334 页，北京，中国人民大学出版社，2003。

但是，支付能力原则也有一定的问题。按照社会成员的支付能力确定其应承担的政府支出成本的份额是一回事，怎样测度其支付能力又是另一回事。经济学家对于如何测度社会成员的支付能力存在诸多争议，有的主张以社会成员的收入、财产和消费支出的多少来测度其支付能力；有的则主张以社会成员承担公共支出成本而在主观上感受的牺牲程度大小来测度其支付能力。①

6.2.4 公共收入的管理

1. 税收管理

税收管理的基本要素包括课税对象与税率、税负转嫁与税收归宿、税收种类。税收管理的核心是实现公平征税。首先，必须坚持同等税收待遇原则，即纳税人在相同的经济条件下应被同等对待，缴纳同样多的税；其次，必须坚持支付能力原则，即纳税能力强的纳税人缴纳较多的税收，例如累进税率就是按照课税对象数额的大小规定不同等级的税率，课税对象数额越大则适用的税率越高，纳税人缴纳的税收也就越多；最后，必须坚持收益原则，税收应该根据纳税人从政府提供的产品和服务中得到的收益，在纳税人之间进行分配。

2. 政府收费管理

一般来说，政府收费主要包括使用者费和规费两种类型。所谓使用者费，是政府对特定服务或特许权收取的价格，如水费、公立学校的学费、停车费、公共汽车车票费、公园门票费等。使用者费可分为直接费、公共事业特种费和特许费三种形式。

所谓规费是公共部门在履行社会经济管理职能过程中，提供特别行为或服务而收取的补偿费用。规费可分为行政规费和司法规费两种形式。行政规费是行政机关收取的费用，如执照费、护照费、商标登记费、商品检验费等；司法规费是司法机关收取的费用，如诉讼费、执行费等。

政府收费管理需要注意以下问题：一是科学确定收费范围，把收费严格集中在准公共产品或混合产品上，防止任意扩大收费范围，形成“管理就是收费”的不良局面。二是合理确定收费标准，收费标准主要依据行为或服务的成本来确定。例如对使用者费而言，由准入费、使用费、拥挤费组成，其中准入费承担固定成本，使用费承担经营成本，拥挤费承担拥挤成本。当某项产品或服务出现“拥挤”情况时，通常可以通过适当提高收费标准来解决，比如某座桥梁车辆拥塞，可通过收取或调整过桥费而使部分行驶者改道另行，从而减少过桥车辆，解决塞车问题。三是防止乱收费。由于政府行使公共权力，收费本身具有“非规范性”，故而容易出现乱收费现象，造成社会总的效率损失，损害政府形象。因此，防止乱收费是政府收费管理的一项重要任务。

3. 公债管理

公债管理主要包括公债设计、公债发行、公债流通与偿还等内容。其中，公债设计是确定公债的类型、发行总额、公债票面价值、利息、偿还期限、发行价格等活动。公债发行一般采用向社会公众直接或间接募集的公募法；国家先将公债出售给银行，再由银行自

---

① 参见赵建国、吕丹主编：《公共经济学》，200页，北京，清华大学出版社，2014。

办发售的包售法；委托经纪人直接在证券交易所出售的公卖法。公债进入市场流通是全面实现公债目标的根本途径。公债流通包括两个市场，一是作为发行市场的一级市场；二是作为流通与转让市场的二级市场。公债最终需要偿还，能否如期如数偿还关系到政府信用与声誉。由于政府财力状况及宏观经济条件存在一些不可预测的因素，因此，政府会通过市场采取多种方式进行偿还。

公债不仅是弥补公共资金缺口的重要方式，而且是政府调控宏观经济的重要工具。因此，公债在现代市场经济国家受到高度重视，整个 20 世纪世界各国的公债规模总体上处于上升状态。例如，意大利、比利时、希腊等国的政府债务占 GDP 值的比重超过了 100%，日本、加拿大接近 100%，半数以上的 OECD 国家达到 50%～70%。随着公债作用的效益凸显，公债管理问题也越来越重要并成为公共支出管理的重要组成部分。

6.3　公共预算

公共预算是指具有法律规定和制度保证，经法定程序编制、审核批准和执行的中央政府和各级地方政府在一个财政年度内对公共财政收入与支出的计划，是政府各项公共收支的总体规划，是存在于市场经济中并且与公共财政相适应的国家预算类型，是国家财政实现计划管理的重要工具。

6.3.1　公共预算的内涵

关于公共预算的内涵，不同的学者有不同的理解。有的从会计学的视角，将公共预算理解为政府收入与支出的报告书①；有的从经济学的视角，将公共预算理解为稀缺资源的配置工具②；有的从行政学的视角，将公共预算理解为一项管理的工具③；有的从政治学的视角，将公共预算理解为一项政治活动④；有的从政策的视角，将公共预算理解为一种政策工具或者政策过程⑤；有的从法律的视角，将公共预算理解为一种法律性计划⑥。由此可见，由于“公共预算服务于不同的目的”，对公共预算的理解是多方面的，很难形成一个统一的定义。

在最基本的层面上，公共预算的根本问题还是金钱或资源的配置问题，这是学界的共识。这一共识为我们把握公共预算的内涵提供了一个基本依据。如戴维·尼斯认为：“公共预算就是制定和执行政府在收入、分配和资源使用方面的各种决策，但在当代其所关注的焦点还是金钱。”唐纳德认为：“政府预算就是为了高效、经济地实现政府优先权和目标

① 参见彭成洪主编：《政府预算》，2 页，北京，经济科学出版社，2010。
② 参见陈玉主编：《公共预算的内涵与完善公共预算管理制度》，载《东方企业文化》，2011 (2)。
③ 参见丛树海主编：《中国预算体制重构——理论分析与制度设计》，上海，上海财经大学出版社，2000。
④ 参见张弘力主编：《公共预算》，15 页，北京，中国财政经济出版社，2001。
⑤ 参见王雍君编著：《公共预算管理》，3 页，北京，经济科学出版社，2008。
⑥ 参见赵早早：《英国公共预算改革的途径：管理、政治和法律》，54～55 页，石家庄，当代经济管理出版社，2005。

而进行的分配资金和利用资源的一种决策制度。"[①] 威尔达夫斯基则从政治学的角度给公共预算下了一个定义，他认为"公共预算是通过政治程序分配财源的尝试"，"大多数的预算实践都有可能发生在政治与效率的交叉地带"[②]，"政治性是预算的本质属性"[③]。

6.3.2 公共预算管理的组织形式

公共预算管理是通过分配财政资源的方式，实现人类各种不同目的的公共行政活动。由于财政资源有限性和人类欲望无限性之间存在矛盾，所以，公共预算必须找到一种组织形式，能够调和众多竞争性群体和目标之间的关系，以实现资源的有效分配。[④] 现在最常见的公共预算组织形式主要有：

1. 单式预算与复式预算

单式预算是指把全部财政收支不分经济性质列入统一的预算表格内，以单一的预算结构来反映政府预算收支全貌的一种预算组织形式。单式预算的优点是汇总平衡，预算编制、执行等具体的操作比较简单。其缺点是没有把全部预算收支按经济性质分列和分别汇集平衡，不便于经济分析和有选择地进行宏观调控。

复式预算是指将全部财政收支按其经济性质的差异，编制两个或两个以上的预算收支对照表的一种预算组织形式。最早实行复式预算制度的是丹麦，1927 年，丹麦编制了世界上第一个复式预算。复式预算的优点是便于考核预算资金的来源和用途，有利于分析预算收支对社会供求的影响。

1991 年，我国在编制单式预算的同时进行了复式预算的试编。1992 年，按照《中华人民共和国预算管理条例》的规定，在中央和省级两级开始实行复式预算。其基本做法是采取二元结构的预算组织形式，将预算收支按经济性质分别编制经常性预算和建设性预算。1994 年的《中华人民共和国预算法》明确规定了我国实行复式预算制度，使复式预算制度以法律形式确定了下来。中央复式预算的经常性预算及建设性预算情况见表 6-3 和表 6-4。

2. 增量预算和零基预算

增量预算又称基数预算，是财政收支计划指标在以前财政年度的基础上，按新的财政年度的经济发展情况加以调整后确定。因此它与以前财政年度财政收支的执行情况密切相关，从收支走势看是逐年上升的。零基预算是根据国民经济和社会事业发展的实际情况，以"零"为基础，不考虑以前的财政收支状况，对预算收支进行科学测算和分析评估来确立预算收支的一种预算编制形式。它不受现行财政收支执行情况的约束，使政府可以根据需要确定优先安排的项目，利于提高预算支出的经济效率，减轻国家为满足不断增加的财政支出而增税和扩大债务带来的压力。

---

① Donald Axelord, *Budgeting for Modern Government*, New York, St. Martin Press, Inc., 1998.

② Aaron Wildasky, Political Implications of Budgetary Reform, *Public Administration Review*, Vol. 21, 1961, pp. 183-190.

③ Aaron Wildasky, *Politics of the Budgetary Process*, Boston: Little, Brown, 1964, pp. 4-5.

④ 参见徐双敏主编：《公共管理学》，211 页，北京，北京大学出版社，2014。

表 6-3 中央复式预算经常性预算简表

收入项目	金额	支出项目	金额
1. 各项税收		1. 生产性基本建设支出	
消费税		2. 事业发展和社会保障支出	
增值税		农林水事业费	
营业税		文教、科学、卫生事业费	
进口产品消费税和增值税		教育费附加支出	
国有企业所得税		工业、交通、商业部门事业费	
地方金融企业所得税		抚恤和社会救济费	
其他工商税		3. 国家政权建设支出	
证券交易印花税		行政管理费	
关税		公检法支出	
外贸企业出口退税		国防费	
2. 非生产性企业亏损补贴		武装警察部队经费	
3. 国家预算调节基金收入		4. 对外援助支出	
4. 专项收入		5. 价格补贴支出	
5. 教育附加收入		6. 其他支出	
6. 其他收入		7. 中央预备费	
本级经常性收入小计		本级经常性支出小计	
地方上解收入		补助地方经常性支出	
经常性收入合计		经常性支出合计	
		经常性预算结余	

资料来源：顾建光：《公共经济与政策学原理》，上海，上海人民出版社，2014。

表 6-4 中央复式预算建设性预算简表

收入项目	金额	支出项目	金额
1. 经常性预算结余		1. 生产性基本建设支出	
2. 专项建设性收入		2. 挖潜改造和新产品试制费	
城市维护建设税		企业挖潜改造资金	
国家能源交通建设基金收入		新产品试制费	
基本建设贷款归还收入		3. 增拨企业流动资金	
改烧油为烧煤专项收入		4. 地质勘探费	
其他建设性收入		5. 支援农业生产支出	
3. 生产性企业亏损补贴		农业发展专项资金支出	
本级建设性收入合计		6. 支援不发达地区的发展资金	
建设性预算收支差额		7. 商业部门简易建筑支出	
中央收入合计		本级建设性支出合计	
中央本级收入		补助地方建设性支出合计	
债务收入		建设性支出合计	
用于弥补预算支出差额的国内债务收入		中央支出合计	
用于归还债务本息的国内债务收入		中央本级支出	
国外借款收入		国内外债务还本付息支出	
用于安排重点建设支出的国外借款收入		国内债券还本付息支出	
中央收入总计		归还向人民银行借款的利息	
		国外借款还本付息支出	
		利用国外借款安排的重点建设支出	
		债务收大于支部分转结下年中央支出总计	

资料来源：顾建光：《公共经济与政策学原理》，上海，上海人民出版社，2014。

3. 中央预算和地方预算

中央预算是由中央各部门的预算及地方向中央的上解收入、中央对地方的返还或补助组成。地方预算是由地方各级政府预算组成，包括本级各部门的预算及下级政府向上级政府上解的收入、上级政府对下级政府的返还或补助。

4. 功能预算与部门预算

传统的功能预算是按照收入的类别、支出的功能汇总预算。这种不分组织单位和开支对象、不按照政府职能对开支加以分类的预算形式，虽然便于了解政府的职能，但是随着公共管理的复杂性、多变性的增加，这种预算形式无法反映部门的收支状况。部门预算是由政府各部门编制，经财政部门审核后报立法机关审议通过的、反映部门所有收入和支出的预算。一个部门编制一本预算，各部门预算由本部门各单位预算和本部门机关经费预算组成，部门预算全面完整地反映政府活动的范围和方向，可以增强预算的透明度和调控能力。[①]

6.3.3 公共预算的原则

1. 完整性原则

完整性原则也称为预算的全面性原则，该原则要求政府预算应包括政府的全部预算收支项目，完整反映以政府为主体的全部财政收支活动，全面体现政府活动范围和方向，不允许在预算规定之外有任何以政府为主体的资金收支活动。同时，预算完整性原则还要求政府各预算单位的一切收支必须统一以总额形式列入政府预算，而不能以收支相抵后的净额形式列入。可见，按照预算完整性原则的要求，政府不应该有任何预算以外的财政收支活动。[②]

2. 公开性原则

公开性原则是指政府预算的形成和执行是透明的、受公众监督的。政府预算的本质内涵表明，其始终都承担着公开政府财政的职责，公共预算本质上是反映公共需求和公共供给的计划，政府实际是代表公众履行上述职责。党的二十届三中全会强调，健全预算制度，加强财政资源和预算统筹，把依托行政权力、政府信用、国有资源资产获取的收入全部纳入政府预算管理。公共预算的透明性有利于预算效率的提高。通过预算将政府财政决策公之于众，可以加强政府与公众之间的沟通，使公众了解政府决策，也能够体现政府预算民主化和决策科学化，从而更好地发挥政府预算的监督约束作用。

3. 年度性原则

任何一个国家预算的编制和实现，都要有时间限定，即所谓预算年度。预算年度是指预算收支起讫的有效期限。预算年度性原则是指政府必须按照法定预算年度编制国家预算，这一预算要反映全年的财政收支活动，同时不允许将不属于本年度的财政收支内容列入本年度的国家预算之中。目前世界各国普遍采用的预算年度有两种：一是历年制预算年度，即从每年的 1 月 1 日起至同年 12 月 31 日止，我国即实行历年制预算年度；二是跨年制预算年度，即从每年某月某日开始至次年某月某日止，中间历经 12 个月，但却跨越两

---

① 参见徐双敏主编：《公共管理学》，213 页，北京，北京大学出版社，2014。

② 参见刘国永：《预算绩效管理专业基础》，7 页，苏州，江苏大学出版社，2014。

个年度。目前采用跨年制的国家主要是发达国家，其中英国、加拿大、日本等国的财政年度是从 4 月 1 日起至次年 3 月 31 日止；瑞典、澳大利亚等国的财政年度是从 7 月 1 日起至次年 6 月 30 日止；而美国的预算年度则是从每年的 10 月 1 日起至次年的 9 月 30 日止。

4. 法定性原则

政府预算编制完成后，要经过权力机关审查批准，才成为具有法律效力的文件。因此，政府预算是通过法律程序确定的，其收支范围和方向均有相应的法律依据，具有法律的权威性，任何违反政府预算的行为都将受到法律的制裁。经法定程序审批后的政府预算，即成为具有法律效力的文件，预算部门必须无条件执行，不得随意更改。如遇特殊情况需要调整原定预算，同样必须遵循法定程序，不得在法律范围以外调整或变更预算。

从纳税人的角度讲，预算必须经过立法机关审议通过的法律程序才能实施。其逻辑思路是：纳税人已经授权政府按其意愿使用其提供的资源，政府不能随意变更。因此，政府预算的法定性原则可以看作"政府必须对纳税人负责"的理念在公共行政部门的延伸。可以说，预算法定性原则是实现预算民主、预算公共参与的重要条件和机制。

6.3.4　公共预算的功能

1. 公共预算反映了政府的活动范围和公共收支状况

党的二十届三中全会指出，"科学的宏观调控、有效的政府治理是发挥社会主义市场经济体制优势的内在要求。必须完善宏观调控制度体系，统筹推进财税、金融等重点领域改革，增强宏观政策取向一致性"。而公共预算正是将政府的公共收支分门别类地记载在统一的表格之中，全面反映了政府活动的内容、范围和方向，体现了政府的政策意图。公共经济学所界定的政府经济活动三大方面均在预算里得到体现。预算是多层次的，有一级政府就有一级预算，分别体现了中央和各级地方政府职能的行使。

预算编制是政府公共收支的计划安排，反映了其一段时间内的政策取向。预算的执行是政府对财政收入筹措和财政支出使用的过程，体现了政府对执行既定政策目标的力度，根据预算执行情况形成的决算，反映了政府执行政策的结果。公共预算既是中央和地方各级政府所有政务活动的计划，同时又是中央和各级地方政府所有政务活动的归宿。它犹如一面镜子全面反映了政府的自身行为和介入社会经济发展的规模、范围和深度。预算的编制、执行和决算是国家施政的经济保障。①

2. 公共预算具有稳定经济的效应

(1) 预算的自动变化所起的稳定作用。政府预算对于宏观经济运行具有内在的稳定作用，这主要表现在累进的所得税和某些转移支出上。在累进所得税条件下，随着收入的增加，税率逐级上升，税收也增加，并且税收上升的幅度超过收入增加的幅度，这就会对社会总需求的扩大产生抑制作用；当收入下降时，税率逐级下降，税收也减少，并且税收下降的幅度超过收入下降的幅度，这就会对社会总需求的扩大产生推动作用。所以，累进所得税制被认为是自动"熨平"经济波动的手段（见表 6－5）。

---

① 参见顾建光：《公共经济与政策学原理》，118 页，上海，上海人民出版社，2014。

表 6-5　　累进所得税制的自动稳定效应　　单位：万元

第一年					第二年						
年收入	家庭数	总收入	税率（%）	应纳税额	年收入	家庭数	总收入	总收入增长率（%）	税率（%）	应纳税额	应纳税额增长率（%）
2	10	20	10	2	2				10		
2.5	10	25	15	3.75	2.5	10	25		15	3.75	
3	10	30	20	6	3	10	30		20	6	
3.5			25		3.5	10	35		25	8.75	
合计	30	75		11.75	合计	30	90	20		18.5	57.45

表 6-5 中，第二年与第一年相比，个人收入总量增长了 20%，而个人所得税总量增长了 57.45%，说明税收上升的幅度超过收入增加的幅度；如果从相反的角度看，那么个人收入总量下降了 20%，而个人所得税总量下降了 57.45%，说明税收下降的幅度超过收入下降的幅度。

某些转移支出也具有自动稳定效应。比如失业救济金，它的发放数额主要取决于失业人数的多少。在经济萧条时期，失业人数增多，失业救济金的发放额自动增加，也即使转移支出增加，从而刺激消费支出，防止经济进一步衰退；在经济繁荣时期，失业人数减少，失业救济金的发放额自动减少，也即使转移支出减少，从而抑制消费支出，防止经济过热。

（2）预算的“相机抉择”所起的稳定作用。预算的“相机抉择”就是政府根据不同时期的经济形势，主动地变化财政支出与税收，以“熨平”经济波动。当存在通货紧缩缺口时，政府增加财政支出，削减税收。这就是人们通常所说的扩张性财政政策。

如图 6-2 所示，图中纵、横轴分别表示总支出和国民收入。起初，总支出曲线 $C+I+G$ 与 45°线的交点 E 所决定的国民收入水平为 Y_f，低于充分就业状态下的国民收入水平为 Y_t。在这种情况下，假定政府增加购买支出，如图 6-2（1）所示，结果使总支出曲线上升为 $C+I+G+\triangle G$，它与 45°线的交点 E' 所决定的国民收入水平正好为 Y_t，达到预期目标。

政府也可削减居民个人的税收，如图 6-2（2）所示，减税的结果是居民消费增加，这样也会使总支出曲线上升为 $C+I+G+\triangle C$，它与 45°线的交点 E' 所决定的国民收入水平正好为 Y_t，同样达到预期目标。

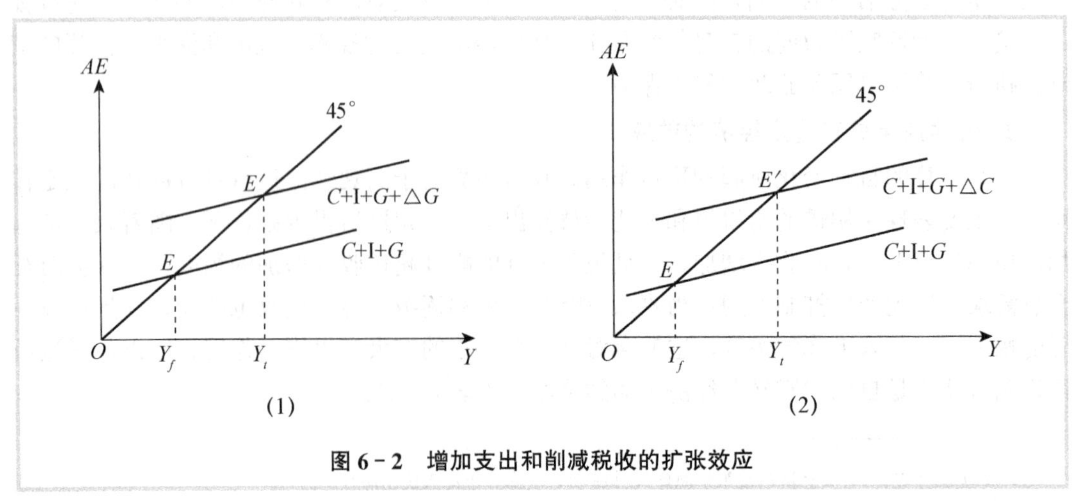

图 6-2　增加支出和削减税收的扩张效应

当存在通货膨胀缺口时，政府削减财政支出，增加税收。这就是人们通常所说的紧缩性财政政策。如图 6－3 所示，图中纵、横轴分别表示总支出和国民收入，起初，总支出曲线 $C+I+G$ 与 45°线的交点 E 所决定的国民收入水平为 Y_t，高于充分就业状态下的国民收入水平 Y_t。在这种情况下，假定政府削减购买支出，如图 6－3（1）所示，结果使总支出曲线下降为 $C+I+G-\triangle G$，它与 45°线的交点 E' 所决定的国民收入水平正好为 Y_f，达到预期目标。

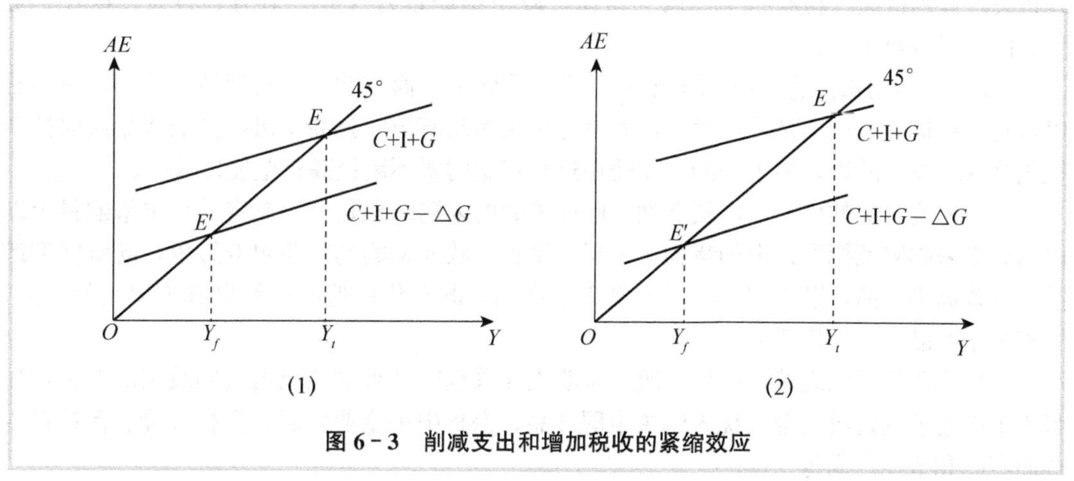

图 6－3　削减支出和增加税收的紧缩效应

政府也可增加居民个人的税收，如图 6－3（2）所示，增税的结果是居民消费减少。这样也会使总支出曲线下降为 $C+I+G-\triangle C$，它与 45°线的交点 E' 所决定的国民收入水平正好为 Y_f，也一样达到预期目标。

6.4　政府采购

政府采购是政府最重要的公共支出方式，具体的政府采购制度是在长期的政府采购实践中形成的对政府采购行为进行管理的一系列法律和惯例，完善、合理的政府采购对社会资源的有效利用、提高财政资金的利用效果起到很大的作用，因而是财政支出管理的一个重要环节。

6.4.1　政府采购概述

1. 政府采购的概念

政府采购是国家各级政府为从事日常的政务活动或为了满足公共服务的目的，利用国家财政性资金和政府借款购买货物、工程和服务的行为。我国政府采购主体的范围为依法进行政府采购的国家机关、事业单位、团体组织。同时也包括专职承办行政事业单位委托采购任务的企业。政府采购的资金是财政性资金，财政性资金包括财政预算资金和纳入财政管理的其他资金。政府采购不仅是指具体的采购过程，而且是采购政策、采购程序、采购过程及采购管理的公共采购制度的总称。

2. 政府采购的特点

(1) 资金来源的公共性。政府采购的资金来源为财政性资金，财政性资金包括财政预算资金和纳入财政管理的其他资金。这些资金来源于税收和政府部门及所属事业单位依法收取的费用，以及履行职责获得的其他收入，资金来源具有公共性质。

(2) 采购主体的特定性。政府采购的主体也称采购实体或采购人，为依靠国家财政资金运作的公共支出单位，如国家机关、事业单位和社会团体，包括各级国家权力机关、行政机关、审判机关、检察机关、政党组织、政协组织以及文化、教育、科研、医疗、卫生、体育等事业单位。

(3) 采购活动的经济性和非营利性。政府采购为非商业性（非营利性）采购，它不是以营利为目标的，也不是为卖而买，而是通过买为政府部门公共支出提供消费品或向社会提供公共利益，所以，要求采购人在使用这些资金时要不断提高资金使用效率。

(4) 采购对象的广泛性、复杂性。政府采购的采购对象是依法制定的集中采购目录以内的或者采购限额标准以上的货物、工程和服务。政府采购的对象包罗万象，既有标准产品也有非标准产品，既有有形产品也有无形产品，既有价值低的产品也有价值高的产品，既有军用产品也有民用产品。

(5) 采购目标的政策导向性。政府采购人在采购时必须遵循政府采购政策的要求，如最大限度地节约财政资金、优先购买本国产品、保护中小企业发展、保护环境、保护自主创新产品和节能产品等。

(6) 采购流程的规范性和公开性。政府采购是按有关政府采购的法规，根据不同的采购规模、采购对象及采购时间要求等，采用不同的采购方式和采购程序，使每项采购活动都要规范运作，体现公开、竞争等原则，接受全社会的监督。

(7) 采购结果影响力极大。政府采购不同于个人采购、家庭采购和企业采购，它是一个国家最大的单一消费者，采购规模大，其购买力非常巨大。有关资料统计，通常一国的政府采购规模都会占到整个国家国内生产总值的10%以上，因此，政府采购对社会的影响力很大。①

3. 政府采购的组织形式（见表6-6）

(1) 政府集中采购，是指由政府设立的集中采购机构依据政府制定的集中采购目录，受采购人的委托，按照公开、公平、公正的采购原则，以及必须采取的市场竞争机制和一系列专门操作规程进行的统一采购。集中采购是政府采购的一种主要组织实施形式，由政府将具有规模包括批量规模的采购项目纳入集中采购目录，属于通用的政府采购项目的，采购人应当委托集中采购机构代理采购，有特殊情况报经同级财政部门批准的除外。

(2) 部门集中采购，是指主管部门（采购人）统一组织实施纳入部门集中采购目录以内的货物、工程、服务的采购活动。部门集中采购也属于集中采购，其范围主要是本部门、本系统有特殊要求的采购项目。集中采购目录中涉及某些部门、系统有特殊要求的项目，集中采购目录中属于非通用的，只适合某一部门或者系统使用的项目，应当由相关部

① 参见陈庆海主编：《政府预算与管理》，296页，厦门，厦门大学出版社，2014。

门实行集中采购，不必委托集中采购机构代理采购。

（3）单位分散采购，是指采购人自行组织实施的采购活动，其主体是采购人，即各级政府行政事业单位。分散采购是相对于集中采购而言的，也是政府采购的一种组织实施形式。分散采购的范围是指除本级政府纳入集中采购目录以外，采购限额标准以上的政府采购项目。如果纳入集中采购目录中的采购项目，属于个别单位的特殊需求，采购人按其专业要求需要特别定制，不宜实行集中采购，而且不具备批量特征，可以由该单位自行组织采购，但事前必须得到省级以上人民政府的批准，否则视为违法行为。

表 6-6　　采购组织形式与采购项目和采购预算关系表

<table>
<tr><th>项目范围</th><th>项目性质</th><th>项目采购预算总额</th><th>采购组织形式</th><th>是否编制预算</th><th>采购规则</th></tr>
<tr><td rowspan="4">集中采购目录以内</td><td>政府集中采购</td><td>不论采购预算金额</td><td>原则上委托采购代理机构采购</td><td rowspan="3">编制政府采购预算</td><td rowspan="3">集中采购</td></tr>
<tr><td rowspan="2">部门集中采购项目</td><td>公开招标限额标准以上（含）</td><td>鼓励委托采购代理机构采购</td></tr>
<tr><td>公开招标限额标准以下</td><td>按采购规则自行采购</td></tr>
<tr><td>目录中有标准的项目未达到标准，为零星采购项目</td><td>单项或批量采购预算标准以下</td><td>自行采购</td><td>不编政府采购预算</td><td>无采购规则</td></tr>
<tr><td rowspan="4">集中采购目录以外</td><td rowspan="3">限额标准以上为分散采购项目</td><td>公开招标限额标准以上</td><td>原则上委托采购代理机构采购</td><td rowspan="3">编制政府采购预算</td><td rowspan="3">集中采购</td></tr>
<tr><td rowspan="2">公开招标限额标准以下</td><td>鼓励委托采购代理机构采购</td></tr>
<tr><td>按采购规则自行采购</td></tr>
<tr><td>限额标准以下为零星采购项目</td><td>分散采购限额标准以下</td><td>自行采购</td><td>不编政府采购预算</td><td>无采购规则</td></tr>
</table>

6.4.2 政府采购制度的运行基础

政府采购制度运行基础的分析对于深入研究国外政府采购制度、建立和完善我国政府采购制度具有极为重要的意义。

1. 以市场为基础，政府与企业保持平等的地位

首先，政府采购制度规定以企业之间的公平竞争为基础。政府采购制度必须适应市场经济公平竞争的要求，保证企业在政府采购活动中享有平等参与的权利，为企业之间的公平竞争创造条件。其次，政府所需的商品和服务通过市场由企业提供，政府（采购实体及其代理机构）与企业（供应商）之间保持对等的主体地位和平等的商业关系。

2. 政府采购制度的运行体现了政府与纳税人之间的契约关系

在政府采购活动中，税收是基本的资金来源。税收由纳税人缴纳，政府对纳税人负责，做到物有所值。因而，为纳税人创造最高价值是各国政府采购制度的共同宗旨。同时，政府采购活动要公开、透明，便于社会公众监督。反过来，纳税人还要求享有平等参与政府采购活动的商业机会。政府采购制度作为政府采购活动的制度规定，体现了政府与纳税人之间的这一重要关系。

3. 政府采购制度运行的法律基础

就各国的情况来看，政府采购制度是通过政府采购法来体现的，实行政府采购制度的国家都有一套与政府采购相关的法规构成的完整法律体系，如新加坡的《政府采购法案》、瑞士的《公共采购法》等。通过政府采购法及与之相关的法律、法规，对政府与企业的关系、采购管理部门与采购实体的关系、采购机构之间的关系及政府采购活动进行全面、系统的规定，为政府采购制度的运行提供了法律保证，体现了市场经济法制化的重要特征。

6.4.3 政府采购基本原则

1. 公开透明原则

所谓"公开"是指政府采购整个流程必须达到这样的程度，使每个采购供应商掌握的信息是一样的，并接受有关单位监督。公开透明是政府采购必须遵循的基本原则之一，因此，政府采购被誉为"阳光下的交易"。公开透明要求做到所有与政府采购活动有关的信息和行为，都要向社会全面公开，并且要完全透明，禁止搞暗箱操作，为供应商参加政府采购提供公平竞争的环境，为公众有效监督政府采购活动创造有利的条件。①

2. 公平竞争原则

所谓"公平"是指政府采购提供的市场机会对尽可能多的供应商是平等的。公平竞争是指政府采购的竞争是有序竞争，要公平地对待每一个供应商，不能有歧视某些潜在的符合条件的供应商参与政府采购活动的现象，而且采购信息要在政府采购监督管理部门指定的媒体上披露。

公平原则是市场经济运行的重要法则，是政府采购的基本规则。公平竞争要求在竞争的前提下公平地开展政府采购活动。首先，要将竞争机制引入采购活动中，实行优胜劣汰，让采购人通过优中选优的方式，获得价廉物美的货物、工程或者服务，提高财政性资金的使用效益。其次，竞争必须公平，不能设置妨碍充分竞争的不正当条件。

3. 公正原则

所谓"公正"是指政府采购对所有的供应商采用同一标准，所有的供应商享受同等权利，负担同样的义务。要求政府采购要依法采购，具体的采购活动要按事先约定进行，对供应商不得有歧视行为，任何单位或个人不得干预采购活动的正常开展，评标时不能存在主观倾向，要严格按照评标标准评定中标或成交供应商。

公正原则是为采购人与供应商之间在政府采购活动中处于平等地位而提出的。在政府采购活动中，采购人与供应商之间应当处于平等的地位，采购人及采购代理机构对所有的供应商都要一视同仁，不能因其身份不同而差别对待。

4. 诚实信用原则

所谓"诚实信用"是指政府采购当事人在政府采购活动中都应该遵循真实、可靠的要

---

① 参见陈庆海主编：《政府预算与管理》，300页，厦门，厦门大学出版社，2014。

求。诚实信用原则要求政府采购各方都要诚实守信，不得有欺骗背信的行为，以善意的方式行使权利，尊重他人利益和公共利益，忠实地履行约定义务。

社会主义市场经济是立足于诚信的法制经济，信用是市场经济正常运行的基础，都要求采购当事人参加政府采购要依法履行各自的权利和义务，讲究信誉，维护形象，不得有欺诈、隐瞒、滥用权力等违法违纪行为，增强公众对采购过程的信任。在这些原则中，公平竞争是核心，公开透明是体现，公正和诚实信用是保障。

6.4.4　政府采购法律制度

1. 政府采购法

《中华人民共和国政府采购法》是为了规范政府采购行为，提高政府采购资金的使用效益，维护国家利益和社会公共利益，保护政府采购当事人的合法权益，促进廉政建设而制定的。《采购法》由中华人民共和国第九届全国人民代表大会常务委员会第二十八次会议于 2002 年 6 月 29 日通过，自 2003 年 1 月 1 日起开始施行，是针对政府采购的专门性法规。

2. 政府采购方式

(1) 公开招标。公开招标是招标的基本形式之一，是指招标人以招标公告的方式邀请不特定的法人或者其他组织投标。采购人采购货物或者服务应当采用公开招标方式的，其具体数额标准，属于中央预算的政府采购项目，由国务院规定。货物和服务项目实行招标方式采购的，自招标文件开始发出之日起至投标人提交投标文件截止之日止，不得少于 20 日。

(2) 邀请招标。邀请招标，是指招标人以投标邀请书的方式邀请特定的法人或者其他组织投标。国务院发展计划部门确定的国家重点项目和省、自治区、直辖市人民政府确定的地方重点项目不适宜公开招标的，经国务院发展计划部门或者省、自治区、直辖市人民政府批准，可以进行邀请招标。符合下列情形之一的货物或者服务，可以采用邀请招标方式采购：具有特殊性，只能从有限范围的供应商处采购的；采用公开招标方式的费用占政府采购项目总价值的比例过大的。

(3) 竞争性谈判。竞争性谈判，是指采购人或者采购代理机构直接邀请三家以上供应商就采购事宜进行谈判的方式。符合下列情形之一的货物或者服务，可以依法采用竞争性谈判方式采购：招标后没有供应商投标或者没有合格标的或者重新招标未能成立的；技术复杂或者性质特殊，不能确定详细规格或者具体要求的；采用招标所需时间不能满足用户紧急需要的；不能事先计算出价格总额的。

(4) 单一来源采购。符合下列情形之一的货物或者服务，可以依法采用单一来源方式采购：只能从唯一供应商处采购的；发生了不可预见的紧急情况不能从其他供应商处采购的；必须保证原有采购项目一致性或者服务配套的要求，需要继续从原供应商处添购，且添购资金总额不超过原合同采购金额 10%的。

(5) 询价方式。采购的货物规格、标准统一、现货货源充足且价格变化幅度小的政府采购项目，可以依法采用询价方式采购。

3. 政府采购合同与程序

政府采购合同应当采用书面形式。采购人与中标、成交供应商应当在中标、成交通知书发出之日起 30 日内，按照采购文件确定的事项签订政府采购合同。中标、成交通知书对采购人和中标、成交供应商均具有法律效力。

经采购人同意，中标、成交供应商可以依法采取分包方式履行合同。政府采购合同分包履行的，中标、成交供应商就采购项目和分包项目向采购人负责，分包供应商就分包项目承担责任。政府采购合同履行中，采购人需追加与合同标的相同的货物、工程或者服务的，在不改变合同其他条款的前提下，可以与供应商协商签订补充合同，但所有补充合同的采购金额不得超过原合同采购金额的10%。政府采购合同的双方当事人不得擅自变更、中止或者终止合同。政府采购合同继续履行将损害国家利益和社会公共利益的，双方当事人应当变更、中止或者终止合同。有过错的一方应当承担赔偿责任，双方都有过错的，各自承担相应的责任。

在招标采购中，出现下列情形之一的，应予废标：符合专业条件供应商或者对招标文件作实质响应的供应商不足3家的；出现影响采购公正的违法、违规行为的；投标人的报价均超过了采购预算，采购人不能支付的；因重大变故，采购任务取消的。废标后，采购人应当将废标理由通知所有投标人。废标后，除采购任务取消情形外，应当重新组织招标；需要采取其他方式采购的，应当在采购活动开始前获得设区的市、自治州以上人民政府采购监督管理部门或者政府有关部门批准。

4. 政府采购的质疑与投诉

供应商认为采购文件、采购过程和中标、成交结果使自己的权益受到损害的，可以在知道或者应知其权益受到损害之日起7个工作日内，以书面形式向采购人提出质疑。采购人应当在收到供应商的书面质疑后7个工作日内作出答复，并以书面形式通知质疑供应商和其他有关供应商，但答复的内容不得涉及商业秘密。

质疑供应商对采购人、采购代理机构的答复不满意或者采购人、采购代理机构未在规定的时间内作出答复的，可以在答复期满后15个工作日内向同级政府采购监督管理部门投诉。政府采购监督管理部门应当在收到投诉后30个工作日内，对投诉事项作出处理决定，并以书面形式通知投诉人和与投诉事项有关的当事人。政府采购监督管理部门在处理投诉事项期间，可以视具体情况书面通知采购人暂停采购活动，但暂停时间最长不得超过30日。投诉人对政府采购监督管理部门的投诉处理决定不服或者政府采购监督管理部门逾期未作处理的，可以依法申请行政复议或者向人民法院提起行政诉讼。

本章小结

1. 公共支出是各级政府履行其必要职能所进行的各项活动的成本，包括提供公共产品和准公共产品，以及为实现收入分配而进行的转移支出。公共支出是政府履行其职能的具体表现之一，具有不同于私人支出的一些特点，公共支出反映了一个政府的政策选择。一旦政府已决定以多少数量、以什么质量向公众提供公共产品，则公共支出实际上就是执行这些政策所必须付出的成本。所以，公共支出就是政府行为的成本。

2. 公共收入是公共经济活动的起点和基础，与公共支出共同构成公共预算，是公共经济学的核心内容之一。公共收入是为了满足社会共同需要而筹集的收入，而随着公共产品内涵的扩大，它基本上涵盖了社会成员共同需要的各个方面，社会共同需要也表现为公共产品。公共产品无法通过市场机制来有效地供给，因此就需要政府或其他公共组织通过非市场机制来提供，而公共产品的供给也要使用一部分社会资源，是有成本的，为了筹集能够提供公共产品所需要的资金，就需要相应地获得一部分收入，公共收入相应产生。

3. 公共预算是国家财政实现计划管理的重要工具，反映国家的财政收支状况。公共预算是指具有法律规定和制度保证，经法定程序编制、审核批准和执行的中央政府和各级地方政府在一个财政年度内对公共财政收入与支出的计划，是政府各项公共收支的总体规划，是存在于市场经济中并且与公共财政相适应的国家预算类型，同时，公共预算收支的对比还反映国家财力的平衡状况。

4. 政府采购的组织形式包括政府集中采购、部门集中采购以及单位分散采购。采购的特点表现为资金来源的公共性、采购主体的特定性、采购活动的经济性和非营利性、采购对象的广泛性和复杂性、采购目标的政策导向性、采购流程的规范性和公开性。政府采购依据公开透明原则、公平竞争原则、公正原则和诚实信用原则依法履行政府采购的合同与程序。

关键术语

公共支出　公共支出结构　公共收入　国有资产收益　公债　规费收入
公共预算　零基预算　增量预算　复式预算　政府采购　竞争性谈判

复习思考题

1. 在现实中如何确定公共支出的规模？
2. 影响公共支出结构的因素有哪些？
3. 简述公共收入的特征。
4. 简述公共收入的形式与原则。
5. 简述公共预算的组织形式。
6. 简述公共预算的功能。
7. 政府采购有哪几种组织形式？
8. 简述政府采购运行的制度基础。

案例分析

案例 6－1　美国政府的预算编制方法改革

美国政府十分重视对预算编制方法的改革，自 20 世纪 50 年代以来，先后经历了绩效预算（PB）、规划—计划预算（PPBS）、目标管理（MBO）、零基预算（ZBB）、新绩效预算等阶段。在历次改革过程中，美国政府始终坚持对各项政府支出实施项目化管理和绩效评估的做法，使得“政府也要讲效率”的观念逐步深入人心，也为改善政府管理水平和提高公共服务质量打下了良好的基础。

新绩效预算改革后推出的GPRA和PART使绩效与预算的联系更为清晰和紧密。到2004年3月，美国国会又通过了《项目评估与结果法案》（Program Assessment and Results Act，PARA），要求OMB每五年至少对所有的政府项目进行一次评估，这样，OMB就更进一步地拥有了增减部门预算额度的科学依据。此外，持续的预算技术开发在改善预算工作科学性的同时，也在许多重要方面提高了预算工作的准确性。

各政府部门在编制部门预算时除了注意对部门预算进行细化外，还要在本部门单位成本数据的会计信息基础上，依据可量化指标，进行支出预测。尽管政府预算本质上属于一种政治与经济相互影响的，各种利益集团讨价还价以便获得更多预算利益的公共过程，但美国的实践说明，科学管理方法的引入以及注重预算编制过程中的技术开发，就能更好地协调各种利益关系。

思考：结合材料分析，中国预算编制存在的问题及解决办法是什么？

案例6-2 政府采购过程的竞争性谈判太随意

某采购代理机构接受某市教育局委托，以竞争性谈判方式采购视频会议系统。共有5家符合资格的供应商参与谈判，谈判过程中，谈判采购小组经过仔细研究发现，原先采购文件中提出的技术要求有较大的偏差，为此经与采购人代表现场商议，谈判采购小组当场将技术要求做了相应的调整，并制订了现场测评方案。谈判小组测评后确定了3家入围成交候选人。随后，谈判小组经过比较，觉得3个参加谈判的供应商中，A和B的第一次报价较合理，C的价格偏高，因此认定C的成交希望不大，决定将其排除。于是，谈判小组口头通知了A、B两家供应商关于技术要求的相应调整，并请他们重新报价，最终根据在满足配置、服务的前提下价格最低的原则，确定B供应商成交，并当场宣布了采购结果。被淘汰的供应商C随后提出质疑和投诉，认为此次谈判内容与竞争性谈判文件的要求不符，违反了《政府采购法》第三十八条有关规定，谈判程序中存在诸多违法现象。

思考：该采购代理机构的采购做法有无不妥？若C认为自己的合法权益受到损害，应采取怎样的做法？

第 7 章

卫生保健

卫生保健问题是当今世界各国民众最关心的话题之一，建立覆盖全民的基本医疗卫生保健服务体系是世界各国的追求。党的二十届三中全会指出，实施健康优先发展战略。一位美国经济学家这样写道：

> 经济水平的提高、人均寿命的延长、医疗科学技术的发展，许多因素都在推动人们对医疗卫生和健康需求的增长，从而推动着资源向这个领域的流动。任何一个国家的医疗卫生体制，都面临着如何公平有效地利用资源，以满足人们日益增长的健康需求的挑战。无论是发展中国家还是发达国家，都面临着如何分配社会资源，以最大限度满足人民多种需要的挑战。都存在医疗卫生费用快速增长，以及医疗卫生服务的公平性不足等问题，也都努力尝试从加大政府责任、创新体制等方面入手，探索解决该问题的有效途径和措施（富克斯，1935）。①

既然如此，那什么是卫生保健呢？卫生保健的概念，最早可追溯到 1920 年由美国著名公共卫生专家温斯洛（Winslow）提出的关于改善健康的五大公共卫生干预措施：环境卫生、传染病控制、健康教育、早期诊断治疗的医护组织以及社会发展，其目标是确保每个人能够获得充分享有健康维护的生活水平。健康的国民是每个国家经济社会发展的重要资本，卫生保健服务是保护健康、保持一切价值源泉即劳动能力本身的重要活动。

7.1 健康需求理论

迈克尔·格罗斯曼 1972 年首次向经济学研究者们提出了这样的观念：医疗的需求是

---

① 转引自［美］詹姆斯·亨德森：《健康经济学（第二版）》，97 页，北京，人民邮电出版社，2008。

由更基础的身体健康需求所衍生出来。格罗斯曼创建了对于医疗需求正式研究的经济学框架，他的工作建立了两种问题考虑的途径：首先，医疗被视为健康生产函数中的一项投入；其次，又被当作医疗提供者的一项产出。运用第一种途径，医疗是众多会被用于改善个人或人口健康状况的要素之一。其他要素，或许在促进身体健康方面更为重要，其中包括：生活水平的提高、医学研究的进步、生活方式的改变、环境污染的减少以及更好的营养。途径之二可被视为这样一种情形：各种投入被结合在一起用来生产一个我们称为"医疗保健"的最终产品。这些投入包括对内科医生、牙医及其他类医生的医疗供应者服务以及医院服务、处方药物、医疗设备和其他构成要素。舍曼·富兰德等人进一步指出，作为医疗保健生产者的消费者健康需求与传统需求方式的不同：

> 消费者想要的不是医疗保健本身，而是健康。人们想拥有健康，他们需要投入以生产健康。消费者并非消极地从市场上购买卫生。相反，消费者还生产健康，除了购买医疗投入，他们还花费时间努力地改进健康。健康不止持续一个时期，它不会立刻贬值，所以可以被看作资本物品。或许非常重要的是，卫生可以被看作既是一种消费品，也是一种投资品。消费者对保健的需求有纯粹的消费方面，消费者想要健康保健是因为它可以让人们感觉更好；消费者对保健的需求同样有纯粹投资的方面，人们想要健康保健是因为它增加了人们可以工作的健康天数，从而挣得更多的收入。①

7.1.1 健康的产出

在经济学中，生产被描述成一种说明投入要素是如何被结合在一起制造产出的函数关系。具体而言，健康生产函数概括了健康状况和各种促进身体健康的因素之间的相关联系。这种关系可以被写成如下形式：

健康$=H$(医疗保健、其他投入、时间)

图 7-1 上半幅图说明了健康状况和医疗支出之间的假设关系。就个人或人口健康状况来讲，图中描绘了一个以下降速率上升的正斜率函数。当医疗支出数额增长时，健康状况得到改善。然而，当更多的支出花费在医疗上时，健康状况的增量变化却在下降。换句话说，当总医疗费用处在较低水平时，额外的费用能大大改善健康状况。而当总医疗费用处在较高水平时，同样的费用增加，得到较少的健康状况的改善。用经济学原理解释就是最终边际收益递减规律，或简言之，收益递减规律。边际收益递减规律可如图 7-1上半幅图所示，它是通过一条随医疗支出增加而逐步趋于平缓的总产量曲线表示出来。

图 7-1 下半幅图说明了医疗支出变化和健康状况的边际变化的关系。随着医疗支出增加，支出的边际产量下降，清楚地描绘收益递减规律。在经济学中，决策很少在有或无、非此即彼的基础上做出，而几乎总是一个调整优先权的问题。边际产量图的使用说明了增加医疗支出可以购得多少更多健康状况的改善。理解这种关系至关重要，因为大多数医疗健康的问题与提供的医疗水平的变化有关。相应的问题会涉及效用和支出的边际变化，而不是

---

① ［美］舍曼·富兰德等：《卫生经济学（第六版）》，137～138 页，北京，中国人民大学出版社，2011。

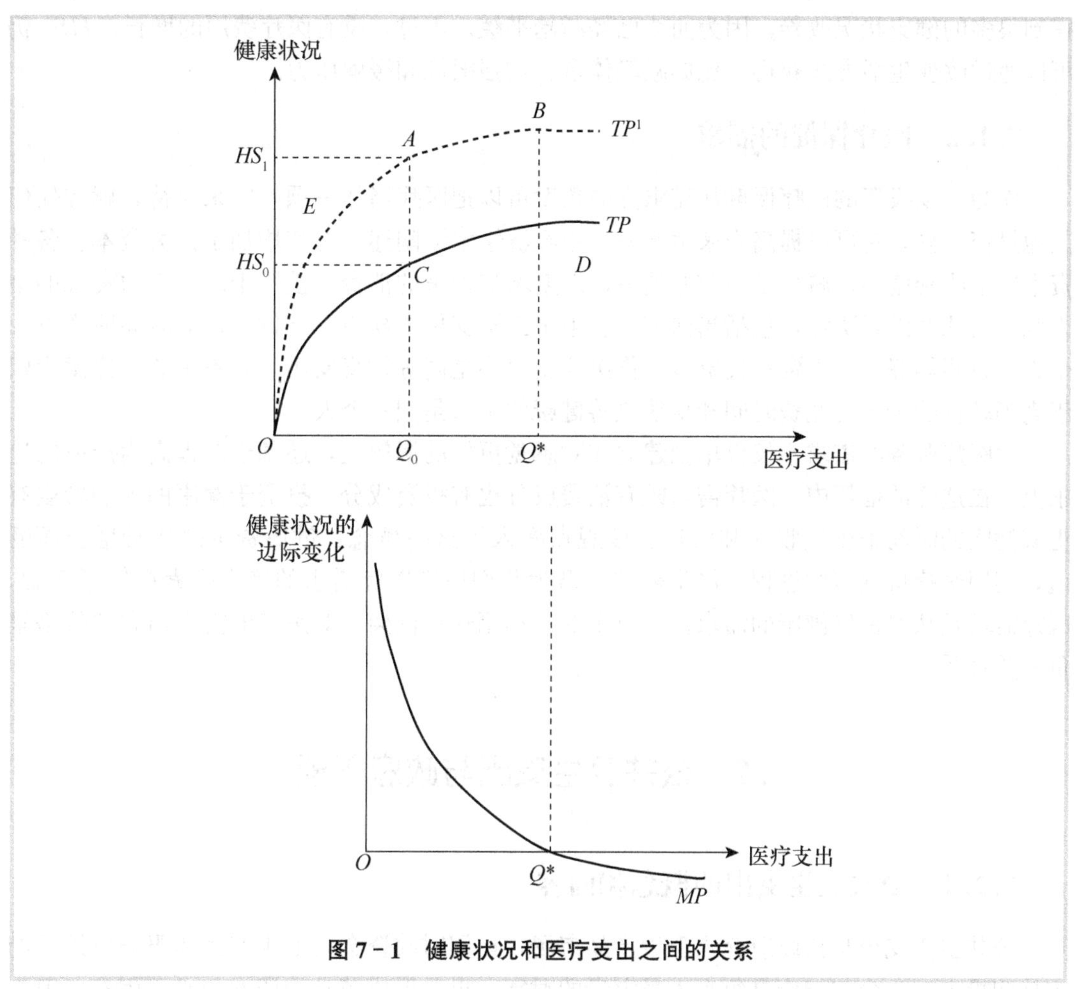

图7-1　健康状况和医疗支出之间的关系

总的效用和支出。经济学家和政策制定者利用边际产量曲线所提供的信息来确定稀缺资源在竞争性选择中的分配，包括教育、治安维持和经济基础建设项目。边际产量曲线在医疗对健康状况的影响和医疗对健康状况的边际贡献之间，做了很清晰的区别。

医疗支出不是改善健康的唯一手段。其他影响健康状况的因素，比如生活方式、环境污染和科技发展，都会改变总产量曲线。例如，呼吸道病症的出现和加重多与大量的空气污染相关。在许多主要的大都市地区，机动车尾气是空气的最大罪魁。这些不良健康状况的出现概率很可能就会随着机动车尾气的减少而变小。还有，良好的饮食习惯和加强锻炼都会改善健康状况。这些改善若用曲线来表示，则描绘成健康状况的生产函数从 TP 移动到 TP^1。在医疗支出的每一个水平上，这些因素的改良都会引致更好的健康状况。

另一个考虑这种关系的方式，是将这个生产函数看成在给定水平的医疗支出上所能实现的最大限度的健康状况。假设一个人的医疗花费为 Q_0，其他影响健康状况的因素不变，可实现的最大限度的健康状况为 HS_0。改善健康状况的两条显而易见的方法，一是花更多的钱在医疗支出上，从而在静态的健康生产函数（TP）上移动到一个更高点，或者改变生活方式，将整个曲线向上移动（到 TP^1）。在高水平的医疗支出上，再增加花费也不会得到很多的健康状况改善，因为曲线已经渐趋平缓。不过，没有医疗费用的增长，HS_1 仍可以通过改变生活方式获得，比如减轻体重、加强锻炼和缓解压力。

7.1.2 医疗保健的需求

作为一项投资的医疗保健从需求方的角度可以把医疗当作一项投资来对待，就像任何其他投资一样，它可以提高未来生产率。用经济学术语阐述，医疗增加了人力资本。各种资本用于改善健康，减少了当前的消费，以期增加未来的消费。投资于改善人力资源的个人意愿由几个因素决定，包括当前成本、未来工资支付的规模、支付实现的时间跨度以及个人的时间偏好。人力资本投资被用作医疗支付还是高等教育支出，并不重要。愿意投资于高等教育的个人与花费时间和金钱改善健康的个人是同一个人。

对医疗服务的需求不仅仅单独建立在对感觉更好的渴望上，还基于对提高生产率的追求上。在这样的框架内，医疗需求既有消费成分也有投资成分。投资于健康的人们希望有更多健康的时间来创造收入和安逸。该观点融入了这一概念：健康资本随年龄增长而贬值，利用医疗可减缓此进程。派生需求模型为我们研究医疗需求的确定因素提供了基础。医疗需求是从对良好健康的需求衍生出来的。利用这一框架，对医疗的需求与它的价格呈负相关关系。

7.2 公共卫生支出与政府干预

7.2.1 公共卫生支出的概念和内容

公共卫生支出是指政府介入卫生产品市场，运用财政资金对卫生产品和服务所给予的支持和投入。生命与健康是每个人最宝贵的财富，也是形成劳动力资本的必要因素。卫生体系作为提供医疗与保健服务的机构与组织，具有防治疾病、延长人类寿命、提高人口素质的重大作用，是现代人类文明不可或缺的社会基础设施之一。在市场经济条件下，政府介入卫生市场的途径是多种多样的，从而公共卫生支出的内容也是多样的，主要可以归纳为以下几点：

1. 构建完善的公共卫生体系

公共卫生体系是由政府投资建设与管理的、向全体社会成员提供基本健康服务的基础设施和组织系统。公共卫生体系体现着卫生产品所具有的公共物品属性的一面。完善的公共卫生体系包括防疫与疾病控制体系、公共卫生应急体系、最低卫生需求保障体系、特殊卫生服务与保障体系、卫生宣传教育体系和国际卫生合作体系等多个子系统。

防疫与疾病控制体系是预防重大流行性疾病发生、控制其传播与扩散的公共基础设施，包括相关的设备条件、人员队伍、技术手段以及法律政策等重要内容。防疫与疾病控制体系的作用在于对重大传染病（例如 SARS、鼠疫、流行性出血热、流感、肺结核、甲肝）、地区病（例如克山病、碘缺乏症）和其他严重威胁公众健康的流行性疾病（例如艾滋病、乙肝）进行监测、预防，参与并指导医疗机构进行治疗。同时，还要对这些疾病发生的病原学和病理学原因、流行规律、预防与治疗方案、应急方案等，进行调查和研究。

公共卫生应急体系是应对和处理重大公共卫生事件的组织体系。当重大公共卫生事件（例如大范围中毒事件、严重传染病爆发性流行、灾害后瘟疫流行等）发生时，为了尽可能地降低公民的健康损失，避免社会秩序失调，必须由政府负责组织协调各方力量采取系统性的措施，对公共卫生紧急事件进行处理。公共卫生应急体系应当包括：紧急救治体系、预备医疗资源体系和公共卫生事件调查体系等。最低卫生需求保障体系的功能是为没有支付能力的社会成员提供最基本医疗卫生服务的公共卫生设施，以体现人道主义和社会关爱。卫生宣传教育体系的主要目的在于传播与普及卫生知识，增强公民的健康意识，培养卫生服务专门人才。国际卫生合作体系是作为与各个国家或有关国际组织进行卫生医疗等方面的交流与合作的桥梁与中介。在公共卫生体系的建设中，一定要遵循公共性原则，体现公共卫生服务具有的公共物品的基本属性，以弥补和纠正市场缺陷为目标，满足社会的公共卫生需求。

2. 医疗补贴

公共卫生体系是政府直接介入卫生产品市场的主要途径，但是社会成员对于卫生服务的需求是多样的，加上成本因素的影响，致使公共卫生体系不可能涵盖整个卫生服务领域，而需要私立医院或类似的营利性医疗机构在卫生产品市场中发挥重要作用。从社会公平性原则出发，政府必须通过一定的公共卫生支出方式，尽可能地提高卫生服务的公平程度。提供医疗补贴是政府做到这一点的基本途径之一。比较常见的医疗补贴包括对老年人或低收入阶层提供医疗补助；对某些特殊医疗项目提供价格补贴；对退伍军人提供医疗补贴；对医学研究和新医疗技术的开发给予资助。政府将医疗补贴支付给受补贴者，本身并没有直接消耗这部分财政资金，所以从严格的意义上讲，医疗补贴应该属于一种转移性支出。但是，医疗补贴和作为纯粹的转移性支出的医疗保险在本质上有所区别，二者的运行机制也有所不同。

3. 对卫生市场实施监管

为了充分维护医疗服务消费者的权益、保障公民生命健康与医疗安全、解决私人卫生产品严重失灵的问题，政府非常有必要对私人卫生产品市场进行监管。为此，政府的卫生行政管理部门必须制定相关的卫生法规、医疗服务规范、医疗技术标准和药品技术标准，对医疗卫生服务机构进行资格认定、许可准入、服务监督，对医疗卫生从业人员进行资质考核、颁发执照，并对医疗服务中产生的纠纷进行仲裁。同时，政府还要对药品和食品等与公众健康关系密切的产品生产进行监管。政府部门为实现对卫生产品市场的有效监管，必须拥有完整的行政体系、先进的技术手段和完备的信息资源。这些条件的满足是以消耗大量资源为代价的，因此，需要公共财政提供专项支出予以保障。

7.2.2 公共卫生支出的必要性

首先，卫生产品与服务同时具有公共物品和私人产品的属性。一方面，公共卫生事业维护良好的健康环境，构建广泛的社会卫生服务体系，能够产生积极的外部效应，使每位社会成员从中受益，体现了公共物品的非排他性；而另一方面，卫生服务资源的稀缺性与卫生服务需求的无限性之间的矛盾导致卫生产品具有消费竞争的特征。同时，具体卫生产品供给的市场化和货币化也使排他成为现实。因此，卫生产品和服务又属于私人产品。

卫生产品的混合属性决定了它的供给必然是由公共部门和私人部门共同完成的。政府部门通过财政投入建立完善的公共卫生体系，提高社会卫生保障能力、重大疾病防治能力和公共卫生应急能力，实现卫生普遍服务，提高公民整体健康素质；而私人部门则向单个的消费者提供医疗保健服务和药物器械产品，进行疾病诊治，维护公民健康，并按照市场价格获取收益，实现利润。

其次，卫生产品市场存在严重的市场失灵现象。政府必须依法予以监管，甚至在必要时直接介入。卫生产品市场失灵主要表现在以下几个方面：

第一，患者的成本与收益脱节。医生或卫生服务机构是卫生产品市场的供给者，医疗服务在技术流程和服务周期等方面的特点造成这一供给过程具有很强的单向选择性，即医生往往可以主动地进行选择，而患者则只能被动地接受。对于医生的决定，病人通常是不敢违背的，病人不会用自己的生命去冒风险。基于“经济人”的假设，可以认定医生往往出于自身利益最大化的考虑，有意提高病人的治疗成本，致使绝大多数患者的成本与收益脱节。

第二，患者处于信息劣势地位。在医疗服务和药品的消费过程中，存在着严重的信息不对称现象，患者处于极端劣势地位。首先，医学知识和技术的专业性导致绝大多数病人不能准确掌握个人病情，只能相信医生；其次，病人不了解医疗产品和服务的成本信息，只能被动地接受相关的各种价格。扭转这种信息劣势需要较长的时间和很高的成本，但不作为只能促使患者的信息劣势进一步恶化。

第三，卫生产品具有很强的外部性。某些疾病具有强烈的传染性，对公共健康造成严重威胁。对于这类疾病所提供的卫生产品如果质量好，供给及时，将发挥正的外部效应；如果质量差，供给滞后，则将产生负的外部效应。在卫生产品市场失灵的情况下，政府应该对于这类疾病的防治工作并给予投入，以纠正卫生产品可能产生的负面影响。

第四，人们对医疗卫生的需求具有不确定性。由于疾病的发生具有偶然性和突发性，一个人难以预知何时会得病，再加上大部分人对自己健康的预期都是较乐观的，因而不可能预先准备大量金钱用于治疗疾病。一旦得了重病，就可能影响到个人和家庭的收入和就业，甚至使一个家庭倾家荡产，陷入贫困。虽然在私人市场上人们可以通过购买商业保险来化解疾病的风险，但商业保险的趋利性使得保险公司往往进行“相反选择”，导致保险市场的失灵。出于保障人民基本生活免于贫困的目的，许多国家的政府通过直接提供或用补贴医疗保险的办法来减少个人的风险。

7.2.3 政府干预医疗卫生市场的理论基础

政府对医疗卫生市场干预的理论基础包括以下三个方面：第一，减少和减轻贫困是在医疗卫生方面进行政府干预的最直接的理论基础。巨大的医疗费用支出往往给许多家庭及个人带来沉重的负担，然而政府具有提供公共产品的能力，这有利于减轻患者的经济负担。第二，许多与医疗卫生有关的服务具有外部性。众所周知，纯公共物品如果由市场提供，由于其具有非排他性和非竞争性，会产生搭便车现象，所以市场是不可能提供的，像公共卫生就属于这种类型，它必须由政府来提供。第三，疾病风险的不确定性和保险市场的缺陷是政府行为的第三个理论基础。由于疾病的发生具有偶然性和突变性，一个人难以预知何时得病，不可能预先准备大量金钱用于治病。病人不能够对医疗服务供应者的价格和质量的差别进行判断，这种不确定性进一步导致信息不对称，病人缺乏医疗服务质量的真实信息。此外，保险市场体制不完善也急需政府进行干预。

政府关于医疗卫生市场进行干预的三个理论基础，也确定了政府在医疗卫生市场的活动范围：一是提供被确认为公共产品以及某些以产生大量外部影响为特征的服务，构成了所谓的“公共卫生”。二是在可以负担的范围内为贫困者提供基本医疗服务，作为政府反贫困的重要政策工具。三是由于市场的重大缺陷，政府以应对医疗保健市场进行干预的理论订立医疗保健方面的规章制度和医疗保险。

7.2.4　政府对保健市场进行干预的方法与后果

目前，医疗卫生事业是全球经济中重要的产业部门之一。政府医疗卫生支出在卫生医疗总花费中占很大份额，各国医疗卫生总费用中平均 60%是政府提供的公共支出。当然，政府也不是包揽全部卫生医疗市场，而是选择政府应当介入的主要方面：一是提供医疗卫生领域的纯公共物品和部分准公共物品，保证这些公共物品的生产、提供和消费达到最优化。二是纠正由于信息不对称而造成的市场缺陷，使医疗保险兼顾效率和公平。三是补助穷人，为他们负担必要的保险，使他们获得相应的基本医疗服务。政府对保健市场的干预通常采取以下两种方法：其一为直接干预的方法，其二为间接干预的方法。政府进行直接干预的方法包括：对老年人或穷人的医疗补助；退伍军人的医疗保险；对医学研究和试制新医疗技术的资助等。政府进行间接干预的方法包括：由雇主支付雇员的医疗保险费时，雇主的这部分支出可以免税；个人花费在医疗上的支出超过一定水平后可以免税。

政府通过以上措施对保健市场进行干预的目的是增加人们的医疗保健需求，这种情形可以用图 7－2 加以说明。图 7－2 解释了由医疗保险引致医疗保健需求增加。图 7－2 中的横轴表示保健服务的需求量（注意这里不是供给量），纵轴表示保健服务的价格。当不存在政府对保健市场干预时，价格（事后知道）如果是按边际成本 MC 决定时为 P_0，P_0 与需求线的交点为 E，这时人们对保健服务的需求量为 Q_0。

政府对保健市场进行干预时，人们可从政府那里获得 P_0-P_1 医疗补助，这样个人所需支付的实际价格仅为 P_1。于是，在需求曲线不变的情况下，他们对保健服务的需求将增至 Q_1。当人们消费 OQ_1 数量的保健服务时，个人支付的费用为 $OP_1E^1Q_1$，$P_0P_1E^1MC$ 部分则由政府支付。

现在再让我们假定保健服务的边际供给成本不变，那么随着人们对保健服务的需求增加就会产生效率损失。这种效率损失将体现在图 7－2 中的阴影部分 EE^1MC。这部分效率损失之所以会发生，是因为个人通过增加保健消费所得到的好处要小于追加生产的成本。保健市场的这种效率损失意味着社会资源的浪费，这种浪费是以其他部门所使用的资源相对减少为代价的。

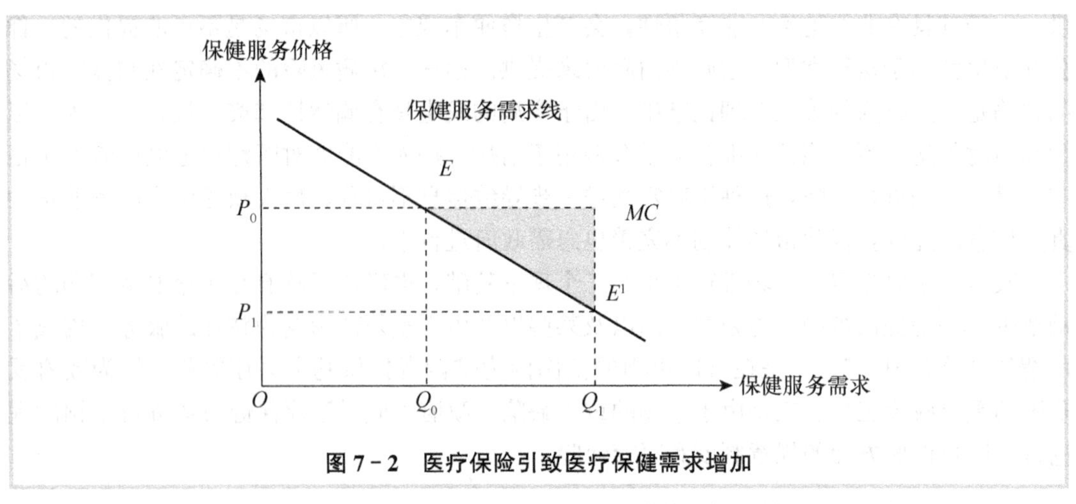

图 7-2 医疗保险引致医疗保健需求增加

7.3 中国的公共卫生支出

7.3.1 卫生总费用

卫生总费用是国家宏观卫生政策研究的核心议题，是观察理解经济体制改革背景下国家宏观卫生政策与宏观经济发展关系的最佳角度之一，是研究分析社会发展与经济发展的关系模式、社会发展战略与提高综合国力的基础性议题，是国家发展、社会发展、经济社会环境资源可持续发展和人的全面发展的制度化保障机制。其实质是如何科学合理划分国家、市场、社区、个人的责任边界，明确健康权利义务的性质；关键是确定疾病性质是纯粹的个人麻烦、个人不幸和个人倒霉，还是典型公共政策议题；精髓是确定医疗卫生服务筹措资金的性质，以及各种筹资渠道的优劣；核心是谁应该为医疗卫生服务付费、付多少和如何付费。这些问题关系着“看病难、看病贵”问题的解决，是医药卫生体制改革的核心。简言之，卫生总费用研究是观察公共财政和卫生财政体制建设以及医疗改革总体方案的最佳视角。

根据医疗卫生总费用绝对数额的变化可以看出全社会对医疗卫生服务的投入程度。具体到政府部门在卫生支出方面的公共财政投入，则可以根据其与社会卫生支出和个人卫生支出做对比来说明。如表 7-1 所示，政府卫生支出的绝对数额在 2003—2014 年度一直保持增长趋势，这一数值从 2003 年度的 1 116.94 亿元增加到 2014 年度的 10 579.23 亿元，增长了 9.47 倍。

表 7-1　2003—2014 年度卫生总费用的构成情况

年份	卫生总费用	政府卫生支出		社会卫生支出		个人卫生支出	
		绝对数（亿元）	占卫生总费用比重（%）	绝对数（亿元）	占卫生总费用比重（%）	绝对数（亿元）	占卫生总费用比重（%）
2003	6 584.10	1 116.94	16.96	1 788.50	27.16	3 678.66	55.87
2004	7 590.29	1 293.58	17.04	2 225.35	29.32	4 071.35	53.64
2005	8 659.91	1 552.53	17.93	2 586.41	29.87	4 520.98	52.21

续前表

年份	卫生总费用	政府卫生支出		社会卫生支出		个人卫生支出	
		绝对数（亿元）	占卫生总费用比重（%）	绝对数（亿元）	占卫生总费用比重（%）	绝对数（亿元）	占卫生总费用比重（%）
2006	9 843.34	1 778.86	18.07	3 210.92	32.62	4 853.56	49.31
2007	11 573.97	2 581.58	22.31	3 893.72	33.64	5 098.66	44.05
2008	14 535.40	3 593.94	24.73	5 065.60	34.85	5 875.86	40.42
2009	17 541.92	4 816.26	27.46	6 154.49	35.08	6 571.16	37.46
2010	19 980.39	5 732.49	28.69	7 196.61	36.02	7 051.29	35.29
2011	24 345.91	7 464.18	30.66	8 416.45	34.57	8 465.28	34.77
2012	27 846.84	8 365.98	30.04	9 916.31	35.61	9 564.55	34.35
2013	31 661.50	9 521.40	30.10	11 413.40	36.00	10 726.80	33.90
2014	35 312.40	10 579.23	30.00	13 437.75	38.10	11 295.41	32.00

资料来源：国家卫生和计划生育委员会编：《中国卫生和计划生育统计年鉴2015》，北京，中国协和医科大学出版社，2015。

政府卫生支出占卫生总费用的比重在2003—2014年间也呈现不断增长的趋势。在2006年之前，政府卫生支出占卫生总费用的比重增长幅度较小，2006年之后，各年度之间的增长差异则较大。由此可见，2006年度是一个分界点。这是因为，2006年6月的新一轮医疗卫生体制改革的酝酿逐步强化了政府在卫生领域的责任。从个人卫生支出的绝对数额来看，在2003—2014年度，这一数值保持增长，但个人卫生支出占卫生总费用的比重却一直在下降。对比各个部分的卫生支出占卫生总费用的比重可以看出，政府卫生支出虽然一直在增长，但是却低于社会卫生支出和个人卫生支出。

7.3.2 我国医疗卫生资源现状

截至2013年底，我国有医疗卫生机构97.44万个，其中医院2.47万个，基层医疗卫生机构91.54万个，专业公共卫生机构3.12万个；卫生人员979.00万名，其中卫生技术人员721.00万名；床位618.00万张。每千常住人口拥有医疗卫生机构床位4.55张、执业（助理）医师2.06名、注册护士2.05名。2004—2013年，全国医疗卫生机构总诊疗人次由每年39.91亿人次增加到73.14亿人次，年均增长6.96%，住院人数由每年6 657.00万人增加到1.91亿人，年均增长12.42%。医院次均门诊费用206.4元，按可比价格上涨4.50%；人均住院费用7 442.30元，按可比价格上涨3.90%；日均住院费用756.20元，按可比价格上涨5.70%。按可比价格计算，2013年，公立医院门诊和住院费用分别上涨4.80%和4.60%，涨幅比2012年分别回升0.20个和1.30个百分点；乡镇卫生院门诊和住院费用分别上涨4.40%和8.30%，涨幅分别回升3.40个和2.50个百分点。但费用涨幅低于城乡居民人均收入增长速度。

7.3.3 现阶段我国医疗卫生存在的主要问题

1. 公共医疗卫生的支出结构不合理

从理论上分析，卫生事权划分应主要根据卫生公共产品效用外溢范围的大小来确定其由哪一级政府来负责提供和筹资，如全国性的传染病、健康教育应由中央政府来负担；具有区域性效益外溢的卫生服务和产品要通过规范的转移支付来解决。同时，现实中卫生事权划分又受各级政府间财力安排、地方政府的强弱状况、区域管理成本等诸多因素的影响。卫生事业的分权理由主要是在技术层面上提高卫生管理和服务的效率，在政治层面上提高地方政府的参与和自治程度，而在筹资层面上，则是为了给地方政府对卫生资源和利润更多控制权，提高成本效率。

从 20 世纪 80 年代以来，我国财政体制从传统高度集中的“统收统支”向分级分税财政体制演变，在从统一领导、分级管理向分税分级的财政制度转型中，各级政府间的支出责任重新划分，中央政府将更多的支出职责交给了地方政府。与此相随，我国进行了卫生领域的大规模分权改革。财政支出事权的向下转移也涉及了卫生领域。在过去几年中，从支出结构上看，中央政府卫生支出仅占卫生财政预算总支出约 1.00%，其他均来自地方政府支出，落实在地方政府层次。这表明我国的地方政府（基层地方政府）是公共卫生支出的主体（见表 7-2)。这与世界上大多数市场经济国家（转轨经济国家除外）通常由中央政府和省级政府共同负责教育和医疗卫生，而失业、救济等社会保障和福利则完全由中央政府提供的制度安排相反。由于财政分权和卫生事业分权的双重推进，我国财政支出的职责过多地转向了地方层次，由此也就导致了卫生领域的诸多问题，如全国性的公共卫生服务供给不足、卫生公平性恶化等。

表 7-2　　中央和地方卫生事业财政经费支出

年份	中央财政卫生事业费（亿元）	中央财政卫生事业费占国家财政卫生事业费比重（%）	地方财政卫生事业费（亿元）	地方财政卫生事业费占国家财政卫生事业费比重（%）
2007	34.21	1.72	1 955.75	98.28
2008	46.78	1.70	2 710.26	98.30
2009	63.50	1.59	3 930.69	98.41
2010	73.56	1.53	4 730.62	98.47
2011	71.32	1.11	6 358.19	98.89
2012	74.29	1.03	7 170.82	98.97
2013	76.70	0.93	8 203.20	99.07
2014	90.25	0.89	10 086.56	99.11

资料来源：中华人民共和国国家统计局编：《中国统计年鉴 2015》，北京，中国统计出版社，2015。

2. 公共医疗卫生资源配置结构不合理

虽然政府部门卫生总费用的投入总额在增加，但对城乡的投入比例却存在显著差异。如表 7-3 所示，公共财政对农村和城市卫生总费用的绝对投入额在近 10 年间持续增长，并且，城市卫生总费用一直高于农村卫生总费用。农村卫生总费用占全国卫生总费用的比重最高时为 30.08%，而城市卫生总费用占全国卫生总费用的比重在最高时达到 77.95%，各年度间城市卫生总费用大约是农村卫生总费用的 3 倍。由此可见，城市占有大部分医疗卫生资源，公共财政投入也更加向城市地区倾斜。

表7-3　　2003—2013年全国卫生总费用在城乡之间的分配情况

年份	全国卫生总费用（亿元）	农村卫生总费用（亿元）	农村卫生总费用占全国卫生总费用的比重（%）	城市卫生总费用（亿元）	城市卫生总费用占全国卫生总费用的比重（%）
2003	6 584.1	1 903.37	28.91%	4 680.73	71.09%
2004	7 590.29	2 283.34	30.08%	5 306.95	69.92%
2005	8 659.91	2 354.32	27.19%	6 305.59	72.81%
2006	9 843.34	2 647.59	26.90%	7 195.75	73.10%
2007	11 573.97	2 560.34	22.12%	9 013.63	77.88%
2008	14 535.4	3 204.49	22.05%	11 330.91	77.95%
2009	17 541.92	3 874.25	22.09%	13 667.67	77.91%
2010	19 980.39	4 471.74	22.38%	15 508.65	77.62%
2011	24 345.91	5 756.46	23.64%	18 589.45	76.36%
2012	27 846.84	6 781.14	24.35%	21 065.70	75.65%
2013	31 661.50	8 016.53	25.32%	23 644.97	74.68%

资料来源：国家卫生和计划生育委员会编：《中国卫生和计划生育统计年鉴2015》，北京，中国协和医科大学出版社，2015。

根据前文所述，农村居民只拥有约25.00%的卫生总费用，而城镇居民享有大部分的卫生总费用。更让人不安的是这种发展趋势，据测算，2003年农村卫生费用占全国卫生总费用28.91%，2006年为26.90%，到2013年仅为25.32%，10年中，农村卫生费用占全国卫生总费用的比例不升反降。从表7-4反映的人均医疗保健支出来看，城镇居民与农村居民人均医疗保健支出绝对额逐渐扩大，但农村居民人均医疗保健支出占城镇居民人均医疗保健支出比重也逐渐增大。2014年农村居民人均医疗保健支出为753.90元，城镇居民为1 305.60元。此外，地区间医疗卫生资源配置失衡。现行医疗卫生财政投入责任主体是地方政府，因各省市经济发展水平和财政能力的差异，各省市人均卫生投入水平存在较大差异。

表7-4　　城乡居民医疗保健支出

年份	城镇居民人均医疗保健支出（元）	农村居民人均医疗保健支出（元）	城镇居民与农村居民人均医疗保健支出绝对额（元）	农村居民人均医疗保健支出占城镇居民人均医疗保健支出比重（%）
1995	110.10	42.50	67.60	38.60
2000	318.10	87.60	230.50	27.54
2005	600.90	168.10	432.80	27.97
2009	856.40	287.50	568.90	33.57
2010	871.80	326.00	545.80	37.39
2011	969.00	436.80	532.20	45.10
2012	1 063.70	513.80	549.90	48.30
2013	1 136.10	668.20	467.90	58.82
2014	1 305.60	753.90	551.70	57.74

资料来源：国家卫生和计划生育委员会编：《中国卫生和计划生育统计年鉴2015》，北京，中国协和医科大学出版社，2015。

3. 公共医疗卫生事业的财政投入不足

卫生总费用占GDP的比重稍低于国际水平。尽管如今我国政府重视卫生保健事业，加强财政投入对公共医疗卫生事业的帮助，历年的卫生总费用在逐渐增大，但人均卫生总费用仍然过少。2003年，我国卫生总费用占GDP的比重为4.82%，2009年上升到5.08%，2013年卫生总费用占GDP的比重为5.39%，2014年卫生总费用占GDP的比重达到历史最高点，为5.55%。我国卫生总费用占GDP的比重与世界发达国家相比，还是有一定差距的。例如，2013年，美国、德国以及日本的卫生总费用占GDP的比重分别为16.20%、11.30%以及8.30%。政府卫生支出占财政支出比重过低。2003年，人均卫生费用为509.50元，政府卫生支出占财政支出比重为0.82%。到2014年，人均卫生费用为2 581.70元，政府卫生支出占财政支出比重为1.66%。从2003年到2014年，这12年期间，我国政府卫生支出占财政支出比重逐步上升，但同国际水平相比处于中等偏下的水平。

表7-5　卫生总费用占GDP的状况与人均卫生费用情况

年份	人均卫生费用（元）	卫生总费用占GDP比重（%）	政府卫生支出占财政支出比重（%）
2003	509.50	4.82	0.82
2004	583.90	4.72	0.80
2005	662.30	4.66	0.84
2006	748.80	4.52	0.82
2007	876.00	4.32	0.96
2008	1 094.50	4.59	1.13
2009	1 314.30	5.08	1.39
2010	1 490.10	4.89	1.40
2011	1 807.00	5.03	1.54
2012	2 076.70	5.26	1.58
2013	2 327.40	5.39	1.62
2014	2 581.70	5.55	1.66

资料来源：国家卫生和计划生育委员会编：《中国卫生和计划生育统计年鉴2015》，北京，中国协和医科大学出版社，2015。

7.3.4 卫生保健支出的改革

1. 调整医疗卫生的支出结构

应明确政府在医疗卫生市场中的职责。在市场经济条件下，政府在发展医疗卫生事业中的职责，应是弥补市场缺陷。属于财政资金支持的主要是公共卫生事业、重大医疗课题研究以及保证人们获得最基本的医疗需求。中国作为一个发展中国家，政府应大大减少医疗设施的开支，减少用于成本效益不佳的干预措施方面的开支，而应将更多的资源用于公共卫生与基本医疗计划方面的开支。这些计划包括计划免疫、艾滋病防治、肺结核和性传播疾病的治疗以及基本医疗服务等，从而满足人民对公共卫生和最低标准的基本医疗服务等的需求。

2. 改革医疗机构的补偿机制

目前，我国医疗机构的消耗补偿为双向复合补偿：一是政府财政资金和政策补偿，包括财政补助、药品加成收入留用；二是医疗服务收费。现行医疗机构补偿机制存在的主要问题在于：一是财政补助的范围不明确，方式不合理；二是收费价格畸高畸低，大型设备收费过高，而劳务性收费价格偏低；三是过分依赖药品加成收入，“以药养医”造成大处方、高回扣、过度使用贵重药，推动医药费的迅猛上涨，增加了国家、企业和群众的负担。因此，必须对医疗机构的补偿机制实行改革。

3. 调整财政补助的对象与方式

财政补助的对象，从补助供给方——医疗机构为主，转向补助需求方——医疗患者为主；补助的方式，从提供服务转向购买服务。可以考虑，首先，把医院分为两类：一类是国家平价或低价医院，解决的是贫困人群的最基本医疗服务，国家对此类医院应给予经营亏损补贴；另一类为普通医院，消耗补偿主要通过服务收费取得，国家根据需要只给予专项补助，不再给予经常性补助。其次，从医院的服务行为上区分，国家对基本医疗、基础研究、人才培养、社会卫生等项目给予补贴，对一般医疗服务不予补助。

4. 改变“以药养医”的机制

目前我国实行医药合一的体制，药品收入占医疗机构总收入的55%左右。巨大的利润杠杆驱使医疗机构过度利用这一政策，并形成了过度依赖药品收入的局面，造成医疗机构和医生行为的扭曲，助长了医疗费用的急剧攀升。要解决“以药养医”体制带来的种种弊病，就必须从根本上切断医生的处方行为和其经济利益之间的“脐带”，按照国际惯例，逐步实行医药分业制度。“以药养医”机制的形成是在医疗服务定价过低的情况下的一种制度变迁，改变这一状况的唯一办法是调整和完善医疗服务价格。医疗价格的制定要建立在价值规律的基础上，合理确定价格和比价的关系。要逐步降低药品收入和大型设备检查收费在医务收入中的比重，逐步提高医疗服务的收费标准。医疗服务属于准公共产品和私人产品，在许多发达国家其价格都是由社会保险机构这个医疗卫生服务的“购买者”与医疗机构这个“提供者”按供求关系来决定的。医疗服务市场化后，医疗市场就会把成本和效益联系起来，要享受好的医疗服务必须付出较高的费用。当医疗服务价格足以补偿医院成本后，医药分业就成了必然的选择。

5. 促进医疗卫生服务项目的多元化和竞争

通过竞争，可以达到降低供给成本和提高医疗服务质量的目的。具体包括：消除对进入这一领域的限制，允许私人开办医院；可以将医疗临床服务的融资问题交给私人或社会保险来解决；同时，政府应鼓励供应者（公共的和私营的）在提供医疗卫生服务和投入方面的竞争和多样性，尤其是药品、设备供应方面的竞争，鼓励出现更多的有关医疗保健的价格、服务质量、基本设备和常备药品以及医疗机构和提供者资格的鉴定等方面的信息或广告。

6. 改善居民卫生的健康环境

居民的卫生健康水平与其收入高低和教育程度有着密切的关系。政府在采取提高人民健康水平的措施中，下列措施将有助于实现这一目标：提高贫困者的收入是改善其健康状况的最有效的经济政策，因为穷人最有可能以改善其健康状况的方式支出额外收入；扩大教育，尤其是对女孩和妇女的教育投资，最有利提高居民的健康水平。

7. 扩大医疗保险的覆盖面

医疗保险制度的改革要贯彻“低水平、广覆盖”的方针。“低水平”是指基本医疗保障水平要坚持低标准。我国各地区的经济发展水平很不平衡，行业之间、企业之间对于医疗保险缴费的承受能力有很大的差距，一些困难的企业缴费还有一定的困难，因此基本医疗保障的标准要适当偏低，以使绝大多数机关、事业、企业单位都能参与新的医疗保险制度。“广覆盖”是就基本医疗保障的实施范围而言。医疗保险制度应能使绝大多数人都能享受基本医疗保障，就现阶段我国的经济发展水平来看，医疗保险的覆盖面将覆盖城镇的所有劳动者，包括旧制度下没有能进入医疗保障网的个体劳动者和“三资”企业的职工。“低水平”和“广覆盖”之间有内在的逻辑关系，只有坚持“低水平”，才有可能实现“广覆盖”。

8. 完善医疗保险费用的筹资办法

建立社会统筹医疗基金与个人医疗账户相结合的制度。医疗保险基金主要来源于用人单位和职工个人。随着市场经济的发展和完善、人们生活水平的逐步提高，可以考虑逐步提高个人支付的比例，适当减少政府的补贴。社会统筹与个人账户相结合，既能发挥社会统筹互济性强的特点，又能发挥个人账户的激励作用和制约作用，成为新的医疗保险制度的基本模式。

9. 控制第三方支付的医疗费用

一种方式是给每人规定一个固定的支付额，美国、巴西通常采用这种做法。另一种方式是将政府的医疗卫生支出交给医院处理，给每个医院或医生一个固定的预算总额，不少国家采用这种方法。还有一种方法是医疗保险公司可以联合协商一个对医生付费的统一标准，这是日本社会保险制度和津巴布韦私人保险制度的做法。

医疗保险制度改革的目标是：保证较广的保险覆盖面和较好的服务质量同时把成本控制在可以支付的范围内。然而，世界范围内的实践证明了一点，控制成本和实现广泛的医疗保险覆盖是两个相互矛盾的目标，在实践中很难两全。一旦实现了广泛的覆盖面，费用则很容易失去控制，除非对医务人员的补偿加以严格控制，或在确定补偿时有费用控制的激励机制。因此，扩大社会保险覆盖面与成本控制，对政府来说是一个富有挑战性的棘手问题。

本章小结

1. 从个人对良好健康的渴望中衍生出来个人对医疗的需求。根据迈克尔·格罗斯曼的健康需求理论，消费者需要健康的理由体现在两个方面：从消费者利益的角度来看，健康是一种消费品（consumption commodity），它直接进入消费者的效用函数，让消费者得到满足；从投资者利益的角度来看，健康可视为一种投资品（investment commodity）。

2. 政府有必要对医疗卫生市场进行干预。基于卫生产品与服务同时具有公共物品和私人产品的属性，且卫生产品市场存在严重的市场失灵现象。因此政府必须依法予以监管，甚至在必要时直接干预。减少和减轻贫困是在医疗卫生方面进行政府干预的最直接的理论基础；许多与医疗卫生有关的服务具有外部性是政府行为的第二个理论基础；疾病风险的不确定性和保险市场的缺陷是政府行为的第三个理论基础。

3. 公共支出是指政府介入卫生产品市场，运用财政资金对卫生产品和服务所给予的支持和投入。政府通过构建完善的公共卫生体系、提供医疗补贴以及对卫生市场实施监管等途径介入卫生市场，从而消除卫生市场的失灵现象，增加人们的医疗保健需求。经过长期发展，我国已经建立了由医院、基层医疗卫生机构、专业公共卫生机构等组成的覆盖城乡的医疗卫生服务体系。

关键术语

卫生保健　健康需求　政府干预　公共产品　医疗补贴　医疗服务　公共卫生支出　卫生总费用　医疗保险

复习思考题

1. 试述健康状况和医疗支出之间的关系。
2. 卫生保健产品市场失灵主要表现在哪几个方面？
3. 试述政府必须介入卫生保健事业的理由。
4. 市场经济条件下政府介入卫生保健的方式有哪些？
5. 试说明现阶段我国卫生保健事业财政投入存在哪些主要问题？

案例分析

案例7-1　医保控费导致医院推诿病人：原因和破解之道

2011年5月，人力资源社会保障部发布《关于进一步推进医疗保险付费方式改革的意见》（人社部发〔2011〕63号），鼓励医保部门探索总额预付支付方式。2012年，国务院发布《“十二五”期间深化医药卫生体制改革规划暨实施方案》（国发〔2012〕11号），提出要在全国范围内积极推行总额预付、按病种付费等新型付费方式，增强医保对医疗行为的激励约束作用。全国各地医保推行总额预付制以来，在实现合理控制医疗费用增长、规范医疗服务行为等预期目标的同时，患者权益不能得到保障、医院推诿医保患者的事件也频频见诸各大主流网站。譬如，新华网2013年报道的《医保总额预付致医院推诿病人，完善制度势在必行》。财新网2013年报道的《患者被强令出院后死亡，多地现医院推诿病人》。

在我国现行医药卫生体制下，总额预付制导致医院推诿医保患者，有其客观必然性。过去十年城乡居民收入水平快速增长，其间又实现了医保全覆盖且保障水平不断提高，城乡居民就医需求快速释放。但是，由于我国未能形成竞争性的分级诊疗体制，患者纷纷涌向大医院，医疗费用和医保资金支出出现十年高速增长态势，2003—2011年间，政府办医院业务收入年均增速在20.00%左右。政府从保障民生的角度出发，要求通过开展大病医保将医保结余资金花出去。在现有行政管理体制下，上面压着花钱，医保经办部门必然要花。医保经办部门有花钱的压力，又有资金穿底压力，必然会更加依赖总额预付制，医保、医院、医生和患者四方冲突会进一步恶化。

医保、医院、医生和患者四方冲突愈演愈烈，源自我们当前医疗体制存在问题，尤其是医疗服务供方体制所存问题的集中体现。理想的医疗体制要满足以下要求：政府通过确定筹资方式和筹资水平保障基本公平，通过竞争和民营化使医疗服务供给体制追求微观效率，通过医保经办体制和医保付费方式来实现宏观效率和微观效率。医疗服务供给体制改革的总体目标是建成以民营医疗机构为主体、分级诊疗、竞争充分的医疗服务供给格局，具体包括两方面内容：一是建立由自由执业医生个体或合伙开办的私营诊所为主体、受到社区居民普遍认可的门诊社区守门人制度，以此建立竞争性的、有效的分级诊疗制度。二是通过改制大部分公立医院和发展社会资本办医院，建立和市场经济体制相适应、以民营医院为主体的竞争充分的医院市场。

资料来源：朱恒鹏：《医保控费导致医院推诿病人：原因和破解之道》，见 http://blog.sina.com.cn/s/blog_54fa35770101eeq3.html，2014-06-02。

思考：如何有效实现医疗保险在医疗控费中的作用?

案例 7-2 政府医疗投入并未减轻个人负担

根据“十二五”期间深化医药卫生体制改革规划，2015 年城镇居民医保和新农合政府补助标准将在目前基础上再提高 40 元，达到每人每年 360 元以上。医改五年来，政府医疗卫生支出每年增加超过 20.00%。不过从统计数据看，政府对医疗卫生的巨大投入并未减轻个人的直接负担，个人绝对卫生支出仍在逐年上涨。对此专家认为，民众一直抱怨的“看病难、看病贵”的问题没有得到实质性缓解。

事实上，自新医改启动以来，政府不断加大对医药卫生的财政投入。数据显示，2011 年各级财政对新型农村合作医疗和城镇居民基本医疗保险的补助标准为每人每年 200 元，这一标准在 2012 年提高到 240 元，在 2013 年进一步提高到 280 元，2014 年为 320 元。这一趋势也体现在历年财政支出上。财政部副部长王保安介绍说，2009 年至 2013 年全国财政预算总支出用于医疗卫生支出累计达 30 682.00 亿元，年均增长 24.40%。医疗卫生支出占卫生财政预算总支出比重从 2008 年的 4.40%提高到 2013 年的 5.90%。2014 年全国财政医疗卫生支出预算安排 10 071.00 亿元，比 2013 年执行数增长 10.50%。不过，对于财政补贴增加能在多大比例上缓解“看病难、看病贵”问题，学术界有不同意见。政府对医疗卫生的巨大投入并未减轻个人的直接负担。公开数据显示，我国个人卫生支出占卫生总费用的比重由 2008 年的 40.40%下降到 2014 年的 32.00%，但从实际支出金额看，个人卫生支出的金额从 2008 年的5 875.86 亿元上升到 2014 年的 11 295.41 亿元，增加了 5 419.55 亿元，较 2008 年上涨了 92.23.%。与此同时，卫生总费用从 2008 年的 14 535.40 亿元上升到 2014 年的 35 314.20亿元，增加了 20 778.80 亿元，较 2008 年上涨了 142.95%。

由此可见，虽然个人相对卫生支出逐年下降，但个人绝对卫生支出却在逐年上涨。

随着国家经济的增长，物价会攀升，医疗价格也会上升。六年来，个人的卫生支出金额大幅上涨，政府对医疗卫生的巨大投入并没有减轻个人的直接负担。医疗很特殊，医疗最终需要由医院和医生给患者提供服务。在政府大量增加医保投入的同时，如果医院改革没有跟上，医疗费用还会不断上涨。

资料来源：李堂宁：《医保财政补贴将提高，社科院报告称：政府医疗投入并未减轻个人负担》，见 http://dz.jjckb.cn/www/pages/webpage2009/html/2014-12/10/content_99774.htm?div=-1，2014-12-10。

思考：如何有效控制医疗费用？

第 8 章

国防经济

要维护国家安全，就必须搞好国防和军队建设，而国防和军队的建设需要具备强大的经济基础。恩格斯在《反杜林论》中有一句著名的论断：

> 暴力的胜利是以武器的生产为基础的，而武器的生产又是以整个生产为基础，因而是以“经济力量”，以“经济状况”，以可供暴力支配的**物质**手段为基础的。①

恩格斯的这一论断，明确阐释了“安全—武器生产—经济基础”之间的内在联系，国防经济就是为保障国防安全和满足军队需求而在国民经济体系中形成的。那么，国防经济与国民经济之间的关系是什么？国防经济在运行中的主要影响要素有哪些？在军民融合深度发展时期，如何才能更好地促进国防经济的发展？这些都是本章要关注的内容。

8.1 国防经济的基本理论

8.1.1 国防经济的内涵

国防经济是在战争和国防建设实践中逐步形成的。党的二十届三中全会指出，国防和军队现代化是中国式现代化的重要组成部分。国防经济作为国防和军队建设的物质基础及社会经济的组成部分，具有丰富的内涵和重要意义。

1. 内涵

国防经济是保障国家安全、满足军事需求的经济部门和经济活动以及与此相适应的经

---

① 《马克思恩格斯选集》，2 版，第 3 卷，509 页，北京，人民出版社，1995。

济关系的总称。[①] 理解国防经济需要把握以下三点：第一，国防需求是国防经济形成与发展的根本依据和动力。在军品市场，一般是由军方提需求，根据需求再组织生产，因此国防需求是国防经济产生的根本依据、国防经济运行的首要环节和动力。第二，国防经济寓于国民经济体系之中。国防经济是以国民经济为基础，从国民经济中获取物资资源和财富，以消耗资源和财富为主的消费性经济。可以说，国防经济是寓于国民经济体系之中的一种经济要素和经济活动。第三，国防经济是一个特殊系统。国防经济是专门为满足军队武器装备和军需品需要而存在的特殊性经济，是一个包括武器装备和军需品生产、交换、分配、消费等各个环节在内的复杂系统。

2. 分类

国防经济的内容宽广而复杂，分析的角度不同，其内容的分类也不同。从国防经济部门的角度分析，国防经济可以分为国防工业、国防农业、国防交通运输业、国防科技、国防物资储备和经济动员等部门。从国防再生产的过程看，国防经济可以分为对武器装备和军需品等的生产、交换、分配、消费等各个环节。从产品（或产出）的角度看，国防经济结构可以分为生产必需品、武器装备、战场建设和基础设施几类产品。

3. 国防经济与国民经济的关系

国防经济与国民经济之间既存在一定的联系，也存在一定的区别。它们之间的联系在于：其一，国防经济寓于国民经济体系之中。国防经济是以国民经济为基础，从国民经济中获取物资资源和财富，是寓于国民经济体系之中的一种经济要素和经济活动。其二，国防经济是国民经济的特殊部分。国防经济存在具有特殊的目的，是专门为满足军队武器装备和军需品需要而存在的经济形式。

它们之间也存在一定的区别：一是目的不同。国民经济的根本目的是满足人们物质文化生活的需要；而国防经济则是为了保障国防安全、满足军事需求的需要。二是运行方式不同。国民经济运行是以生产为起点，消费为终点；国防经济则是以消费需求为起点，进而组织生产。三是产品用途不同。国防经济组织生产的产品多是为了军事消费，而国民经济生产产品的用途则比较复杂，是为了生活消费或进入再生产过程。四是运行规律不同。国民经济活动受经济规律制约；而国防经济受战争规律和经济规律的双重制约。

8.1.2 国防经济的运行主体

国防经济的运行主体是指参与国防经济运行过程的组织或个人，他们的行为直接影响着国防经济运行的状况。国防经济运行中的主体一般可以分为两部分，即需求主体和供给主体。

1. 需求主体

国防经济运行中生产的产品是军品，而军品是直接供军队消耗和使用的，因此国防经济运行中的需求主体就是军队。在相当长的一个历史时期内，我国实行的是高度集中的计划经济体制，对军队作为需求主体的地位没有得到足够重视。随着社会主义市场经济体制的建立，军队作为国防经济运行需求主体的地位得以确立。具体来讲，在国家将所要实现的国防战略目标确定之后，军方将这些战略目标进一步细化为具体内容，并以此为依据科

① 参见万东铖主编：《中国军事百科全书·国防经济手册》，1 页，北京，中国大百科全书出版社，2007。

学地确定相应的军事需求。在确定军事需求的基础之上，充分运用市场机制，通过军品采办来实现军事需求。军队作为国防经济的需求主体，既要考虑军品在提高战斗力方面能够发挥多少效用，也要考虑购买军品需要耗费多少资金，以求找到一个最佳的均衡点，使尽可能少的资金换取尽可能多的军品效用。

2. 供给主体

国防经济运行中的供给主体主要是指为需求主体生产军品的军工企业。这里说的军工企业不仅包括武器装备的生产企业，还包括军需物资的生产企业和开展国防科研活动的企业。在市场经济条件下，供给主体的多元化是提高资源配置效率的重要方式。由于国防经济运行的特殊性，现实中的军品市场可通过采取不同的措施来规范各个主体的行为。对于某些军工企业的产品涉及国家的安全利益，具有较强的保密性，这类军品的生产必须通过垄断的方式来进行。然而对于某些军民通用的产品和技术，则可以通过引入民用企业的方式，增加供给主体的多元化，进而增强军品市场的竞争性，提高资源配置的效率。

8.1.3 我国国防经济发展历程

国防经济是一个历史范畴。它随着国家的产生而产生，随着国家职能的发展而发展，也将随着国家的消亡而消亡。纵观国防经济发展史，大致可分为农业时代、工业时代和信息时代的国防经济。

农业时代在人类发展中有相当长的历史阶段，这个时期的国防经济大约经历从原始社会末期石器的磨造到工业革命时期。这个时期国防的基本要素是“足食、足兵”，其中足兵包括兵员和武器的数量和质量。冷兵器和火器是农业时代军队武器的主要形态。工业时代的国防经济是从第一次科技工业革命开始，在两次世界大战时期获得了大规模、快速发展。在此阶段，造船、火炮和火药等国防工业逐渐成为独立的工业部门。信息时代的国防经济是以芯片的成功研制作为里程碑。1971 年，美国成功研制了芯片，这是具有划时代意义的创新。信息技术推动人类进入信息时代，也使国防经济具有了崭新的形态，按照“技术进步—产业升级—新装备研制—作战方式创新”的逻辑，战争和军队建设目前进入信息化阶段。

新中国成立后，我国国防经济大致经历了以下几个阶段[①]：

第一，初期调整阶段。1950 年至 1953 年，中国政府将革命根据地创立的军工厂和国民党留下的军工企业进行合并、调整、改造。同时，在重工业部设立航空工业筹备组、兵器办公室、电信工业局和船舶工业局。1952 年建立主管国防工业的第二机械工业部，国防工业开始迅速发展。

第二，基础建设阶段。从 1954 年到 20 世纪 70 年代末，国防工业开始了体系性建设，成立了航天、航空、兵器、船舶、核工业部门。20 世纪 60 年代起进行了“三线建设”，在内地建设国防、机械、电子、交通、邮电、能源、冶金和化工等工业。初步形成了结构比较完整、布局比较合理的国防经济体系。

第三，改革开放阶段。党的十一届三中全会后，国防经济出现了历史性大发展。这个时期主要有四个方面的变化：一是进行大规模军转民。对国防工业部门进行调整和压缩，

① 参见武希志主编：《国防经济学教程》，49～50 页，北京，军事科学出版社，2012。

将庞大的国防经济资源转为民用，大体上保留原有生产能力的 1/3，军工部门民品产值大幅上升。二是对国防工业管理体制进行改革。核、航空、兵器、航天等工业部门由国防科工委改为国务院直接领导，船舶、核工业实行公司制。三是改革国防建设管理方式。1984 年邓小平提出改革国防科研试制拨款办法，将武器装备研制改成订货关系，实行合同制。四是大力推动国防科技和武器装备发展。在此时期，各种类型的卫星、导弹、舰艇、飞机及仿真计算机系统等，逐步研制成功并定型生产。

第四，新时期军事斗争准备阶段。进入 20 世纪 90 年代，“台独”分子日趋活跃，国家面临分裂危险。面对这种形势，国家及时调整战略方针和政策，将国防和军队建设由服从经济大局转为经济建设与国防建设“协调发展”，并将原来的军工集团一分为二。

第五，新世纪新阶段的国防经济发展。进入 21 世纪，我国面临的战略形势更加复杂多变。因此，党的二十大报告强调：实现建军一百年奋斗目标，开创国防和军队现代化新局面。全面加强军事治理，巩固拓展国防和军队改革成果，完善军事力量结构编成，体系优化军事政策制度。人民军队始终是党和人民完全可以信赖的英雄军队，有信心、有能力维护国家主权、统一和领土完整，有信心、有能力为实现中华民族伟大复兴提供战略支撑，有信心、有能力为世界和平与发展作出更大贡献！

8.2　国防经济的运行要素分析

8.2.1　国防经济的运行要素构成

国防经济是由诸多运行要素有机结合形成的统一体。其中最重要的运行要素包括国防工业、国防科技、国防采办、国防费、国防人力资源等（见图 8-1）。

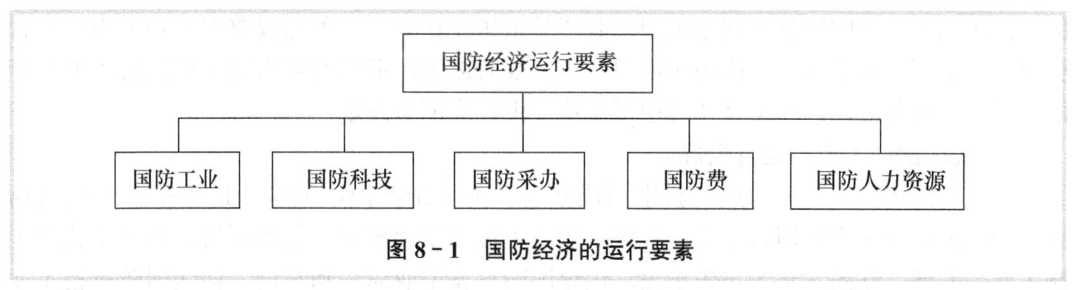

图 8-1　国防经济的运行要素

国防经济的各运行要素之间是相互联系、相互协调的关系，它们既不能与国民经济各部门脱节，也不能在自身内部相互分割。任何一个组成部分的失调，都会引起其他因素的连锁反应，造成整个国防经济的整体不协调。因此，必须合理地确定每个要素在整个国防经济中的地位和比例关系，统筹兼顾，从宏观到微观寻求最佳的组合和最有效的运行机制。

8.2.2　国防工业

国防工业是国防经济体系中的物质基础，是保障国防供给的主要源泉，国防和军队建设需要的产品、服务、工程均来自国防工业。

1. 概念

国防工业，又称军事工业（military industry）。从广义上讲，它是一切军用物质资料生产部门的总和；从狭义上说，是指为巩固国防而直接提供武器装备、交通运输工具、侦察手段、通讯联络和军事指挥设备等特殊的工业生产部门。[①] 从根本上讲，国防工业是国防经济的核心，是军队战斗力的物质基础，是军事实力和经济实力的重要组成部分，在国家战略和国防事务中具有重要地位。

2. 特点

国防工业作为工业的组成部分，和其他工业一样，都是对物质资源进行加工的社会物质生产部门。但是，由于受军品属性和服务对象的影响，国防工业又有自身的特殊性。

（1）政府的干预性。国防工业是为战争提供军用物质资料的部门，是为统治阶级巩固政权、利益和地位服务的。因此，无论什么样的社会制度，政府都要对国防工业进行高度统制和垄断。政府进行干预的手段可以在材料、技术、品种、产量、价格、税收等方面进行，也可以直接通过计划机制对国防工业的生产、流通、分配和消费诸过程进行调节和控制。

（2）某些产品的保密性。由于国防工业部门生产的某些产品是武器装备、军事设施等用于军事目的的特殊产品，其产品和技术涉及国家的安全利益，具有高度的保密性。对于这类产品必须按照相关的规定严格保守秘密，防止危害国家安全利益的情况发生。

（3）生产的不稳定性。国防工业产品基本上是用于战争消费，而战争又是随机发生的，因此，国防工业的生产表现出不稳定、不均衡的特点。在战争时期，对国防工业产品往往要得急、要得多，而和平时期需求量少，并且战争发生经常表现为随机性。因此，为战争提供消费品的国防工业，也就很难按照一种规模有规律地进行生产。

（4）产品销售的预定性和专买性。民用工业产品在制造出来之后才进入市场销售，而国防工业产品却不同，它的销售有时是在军工企业着手进行生产之前进行的。也就是说，国防工业生产是在得到政府或国防部门指定数量和质量的武器装备的订货合同后才开始的。国防工业产品的销售不同于民用工业产品销售还在于，它不是投放到市场上由广大社会消费者购买，而是由国家或国防部门专买。政府或国防部门的需求决定着国防工业生产的规模、结构和方向，而不是像民用工业那样由社会消费决定。

3. 我国国防工业的运行情况

（1）我国国防工业的构成。新中国成立后，为了维护国家安全、适应军队现代化需要，党和国家非常重视国防工业的发展，实施了许多重大规划计划和项目，促进了我国国防工业的发展。党的二十大报告指出，优化国防科技工业体系和布局，加强国防科技工业能力建设。目前，我国国防工业主要包括航天工业、航空工业、兵器工业、核工业、船舶工业、电子工业六大系统（见图8-2）。

第一，航空航天工业。从全球视野看，航天工业和航空工业没有明显的划分，一般统称为“航空航天工业”。中国的航空航天工业起步于20世纪50年代，经过60多年的发展，我国航空航天工业成绩斐然。目前，我国航空航天工业主要由中国航空工业集团、中国航天科技集团和中国航天科工集团三家集团公司构成，三家企业占据了中国航空航天工业

① 参见宋文、杨学忠、樊恭嵩编著：《国防经济学概论》，156页，北京，国防大学出版社，2005。

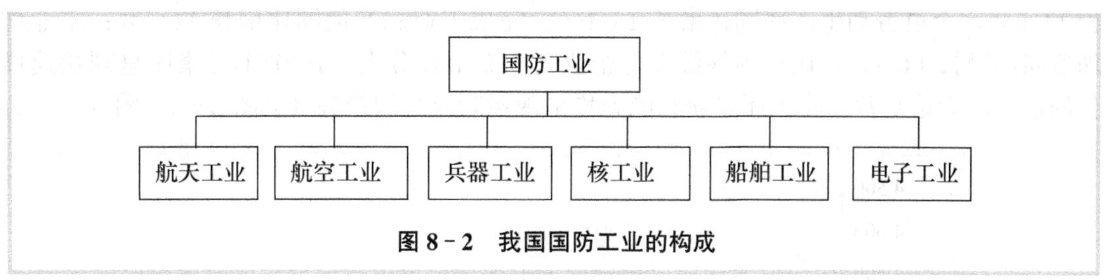

图 8-2 我国国防工业的构成

95%以上的份额。

第二，兵器工业。兵器工业是研究、发展和生产常兵器的工业。随着科学技术的发展，兵器工业分为枪械、坦克、弹药、火炮、火药与炸药和战术导弹等行业。中国近代兵器工业始于 19 世纪 60 年代中叶的洋务运动时期。新中国成立后，我国的兵器工业从仿制进入了自行研制的新时期。到 20 世纪 70 年代末，我国初步建成了能自行研究、设计和生产各种枪械、火炮、坦克、火箭、战术导弹、各种弹药、光电观瞄和火控装置的兵器工业体系。经过 20 世纪 80 年代的大调整后，中国兵器工业遵循社会主义市场经济的原则向着军民结合的新体制转变，进入一个新的发展阶段。到 20 世纪 90 年代经重组融合，形成中国兵器工业集团公司与中国兵器装备集团公司两大企业联合体。

第三，核工业。核工业是非常敏感和特殊的行业。核工业是利用核反应堆或核衰变释放出的能量或辐射以获取一定的经济效益或社会效益产业的总称。军用核工业是大国军事战略的基石，是慑于战争、保卫国家安全的重要手段。20 世纪 90 年代重组成立了中国核工业集团公司与中国核工业建设集团公司。中国核工业集团公司主要从事核军工、核动力、核电、核燃料循环、核技术应用、核环保工程等领域的科研开发、设计建设和生产经营，以及对外经济合作和进出口业务。中国核工业建设集团公司主要职责是承担核工程、国防工程、核电站和其他工业与民用工程建设任务。

第四，船舶工业。中国最早的民族工业是造船业，于 1865 年创建的江南机器制造总局是江南造船厂的前身。新中国成立后，船舶工业有了很大发展，目前已成为世界第三造船大国，在国际上的地位举足轻重。我国船舶工业由中国船舶工业集团和中国船舶重工集团两大集团组成。

第五，电子工业。我国电子工业最早出现于 20 世纪 20 年代。新中国成立后，政府十分重视电子工业的发展。到 20 世纪 90 年代，中国电子工业已经能够主要依靠国产电子元器件生产二十多类、数千种整机设备以及各种元器件，许多精密复杂的产品达到了较高国际水平，并形成了通信导航、雷达、广播电视、电子元器件、电子测量仪器、电子计算机与电子专用设备六大产业。我国电子工业由中国电子科技集团和中国电子信息产业集团组成。

(2) 国防经济的整体运行情况。近年来，我国的国防经济一直保持平稳增长的势头，工业增加值增速高于全国规模以上工业企业，国防产业结构日益优化，逐渐形成了“军品为本、民品兴业”的发展格局，通过军民融合式发展，军工企业不断发展壮大，努力培育创新性产品和新的经济增长点。

第一，国防经济保持平稳增长态势，增速高于全国平均水平。总体而言，2014 年，我国国防经济延续回升态势，实现较快增长，总收入同比增长 12.4%；完成增加值同比增长 14.5%；全员劳动生产率同比增长 13.1%；完成工业总产值同比增长 11.6%；工业增加值同比增长 14.4%，比全国规模以上企业高 6.9 个百分点。10 个军工集团呈现快速增长的趋势，无论是营业收入还是获利能力均呈现不断改善的趋势（见图 8－3、图 8－4）。

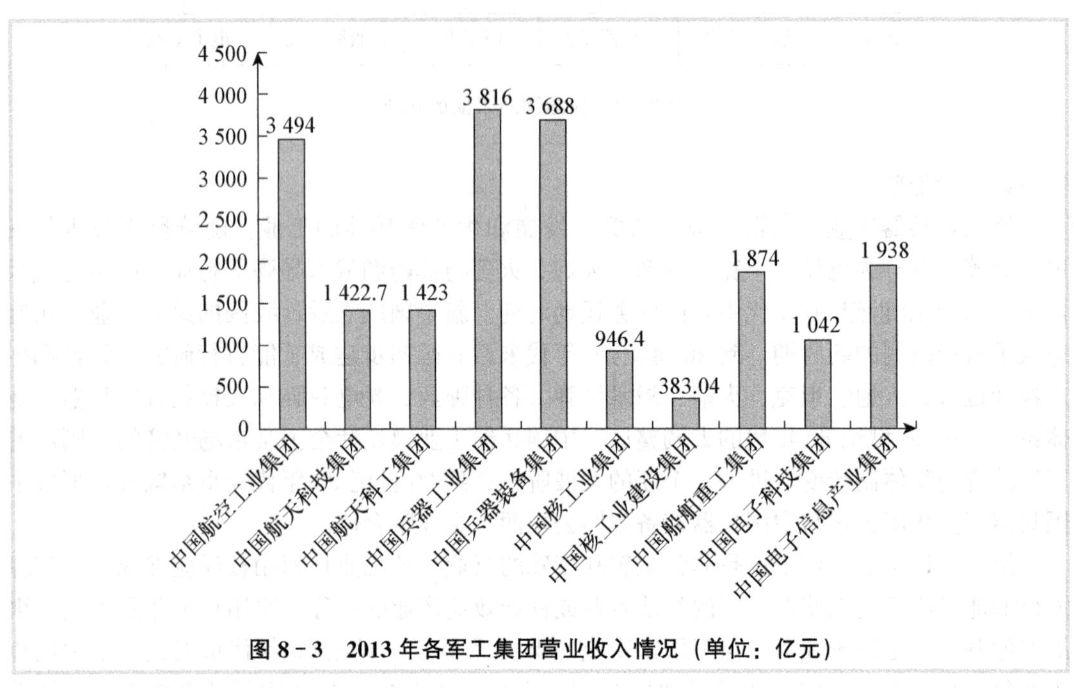

图 8－3　2013 年各军工集团营业收入情况（单位：亿元）

资料来源：2013 年各军工集团社会责任报告。

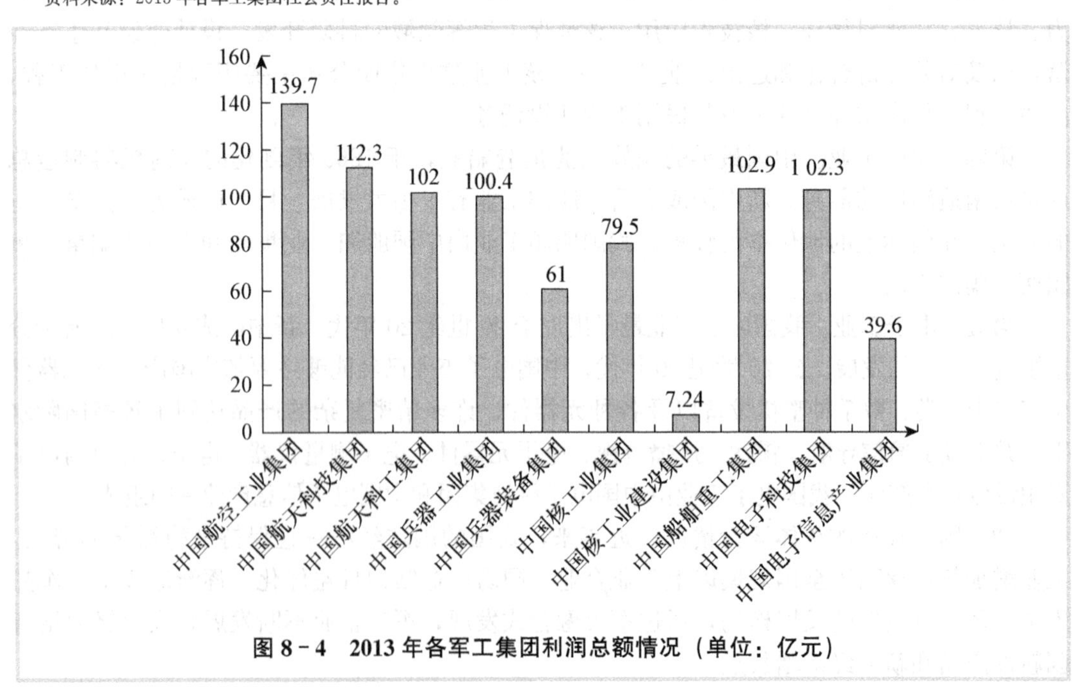

图 8－4　2013 年各军工集团利润总额情况（单位：亿元）

资料来源：2013 年各军工集团社会责任报告。

第二，国防生产结构日益优化，逐渐形成了“军品为本、民品兴业”的发展格局。从改革开放至今，我国国防生产结构进行了大规模的调整，逐渐形成了“军品为本、民品兴业”的发展格局，初步形成了军民结合的国防科技工业体系、管理体制和运行机制，军工科研生产能力有 2/3 已转向民品生产。军工企业通过实施专业化、多样化、全产业链的调整重组，军工企业产品结构发生了重大变化，基本实现了由单一军品结构向军民品复合结构的转变，民品比重大幅提高，初步形成了“军品为本、民品兴业”的发展态势。如，兵器工业集团形成了石化与特种化工、重型机构与装备、光电信息三大民品体系，总体军品与民品的比例达到 3∶7，民品对集团的利润贡献率超过 50%。中航工业集团形成了“航空产品、非航空产品、现代服务业”三大业务板块，截至 2014 年底，民品产值所占比重达到 73.4%，民品对集团的利润贡献率超过 58.5%。通过国防生产结构的调整，国防经济为交通、能源、原材料、机电、轻纺等行业提供了大批技术装备，为市场提供了大量日用消费品。

第三，军工企业发挥技术优势，培育出一批创新性产品和收入增长点。军工集团通过利用自己的专业技术优势，积极开展对应民品开发，培育了一批战略性创新产品，既实现了原有军工技术利用最大化又扩大了对国民经济的辐射作用。近年来，各大军工集团在卫星通信、卫星遥感、航天物联网、卫星导航、海洋工程、智慧城市、新材料、新能源等领域显示了巨大的技术领航作用。例如中国航天科技集团积极推动卫星通信、卫星遥感、航天物联网、卫星导航等领域的航天技术直接服务国民经济，明确 10 个主抓主推项目、12 个重点培育项目，聚焦发展航天技术应用产业，加速推动航天技术向国民经济应用领域转化。中国电子科技集团 2013 年通信产业增速超过 150%，北斗应用服务和交通电子增速超过 70%，以“安全、智慧、绿色”为特色的民品产业发展取得良好成效。中国兵器装备集团在光电领域，光学玻璃销量居全国第一，世界前三。中国电子信息产业集团液晶显示器制造服务全球第一，市场份额超过 35%，液晶电视制造全球第三；国内最大的智能卡芯片及 UKEY 芯片供应商，市场份额分别超过 50%和 90%。

8.2.3　国防科技

1. 内涵

国防科技也叫军事科学技术，是军事科学和军事技术的统称。军事科学是关于军事运动形式和发展规律的知识体系，是军事实践经验的升华和结晶。军事技术是根据军事实践经验和军事科学原理而创造的各种军事活动手段，是连接军事科学和军事实践的桥梁。

作为国防生产力和国防战斗力的要素，国防科技创新对于促进国防经济的发展和国防现代化的实现具有非常重要的作用。当前，我国正处于由大向强的关键时期，军队装备建设正处于由跟进研究向自主创新转型升级的重要阶段。我国所处的历史方位决定了必须把基础研究和前沿探索摆到战略位置紧抓不放，在科技革命的潮流中确定发展方向，选好突破口，找准着力点，努力取得更多创新成果，及时物化为先进的生产力、战斗力，有力支撑强国强军伟业。

2. 国防科技创新体系构成

构成国防科技创新体系的要素主要包括四个方面：创新需求要素、创新资源要素、创新组织要素、创新环境要素（见图 8－5）。①

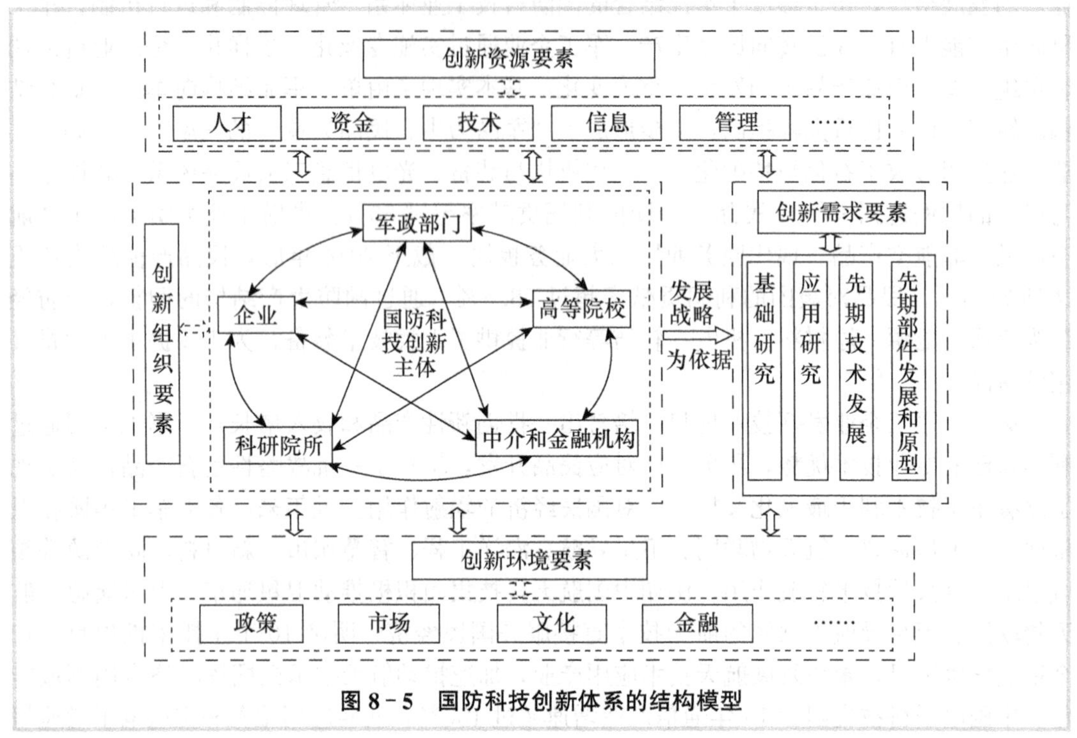

图 8－5 国防科技创新体系的结构模型

国防创新需求是根据国防科技与武器装备发展战略的要求，按照装备研制所处的不同阶段，可分为基础研究创新需求、应用研究创新需求、先期技术发展创新需求以及先期部件发展和原型创新需求。

创新资源要素主要包括人才、资金、技术、信息和管理等，是自主创新的必要条件。基于这些创新资源而形成的人才能力、资金能力、技术能力、信息能力和管理能力，则是形成国防科技工业自主创新能力的基本构成。

创新组织要素，是指国防科技创新体系的组织构成，包括：企业（军工企业及承担国防科技相关任务的民用企业）、高等院校（国防系统院校及承担国防科技相关任务的普通高等院校）、科研院所（国防系统科研机构及承担国防科技相关任务的民口科研机构）、军政部门（国防科技工业主管部门、武器装备建设主管部门以及其他相关各级政府部门）、中介机构（技术咨询、技术标准、成果信息等部门）和金融机构等组成。

创新环境要素包括政策、市场、文化、金融等要素。国防科技创新体系是在相关制度（如法律法规、标准、市场规则等）、管理手段（如政策、合同、指挥关系等）、市场机制和文化知识的相互扩散作用下，在财税、金融等环境系统中形成的，通过各种连接关系使组织要素形成一定的结构形态，并促成知识和其他相关资源在创新组织之间流转。

在整个国防科技创新体系中，不同的创新组织具有不同的地位和功能，它们之间联合

① 参见姬鹏宏、郭艳红：《加快军民融合创新体系建设的对策研究》，载《装备学院学报》，2013（1）。

协作，充分发挥各自应有的作用：军工企业及承担国防科技相关任务的民用企业主要承担创新主体的角色，同时也创造市场需求；军政部门主要提供政策保障及资金支持；科研院所是科技研发和创新能力的主要承载者；高等院校是创新人才培养和基础技术支撑的主体；中介和金融机构主要提供融资中介和信息咨询等功能。这些组织，以功能互补、人才交流、信息与基础设施共享的方式，以及合作研究、重大任务牵引与政策调控的手段，形成互动的网络关系，进而构成国防科技创新体系。

国防科技创新体系的运作，是以国防科技与武器装备发展战略为导向，由军政部门为主导，通过国防科技创新需求的牵引作用，在市场配置资源的基础性作用下，以企业为创新主体，从事国防科技与武器装备研发活动的各类创新主体和相关组织，紧密联系和有效互动的过程。

3. 促进国防科技创新的措施

第一，做好需求牵引工作，改进国防科技信息交流。国防科技创新体系的首要要素就是国防创新需求要素，国防科技创新发展的牵引力就是军事需求，加快建设军民结合、寓军于民的国防科技创新体系、提高自主创新能力，首先要做好需求牵引工作。一是军事需求要长期稳定地对基础研究创新工作给予支持和培育。分析各国的创新做法，很重要的一点就在于敏锐发现战略性的科技创新增长点，充分发挥国家主导作用，坚持不懈地给予长期稳定的支持和培育。二是改进国防科技需求信息发布和交流机制，以充分适应武器装备建设和科学技术迅猛发展的形势。一方面，要适时适度、采取合适的方式扩大需求信息发布范围，以利于更多创新主体获取需求信息，指导自主创新工作；另一方面要完善工业领域和军方的交流机制，使军方用户更多掌握我国工业基础已经具备的技术能力和技术成就，避免造成重复建设，及时把先进技术应用于国防领域。

第二，优化资源配置，加强科技计划的协调沟通。要加强决策层对各类技术项目的统筹协调、执行层的计划沟通、咨询层的技术交流和实施层的技术合作。一是要加强计划编制和计划实施的协调沟通。在计划制订方面，建立计划协调机制，加强各类技术计划之间的协调，特别是共性技术与专用技术、支撑技术项目的协调；在项目立项和中期评审、项目验收时，重大国防科技研制项目要建立跨部门的一体化管理小组，保证各个可能用户的需求得到表达并满足，各项成果得到充分应用。二是加强研究成果的交流和共享。为打破技术成果转化壁垒，要建立单位之间、行业之间、军兵种之间、武器系统之间和技术领域之间的信息交流共享制度，促进各部门技术成果的相互借鉴、传递和转化。

第三，建立完善军民结合、寓军于民的协同创新机制。军民结合、寓军于民的国防科技创新体系成功的关键在于建立起多种促进创新主体合作与互动的技术转移机制。一是加强技术转移机制建设。可考虑建立军地统一的国防技术转移办公室，推进全国国防技术转移工作。技术转移办公室的职责是制订和出台技术转移政策，以经济可承受的方式把先进的技术转化为武器装备建设领域可以使用的技术成果。要有针对性实施和管理各种专门的技术转移计划。结合我国具体需求，由技术转移办公室负责管理多种技术转移计划，促进民技军用、军技民用以及全国和全军技术共享。二是加强产学研一体化，鼓励大企业和具有技术优势的科研院所、高校在产品研发、生产和技术支持上实施强强联合，是促进创新的重要手段。在这一模式中，企业能够为高校、科研院所提供资金支持以开展更多的科研项目，创造出市场所需要的知识产权，有利于知识产权和科技成果的市场化转移。

8.2.4 国防采办

1. 概念

国防采办（defense acquisition）是指军方根据军事需要，研制、采购和使用维修武器装备的全过程，它包括确定武器装备需求、研究、设计、试制、试验、生产力部署、作战保障、退役和处理等活动。概括来说，采办过程可分为三大部分：研制、采购、使用与保障。其中，研制（development）包括研究、设计、试制、试验等过程，是指需求确定后到定型开始批量生产之前的整个活动。采购（procurement）是指购买产品或劳务的行为，区别于采办，不包括采办概念中的研制、使用与保障活动。①

国防采办过程具有纵向连贯（采办的过程）、横向交叉（采办的管理）、互相联系、彼此影响的特点。从纵向来看，由于国防采办的是武器装备等军用物资，不能像一般商品那样在市场上可以购置到任务所需的“武器”，特别是高新武器装备和重大武器装备，对其采办需要有一个超前量，往往当它面世、投入使用和被大家熟知之前的十几年前就需要启动开展前期的需求论证、设计研制、试验鉴定等工作。从横向来看，由于国防采办工作关系到国家安全、军事实力的消长，而且总体发展方向也需要与国家军事战略、部队的建设和采办计划的执行等国家方针相适应，同时，还要受到国家经济实力、财务政策、国防技术水平等制约。国防采办面对如此纷繁复杂的因素，如何提高整体采办的效率，并做到“多、快、好、省”，是各国军队面向国防采办管理的一个重大课题。

2. 国防采办的一般过程

国防采办不是简单的商品交换活动，而是指符合国防系统各军兵种军事技术战术需要，包括武器装备系统发展导向在内的一系列复杂的军事经济活动过程。一般来说，国防采办过程包含八个方面的内容（见图 8－6）。

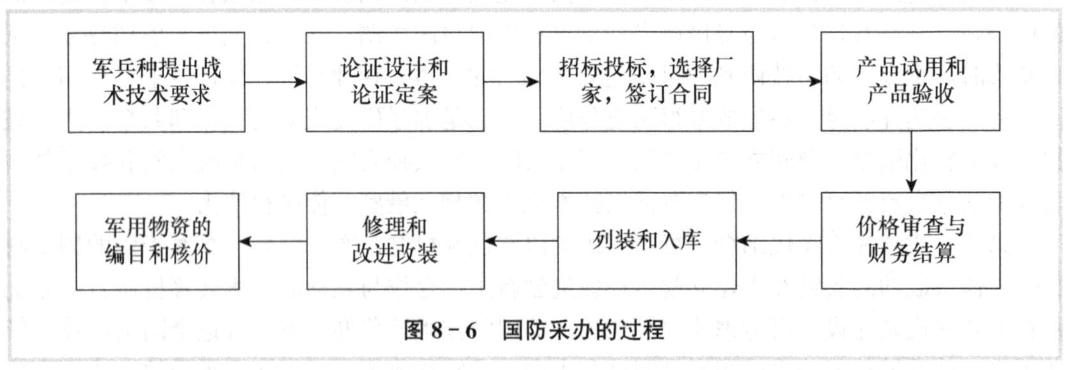

图 8－6 国防采办的过程

（1）军兵种提出战术技术要求。国防系统各军兵种的武器装备研究机构，按照各军兵种的作战需要，提出满足当前和未来作战的战术技术要求研制试验和部署的武器装备系统。

① 参见吴鸣主编：《国防经济运行与管理》，245 页，北京，国防科技大学出版社，2007。

（2）论证设计和论证定案。论证设计就是从武器装备、战略战术需求方面确定采购新型武器装备的可行性，产生军事、技术目标书。论证定案阶段包括国防采购管理部门根据战术要求和军事技术目标书及有关军兵种部门对方案进行的叙述，明确军事、技术、经济、时间和人员等方面的实施细节及组织工作，产生军事—技术经济要求书。

（3）招标投标，选择厂家，签订合同。这是军品采购程序中的一个重要阶段，也是军队军品采购部门的一项主要工作。军品采购的厂商选择和合同签订，发达资本主义国家一般实施招标投标。我军的军品采购还没有形成稳定的合同模式，亟待形成具有自己特色的招标合同制。

（4）产品试用和产品验收。首先是样品性检验，将研制的样品交由有关试验机构进行实验、检验。产品批量生产后还要送检，并进行抽查验收。武器装备交部队后，由有关军兵种同时平行试用，对其战术和技术性能、维修性、维修技术资料和维修专用仪器设备的适应性等进行评价。

（5）价格审查与财务结算。军品采购中的价格审查与财务结算是军品采购活动的重要内容，是驻厂军代表工作的重要职责。这一工作既有利于维护军队利益，节省军费开支，提高军事经济效益，又有利于军工企业减少消耗，降低成本，改进企业的经营管理，提高创收赢利水平。

（6）列装和入库。新装备列装的前提条件是战术技术性能达到要求，具有装备物资保障的基础，并要有实施装备维修用的器材。入库的前提是列装，入库前的运输则按合同条款实施。

（7）修理和改进改装。军品采购还包括武器装备后续备件的供应和售后服务，乃至武器装备使用多年后的改进、改装，都由采购部门联系承办，由承包厂商提供廉价服务。

（8）军用物资的编目和核价。这是军品采购的重要内容之一。编目和核价项目包括：物资性能和检验规范，订货号与厂商，器材用途，存放位置，是否标准化，采购日期和价格，允许贮存期限，危险类别等。

3. 我国国防采办的改革

近些年，我军国防采办体制不断调整和改革，从以前的完全由国家“定指标、下任务”采办模式，逐渐转化为“鼓励竞争”“激励创新”“军民融合”等具有中国特色的采办模式。

我国国防采办改革是伴随着一系列制度的颁布与实施而进行的。2002 年，由中央军委制定和颁布的《中国人民解放军装备采购条例》，是自中国军队装备管理体制调整后第一部有关规范军队武器装备采购工作的基本法规。它的颁布标志着我军装备采办管理走上了法制化、正规化的道路。自此以后，有关装备采购制度、模式等方面的改革逐步展开。2005 年，中央军委批准下发了《关于深化装备采购制度改革若干问题的意见》。从 2005 年到 2007 年，总装备部加强了装备采购方式的审定，逐步扩大了竞争性采购范围，竞争性采购经费比例由 10%提升到 20%。2007 年，国防科工委颁布《关于非公有制经济参与国防科技工业建设的指导意见》明确指出，要扩大非公有资本对国防科技工业投资的领域，允许非公有资本对军品科研生产项目和基础设施进行投资，鼓励和引导非公有制企业参与军品科研生产任务的竞争和项目合作。这两部文件的颁布与实施，表明以竞争为核心的装备采购制度不断发展和完善。2011 年，在《国民经济和社会发展第十二个五年规划纲要》中强调，推进军民融合式发展，依托和利用社会资源，提高国防实力和军事能力等。这些都为进一步推进军事装备实行竞争性采办提供了广阔空间。

同时，国防采办管理体制也相应进行了调整。一是加强武器装备采购的集中管理。2011 年年初，总装备部正式成立装备采购审计中心、装备采购评价中心。这两个中心分别承担着装备采购审计和重大决策事项评价任务，将有助于提升装备采购的科学化水平和装备采购经费使用效益，形成制度健全、监督到位、运转高效的装备采购审计和评价工作机制。二是军代表制度改革。2010 年年底，海军开展装备采购驻厂军代表制度改革，主要内容包括：按照集中管理、机动派出的原则，对派驻军工企业的军代表优化重组；建立军代表系统独立的保障体系，不再依托厂所保障；对从事武器装备科研订货工作的军代表实行职业资格培训、考核、注册和管理。这两项管理体制的改革，对提高装备质量和采购效益、推进装备采购制度改革和国防科技工业体制改革意义重大。

8.2.5 国防费

1. 概念

国防费是保障国防活动顺利进行的财力要素。国防费有广义和狭义之分。广义的国防费是指军事部门使用的经费和政府国防工业、国防科技、国防基础设施建设及其他部门有关国防活动的经费。狭义的国防费是指国防部门使用的经费。国防费直接来自国家财政拨款。国防财政根据国防建设的需要，通过预算、拨款、核算和决算等手段，在国防建设的各个领域内合理地分配与使用国防费。

2. 国防费的分类

国防费分类是按照一定标准对国防费开支结构的划分，是了解军队构成、发展趋势及提高国防费的效益的重要方法。由于国防预算项目比较复杂，各国国防预算体制项目有很大差别，所以国防费分类没有统一的标准。按使用范围，国防费可分为军费和国防建设支出。军费是直接用于军队建设、战备和作战的费用，由国家财政直接拨给军队并由军队掌握使用。国防建设费用是政府拨给国防工业、国防科技研究及军队以外武装力量建设的经费。按使用部门，国防费可分为陆军、海军、空军等经费。按使用功能，国防费一般分为人事费、装备费用和维持费用。

我国根据国家预算制度和军队建设的特点，在实践中逐步形成了国防费的项目构成体系。总后勤部按照经费性质和部门分工制定了《中国人民解放军预算项目》，把国防费划分为 11 类 59 目，主要由以下部分构成：生活费、公务费、事业费、教育训练费、装备购置费、基本建设费、科学研究费、其他经费等。

3. 我国国防费支出情况

经过改革开放，我国的经济建设和国防建设取得了显著的成就。从数量上看，国防费投入不断增长（见图 8－7），2015 年的国防费支出为 8 868.98 亿元，比 2014 年增加 12.22%。但与其他国家相比，我国国防投入始终处在低水平阶段，国防支出占财政支出比重相对较低、占 GDP 比重相对较低（见图 8－8）。以 2014 年为例，我国国防费占 GDP 比重为 1.25%，而美国国防费投入比重为 3.59%，俄罗斯为 3.32%，英国、法国、印度和韩国都超过2%，沙特阿拉伯原因特殊更是达到11.84%。近些年来，我国平均国防费投入占GDP比重一直保持在1.20%～1.40%，远远低于其他国家的国防费投入，使得我国国防建设只能在较低的保障条件下进行。

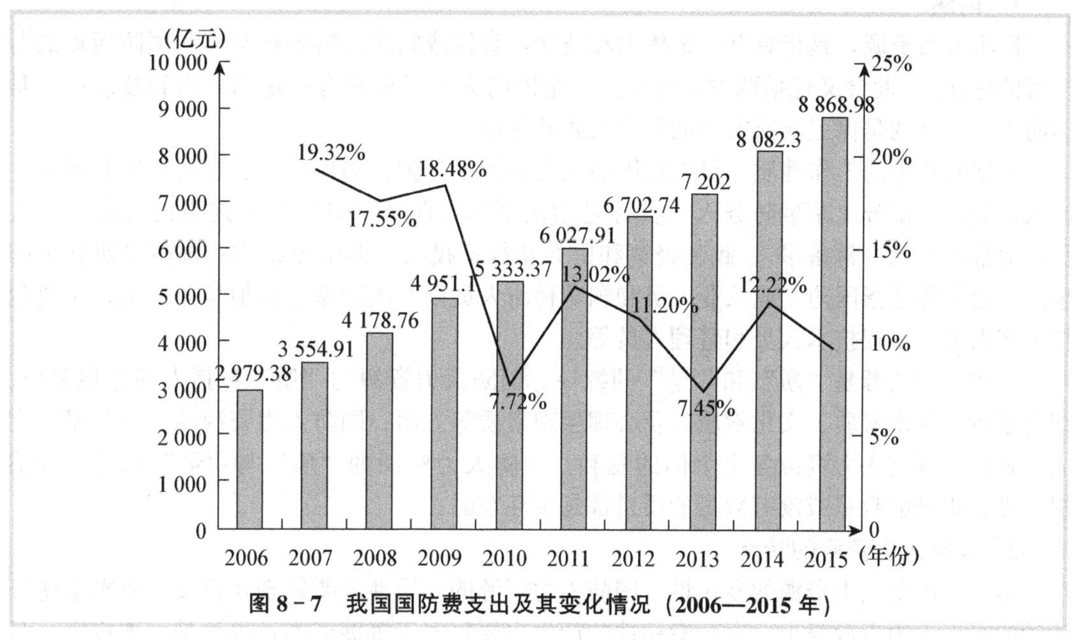

图8-7 我国国防费支出及其变化情况（2006—2015年）

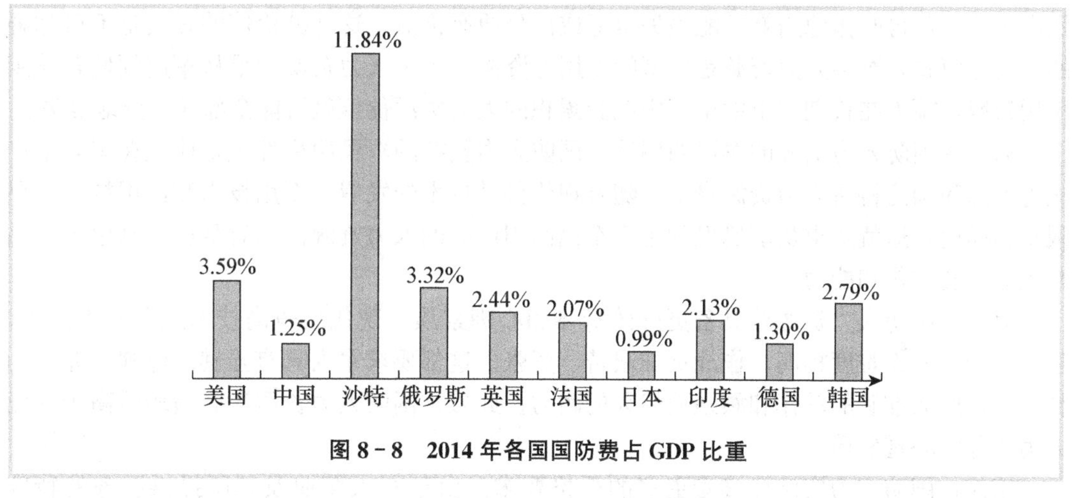

图8-8 2014年各国国防费占GDP比重

随着军事科学技术水平的不断提高、军工生产的不断发展，我国武器装备日益向着自动化、智能化、集约化的方向发展，军队的技术构成不断提高。与此相应，国防费中武器装备研制采购费用所占比例上升；武器装备研制的周期相对延长，而从生产到贬值再到淘汰的周期在相对缩短。因此，近些年，我国在研究发展费方面的比例有所增加，采购费用相对减少；先进装备的研制采购费用比例明显提高，常规武器装备修理费在国防费中所占比重有所减少。同时，我国国防费支出的结构性矛盾还比较突出。从内部支出结构看，人员费与装备费、研发费的比例不合理，国防科研投入比重比较低，行政事业等的维持经费的比例过高，维持性开支比例高达2/3；军兵种费用结构不合理；等等。

8.2.6 国防人力资源

1. 内涵

国防人力资源，是指具有一定体力和技能，直接或间接从事各种军事和国防活动的劳动者的总称。[①] 此含义包括两方面内容：一是国防人力必须具有一定的体力和技能；二是国防人力从事的是保卫国家安全的生产或防务活动。

根据所从事的工作性质，可以把国防人力资源划分为：军事防务、国防科研和国防生产人力资源三部分。军事防务人力资源是指从事军事防务活动和国防建设的武装力量人员，通常由军队（常备军）、武装警察和民兵及预备役人员四部分组成；国防科研和国防生产人力资源是指国防工业从业人员和国防科研人员以及国防系统其他从业人员，主要包括生产人员、工程技术人员和管理人员等。

国防人力资源是“质”和“量”的统一。国防人力资源的“质”包括人的思想素质、智力素质、技术素质、文化素质以及心理生理素质等方面；国防人力资源的“量”是潜在人力资源和现实人力资源各个个体的总和。国防人力资源的“质”与“量”二者互为前提，没有质量的数量或没有数量的质量都是不存在的。

2. 国防人力资源的特点

第一，国防人力资源的专用性。国防人力资源的专用性主要体现在直接从事军事防务活动的军事人力资源身上。资产专用性的产生主要是由于沉淀成本，也就是一项投资一旦做出之后，若再改作他用就可能丧失全部或部分原有价值，这部分价值的丧失是不可弥补的。由此而看，军事人力资源是典型的专用性资源。军事人力资源如果从军用领域转移到民用领域，军人在长期“干中学”中沉淀累积的人力资源价值就可能全部或部分地丧失。

第二，国防人力资源的军民两用性。国防人力资源的军民两用性主要体现在国防生产人力资源和国防科研人力资源身上。随着现代科学技术的发展，军用技术和民用技术的界限日趋模糊，这就要求从事研发和生产军民两用产品的人力资源需同时掌握研制生产军品与民品两套本领和能力。

第三，国防人力资源要具备更好的身体和心理素质。现代战争高技术武器威力巨大，技术复杂，操作难度提高，作战更加艰苦、紧张。这都要求军人具有强健的体魄、充沛的精力、快捷而准确的动作和顽强而持久的耐力。此外，国防人力资源还必须培养高于一般人力资源的心理素质。

第四，国防人力资源要接受更多的严格要求。由于军人职业及其所提供服务的特殊性，军队所有成员都必须严格遵守一整套强制规定的约束：军人个人不得随意撤回自己的劳动力；军人必须接受严格的纪律和条令、条例的约束；应征人员必须接受国家规定的工资、工作条件、服役时间等。

3. 国防人力资源的优化

国防人力资源优化，是对军队、国防科研与生产部门的人力资源做适当的吸纳、培训、

---

① 参见吴鸣主编：《国防经济运行与管理》，174页，北京，国防科技大学出版社，2007。

激励和发展的各种开发管理活动，目的是提高人力资源质量，改善人力资源配置结构，使组织内的人与事适配，发挥人力资源的最大效能。国防人力资源的优化方式主要有：

第一，国防人力资源规划。国防人力资源规划，也就是军队根据国家发展战略的要求，对未来军事人力的供给与需求情况进行预测，对现有军事人力存量进行分析和计划，制定相应的军事人力获取、利用、维持和开发战略，确保对军事人力在数量上和质量上的需求得到满足，使军队和个人获得长远发展的一种管理活动。

第二，教育与培训。教育与培训是提高国防人力资源质量的一条重要途径。它一般分为三个层次：基础层次是基础培训，这是为改善军人目前实际承担或将要承担工作的表现而采取的措施，包括军事素质培训、政治素质培训和知识培训；扩展层次是军队教育，即为提高军人在特定方向内、超过目前所具备的综合能力而开展的训练活动，包括晋升训练和岗位发展两项内容；最高层次是军人发展计划，这是为适应军队的变化发展针对准备可以晋升和重用的军人进行的培训。基础培训着眼于适应工作职位，军人教育着眼于提高个人能力，而军人发展计划则着眼于军队和国防建设大局。

第三，激励。这就是调动国防工作人员的工作积极性、激发和鼓励其达到军队目标的过程。激励动力主要来自两个方面：一方面是军人的内在动力，如为争取个人需要得到满足而做出的努力。另一方面是外在动力，如进行宣传鼓动的作用或者奖励的许诺等。激励是提高国防人力资源工作绩效、优化国防人力资源配置的一个重要方面。激励的类型主要包括物质激励、精神激励、内激励、外激励、关怀激励、榜样激励等。

第四，绩效考评。国防人力资源绩效考评就是对军人的工作业绩进行评价并确定其优劣程度的过程。绩效考评分为狭义和广义两种。狭义的绩效考评是指考评军人以“什么态度”完成上级指派的任务以及完成任务的质和量。广义的绩效考评除了包含上述内容以外，还包含对军人“潜在的能力”“性格”“适应性”等素质加以评价。绩效考评作为一种衡量军人工作表现的信息系统，是国防人力资源使用和配置的重要环节。

8.3 推进我国国防经济军民融合式发展

8.3.1 军民融合发展的思想脉络

军民融合发展是我党长期坚持的战略方针，历代党和国家领导人根据不同历史时期的形势和任务，都曾做出过明确的指示要求，指导思想一脉相承。从历史沿革看，军民融合发展的思想主要经历了以下演进过程：

1. 军民结合、平战结合、以军为主、寓军于民

新中国成立初期，以毛泽东为核心的党的第一代中央领导集体针对我国薄弱的工业基础和恶劣的外部环境，确立了优先发展重工业特别是国防工业的指导方针。1956 年，毛泽东指出，在生产上要注意军民两用，注意学会军用和民用两套生产技术，要有两套设备，平时为民用生产，一旦有事，就可把民用生产转化为军用生产。1957 年，国务院制定了“军民结合、平战结合、以军为主、寓军于民”的具体方针，部署军工企业生产民品。这一时期的特点是，国家全面备战，国民经济向战时轨道转变，经济建设服从国防建设。

2. 军民结合、平战结合、军品优先、以民养军

改革开放后，根据以经济建设为中心的要求，邓小平从发展方向、道路和体制的层面，进一步丰富、深化和发展了军民结合的思想，明确指出："国防工业过去讲四句话，叫做'军民结合，平战结合，以军为主，以民养军'。不要提'以军为主'，改为'军品优先'，其他三句话不变。"这一方针被概括为军民结合"十六字"方针。这一方针强调把国防建设纳入国家总体建设之中，在保证军品的前提下大力开发民品，提高国防工业平战转换能力。这一时期，打破了民用经济与国防经济互不联系的局面，并在一定程度上解决了国防工业政企不分、单纯依靠政府干预和调节进行资源配置等问题。

3. 军民结合、寓军于民、大力协同、自主创新

进入20世纪90年代，以江泽民同志为核心的党的第三代中央领导集体着眼于把"军"与"民"二者有机统一起来，切实把国防工业基础植根于整个国家工业基础。1998年3月，江泽民同志在第九届全国人民代表大会第一次会议上指出，要始终坚持以经济建设为中心，经济建设与国防现代化建设两头兼顾、协调发展的方针。2000年7月，江泽民同志在出席国防工业建设重要活动时强调，要军民结合、寓军于民、大力协同、自主创新。这一时期的特点是，进一步打破国防科技工业与民用科技工业的界限，努力将国防科技工业寓于国民经济体系之中。

4. 军民融合

进入新世纪，以胡锦涛同志为总书记的党中央进一步深化和发展了军民结合理论，提出了建立和完善军民结合、寓军于民的武器装备科研生产体系、军队人才培养体系、军队保障体系和国防动员体系，坚持勤俭建军，走出一条中国特色军民融合式发展路子。这一指导思想将军民结合的领域从国防科技工业和民用工业拓展到国防建设和经济建设，力求达到一种资源投入产生两种效益的目的，实现富国强军的统一。这一时期，通过"大部制"改革，国家成立了工业和信息化部，把国防科技工业融入国家整个工业、通信业和信息化建设体系，开始从体制着手对国防科技工业和国家工业基础进行整合。

5. 军民融合深度发展

党的十八届三中全会提出"推动军民融合深度发展"，四中全会进一步提出"加强军民融合深度发展法制保障"。2014年3月，习近平总书记在出席十二届全国人大二次会议解放军代表团全体会议时强调，实现强军目标，必须同心协力做好军民融合深度发展这篇大文章，既要发挥国家主导作用，又要发挥市场的作用，努力形成全要素、多领域、高效益的军民融合深度发展格局。2014年12月，习近平总书记在全军装备工作会议上进一步强调，国防科技和武器装备领域是军民融合的重点，也是军民融合的重要标志。习总书记的一系列重要论述表明，在新的历史起点上军民融合向深度推进的步伐不断加快。

8.3.2 我国国防经济军民融合式发展的现状

1. 军民融合的武器装备科研生产体系初步构建

在党中央、国务院和中央军委的领导下，军地积极探索、大胆实践，武器装备科研生产体系军民融合发展取得了显著成效。一是面向社会开放的军品市场初步建立。民口单位进入武器装备生产领域的数量不断增加，范围逐步扩大，层次不断提高。技术产品在武器装备上的配套比例逐步增加，并由传统的一般配套逐步向重要分系统乃至整机拓展。二是军品科研生产能力结构不断优化。军品科研生产能力由全面能力建设向核心能力倾斜，一般性军品科研生产能力结构逐步开放；“小核心、大协作、开放型”军品科研生产结构初步形成；军工行业完成了由比较单一的军品结构向军民品复合结构的战略转变。但是在武器装备科研生产军民融合方面还存在一些深层次的矛盾和问题，如科研生产能力结构仍不合理，军民科研生产体系分割，军工集团“大而全”“小而全”内部配套的问题依然突出，相应的激励、考评机制不健全，军转民动力不足等。

2. 军民融合的军队人才培养体系基本形成

军民融合的军队人才培养体系为军队培育了一大批优秀人才，优化了干部队伍知识结构，缓解了军事斗争准备对人才的需要，其建设成就主要体现在：一是培养模式不断创新。军队人才培养模式包括依托国民教育培养国防生和研究生、开展军队在职干部继续教育，以及从地方大学毕业生中征兵和招收文职人员等，形成了多模式并存的人才培养格局。二是培养质量稳步提高。近几年补充部队的地方大学生干部 80%来自重点大学，所学专业中 95%是部队信息化建设急需的领域，有效促进了军队干部队伍整体素质的提高。但是随着国防和军队现代化建设对人才需求的不断加大，军民融合人才培养体系还需进一步完善。如，由于总体投入不足，军地双方的优质教育资源还没有充分开发利用，依托培养的规模效应还未充分发挥。

3. 军民融合的军队保障体系取得了实质性进展

经军地共同努力，军队社会化保障取得了丰硕成果。一是范围和领域不断扩大，逐步实现了由生活保障领域向作战保障和非战争军事行动保障等多领域延伸。二是融合层次显著提高，由临时性、偶然性融合进入常态化、制度化融合。三是保障效益逐步显现，军队在保障事务上的管理压力大幅减轻，地方专业公司进入军营，保障质量明显提升。但是由于军队保障社会化是一项涉及利益主体多、政策性强的系统工程，一些制约军民融合的因素和矛盾问题也逐渐凸显出来。如，各地级以下城市尚未建立相应的跨军地领导协调机构，军队保障社会化落实末端缺少军地横向协调机构，制约了军队保障社会化的发展。

8.3.3 发展建议

1. 健全组织领导体系，加强对军民融合深度发展的统筹管理

军民融合深度发展是一项庞大的系统工程，必须健全组织领导体系，加强统筹管理。首先，在国家层面建立起集中统一、权威高效的领导管理机构，加强军民融合式发展战略规划、体制机制建设、法规建设等顶层设计，统一思想认识，凝聚各方力量，推动装备、人才、保障、动员等各领域的军民融合深度发展。其次，要厘清政府、军队部门、科研生产单位、社会中介等军民融合各主体间的相互关系与定位，解决好融合过程中的利益补偿、沟通协调、监督检查等具体问题，建立起分工协作、有机衔接、高效运转的工作机制，促使各相关主体做到各司其职、各尽其能，协力推进工作落实。

2. 选准主要突破方向，着力推进军民融合重点领域的发展

国防科技和武器装备领域是军民融合的重点，也是军民融合深度发展的重要标志。要选择好主要突破口，做细做实重点工作。一是在加快军工开放上下功夫。打破军工行业壁垒，适度放宽市场准入，积极吸纳优势民口单位“参军”，解决好军工集团“大而全”“小而全”内部配套问题。二是在提升“军转民”动力上下功夫。研究制定促进“军转民”的支持政策，解决好成果解密、知识产权交易等方面问题，建立顺畅高效的“军转民”机制。三是在加大国防科技协同创新上下功夫。瞄准材料、器件、工艺、软件等方面的制约瓶颈，发挥国家工业和科技的整体优势，军民合力攻关，强化在前瞻性、基础性、工艺性等方面的军民融合协同创新。

3. 准确把握作用领域，妥善处理政府和市场的相互关系

国家主导和市场运作是推动军民融合深度发展的两种重要手段。国防建设的特殊性，决定了推动军民融合深度发展要强化国家主导作用，同时要注重发挥市场作用，关键是要找准各自的着力点和作用领域，处理好两者的关系。国家主导，就是要通过政府作用的“有形之手”，综合运用规划、计划、政策、法律等手段，把各方面的力量和智慧凝聚起来，形成全面推进军民融合深度发展的强大合力。市场运作，就是要通过市场作用的“无形之手”，通过价格、供求关系、竞争等手段，引导社会多元投资、多种技术、多方力量共同服务国防建设，不断优化资源和要素配置，形成开放、竞争、高效的良好局面。

本章小结

1. 国防经济是保障国家安全、满足军事需求的经济部门和经济活动，以及与此相适应的经济关系的总称。军队是国防经济的需求主体，供给主体包括武器装备的生产企业、军需物资的生产企业和开展国防科研活动的企业。

2. 国防经济是由诸多运行要素有机结合形成的统一体。其中最重要的运行要素包括国防工业、国防科技、国防采办、国防费、国防人力资源等。分别对这些运行要素从其基础理论到现实实践等多方面进行阐述，以期更好促进国防经济高效、健康运行。

3. 通过梳理明晰我国军民融合发展五个阶段的思想脉络，并对我国武器装备科研生产体系、军队人才培养体系、军队保障体系等方面的军民融合情况进行分析，进而提出推进我国国防经济军民融合发展的建议。

关键术语

国防经济　国防工业　国防科技　国防费　国防采办　国防人力资源　国防科技创新　国防经济运行　军民结合　军民融合　深度发展

复习思考题

1. 国防经济的内涵是什么？

2. 国防经济的运行要素构成包括哪些方面？

3. 国防科技创新要素由哪些构成?
4. 国防采办的一般过程是什么?
5. 如何推动我国国防经济军民融合式发展?

案例分析

案例 8-1 美国 DARPA：从事颠覆性技术创新

在过去半个多世纪，美国国防部先进研究计划局（DARPA）是世界上最著名的引领颠覆性技术创新的机构。美军几乎所有现代武器系统，在很大程度上都离不开 DARPA 研发的战略前沿技术。

DARPA 从创立至今，一直引领着人类前沿技术的发展，包括互联网、半导体、个人计算机操作系统 UNIX、激光器、全球定位系统、无人机、翻译器、砷化镓等，都源自 DARPA 推动的项目。在军用技术发展方面，先进雷达、数据链、光电和红外探测器技术、GPS 定位仪、夜视等技术，让美军有了战略感知和战场统治能力，对军事的贡献居功至伟。与此同时，由于技术的普适性，DARPA 正在并将继续给整个社会带来技术领域的变革。

DARPA 的“颠覆性”主要体现在以下几个方面：追求“高风险”所带来的“高回报”，能够容忍失败；构想未来作战所需能力，利用当前技术另辟蹊径或者重新研究基础技术；不止步于发现和发明，而是将发现和发明迅速用于实践，以引起作战方式的根本性改变；不以目前的武器系统需求为目标，不以当前的解决套路立方案，秉承“凡在规划中的都是过时的”理念，以颠覆现有武器装备为目标。

思考：美国 DARPA 在军用技术发展方面已取得哪些创新突破？DARPA 的“颠覆性”技术创新主要体现在哪些方面？

案例 8-2 军民融合式发展是国外国防科技工业发展的共同选择

据统计，2009 年，美国约 80%的航天航空企业、70%的原子能企业、60%的船舶企业、40%的电子企业、30%的机械制造企业和 10%的钢铁与石油企业在从事军品科研生产。而以军品生产为主的企业，民品占企业总产值的比例也逐年提高，由 20 世纪 50 年代的 10%～20%提高到 21 世纪的 80%左右。同样，根据俄联邦工业与贸易部的数据统计，2013 年年底，俄罗斯军工企业中民品与军品产值比例平均为 1∶3。此外，从国外军工企业的运作情况来看，发达国家大型军工企业大多采取的是资本化运作，在世界军工企业 100 强中，有接近 80%的企业为上市公司。

国外发达国家的军工科研院所高度重视军民平衡发展，注重军事需求与科技规划的融合，注重军用技术和民用技术的衔接，注重政府调控与市场竞争的协调，注重政府投入与公司自筹的配合，总体上采取“军民结合”式发展。美国 80%以上具有军工科研能力的企业既发展军品也发展民品。如洛克希德·马丁、诺斯洛普·格鲁曼、波音等大型企业集团研究机构，通过将军工领域先进技术迅速投入民品领域，以军带民，实现军民高度兼容。自20世纪80年代起，英国众多科研机构相继脱离政府管理部门，成为独立的市场发展主体，政府与之通过招投标的方式建立联系。

思考：为什么说军民融合式是国外国防科技工业发展的共同选择？国外发达国家在发展军民融合式方面更为注重哪些内容？

第9章 教育投资

党的二十大报告指出，教育、科技、人才是全面建设社会主义现代化国家的基础性、战略性支撑。教育既与生产领域的活动一样，需要投入一定的社会劳动，消耗一定的人力、物力、财力等；同时又有自身特殊的部分，即能不断地产生和创造出新生的生产力。马克思认为：

> 我们把劳动力或劳动能力，理解为一个人的身体即活的人体中存在的、每当他生产某种使用价值时就运用的体力和智力的总和……为改变一般人的本性，使它获得一定劳动部门的技能和技巧，成为发达的和专门的劳动力，就要有一定的教育或训练，而这又得花费或多或少的商品等价物。①

可见，马克思的论断揭示了教育活动能创造出生产力，且获得教育需要支付一定的费用，而这个费用即可理解为教育投资。那么应该由谁投资教育、投资多少、如何分配等，这涉及教育投资内涵、属性与特征等的理解。

9.1 教育投资概述

9.1.1 教育投资的含义

投资（investment）原是经济学的概念，诺曼·D. 摩尔在《投资、财政与商业辞典》中将投资定义为“将资源用于获取所得或其他有价目的行为”②。投资涉及三个要素，即投资收益、投资成本和对未来的预期（即投资风险的承担）。20世纪30年代，投资的概念被

① 《马克思恩格斯文集》，第5卷，195、200页，北京，人民出版社，2009。

② 转引自范先佐主编：《教育经济学》，183页，北京，中国人民大学出版社，2014。

引入教育领域。鉴于教育培养人才的特殊性，教育投资（education investment）涉及的是更为广义的投资范畴，也称教育资源、教育投入、教育经济条件等，指一个国家或地区范围内的多元教育投资主体，根据各自发展需要，以提高人的劳动能力和智力水平为主要目的，投入教育领域中的人力、物力和财力等资源的总和。教育投资包含两层含义：一是投入教育领域的各类型资源的货币表现；二是教育投资的直接目的是培养和提高人的劳动能力和智力水平。

9.1.2 教育投资的属性

针对教育投资属性的理解，长期以来存在不同的观点和看法。20 世纪 50 年代，人们普遍认为教育投入是纯消费性支出，也很少使用教育投资这一概念。到 20 世纪 70 年代末人们逐渐发现教育也具有生产性，于是“教育投资”的说法也随之产生并日益获得认可。投资与消费虽然都属于社会生活中非常重要的支出行为，但两者是存在根本区别的，即投资的目的是获取一定的收益；而消费的目的则是满足主体的某种需要，如主体表现在生理和心理方面的欲望、需求、享受、爱好等效用。个人购买股票、债券、储蓄等活动，以及企业购买用于生产的机器设备、原材料等都属于投资性支出；而我们平时用于购买食物、衣服、汽车、电器以及用于休闲娱乐的投入则属于消费性支出。

那么针对教育投资的属性或性质，是纯消费性的还是纯生产性的？兼或是生产与消费集于一身的双重属性？对此，学者们有不同的理解和看法：

1. 观点一：消费性支出

认为教育投资是消费性支出的学者主要有两个理由：一是教育经费是来自国民收入再分配中的消费资金部分，投入的是非物质生产部门，也得不到补偿。二是教育费用在教育领域消耗以后得不到补偿。首先，教育事业的进行总要消耗一定的人力、物力、财力，但教育过程中却不能直接生产出任何物质财富。教育的所有经济效益都产生于教育过程之外。通过教育形成的人力资本，尽管可以改善和提高个人的未来收入水平、促进社会经济发展，但那都是在教育过程结束之后，劳动力投入物质生产过程以后才会产生，而就教育本身而言，只能消耗人力、物力和财力，其直接产出是学生知识和能力的获得、身心各方面素质的提高。其次，从效用的角度看，教育不仅能直接满足学生的精神需求和心理享受，如好奇心和求知欲的满足及同学的尊重等，教育还可以改善学生日后的消费爱好和消费质量，因而教育效用首先表现为消费效用，教育支出理所当然被看作一种消费支出。

2. 观点二：生产性投资

“教育投资是生产性投资”，这种观点在西方国家较为盛行，尤其是以舒尔茨为代表的“人力资本理论”的倡导者更是坚持这一观点。[①] 其依据是：教育可以生产劳动者的劳动力或劳动能力；教育可以生产科学技术，科学发明可以直接转化为现实的社会生产力。现代

① Theodore W. Schultz，“Investment in Human Capital,” *American Economic Review*，Vol. 51，March 1961，p. 12.

社会，人力资本（人在教育过程中获得的知识、技能和素质）越来越多地替代物质资本和自然资源，并极大地提高了资源的利用效率和劳动生产率。在东亚，每增加一年的教育会导致真实的GDP增加3%。[①] 教育投资可以看作劳动力再生产费用的一部分，不论是从受教育者个人还是整个社会来说，将来均可获得相应的回报，如个人就业机会和晋升机会的增加、个人收入的提高以及正向代际效应等。物质生产部门也可从中提高管理水平、生产水平以及生产效率等。所以，从这种意义上说，教育投资是纯投资行为，而不是消费行为，只不过投资回报期较长，并不是几年或者十几年，而是受教育者一生。林容日等就赞同这种观点，认为教育投资不应该被看作“双重性”的或“消费性”的，而是纯粹的投资行为。

3. 观点三：消费兼生产的双重属性

范先佐等认为教育投资兼具消费性和生产性“双重性”：如果教育投资的作用主要表现为增加劳动技能与劳动生产率，体现在提高整个社会的产量或个人的货币收入，则该项支出就是生产投资性支出；如果教育投资主要是增加受教育者的精神享受和心理满足，则该项支出就是消费性支出。而事实上，一项具体的教育投资可能既给受教育者带来生产力的提高，也带来心理享受，即教育投资同时具备生产性和消费性的特点。

4. 观点四：性质复杂，具有相对性，不能一概而论

针对教育投资的属性众说纷纭，尚无定论。随着实践的发展和研究的深入，有学者认为对教育投资不能简单定性，要根据具体情况分析，其性质具有相对性，不同情境和视角下教育投资会表现为消费性、生产性或两者兼具的双重性（见图9-1），而且这种相对性受到投资环境和劳动力市场供求状况等诸多因素影响。英国著名经济学家阿瑟·刘易斯在谈及发展中国家高等教育问题时指出：“大学教育是消费服务还是投资服务的问题，简单地取决于相对需求而言的供给。在那些每年都有大量无法就业的文科大学毕业生的国家里，大学教育主要是一种消费服务。”[②] 另外，相对性还表现在教育投资用于培养的不同人才类型和不同的学科领域：教育投资用于培养非物质生产部门的人才、上层建筑领域的人才时就属于非生产性开支；投入自然科学方面的教育费用是具有生产性的投资，而投入人文社会科学方面的费用则是非生产性开支。图9-1中教育投资的双重性可结合观点三的概述理解。

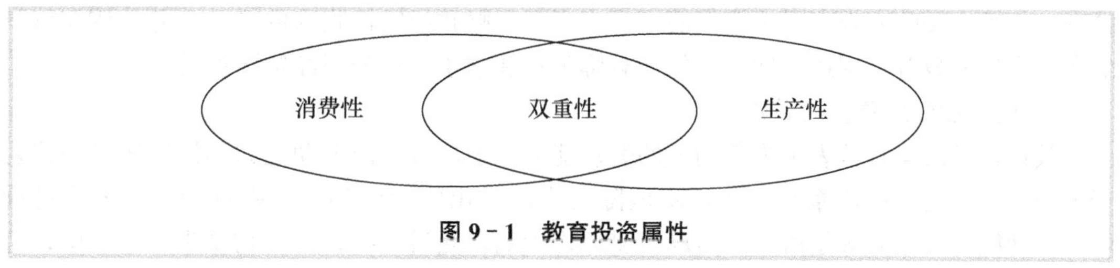

图9-1　教育投资属性

① 参见朱舟主编：《人力资本投资的成本收益分析》，38页，上海，上海财经大学出版社，1999。

② ［英］阿瑟·刘易斯：《经济增长理论》，231页，上海，上海三联书店，1990。

9.1.3 教育投资的特征

基于教育投资的概念和性质，教育投资是一种不同于物质生产部门投资和股票投资等的行为活动，其本身具有特殊性，主要表现在投资主体、投资目的、投资成本、投资对象和投资收益五个方面。

1. 教育投资主体：多元性和多层次性

最初的教育属于个人的事情，但随着教育促进经济、社会发展等的多元功能和作用日益显现，教育逐渐国家化，尤其是19世纪欧美各国的教育国家化趋势，有力地证明了教育是促进国家现代化和综合国力提高的强大“武器”。因此对教育的投资，已经不仅仅局限于个人家庭，还包括国家层面、社会力量、各类学校、用人单位等多元主体，涵盖了宏观、中观和微观多层面，使教育投资表现在投资主体方面的特征具有多元性和多层次性。政府、用人单位和个人则是主要教育投资主体，政府进行教育投资的目的是提高社会总体效益水平和人口的总体素质；用人单位进行教育投资是为了提高员工的工作能力和单位的经济效益；个人教育投资的目标则是通过提高自身的知识水平、能力与素质，获得更多个人发展的机会、提高生活水平和社会地位等。

2. 教育投资目的：非营利性

教育的最终目标是人才培养，教育投资自然不同于以追求利润最大化为目标的物质生产部门，教育投资具有非营利性。《中华人民共和国教育法》第二十五条也明确规定，任何组织和个人不得以营利为目的举办学校及其他教育机构。虽然通过教育能产生投资收益，但收益不是在教育领域产生，投资教育是会给社会和个人带来较大的直接或间接的收益，而从根本上说，教育投资并不以营利为目的。正确理解教育投资的非营利性，还需注意教育投资也要讲求效益，允许教育举办者获取合理收益作为其应得的劳动报酬。

3. 教育投资成本：递增性

教育投资随着教育成本和费用的增加而不断增加，呈现递增性发展趋势，这与物质生产部门中随着劳动生产率的提高，产品单位成本逐渐降低的特点很不一样。美国经济学家舒尔茨和英国经济学家希恩曾经分别对美英两国教育成本进行研究，竟得出一致的结论：教育成本在不断增长，其增长速度超过了物力资本资源总成本增长速度，即其增长速度高于物价水平增长速度。《中华人民共和国教育法》第五十四条、五十五条也规定，国家财政性教育经费支出占国民生产总值的比例应当随着国民经济的发展和财政收入的增长逐步提高，各级人民政府教育财政拨款的增长应当高于财政经常性收入的增长，并使按在校学生人数平均的教育费用逐步增长，保证教师工资和学生人均公用经费逐步增长。

4. 教育投资对象：附着性

教育投资对象直接表现为劳动者的劳动能力和素质等，而劳动能力和素质等又是依附于人身上的，与人体联系在一起，不能随着产品的出卖而转移。在教育领域或教育过程中，劳动能力和素质等是潜伏于劳动者身体之中的，是潜在的；而在物质生产过程中，劳动能力和素质等又通过劳动者的劳动物化于物质产品之中，是无形的。可见，无论是在教育领域还是物质生产领域，教育投资对象都是依附于人体或物质产品之上的，具有附着性。

5. **教育投资收益：间接性、多效性和长期性**

教育不能直接同物质生产资料相结合，教育投资也不能直接产生出物质产品。教育针对的对象是人，教育投资的直接成果表现为劳动者的知识、能力和素质的提高，即人力资本的形成。教育投资收益必须通过教育结束后劳动者进入物质资料生产领域，并与生产资料相结合创造出剩余价值才能获得，因此教育投资收益具有间接性或潜在性。教育会产生两种效应：一是知识性效应（cognitive effects），即通过教育人们使之获取了知识，提高了技能和文化素质，从而增加了就业机会、晋升机会和职业流动机会，进而提高了收入水平、社会地位等；二是非知识性效应（non-cognitive effects），即当人们受过教育后，可以改变不正确的价值观，提高纪律性，增强对工作和社会的责任感，从而提高其做好工作的积极性和主动性，促进个人文化修养和精神生活的增进等，还能为社会或他人带来一定的经济收益和正能量影响，促进整个社会生产率的提高和经济的增长，提高社会文明程度和民族文化素质。因此，从这个角度看教育投资收益又具有多效性。教育投资收益的长期性表现在周期长和长效性两方面。周期长是受教育者要经过较长时期的连续的学校教育过程，才可能成为社会所需要的专门人才，教育投资的周期长，教育投资收益的周期更长，要经过知识转化的过程才能实现收益；长效性指的是通过教育的社会劳动力，只要在物质生产部门工作，就能永久地发挥作用，教育投资收益就长期存在，甚至伴随劳动力的终身，当然这个也受劳动者的健康状况等的制约。

9.2 教育投资比例

教育投资比例是教育投资的核心内容之一，指教育投资在国民经济中所占的比重，有内部比例和外部比例之分。内部比例是指教育投资在各级各类教育中的分配比例，主要反映的是教育投资结构；外部比例是指一国或地区教育投资所占国民经济有关指标（如国民生产总值、国民收入和财政预算支出等）的比例，反映的是国家教育投资规模、教育与国民经济关系以及政府对教育的重视程度。

9.2.1 教育投资比例的指标分析

教育投资比例指标指的是教育投资与国民经济之间的关系所反映出来的数量指标及计算范围。有静态指标和动态指标之分（见表9-1）。

表9-1 教育投资比例类型

静态指标类型	教育投资/国民生产总值	教育投资/国民收入	教育投资/财政支出	教育基本建设投资/基本建设总投资	人均教育投资
动态指标类型	教育投资增长比例/国民生产总值增长比例	教育投资增长比例/国民收入增长比例	教育投资增长比例/财政支出增长比例	教育基本建设投资增长比例/基本建设总投资增长比例	人均教育投资增长比例/人均国民生产总值增长比例或人均国民收入增长比例

下面主要介绍三类指标：

1. 国民生产总值指标

国民生产总值是反映国民经济发展的综合性指标，主要反映国民经费发展规模和速度。因此，教育投资比例既可以用教育投资占国民生产总值的比例来静态表示，也可以用教育投资增长比例与国民生产总值增长比例相比较来动态表示，均标志着国家教育投资的实际水平。但使用这一指标也有一定的局限性：一是计算国民生产总值时所包括的范围必须明确；二是国民生产总值中有一部分是消耗掉的生产资料价值的转移，不能用于投资。① 因此，使用这一指标不能完全准确地反映教育投资与国民经济发展的关系。

2. 国民收入指标

教育投资最终来源于国民收入，国民收入总量和增长速度直接影响着教育投资总量和增长速度，是反映一国一定时期国民经济发展规模和速度的基本指标。尤其是人均国民收入量和增长速度又在国民收入的基础上排除了人口变动因素，更是反映国民经济发展水平和居民富裕程度的基本指标，也是决定教育投资比例的基本指标。所以，一般教育投资比例用教育投资占国民收入的比例或用教育投资增长比例与国民收入增长比例相比较来表示，具有实际价值和直接意义。但是在具体使用时需考虑国民收入分配在不同时期的结构变化和调整，因为与经济体制改革相呼应，我国国民收入分配结构也在发生变化，国家财政收入在国民收入中的份额逐渐下降，企业和个人份额则逐渐上升，国家财政收入相对减少必然影响教育支出，影响教育投资在国民收入中的比例指标。

3. 财政支出指标

财政支出也是国民经济发展的重要指标，教育投资在财政支出中的比重可以作为教育投资在国民经济中比例的重要指标，但因为财政资金是国民收入分配再分配中的部分，属于派生收入，而且财政收支及其在国民收入中所占比重受财政体制和财政体制变动的影响，在不同时期难以比较。因此，教育投资在财政支出中的比重不能确切地反映教育投资在国民经济中的比例。要排除财政体制变化等干扰因素才能使这一指标具有较大的实际意义。

以上各项指标在反映教育投资在国民经济中的比例中，具有不同的地位和作用。联合国教科文组织的统计年鉴中，将各国的教育支出（分为经常支出和资本支出）总额与国民生产总值相比作为教育投资比例。为进行国际比较，可采用国民生产总值指标。但基本指标是教育投资占国民收入的比重，或者是教育投资增长比例与国民收入增长比例的比较。

9.2.2 教育投资的合理比例

1984 年黄山会议之后，教育经济学理论界一致认为：教育投资在国民经济中应有一个合理的比例。因为确定合理教育比例是防止和解决教育投资短缺的重要措施，是保证教育持续、稳定、协调发展的前提，是协调教育与经济相互促进的必要条件。由于科技、经济和教育本身等都在发展变化中，因此一个固定不变、绝对合理的教育投资比例是不存在的。那么怎样检验教育投资比例在不同时期是否合理呢？王善迈教授、厉以宁教授一致认

① 参见王善迈：《我国教育投资比例的历史分析》，载《北京师范大学学报》，1987（5）。

为教育投资在国民经济中合理比例的客观标志主要表现在以下三个方面：

1. 从近期看，教育投资和教育事业的发展是否相适应

教育投资是教育事业发展的物质保障，教育投资与教育事业的规模和速度是否相适应是检验教育投资比例是否合理的一个标志。使用这一标志进行检验的前提是教育事业的发展规模和速度必须是适度的，即教育须以经济和社会发展对各类人才的需求为依据，须以经济发展为教育事业发展可能提供的人力、财力、物力为依据。这一标志具体表现在一定时期内的人均教育费用的变动上，合理的教育投资比例至少使受教育者人均教育费用不低于前一个时期已到达的水平，否则可能出现两种情况：一是维持教育事业发展计划确定的规模和速度，使受教育者人均教育费用下降，教育质量随之下降；二是为保证教育质量，保持人均教育费用不变，就必须缩小教育事业发展规模、降低发展速度。这两种情况都会导致因教育培养的劳动力和专门人才质量不高或数量不足而影响经济和社会的发展。科技进步和经济发展决定即使物价不变，受教育者人均教育费用也在逐步上升，因此，合理的教育投资比例应保证受教育者人均教育费用要高于前一个时期。另外，如果教育投资超出了教育事业发展的需要而过多，将使教育资源不能充分利用，并因挤占其他投资而影响经济和社会发展，这样的教育投资比例也是不合理的。

2. 从远期看，教育所培养的劳动力和专门人才同经济和社会发展是否相适应

教育投资在国民经济中的比例合理与否，最终表现在教育所培养的劳动力和专门人才在数量、质量和结构上是否与经济和社会发展的需求相适应。教育投资合理比例的最低界限应是教育投资能够满足经济和社会发展对劳动力和专门人才的最低需要量，否则经济和社会发展将因合格的劳动力和专门人才数量不足而受到限制。另外，如果教育培养的劳动力和专门人才超过了经济和社会发展的需要而导致人才过剩，表明教育投资比例也不是合理的。需要注意的是采用这一标志首先应对劳动力和专门人才的社会需求进行科学预测和规划，并以此为依据。因为教育过程周期较长，当前教育培养的劳动力和专门人才同经济和社会发展的要求是否适应，是前一个周期教育投资比例合理与否的结果。

3. 国民经济比例尤其是积累与消费的比例是否协调

教育投资比例实质上反映了国民经济综合平衡的问题。教育是国民经济的组成部分，教育投资是国民经济总投资中的一部分，国民经济总投资比例决定着教育投资比例，教育投资比例又会在一定程度上影响整个国民经济总投资比例。因此，教育投资比例合理与否，可以在国民经济总投资比例是否协调上得到综合印证。一般来说，国民经济总投资比例协调，教育投资比例就较合理；反之，教育投资比例也不会合理。国民经济比例中，对教育投资比例影响最大和最直接的是国民收入分配中的积累与消费比例。这是因为教育基本建设投资是积累基金的一部分，教育事业费是消费基金的一部分。在国民收入总量既定的情况下，积累基金和消费基金的比例以及积累基金内部生产性与非生产性积累的比例，在很大程度上决定着教育投资量和比例。积累与消费基金比例协调与否，是判断教育投资在国民经济中比例合理与否的又一重要标志。一般来说，积累率过高，生产性积累基金比重过大，教育投资会绝对或相对地减少；积累率过低，则近期教育投资会绝对或相对地增加，但因积累率过低而延缓经济发展，则最终也会导致教育投资相对减少。

综上，教育投资是否适应教育事业发展的需要，教育培养的劳动力和专门人才是否适应经济和社会发展的要求，国民经济比例、主要是积累与消费的比例是否协调，从不同角度反映了教育投资比例合理与否，是检验教育投资在国民经济中合理比例的客观标志。

9.3 教育成本分担与补偿

9.3.1 基本概念与相关理论

1. 教育成本分担与补偿理论

教育经济学中的教育成本概念，是 20 世纪 60 年代初随人力资本理论的形成而提出的。英国著名教育经济学者希恩指出："教育部门，同其他经济部门一样，要使用一部分宝贵资源，这些资源，如不用于教育部门，就可以用于别的部门。"① 美国著名经济学家舒尔茨认为："学校可视为专门'生产'学历的厂家，教育机构可视为一种工业部门"，"把学校教育视为一种投资来研究，为经济学提供新知识的重要来源"②。因此，西方经济学者把教育成本视为"生产教育所投入的资源的价值"③。教育成本即指"学生在学校接受教育期间所支付的直接和间接的费用"④，包括教育的社会直接成本和间接成本（机会成本）、教育的个人直接成本和间接成本。⑤

教育成本分担主要指中央和地方政府根据各自的财力状况对教育费用进行合理分担；教育成本补偿则指由教育受益各方根据各自收益高低及支付能力大小，对教育费用进行补偿的行为。两者从不同角度说明了教育投资来源问题，但内容基本一致，因此有时也把教育成本分担与补偿统称为教育成本分担或负担，主要说明教育成本由谁支付，如何支付并最终实现合理分摊的问题。

教育成本分担与补偿理论的提出始于 1984 年秋，时任美国纽约州立大学分校校长的经济学家布鲁斯·约翰斯顿（D. Bruce John-stone）在美国科罗拉多召开的"大学资助服务三十年：2000 年议程"会议上首次使用了"高等教育的成本分担与转移"（sharing & shifting the cost of higher education）这一概念。1986 年，他又出版了《高等教育的成本分担：英国、联邦德国、法国、瑞典和美国的学生财政资助》一书⑥，提出了著名的"成本分担理论"（theory of sharing cost），即应有纳税人（政府）、学生、学生家长和社会人士（捐赠）共同分担高等教育的成本。此后，成本分担理论逐渐成为世界各国制定教育特别是高等教育学费政策的重要理论依据。约翰斯顿认为，教育活动的运行必须投入一定的

① ［英］希恩主编：《教育经济学》，1 页，北京，教育科学出版社，1981。

② ［美］舒尔茨主编：《教育的经济价值》，2 页，长春，吉林教育出版社，1982。

③ 林文达主编：《教育经济学》，49 页，台北，三民书局，1984。

④ 盖浙生主编：《教育经济学》，59 页，台北，三民书局，1982。

⑤ 参见范先佐、周文良：《论教育成本的分担与补偿》，载《华中师范大学学报（人文社会科学版）》，1998（1）。

⑥ D. Bruce John-stone, *Sharing costs of higher education: Student financial assistance in the United Kingdom, the Federal Republic of Germany, France, Sweden, and the United States*, New York: College Entrance Examination Board, 1986.

社会劳动，耗费一定的人力和财力，在市场经济条件下，用于教育的人力和物力资源便构成了一定的教育成本。高等教育成本至少包括四个方面：一是教学成本，如教师和行政人员工资、设备、图书等支出。二是研究成本，科学研究作为高校的重要职能之一，对研究的投入也需一定的支出。三是学生生活成本，如学生住宿、饮食、服装等方面的费用。这些支出尽管与学校财政支出关系不大，但学生和家庭必须支出，这是其接受高等教育所付出的重要组成部分，也是社会关注高等教育成本上升的重要方面。四是放弃的收益或机会成本，无论是对于劳动力短缺的社会还是对于学生个人选择继续接受教育所放弃的工作收益等，都是不可忽视的，是高等教育成本的重要组成部分。

2. 教育成本分担与补偿的基本原则

教育成本分担与补偿不是政府随意出台的一项政策，而是世界各国教育发展的共同趋势，其依据的客观原则理论界一般认为主要有以下两方面：

（1）能力支付原则。

“能力支付原则”（the ability to pay principle）即以分担能力作为确定教育成本分担标准的依据，指所有从教育中获得好处和利益（无论是直接还是间接获得）的人，都应该按其支付能力大小提供教育经费，能力越强、支付越多；反之则越小。根据经济学中边际效用递减的规律，能力越强的人，其超额财富的效用越低，获得较高效用则需要支付的费用就更多，同时能力强且富有者多支付也在一定程度上体现了教育公平。而制约社会和个人教育成本分担能力的因素包括其所掌握财力多少、支出水平和支出结构。首先，在一定经济发展水平中，教育成本的分担能力取决于分担主体财力的多少。当财力分配较集中，财政收入较多，可供政府支配的财力也较多，政府成为教育成本的主要分担者；反之，当社会财力较分散，个人收入水平较高，可供个人支配的财力较多，个人则成为教育成本的主要分担者。其次，在一定的财力分配格局下，教育成本分担能力还取决于主体的支出水平和支出结构。对于政府，在安排支出时，必须保证纯公共产品的供给之后，才可能将剩余的财力分配给准公共产品，且有限的财力还要用于教育之外的准公共产品的提供，这就极大地制约了政府对教育成本的分担能力。对于个人，其分担能力取决于家庭的支出水平和结构。当生活支出水平高于收入水平时，结余少，其教育成本分担能力也较低。家庭支出占首位的是私人产品的支出，然后才可能是包括教育在内的准公共产品的支出。而且，家庭支出结构中的恩格尔系数也是制约个人分担能力的重要因素，过高的恩格尔系数必定减弱个人的教育成本分担能力。

（2）利益获得原则。

“利益获得原则”（the benefit-received principle）是根据市场经济条件下公平的客观要求，强调教育投资与收益也要相互对应，谁受益谁承担，谁受益多谁承担的成本也较多的原则。根据该原则，政府和个人都从教育中获得了好处和利益，两者都应分担相应的教育成本，具体分担的份额则应根据社会和个人收益的多少来确定，当社会收益大于个人收益时，政府就应多分担教育成本；反之，当个人收益大于社会收益时，个人应成为教育成本的主要分担者。当然，在收益获得原则下，学费对于家境贫寒的学生来说负担将显得过重，为使教育机会均等、人尽其才以利于社会发展，就需要政府制定多种配套的资助政策以弥补教育成本分担与补偿政策失效的部分，提高贫穷家庭的学生受教育的机会。

上述两条原则从不同角度说明了教育成本分担的理论依据。但有学者认为就我国现实而言，还应兼顾教育机会公平和教育利益外溢补偿原则：教育机会公平是指教育应面向全体社会成员提供服务，实质是具有普适性的能力支付原则在个体方面的应用延伸。政府应在“收益获得原则”前提下，结合“能力支付原则”，并考虑弱势群体教育机会的公平性。外溢补偿原则是指由某一地方政府提供的公共服务的利益“外溢”到没有付费的地区去，这些利益接受区应为利益提供区提供一定的经济补偿。如由地方提供的义务教育的收益会外溢到其他地区，这是由我国区域经济发展不平衡造成的。我国现行的社会流动现象是从“山里流向山外”“从农村流向城镇”“从小城市流向大城市”“从落后地区流向发达地区”，而逆向流动的可能性较小，这样弱势地区就成了为发达地区培养人才的训练场所，为他人做“嫁衣”。因此，中央和地方政府应加大对弱势地区的教育投资来矫正教育收益“外溢”问题，给予全部或部分补偿，同时，那些发达地区也应对弱势地区给予一定的补偿。可见，教育的利益外溢补偿原则是针对整个国家宏观层面的教育成本补偿原则。

9.3.2 高等教育成本分担主体分析

根据教育成本分担与补偿理论和实践发展需要，教育成本的分担主体应多元化，多元化主体应该包括个人家庭、政府部门、用人单位、学校和社会人士。下面以高等教育为例一一说明：

1. 个人家庭

由于高等教育总体上可视为一种收益内在化程度较高的“混合品属性”服务，这种服务不仅能给学生带来一定的预期经济收益，而且还能使他们得到某些非经济利益，如失业机会小于未受过高等教育的人，即使面临失业也能迅速转换工作岗位，使自己的生活水平保持稳定。因此，从权利与义务对等这一公平角度看，学生个人原则上至少应按教育的成本价格缴纳部分费用（主要是学费和杂费），负担部分高等教育成本。舒尔茨曾说过，人力资本有助于提高劳动生产率，也有助于提高企业家式的才能，这种才能在农业和非农业中，在家庭生产力中，以及在向较好职业和生活地点迁移中，都很有价值。且从预期收益看，个人收益与教育程度的高低成正比。从总体上看，教育程度越高，收益越高（见图 9－2）。

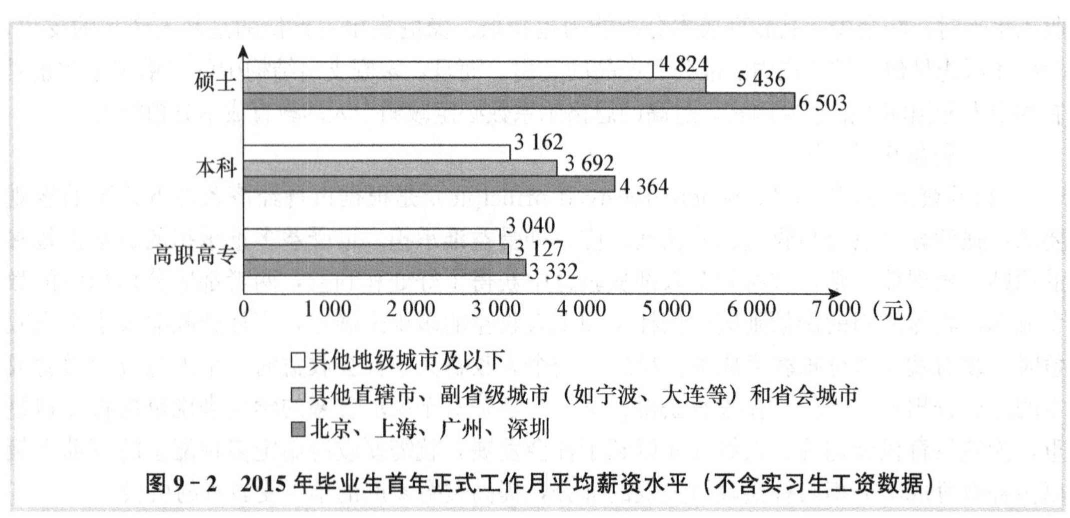

图 9－2 2015 年毕业生首年正式工作月平均薪资水平（不含实习生工资数据）

资料来源：《腾讯教育—麦克斯—2015 届应届大学生毕业流向月度》，见 http://edu.qq.com/a/20160119/011044.htm。

高等教育学费水平的确定，一般要考虑教育成本与居民的支付能力。根据我国目前的情况，受教育者个人对高等教育成本补偿比例不能过高。国际经验表明，无论是发达国家还是发展中国家，多数财政稳定的公立院校一般可从学生那里获得占总经常性支出15%～25%的收入，因此多数学者认为个人高等教育成本应在生均成本的20%～25%。因为一方面我国居民收入和实际支付能力还有限，且未建立起较完善的学生资助体系；另一方面，我国高等教育个人收益率不高。而且，在此比例之下，依然有低收入家庭难以负担，这就需要国家建立健全助学贷款和勤工俭学制度，提供相应的补助。对贫困学生家庭还是贫困学生个体补助更能刺激教育消费，其结果也有很大差异。

如图9-3所示，贫困学生家庭得到补助后，预算线由AB外移到A^1B^1，无差异曲线由I变为I^1，个人用于教育消费和其他产品的消费同时增加：教育消费增加了DD^1，其他产品消费增加了FF^1。可见，对贫困学生家庭补助有明显的收入效应，但补助对象可将这种补助用于其他产品消费，抵消了部分用于教育的消费。

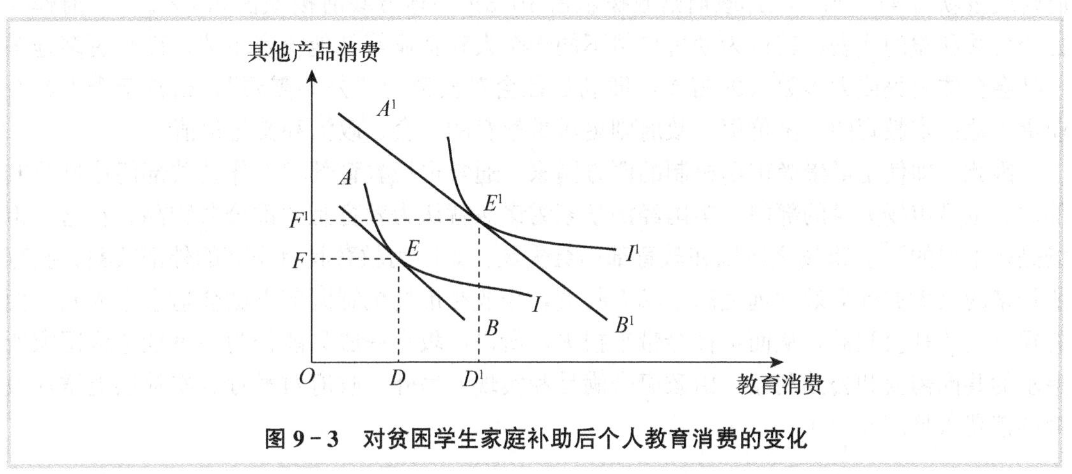

图9-3 对贫困学生家庭补助后个人教育消费的变化

而如果对贫困学生个体直接补助（如发放免费入学卡），则会产生不同的教育消费（见图9-4）。

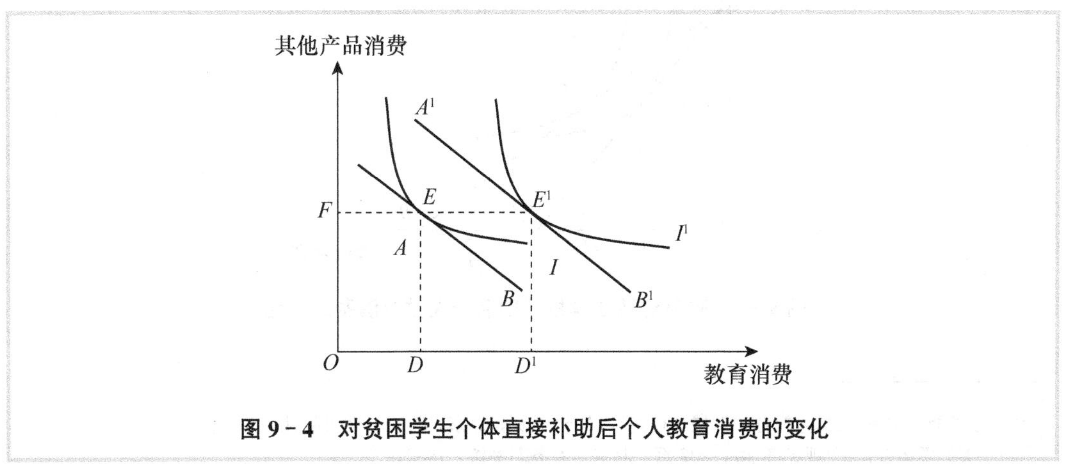

图9-4 对贫困学生个体直接补助后个人教育消费的变化

预算线 AB 外移到 A^1B^1，补助款全用于教育消费，补助后无差异曲线由 I 变为 I^1，个人用于教育的消费增加量为 DD^1，其他产品消费增加为 0，因此，对贫困学生个体的直接补助效果要优于对贫困学生家庭的补助方式。

2. 政府部门

从国内外实践看，政府从教育的投资中能获得巨大的经济效益和社会效益，因此，作为高等教育外部高收益的政府应是高等教育投资的主要承担者，应承担高等教育必要的成本。尽管个人是高等教育发展的直接受益者，但高等教育对社会的巨大外部效应和政府的支付能力也使得各国政府在发展高等教育时都应承担主要责任。

政府对高等教育成本的补偿方式主要是财政拨款，一方面是直接对高校进行拨款，另一方面是国家财政对学生贷款的贴息。通过国际比较，发现大多数实行高等教育成本补偿政策的国家，政府在高等教育成本分担与补偿中一般都承担了高等教育成本的 50%～60%。如美国，其公立高等学校的年总消费中，三级政府财政拨款占了 55.7%，其中州政府财政拨款占 41.7%，联邦政府财政拨款占 10.3%，地方政府拨款占 3.7%。① 政府作为社会公共利益的代表，其行为动机自然不同于个人和企业等其他投资主体，而是更多地满足社会全体公民或大多数人的需要，即满足社会对教育的“公共需要”，相较于个人或企业更多地追求教育的经济价值，政府则更看重教育的社会、政治和文化价值。

因此，即使是最崇尚市场机制的西方国家，通常也把教育部门看作公共部门或准公共部门，也是市场失灵的部门。美国经济学家雷诺兹就认为教育是“准公共物品，在这里市场是行不通的”②。市场之所以在教育部门会失灵，是因为教育具有很高的外部效益，教育所带来的巨大的社会效益远远高于私人收益，企业在市场机制调节下就会追求个人利益而忽视巨大的社会利益，从而给社会带来损失，所以，教育一般只能作为一种社会或国家所追求的共同需要和公共利益，由政府来满足和实现。另外，政府对教育成本补偿能增加教育的消费（见图 9－5）。

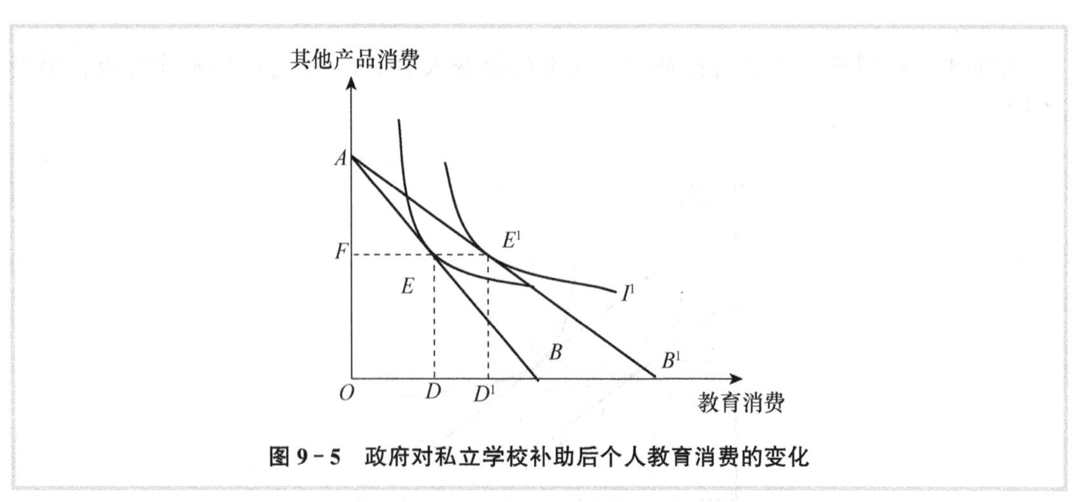

图 9－5 政府对私立学校补助后个人教育消费的变化

① 参见胡卫主编：《民办教育的发展与规范》，41～43 页，北京，教育科学出版社，2000。

② ［美］雷诺兹：《微观经济学》，237 页，北京，商务印书馆，1982。

以私立高校为例，政府对私立高校补助后，如私立高校用来降低学生学费标准，则个人的预算线由 AB 外移为 AB^1，与无差异曲线 I^1 相交于 E^1 点，个人对教育的需求由 OD 变成 OD^1，教育消费净增 DD^1。

3. 用人单位

用人单位作为高等教育成果的主要摘取者，也是教育投资的主要受益者，从利益获得原则出发，也应该参与高等教育成本的分担与补偿，其补偿方式主要是依法纳税增加国家财政收入和按使用高校毕业生人数给高校支付一定的培养费。对效益较好的用人单位，还可以通过设立各种助学金、专项奖学金和定向奖学金，或帮助使用的毕业生偿还其就学期间所借贷学金，或通过对教育提供各种资助和捐赠等方式进行补偿。

4. 学校自身

高等教育成本补偿主体是多元化的，高等学校往往很难通过以上三种补偿主体就能完全解决教育成本支出问题，高校也可以利用自身资源，实行产、学、研一体化，积极开辟创收渠道，扩大社会捐助。1980 年 6 月国家发布《高等学校建立学校基金和奖励制度的试行办法》，批准高校建立学校基金制度。学校校办企业的净收入和学校对社会的教学服务、科技服务以及后勤服务等收入，是学校基金的主要来源，从而不仅增加了学校收入，也使学校有了自己可以自由支配的资金，弥补学校教育经费的不足。

5. 社会人士

社会公益性事业着重考虑和解决的是社会公众关心的公众利益问题，如人权、环境、疾病、教育等。高等教育社会公益性主要体现在社会回报、社会受益方面，社会人士对高等教育的捐赠一方面出于公益性的角度，可以实现其人生价值并获得较高的声望，另一方面从社会收益上讲，也能获得较高的回报。因此，社会人士成为高等教育成本的间接补偿者，甚至随着社会发展的日益成熟和文明程度的加深，社会捐赠在教育成本补偿中日益占据较高的比重。如我国 2015 年仅校友捐赠即有 21 所大学进入“亿元俱乐部”（见表 9 - 2）。

表 9 - 2　　2015 年中国大学校友捐赠排行榜

名次	学校名称	所在地区	办学类型	校友捐赠总额（万元）
1	北京大学	北京	综合	201 700
2	清华大学	北京	理工	138 900
3	武汉大学	湖北	综合	112 900
4	中国人民大学	北京	综合	75 801
5	浙江大学	浙江	综合	63 947
6	南京大学	江苏	综合	52 559
7	重庆大学	重庆	综合	36 410
8	华南理工大学	广东	理工	30 018
9	深圳大学	广东	综合	29 892
10	中南大学	湖南	综合	28 071
11	福州大学	福建	理工	26 973
12	西安交通大学	陕西	综合	23 410

续前表

名次	学校名称	所在地区	办学类型	校友捐赠总额（万元）
13	同济大学	上海	理工	22 589
14	厦门大学	福建	综合	21 176
15	华中科技大学	湖北	理工	17 084
16	四川大学	四川	综合	16 606
17	天津大学	天津	理工	15 348
18	中山大学	广东	综合	13 010
19	吉林大学	吉林	综合	11 609
20	西北工业大学	陕西	理工	11 115
21	东北大学	辽宁	理工	10 800

资料来源：《2015 年中国大学校友捐赠》，见 http://edu. sina. com. cn/gaokao/2014－12－30/095445202 0. shtml，2014-12-30。

9.4 教育投资存在的问题与对策

9.4.1 我国教育投资存在的主要问题

近年来，我国教育投资在日益完善的同时，仍然存在着诸多问题，主要表现为：教育投资相对量不足、教育投资区域不均衡、教育投资结构不合理。

1. 教育投资相对量不足

尽管近年来我国财政教育投资比例在逐年上升，但相对于我国 GDP 增长的速度和世界教育投资比例为 4.9％的平均水平，我国财政教育投资增长都显得极为缓慢，还有很大的提升空间。

2. 教育投资区域不均衡

我国教育投资区域不平衡主要表现在教育资源在不同地区的分配差异比较大：中西部等欠发达地区与发达地区之间以及城乡之间的教育投资存在着明显差距。根据《教育部、国家统计局、财政部关于 2014 年全国教育经费执行情况统计公告》，2014 年我国普通小学生生均财政预算内公用经费最高的是北京市 9 950. 95 元，最低的是贵州省1 386. 05元，两者相差近 8 倍。同时，政府财政城乡之间的分配不公平也使得城乡预算内生均教育经费存在较大差距，城镇小学和初中都要比农村高出 1 倍左右，农村地区政府财政拨款 90％以上都用于个人部分，只有不到 10％的部分用于公用发展部分，都说明了农村地区政府财政拨款的严重不足。

3. 教育投资结构不合理

根据国际惯例，教育投资的重点应该是初等教育（包括学前、小学和初等中学教育），对初等教育的投入要占总量的 50％；中等教育次之，约占 35％；高等教育最少，仅占 15％左右，整个投资结构应呈现出金字塔的形状。但我国高等教育 30％的比例明显偏高，教育投资结构严重失衡。对高等教育过多地投入挤占了基础教育经费，对于城市学生占多数的大学教育，实际上是用全社会纳税人对高收入群体以高等教育的名义进行的一种补贴，这种资源配置明显是不合理的。[①]

9.4.2 完善我国教育投资的对策建议

1. 采取多元措施增加教育投资

针对教育投资相对不足的问题，可以采取多种措施逐步解决，如通过相关法律法规建设，完善公共教育经费投入保障机制；开征教育税取代教育费附加，以减少教育经费的体外循环，规范政府行为；拓展多元投资渠道，调动社会和个人办学积极性；发展教育投资的资本化运作，建立教育产业投资基金等。

2. 建立规范的政府间教育财政转移支付制度

由于我国教育实行“地方负责、分级管理”的体制，而现实情况是许多地方政府在承担教育责任的同时，没有足够的财政资源作为实施政策和发展计划的必要保障，因此加强中央财政转移支付和省内财政转移支付是增加地区教育投入、保证地区间初等教育均衡发展和实现教育公平的重要手段。针对不同省份和地区的实际情况，采取灵活措施加以调整，如对于生均拨款占人均 GDP 比例较高而财政自给率较低的欠发达省份，可以考虑以中央财政转移支付为主，以省内财政转移支付为辅；对于生均拨款占人均 GDP 比例较低而财政自给率较高的发达地区，可以考虑以地方初等教育的生均拨款和省内财政转移支付为主，以中央财政转移支付为辅。

3. 通过政策导向，合理调整教育投资结构

通常财政教育投资在各级教育间的分配体现了一国的教育政策重点，本质上反映了该国经济社会对教育发展的需要。一般来说，经济水平较低的国家，教育发展的重心应在初等教育，随着经济水平的发展，教育发展的重心也逐步上移。[②] 根据我国当前经济社会发展水平和教育投资现状，应通过政策合理调整教育投资结构，集中投资，重点发展基础教育，尤其要确保中西部地区义务教育的经费投入。

本章小结

1. 教育投资即教育资源、教育投入和教育经济条件等，是投入教育领域中的人力、物力和财力等资源的总和。教育投资的性质比较复杂，不同的时代背景、情境领域和视角，决定教育投资或消费性、或生产性、或两者兼具的属性。

2. 教育投资比例是教育投资的核心内容，是教育投资在国民经济中所占的比重，有内部比例和外部比例、静态和动态指标之分，用来反映教育投资结构、国家教育投资规模、教育与国民经济关系以及政府对教育的重视程度等。

3. 确定教育投资合理比例的客观标志有三个，即从近期看，教育投资和教育事业的发展是否相适应；从远期看，教育所培养的劳动力和专门人才同经济和社会发展是否相适应；国民经济比例尤其是积累与消费的比例是否协调。

---

① 参见刘柄秀：《我国教育投资存在的问题及建议》，载《改革与开放》，2008（4）。

② 参见张宏霞：《我国财政教育投资现状、问题及对策》，载《地方财政研究》，2009（8）。

4. 教育成本分担与补偿理论解释了教育投资来源问题，其基本原则主要有能力支付原则和利益获得原则。据此，教育成本分担主体应该朝向多元化发展。目前高等教育成本分担的主体主要有个人家庭、政府部门、用人单位、学校和社会人士。

关键术语

教育投资　教育投资比例　利益获得原则　能力支付原则　教育成本分担与补偿　高等教育成本分担主体

复习思考题

1. 当前对教育投资属性的认识有哪些不同的观点？
2. 教育投资的特点有哪些方面？
3. 结合实际，说说教育投资比例合理的标志有哪些。
4. 教育成本分担与补偿应遵循哪些基本原则？
5. 根据教育成本分担与补偿理论，试分析高等教育成本分担主体。

案例分析

案例 9-1　我国公共教育投资比例发展的基本状况

世界各国的公共教育投资比例在1960—1975年间增长最快，平均水平从1960年的3.6%增长到1975年的5.5%。其中发达国家的平均水平从3.7%增长到6.0%，发展中国家的平均水平从2.3%增长到3.5%。进入20世纪80、90年代后则基本稳定在4.8左右。[①] 一般经济发展水平越高的国家，其公共教育投资比例相对越高；我国公共教育投资与世界平均水平相比，比例是偏低的，甚至低于欠发达国家。改革开放以来，我国公共教育投资比例历经时高时低、个别时期持续下降以及后来的平稳上升的发展阶段（见图9-6）。

由图9-6可发现，我国公共教育投资比例尽管与国际比较处于较低发展水平，但却呈现稳定上升的发展态势，尤其是从2005年的2.79%到2006年的2.93%，再到2011年的3.83%和2012年的4.00%。一方面说明了国家对教育的逐步重视，另一方面也反映了我国教育投资比例尚有较大的上升空间。针对人口较多的现状，这个比例还不够。早在1986年，以厉以宁、王善迈为首的几位学者曾做了一份名为《教育经费在国民生产总值中的合理比例研究报告》，计算出当人均GDP为800～1 000美元时，公共教育经费占GDP的相应比重应为4.07%～4.25%，方能促进教育与经济

---

① 参见王善迈主编：《教育投入与产出研究》，123页，石家庄，河北教育出版社，1996。

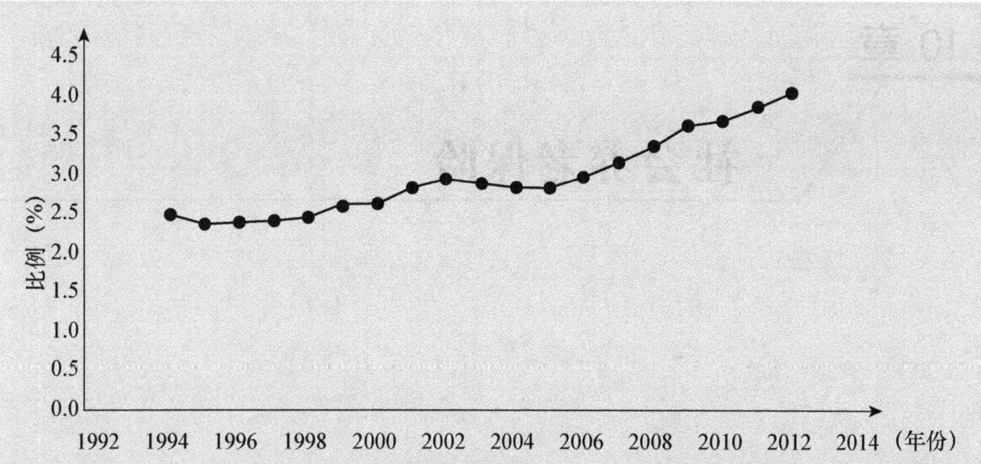

图 9-6　1994—2012 年我国财政性教育经费占 GDP 的比例变化情况

的良性发展。据此，1993 年，中国政府发布《中国教育改革和发展纲要》，首次提出国家财政性教育经费的支出“在 20 世纪末”占 GDP 的比例应该达到 4%的目标。而历经近 20 年的时间，到 2012 年 4%的目标才终于达到，相对 4.9%的世界平均水平，4%仅仅达到衡量一国教育水平的及格线，是我国教育改革和发展的新起点。

思考：试分析我国教育投资长期不足的原因。

案例 9-2　中国大学为何一有钱就盖新楼?

对任何国家来说，未来核心竞争力源自人力资本，特别是创新、创业人力资本，而大学是人力资本的培育基地。可是，这些年一谈重视大学教育、科研和培养世界一流大学，一般是大学经费增加，随后是各大学大兴土木，教学与科研却很少改善。为什么中国大学喜欢把教育经费首先用于盖新楼，而不是真正用来提升教学和科研质量呢？差大学更应把资金用于办学，可越差的大学越喜欢有钱就盖新楼！除少数情况外，中国的大学都是政府出钱办的，北大、清华、人大、复旦都如此。政府补贴，特别是在大学科研上的投入，仍是大学经费的主要来源。大学体系里，付钱办学的、提供教育的和接受教育的在本质上仍是三个不同方。具体来讲，决定给北大多少经费的是教育部、财政部、发改委官员，不是北大学生、家长和校友。北大学生、家长和校友是北大教育的最直接受益者，他们当然比一般群体更知道北大教育是否值得。作为顾客，他们比别人更能评估北大的教育绩效。但掌握大学资源配置权的不是这些“消费者”，而是政府官员。当教育科研经费主要由政府部门而不是由受教育方配置时，资源配置错位、低效不足为奇。

资料来源：陈志武：《中国大学为何一有钱就盖新楼?》，载《南方周末》，2011-11-18。

思考：如何才能有效解决这种教育资源配置错位、低效问题？

第 10 章

社会养老保险

在党的二十大提出“健全覆盖全民、统筹城乡、公平统一、安全规范、可持续的多层次社会保障体系”的基础上，党的二十届三中全会进一步为社会养老保险的发展指明了方向、明确了路径。党的二十届三中全会强调，健全保障和改善民生制度体系。其中，社会养老保险作为民生保障的关键环节，关乎广大人民群众退休后的生活质量与幸福指数。

随着我国人口老龄化的加速以及经济社会的不断发展，社会养老保险的重要性日益凸显。一方面，不断壮大的老年人群体对养老保险有着更为迫切的需求；另一方面，经济的快速发展也为社会养老保险制度的完善提供了坚实的物质基础和有利条件。健全灵活就业人员、农民工、新就业形态人员社保制度，进一步扩大社会养老保险覆盖面，全面取消不合理的参保限制等举措，是提升我国社会保障水平、发展多层次养老保险体系的必要之举。这不仅能够让更多的人享受到社会养老保险的福利，更是增进人民福祉、推进经济社会高质量发展的迫切需要。

10.1 社会养老保险概述

10.1.1 社会养老保险的概念、特征与基本原则

1. 社会养老保险的概念与特征

社会养老保险，亦称老年社会保险，是指受保者达到法定年龄并缴费（税）满一定年限后，国家和社会根据一定的法律和法规为其提供一定的物质帮助，以满足其老年阶段基本生活需要的制度。它是社会保险制度的重要组成部分。

从基本性质来看，养老保险制度是国家通过立法形式强制实施的，是以保障年老的社会成员晚年基本生活需求为目的的。一般说来，受保者年轻时根据国家的有关规定按时向

社会保险机构缴纳保险费用，履行法定的义务，为日后养老做资金储备。一旦受保人达到法定退休年龄，并退出劳动领域，就可以享受到社会保险机构提供的养老保险金。

养老保险一般具有下列几个特征：

第一，强制性。养老保险是由国家政府直接管理并在专门法律规定下强制实行的。凡属国家立法实施范围的企业及个人，必须参加，无选择的余地。同样，不符合相应条件的个人是不能参加的。凡符合条件的劳动者，有权向社会保险机构申请领取养老保险金，并享受法定的相应待遇。

第二，受保人必须达到法定年龄，并从事某种工作达到法定年限或缴费达到一定年限。所谓法定年龄是指法律规定的退休年龄，它是养老保险受益的首要条件。受保者只有达到法定的退休年龄才能开始享受养老保险的待遇。

这一特征是养老保险区别于其他社会保险的主要之处，因此，如何界定老年年龄显然是十分重要的。目前，各国根据自己国家的劳动力资源、经济发展、社会传统等各方面的因素，确定了不同的老年年龄。此外，一些特殊行业可能对劳动者的身体状况或工作经验提出特殊的要求，因此，在退休年龄上也有特殊要求，或大于一般行业，或小于一般行业。

另外，一些国家的法律还将工作年限或缴费年限作为享受养老保险的条件。对于前者，劳动者必须达到一定的工龄后才能享受养老金，例如，苏联给定的享受条件为男年满 60 岁、工龄满 25 年，女年满 55 岁、工龄满 20 年。对于后者，根据权利和义务对等的原则，劳动者必须参加社会保险，缴纳养老保险费并达到一定年限后才可能享受养老保险的相应待遇。当然，各国规定的具体年限也有所不同，例如，德国规定享受养老金的条件为年满 63 岁、工作 35 年或年满 65 岁、缴费 15 年；法国规定享受条件为年满 60 岁、缴费 37.5 年，如果未达到 37.5 年，则减发养老金。

第三，受保者事实上的退出劳动领域是享受养老保险待遇的另一个重要条件。从理论上来说，养老保险是对受保者因年老而失去工作和收入来源的风险进行的保障，其前提是受保者因年老而失去收入来源。如果受保者没有退出劳动领域，说明他并没有丧失收入来源，其生活仍然是有保障的，因而也不具备享受养老保险金的前提条件。目前，很多实行养老保险制度的国家都设有专门调查受保者达到退休年龄后的生活、工作和收入情况的部门。通过调查，为社会养老保险机构提供受保者退休后的再就业情况，对退休后继续工作的受保者要停止其养老保险金的给付，或根据其收入情况扣减其养老金。

另外，养老保险还具有适用范畴最为广泛的特点，因为几乎每一个人最终都会面临步入老年、出现生存困难的问题。应该说，在社会保险各个险种中，养老保险是最为重要的，它应该面向所有的社会成员。

2. 社会养老保险的基本原则

根据养老保险的基本含义和特征以及各个国家和地区的实践经验，养老保险制度的建立和运行必须遵循以下基本原则：

第一，保障基本生活。社会养老保险的目的是对劳动者退出劳动领域后的基本生活予以保障，维持基本生活是其待遇标准的依据。因此，实际的养老保险金既不能太低，以免无法维持老年人的正常生活；又不能太高，过高的养老金将导致在职职工和企业负担的增加，生产成本加大，从而影响经济和社会的发展。在实践中，许多国家把养老金的水平确定为该劳动者原工资的60%～80%。另外，对于养老保险需求更高的社会成员，他们可以参加补充养老保险（企业年金）和个人储蓄性养老保险，以获得更高的养老收入。

第二，权利与义务相统一。目前大多数国家在基本养老保险制度中都实行权利与义务相统一的原则，即要求参保人员只有履行规定的义务才能享受相应的养老保险待遇。这些义务主要包括：依法参加基本养老保险；依法缴纳基本养老保险费并达到规定的最低缴费年限。基本养老保险待遇以养老保险缴费为条件，并与缴费时间长短和数额多少直接相关。

第三，与社会经济发展阶段相适应。从理论上说，养老保险是一种普遍的社会保险制度，应该覆盖全体社会成员。但养老保险与其他社会保险项目一样，它的首要作用是为了帮助处于工业化进程的国家实现社会稳定，促进经济发展，从而保障社会成员的基本权益和社会公正。因此，养老保险制度的建立不能脱离特定国家或地区的社会经济发展水平，养老金的待遇标准也不能超出社会经济的承受能力，尤其是对于像中国这样的发展中国家来说，不能盲目地攀比发达国家的养老金水平。

另外，养老保险的覆盖范围也要符合实际情况，在很多发展中国家，广覆盖是需要经历一个渐进的扩展过程的。因此，基于各国的实际情况，既要最大限度地覆盖全体社会成员，也应从具体的社会经济承受能力出发，逐步地扩大养老保险的覆盖范围。

第四，养老金要与经济发展和居民生活水平增长相一致。一般来讲，一定的养老金待遇标准是相对静态的，而社会经济则始终处于发展之中。只要社会处于常态发展状态，既定的养老金水平必然会逐渐落后于居民生活水平的提高，老年人群的基本生活保障也会相应地受到损害。因此，有必要建立基本养老金调整机制，使退休人员的收入水平能在一定程度上满足他们不断增长的物质与文化生活需求。

10.1.2 从养儿防老到社会养老

从经济学的视野和个人的角度看，养老金的经济作用就是重新分配一个人的终生的收入和消费。一个人年轻时的工作所得大于他的消费，而年老时的消费大于他的工作所得，他需要一种制度安排来平滑这种时空上的所得与消费之间的冲突。

理论上，人们可以运用两种方法且仅有的两种方法来转移消费：他们可以储存现在的产品，或者他们能够获得未来产品的要求权。确保未来消费的方法之一就是留出部分产品供未来使用，你可以窖藏你年老所需要的食品和其他用品，但问题是这种方法的效率低下，因为放弃了储蓄的潜在回报，且存储的成本高昂，还有就是存储多少和储藏什么存在不确定性，因为你还不知道未来的需要是多少，你的偏好会有什么变化。靠大规模储存现在的产品来组织养老金的方法注定是没有希望成功的。[①]

人们可以用现在的产品去换取未来产品的要求权。人们可以通过货币收入的储蓄，以备年老后用自己的储蓄来购买那时年轻一代生产的产品。但是，这种情况在自给自足的农

① 参见［英］尼古拉斯·巴尔：《福利国家经济学》，214页，北京，中国劳动保障出版社，2003。

业经济社会是无法想象的。智慧的中国人创造了“养儿防老”的家庭养老制度安排，养儿防老的经济基础是扩大家庭（三代人及以上的家庭）制度，且家庭是一个生产和消费的基本组织单位。养儿防老是最原始的生命周期理论和世代交叠理论。“养儿防老”已经将人生的消费分为三个阶段：儿童期、成年期和老年期。成年人赡养年老父辈，是年老父辈对子代抚养的产品要求权的实现；成年人将剩余产品的一部分用于抚养子女，以求当他年迈时可以向他的子女要求赡养权利，就像他赡养他的父辈。只不过在自给自足的农业经济社会中，这种代际转移的内容是实物而不是货币，组织者是家庭而不是政府。目前，中国家庭在老年人的经济和服务保障的供给中仍然发挥一定的作用，尤其农村地区。

随着工业化和城镇化的出现，家庭在现代社会的保障功能日益弱化，绝大多数工业化与城镇化水平较高的国家和地区，均建立起以政府提供养老为主的制度体系。养老的内容不只囿于收入保障，还涉及老年人口医疗及照顾。

在养老方面，可供选择的制度有政府提供和私人提供，政府提供一般是现收现付制度，私人提供可以是商业保险（人寿保险和年金）、企业年金和个人储蓄，包括强制的和自愿的储蓄。截至目前，170 多个国家选择了政府提供的社会养老保险制度。

为什么要实施强制养老保险？因为个人理性是有限的，个人的非理性是普遍存在的，对于风险的认识普遍具有“短视”的特点，尤其是年轻人对几十年后的退休生活面临消费不足的认识是非常有限的，并且当即期消费与未来消费发生冲突时，人们更倾向于选择即期消费而不是未来消费。正是人们对即期消费的偏好和“短视”弱点的认识，即使保守的政府也会选择强制性养老保险制度。

为什么政府提供的社会养老保险制度在发达国家占主要的地位呢？这里我们从效率和公平的关系来考察养老保险制度的选择。在私人保险市场上，只有当完全信息、完全竞争和不存在市场失灵的标准假设成立时，自由市场才能有效提供养老金。在现实生活中，这种完全市场是不存在的，尤其是在保险市场上信息不完全是普遍的，而关键的问题是需求方是否对他们购买的技术复杂的金融工具有充分的了解。在保险市场上，市场失灵是普遍存在的。只有市场能够提供可以预防非预期性的通货膨胀的保险时，人们才能决定购买无论是从数量上还是从质量上看都是有效的未来消费（养老保险）。

但现实中这种保险是不可行的，原因有二：一是未来的通货膨胀水平是不确定的，并且其概率的分布是不得而知的；二是通货膨胀是一种共同风险，被保人之间不能通过相互转嫁来分散风险，是不可保风险。比如，火灾保险，一个被保人在标的物发生损失后之所以可以得到保险的补偿，是因为其他人交了保费而没有发生火灾，此所谓保险“众人为一”的功能发挥的结果。而通货膨胀一旦发生则所有人都面临同样的问题，被保人不能相互转嫁风险。博迪在 1990 年的研究提出：“在美国，事实上没有任何私营养老金方案能提供退休后的自动通货膨胀保护。”玛格丽特·戈登在 1998 年对多国进行调查的结论是：“将退休后的养老金与物价挂钩……将使基金制企业养老金计划呈现重大的困难。”①

综合以上的分析，政府提供强制的社会养老保险制度，一是为了克服人们的“短视”

① 转引自［英］尼古拉斯·巴尔：《福利国家经济学》，220 页，北京，中国劳动保障出版社，2003。

问题，二是为了克服私人养老金制度下通货膨胀的风险，有效克服通货膨胀风险的办法是实行代际转移的现收现付的公共退休制度。

10.1.3 人口老龄化与“三支柱”养老体系

以德国模式为蓝本的现收现付制度在20世纪70年代以后遇到了人口老龄化与制度可持续性的冲突，因而在理论上和实践上都出现了以社会养老保险为主体的老年保障形式向“三支柱”（社会保险、企业年金和个人储蓄）方案的转变。

随着经济的发展、医疗技术和社会制度的进步，人类由高出生率、高死亡率、低预期寿命的“两高一低”人口增长方式转型为低出生率、低死亡率、高预期寿命的“两低一高”人口增长方式。根据联合国制定的标准，一个国家65岁以上的老年人在总人口中所占比例超过7%或60岁以上人口超过10%，便被称为老年型国家。除少数非洲国家外，现在几乎所有国家的人口结构都在趋于老年化，这是因为人口出生率逐年下降而平均寿命不断增加造成的。当前，在全世界190多个国家和地区中，有60多个已进入老年型国家行列。2005年联合国发布的预测显示，世界60岁以上老年人口比例将由2000年的10.0%，上升到2025年的15.1%，2050年的21.7%；65岁以上老年人口比例相应地由6.9%上升到10.5%、16.1%；年龄中位数相应地由26.8岁上升到32.8岁、37.8岁。2014年中国60岁以上老人已达2.12亿，也进入了老年型国家的行列（见表10-1）。

表10-1　　2014年中国人口总数及其构成

指标	年末数（万人）	比重（%）
全国总人口	136 782	100.0
其中：城镇	74 916	54.8
乡村	61 866	45.2
其中：男性	70 079	51.2
女性	66 703	48.8
其中：0～15岁（含不满16周岁）	23 957	17.5
16～59岁（含不满60周岁）	91 583	67.0
60周岁及以上	21 242	15.5
其中：65周岁及以上	13 755	10.1

资料来源：《2014年国民经济和社会发展统计公报》，见国家统计局网，2015-02-26。

人口老龄化是社会经济发展的结果。20世纪70年代，高收入国家就开始注意到了人口老龄化现象，一些国家开始了制度的准备工作。人口老龄化意味着现收现付制度的赡养负担越来越重，意味着当下在职职工的赋税越来越重、政府的负担越来越重。各工业国纷纷寻找新的出路，私人养老金的作用日益得到加强。在这方面美国走在各国的前列，形成了社会保险、企业年金和个人储蓄三种制度同时起作用的格局，即所谓“三支柱”方案，引起许多国家的关注。世界银行认为，在人口老龄化日益发展的情况下，单一的公共养老金制度日益受到政治和财政的压力与挑战，养老体制不具可持续性，而建立多支柱养老保障计划既可以降低政府责任，又可以分散风险，为老年人提供稳定的保障。

虽然也有人对此提出不同意见，认为多支柱会使得制度进一步复杂化，会增加管理成本和监督成本，而且政府的“最后出场人”角色也使得政府的责任不见得会降低多少。此外，多支柱分散风险的效果最终取决于制度的具体设计和外部经济环境，多支柱还可能带来新的风险。但在实践中越来越多的国家一方面开始减轻公共退休金的权重，另一方面则努力发展企业年金和个人储蓄制度。可以看出，中国的以基本养老保险为基础、以企业年金和个人储蓄为补充的三层次的养老保险制度安排，就深受世界银行相关制度的影响。

10.2 国际养老保险模式

世界各国的养老保险制度千差万别。根据养老保险制度的总体设计，可将其分为四种模式，即国家统筹模式、投保资助模式、强制储蓄模式和福利国家模式（见表10-2）。

10.2.1 国家统筹模式

国家统筹模式由国家承担劳动者的全部养老责任，国家事先对社会保障费用做预留和扣除，个人不缴纳保障费，保障对象为全体公民，其宗旨是“最充分地满足无劳动能力者的需要，保护劳动者的健康并维持其工作能力”。工薪劳动者在年老丧失劳动能力之后，均可享受国家法定的社会保险待遇，但国家不向劳动者本人征收任何老年保险费，老年保险所需的全部资金都来自国家的财政拨款。这种模式在少数社会主义国家实行，苏联是这一类型的首创和代表，我国改革前也实行这种模式。

国家统筹模式养老保险在一定历史时期对于稳定社会、保障劳动者的晚年生活起到了积极作用。但随着社会经济的发展和人口老龄化的加快，特别是转入市场经济新体制后，国家统筹模式养老保险制度暴露出很多弊端。例如，资金来源过于单一，使国家或企业背上沉重的包袱；劳动者本人不缴纳任何费用，造成劳动者缺乏自我保障意识，国家和企业身上的包袱越来越沉重等。

10.2.2 投保资助模式

投保资助模式又称自保公助模式，是社会共同负担、社会共济的养老保险模式。它由劳动者个人参保，国家提供一定的资助。每一个劳动者和未在职的普通公民，都属于社会保险的参加者或称受保对象；在职的企业雇员必须按工资的一定比例按期缴纳社会保险费，未在职的社会成员必须向社会保险机构缴纳一定的养老保险费，作为参加养老保险所履行的义务，这样才有资格享受社会保险。同时，企业或雇主也必须按照企业工资总额的一定比例定期缴纳保险费。

按照投保的情况不同，领取的保险金分为三个层次：第一个层次是国家法定退休金，包括普遍养老金和雇员退休金两种。普遍养老金覆盖到全体国民，不管有无工作及收入多少，只要达到一定的年龄，并且向社会保险机构缴纳过一定的保险费，每一位老年人都有权利享受此项保险金。通常，在实行普遍养老金的国家，公务员有补充退休金。雇员退休金只有企业的雇员才能享受，雇主和政府工作人员没有此项保险。企业的雇员只要按规定缴纳保险费，达到法定退休年龄，就可以享受雇员退休金。雇员缴费按照工资的一定比例，工资过低不缴费，工资超过一定数额以上的部分也无须缴费。

第二个层次为企业补充退休金（企业年金）。这种保险一般由企业实施，企业为吸引、保留优秀员工，提高雇员退休生活水平实施该保险，具体投保及领取办法由企业自行规定。各企业实行的补充退休金标准各不相同，但一般由雇主投保，雇员中途离开企业一般无权领取补充退休金。

第三个层次为个人养老保险，包括养老储蓄、养老互助储蓄及人寿保险等。未被企业养老保险覆盖的个体劳动者和想提高老年保障水平的人可以按照自己的需要参加个人养老保险。

投保资助模式起源于德国，后为美国和日本等国所效仿，是目前世界上大多数国家实行的养老保险方式。我国 20 世纪 90 年代以来对养老保险制度进行了改革，基本目标就是向投保资助模式方向发展，根据我国经济水平和职工的承受能力以及劳动力结构复杂、层次不一的特点，实行国家、企业和个人共同负担的投保资助模式，建立社会统筹与个人账户相结合的养老保险制度。

10.2.3 强制储蓄模式

强制储蓄模式由企业和个人缴纳保险费，国家不进行直接投入，只给予一定的政策优惠。采取这种保障方式的以新加坡为典型代表，在少数亚非发展中国家实行。强制储蓄模式的典型特点是由中央政府决策，并自上而下地组织开展强制储蓄。因为有中央政府的这种作用和政府在税收和利率方面的政策优惠，才使得这种模式有社会保障的性质。

新加坡的基本做法是由政府制定《中央公积金法》，并成立一个权威性的社会保险机构——中央公积金局，制定养老保险的方针政策，进行日常管理；每个雇员都有自己的社会保险卡，卡面上记录着自己的缴费情况；政府只对养老保险金缴费进行税收和利率的优惠。

在这种模式下，可积累大量的社会保险基金，配合良好的资金运营管理，可以为退休者提供高水平的保障。新加坡的公积金制度建立以来，运转良好，不仅为退休者支付了充足的退休金，而且还有相当的结余。国家利用公积金购买国家债券，解决了居民住房建设资金短缺的问题；通过公积金在国家建设项目上的投资，还实现了国家经济的高速增长，并进一步提高了劳动者收入水平，为公积金提供了更多的资金来源，形成了良性循环。但是这种模式也有一定的局限性，要求企业和劳动者的投保费率较高，必须是在经济发展速度较快、水平较高的情况下才能实行，其他一些经济发展水平不高的国家实行这一制度的效果并不理想，其主要原因就是社会投保能力不足，致使资金短缺，不能实现良性运行。此外，公积金制度给国家和中央政府带来了过大的工作量和责任，在经济发生波动的情况下或出现货币贬值等问题时，中央政府难以保证兑现对社会保障的承诺。

10.2.4 福利国家模式

福利国家模式是在英国、北欧国家及其他英联邦国家普遍推行的养老保险制度。该制度作为福利政策的一项主要内容，强调普遍性和人道主义，把所有老年人作为普遍养老金的发放对象，退休者还享受与收入关联的年金。普遍养老金的基金来源于税收，由国家和企业承担，个人不缴纳或只缴纳少部分保险费。

福利国家模式形成于第二次世界大战前后，1948 年英国工党政府宣布英国成为福利国家。福利国家制度下实行的普遍养老保险，有两种运作系统：一种是定额制，以北欧和英国为代表，保障对象是公务员，采取直接现金给付办法；第二种是工资收入所得比例制，以德国为代表，保障对象是全体劳动者，要求强制性加入，经费来源于保险税费。20 世纪 70 年代以来，福利国家模式逐渐暴露出一些问题，政府为了保持高水平的福利待遇，不得不实行高税收，导致高负担，最终导致社会福利的危机。福利国家在危机面前，只得采取改革措施，从而造成了政治上的被动局面。

表 10－2　养老保险四种模式的比较

模式分类	责任分担	覆盖范围	保障水平	缴费	管理
国家统筹模式	国家财政承担全部责任	国有、集体企业职工及体制内单位工作人员	保障水平相对较高，保障层次单一	个人不直接缴费	管理简单粗放
投保资助模式	国家、单位、个人责任共担	覆盖面涵盖所有自愿投保居民	多层次保障；满足投保人不同需求，保障水平适度	一般由单位、个人承担，国家给予支持	管理体系相对复杂，管理成本高，管理难度大
强制储蓄模式	主要由个人或者个人与单位共同承担责任，国家一般仅提供政策支持	制度强制力，几乎覆盖所有居民	保障水平与储蓄规模正相关	保险费由个人或单位与个人承担	国家成立专门机构统一管理
福利国家模式	国家和企业承担责任，个人一般不直接承担责任	覆盖全体国民	保障水平高，财政负担重	国家和企业承担，个人缴纳少部分或不缴纳	管理体系复杂，成本较高

10.3　中国基本社会养老保险制度

党的二十大报告指出，“完善基本养老保险全国统筹制度，发展多层次、多支柱养老保险体系。实施渐进式延迟法定退休年龄。扩大社会保险覆盖面，健全基本养老、基本医疗保险筹资和待遇调整机制”。党的二十届三中全会进一步提出，逐步提高城乡居民基本养老保险基础养老金，扩大年金制度覆盖范围，推行个人养老金制度。当前中国的基本社会养老保险制度包括两大部分。一部分是城镇职工基本养老保险制度，另一部分是城乡居民基本养老保险制度。城镇职工基本养老保险制度覆盖范围主要包括城镇各类企业职工、个体工商户、灵活从业人员、部分农村户籍人口和机关事业单位工作人员（2014 年 10 月 1 日起）；城乡居民基本社会养老保险制度由新型农村社会养老保险制度和城镇居民社会养老保险制度整合而成。

10.3.1　城镇职工基本社会养老保险制度

1. 城镇企业职工基本社会养老保险制度

（1）发展历程。城镇企业职工基本养老保险制度从 1951 年创建至今，已有 60 余年的历史，随着我国经济体制的转型和社会背景的变化，该保险制度也在不断地进行改革和调整。我国城镇企业职工基本养老保险制度的发展历程可划分为改革开放前和改革开放后这两个大阶段。改革开放前，城镇企业职工基本养老保险制度是在借鉴苏联经验的基础上建立起来的，主要是以国家保险模式为主，个人不缴纳保险费，实行全国统筹；改革开放后，城镇企业职工基本养老保险制度逐步引入个人负担机制，开始尝试实施社会统筹和个人账户相结合的方法，由国家保险模式向投保资助模式转变。

（2）城镇企业职工基本养老保险制度的主要内容。并轨前的城镇企业职工基本养老保险制度以《关于完善企业职工基本养老保险制度的决定》《中华人民共和国社会保险法》为法律依据。

第一，覆盖范围和参保对象。并轨前城镇企业职工基本养老保险的覆盖范围和对象包括城镇各类企业及其职工、个体工商户、灵活就业人员。随着户籍制度改革和城乡一体化的推进，部分地区放开了户籍限制，有条件的农村户籍人员也可比照城镇灵活就业人员参保办法参加城镇企业职工基本养老保险。

参保对象具体可以划分为“老人”“中人”及“新人”三种。这种划分方法是在我国养老保险制度从“老制度”向“新制度”转型过程中产生的。一般来说“老人”是指《国务院关于建立统一的企业职工基本养老保险制度的决定》（1997 年）实施前的退休人员；“中人”是指《国务院关于建立统一的企业职工基本养老保险制度的决定》（1997 年）实施前参加工作，实施后退休的人员；“新人”是指《国务院关于建立统一的企业职工基本养老保险制度的决定》（1997 年）实施后的参保人员。但由于各地实施新养老保险制度的具体时间不同，所以划分“老人”“中人”“新人”的时间点也有所不同，具体划分点以各地实施新制度的开始时间为准。

第二，缴费基数与费率。城镇各类企业及其职工的缴费方法与个体工商户及灵活就业人员不同。

现行城镇各类企业及其职工的缴费办法规定：企业按照本企业职工上年度工资总额的 20％缴费并计入统筹账户；职工个人按照本人上年度月平均工资的 8％缴费并计入个人账户，月平均缴费工资超过当地职工平均工资 300％的部分，不计入个人缴费工资基数；低于当地职工平均工资 60％的，按 60％计入。

个体工商户和灵活就业人员的缴费办法为：以当地上一年度在岗职工平均工资为缴费基数，缴费比例为 20％，全部由个人缴费形成，其中 8％计入个人账户，12％计入统筹账户。

第三，领取资格。参保人享受养老保险待遇需要具备以下条件：

一是退休年龄：国家法定的企业职工退休年龄是男年满 60 周岁，女工人年满 50 周岁，女干部年满 55 周岁。从事井下、高温、高空、特别繁重体力劳动或其他有害身体健康工作的，退休年龄男年满 55 周岁，女年满 45 周岁，因病或非因工致残，由医院证明并经劳动鉴定委员会确认完全丧失劳动能力的，退休年龄为男年满 50 周岁，女年满 45 周岁。

二是缴费年限：累计缴费满 15 年以上。缴费年限不足 15 年的，可以申请从城镇企业职工基本养老保险转入城乡居民养老保险，待达到城乡居民养老保险规定的领取条件时，按照城乡居民养老保险办法计发相应待遇。

随着经济社会的发展，人口预期寿命延长，人口老龄化加剧，养老金支付压力加大，部分人口输出大省养老金收不抵支。国务院、人力资源和社会保障部关于渐进式延长退休年龄方案已基本成熟，将适时推行。学界就适度延长养老保险缴费年限的讨论已基本定格，延长最低缴费年限是大势所趋，推行只是时间问题。

第四，待遇支付。退休时基本养老金由基础养老金和个人账户养老金构成。其计算公式为：基本养老金＝基础养老金＋个人账户养老金。

基础养老金是由统筹账户支付的养老金，月标准以当地上年度在岗职工月平均工资和本人指数化月平均缴费工资的平均值为基数，缴费每满一年发 1%；个人账户养老金，即由个人账户支付的养老金，月支付标准为个人账户存储总额除以计发月数。个人账户养老金的计发月数及退休年龄如表 10－3 所示。

表 10－3　　个人账户养老金的计发月数及退休年龄

退休年龄	计发月数	退休年龄	计发月数
40	233	56	164
41	230	57	158
42	226	58	152
43	223	59	145
44	220	60	139
45	216	61	132
46	212	62	125
47	208	63	117
48	204	64	109
49	199	65	101
50	195	66	93
51	190	67	84
52	185	68	75
53	180	69	65
54	175	70	56
55	170		

对于“中人”，其养老待遇除了基础养老金和个人账户养老金外，还包括过渡性养老金。过渡性养老金＝指数化月平均缴费工资×R×视同缴费年限。式中 R 为计发系数，其值为 1%～4%，由各地具体测算后确定。视同缴费年限是指国务院《关于建立统一的企业职工基本养老保险制度的决定》（1997 年）实施前的工作年限，是对“中人”以前保险扣除的公平补偿。

第五，养老金调整机制。企业退休人员的退休金实行不定期调整机制，并且养老金标准与物价变动挂钩，物价和工资水平呈现逐渐上升的趋势，所以养老金水平也应随之上调，从而使老年人生活水平不至于出现大的滑坡。截至 2015 年，国家已连续 11 次以 10% 左右的增幅调整企业退休人员养老金水平。目前全国企业退休职工养老金平均水平已达 2 250元/月（见表 10－4）。

表 10-4　　2015 年全国企业退休人员养老金一览表

排序	地区	较 2014 年人均增长额（元）	较 2014 年增幅（%）	2015 养老金标准（元）
1	西　藏	334	10	3 672
2	北　京	305	10	3 355
3	上　海	345	12	3 281
4	青　海	267	10	2 910
5	浙　江	250	10	2 811
6	山　西	237	10	2 638
7	山　东	272	12	2 618
8	新　疆	236	10	2 534
9	天　津	230	10	2 525
10	江　苏	224	10	2 460
11	宁　夏	250	11	2 428
12	广　东	223	10	2 420
13	重　庆	216	10	2 406
14	福　建	206	10	2 376
15	陕　西	211	10	2 327
16	内　蒙	206	10	2 304
17	河　北	217	10	2 288
18	湖　北	201	10	2 238
19	辽　宁	203	10	2 236
20	云　南	214	11	2 210
21	甘　肃	206	10	2 168
22	江　西	269	14	2 161
23	贵　州	206	11	2 158
24	广　西	256	13	2 158
25	河　南	195	10	2 145
26	黑龙江	220	12	2 120
27	四　川	221	12	2 114
28	安　徽	198	10	2 088
29	海　南	182	10	2 007
30	湖　南	187	10	2 007
31	吉　林	225	13	1 947
2015 年平均			2 250 元	

资料来源：根据 31 个省（自治区、直辖市）2015 年养老金调整方案整理获得。

2. 机关事业单位基本养老制度

（1）发展历程。第一阶段：初创阶段。1955 年国务院颁布了《国家机关工作人员退职处理暂行办法》，标志着我国机关事业单位养老保险制度的基本建立，该法对国家机关事业单位工作人员的养老保险待遇做出了规定：养老保险费由国家机关行政经费和事业单位的事业经费直接支付，并由中华人民共和国人事部进行综合管理。

第二阶段：调整阶段。

1958 年，国务院颁布了《关于工人、职员退职处理的暂行规定》，将城镇企业职工和政府公务员办法合并，从此，机关事业单位和企业职工的养老保险办法基本统一。该规定的出台，放宽了退职、退休的条件，提高了离退休人员的待遇，解决了机关事业单位和企业养老保险待遇不一致的问题。

第三阶段：倒退阶段。

1966 年 5 月到 1976 年 10 月的十年动乱，使我国社会保险制度受到了严重的干扰和破坏。《劳动保险条例》被称为腐蚀职工的修正主义条例，受到了否定。1969 年，管理社会保险的内务部被撤销，中央政府主管民政工作的专门机构不复存在。

第四阶段：恢复阶段。

改革开放以来，我国经济迅速发展，有关经济体制和劳动制度的改革全面展开，机关事业单位养老保险制度的地位和作用日益受到国家的重视。

1978 年，国务院发布的《关于安置老弱病残干部的暂行办法》和《关于工人退休、退职的暂行办法》，将 1958 年统一的企业职工与机关事业单位职工的退休制度又重新分立，并对企业职工退休退职条件、对劳动模范和特殊贡献人员的退休问题做了明确规定。

1992 年，人事部颁布了《关于机关事业单位养老保险制度改革有关问题的通知》，对机关事业单位职工养老保险制度改革提出了一些新的意见。但改革只局限于部分地区，并没有在全国范围内铺开。

第五阶段：起步阶段。

随着《国家公务员暂行条例》的颁布，以养老保险制度为核心的公务员社会保障制度的改革作为公务员制度的配套工程被提上了日程。同年，上海、辽宁、海南等地率先开展了公务员养老保险制度改革，尝试将城镇所有企业职工和机关事业单位职工的养老保险制度进行统一。

截至 1997 年，全国机关事业单位社会保险制度改革下达文件的省级政府有 19 个，推行试点的省市为 27 个，县市区达 1 700 个。但由于受诸多因素的影响，大部分地区的改革采取的是“部分铺开”的做法，而实行“一步到位”式改革的地方只有极少数，改革不够全面和彻底。

第六阶段：事业单位独立改革阶段。

2005 年 11 月，人事部发布了《事业单位公开招聘人员暂行规定》，国家把事业单位分类改革推向了第二个高潮，对经营开发服务类事业单位首先进行“改企转制”推向市场，事业单位养老保险制度的建立以及与企业养老保险制度的合理衔接成为推进事业单位改革的重要辅助保障。

2009 年人力资源和社会保障部正式下发了全国《事业单位养老保险制度改革试点方案》，要求山西、上海、浙江、广东、重庆 5 个试点省市认真做好启动准备工作。这一改革实行与企业职工养老保险相同的社会统筹与个人账户相结合的制度，缴费基数、缴费比例、计发办法等都与企业养老保险相同。实行改革的事业单位养老保险制度在筹资模式、计发办法等方面要与现阶段城镇企业职工基本养老保险制度模式相一致，以便不同群体间养老保险制度的衔接。但由于阻力过大，此次改革仅停留在纸质文件上，未有实质性进展。

第七阶段：机关事业单位同步改革阶段。

2015 年 1 月 14 日，国务院发布《国务院关于机关事业单位工作人员养老保险制度改革的决定》（国发〔2015〕2 号），自 2014 年 10 月 1 日起实施。本次改革的最大亮点是“一个统一、五个同步”。

“一个统一”，是指机关事业单位职工与体制外从业人员统一实行社会统筹和个人账户相结合的基本养老保险制度，都实行单位和个人缴费，都实行与缴费相挂钩的养老金待遇计发办法，从制度和机制上化解“双轨制”矛盾。在此基础上，形成城镇职工和城乡居民基本养老保险并行的两大制度平台，并可相互衔接，从而构建起完整的城乡养老保险制度体系。

“五个同步”：一是机关与事业单位同步改革，避免单独对事业单位退休制度改革引发过大的阻力。二是职业年金与基本养老保险制度同步建立，在优化保障体系结构的同时保持待遇水平总体不降低。三是养老保险制度改革与完善工资制度同步推进，在增加工资的同时实行个人缴费。四是待遇确定机制与调整机制同步完善，退休待遇计发办法突出体现多缴多得，今后待遇调整要综合考虑经济发展、物价水平、工资增长等因素，并与企业退休人员等群体统筹安排，体现再分配更加注重公平的原则。五是改革在全国范围同步实施，防止地区之间出现先改与后改的矛盾。

（2）现行机关事业单位养老保险制度主要内容。参保范围为按照公务员法管理的单位、参照公务员法管理的机关（单位）、事业单位及其编制内的工作人员。缴费基数、比例，养老金计发办法与企业相同，政策依据为 2005 年国务院颁布的《关于完善企业职工基本养老保险制度的决定》（简称《决定》）。

《决定》实施前参加工作、实施后退休且缴费年限（含视同缴费年限，下同）累计满 15 年的人员，按照合理衔接、平稳过渡的原则，在发给基础养老金和个人账户养老金的基础上，再依据视同缴费年限长短发给过渡性养老金。《决定》实施后达到退休年龄但个人缴费年限累计不满 15 年的人员，可以申请转入户籍所在地城乡居民基本社会养老保险，享受相应的养老保险待遇。

《决定》实施前已经退休的人员，继续按照国家规定的原待遇标准发放基本养老金，同时执行基本养老金调整办法。机关事业单位离休人员仍按照国家统一规定发给离休费，并调整相关待遇。

机关事业单位在参加基本养老保险的基础上，应当为其工作人员建立职业年金。单位按本单位工资总额的 8%缴费，个人按本人缴费工资的 4%缴费。工作人员退休后，按月领取职业年金。

10.3.2　农村社会养老保险制度

“养儿防老”这句古训已经流传了几千年，在很大程度上反映了我国农民的真实生存状态。改革开放后的一个时期内，农村经济虽然有了很大的发展，社会结构也发生了较大的变化，但家庭养老在我国农村养老保障体系中的地位并未发生根本性的动摇，其作用也未被其他养老方式取代。近年来，随着时代的发展，人口老龄化加剧，土地保障功能逐渐弱化，孝道文化亦受到较强冲击，使得农村家庭养老保障愈发困难。

1. 农村养老保险制度的产生与发展

我国传统“养儿防老”面临着严峻的挑战，20世纪80年代中期开始，探索性地建立了农村养老保险制度。到目前为止，农村养老保险制度已有30多年的历史，大体可以分为五个阶段。

(1) 试点阶段。1986年10月民政部根据“七五”计划提出“建立职工农村社会保障制度雏形”的要求，在江苏省沙洲县（现张家港市）召开了“全国农村基层社会保障工作座谈会”，这标志着农村养老保险在我国开始萌芽。会后，民政部在一些经济发达地区进行了农村社会养老保险试点工作。

(2) 推广阶段。1991年，民政部制定了《县级农村社会养老保险基本方案（试行）》（简称《基本方案》），确定了以县为基本单位开展农村社会养老保险的原则。农村养老保险采取政府引导、组织，农民自愿参加的方式，资金筹集坚持“个人缴纳为主、集体补助为辅、国家予以政策扶持”的原则。到1995年底，全国已有30个省、直辖市、自治区的1 500多个县（市、区）开展了该项工作，有近5 000万农村人口（含乡镇企业职工）参加了农村社会保险，积累保险基金50多亿元。

(3) 整顿阶段。1998年，国务院机构改革，将农村社会保险工作划归新组建的劳动和社会保障部管理。由于受多种因素影响，全国大部分地区的农村社会保险工作出现了参保人数下降、基金运行难度加大等困难，一些地区的农村社会养老保险工作甚至陷入停滞状态。1999年，《国务院批转整顿保险业工作小组保险业整顿与改革方案的通知》要求对农村社会养老保险进行清理整顿，停止接受新业务，有条件的可以逐步过渡为商业保险。2001年，劳动和社会保障部根据中央关于“整顿规范农村社会养老保险，要从实际出发，充分考虑各地农村经济、社会发展的差异”的指示，对农村社会养老保险整顿规范进行了分类指导。2002年10月14日，劳动和社会保障部向国务院呈送了《关于整顿规范农村养老保险进展情况的报告》，阐明了农村养老保险整顿规范既要考虑目前我国尚不具备普遍实行农村养老保险的条件这一总体判断，同时也要考虑这项工作已经开展了十几年，参保人数和基金积累已达到一定规模，上百万农民开始领取养老金，如果简单停办或退保可能引发农村社会稳定，提出农村社会保障工作要坚持在有条件的地区逐步实施，同时要研究探索适合农民工、失地农民、小城镇农转非人员特点的养老保险办法。

(4) 恢复阶段。2002年，党的十六大提出，“有条件的地方，探索建立农村养老、医疗保险和最低生活保障制度”，在这个大背景下，农村社会养老保险进入新的发展阶段。为了与1992年实施的《基本方案》区别，政府和学界把《基本方案》称为“老农保”，2003年之后实施的农村养老保险称为“新型农村社会养老保险”，简称“新农保”。在政府的指导下，经济发达地区开始进入新农保探索试点阶段，纷纷出台新农保政策，大体原则为“个人缴费、集体补助、政府补贴相结合”。经济发达地区在加大政府引导和支持力度、扩大覆盖面、创新制度模式、建立调整增长机制、防范基金风险等方面取得了一定的突破和进展。

(5) 快速推进阶段。2009年9月1日，国务院办公厅发布《国务院关于开展新型农村社会养老保险试点的指导意见》（简称《指导意见》），2009年试点覆盖面为全国10%的县

(市、区、旗),以后逐步扩大试点,2020 年之前基本实现对农村适龄居民的全覆盖。这标志着我国农村社会养老保险制度建设进入了一个崭新时期,这在我国农村社会保障发展史上具有里程碑的意义。2011 年 6 月 21 日,全国城镇居民社会养老保险试点暨新型农村社会养老保险试点经验交流会议召开。会议指出,国务院决定加快新农保试点进度,在本届政府任期内基本实现制度全覆盖。随后,各省根据自身的实际情况推进本省新农保制度全覆盖工作。新农保制度全覆盖比原计划提早了 8 年。

2. 新农保制度的原则与主要内容

《指导意见》从参保对象、基金筹集、养老金待遇、基金管理、经办管理、制度衔接几个层面系统介绍了新型农村社会养老保险制度的基本原则和主要内容。

表 10-5　　国务院关于开展新型农村社会养老保险试点的指导意见

基本原则	保基本、广覆盖、有弹性、可持续	
参保对象	年满 16 周岁(不含在校学生)、未参加城镇职工基本养老保险的农村居民,在户籍地自愿参加	
基金筹集	个人缴费	每年 100 元、200 元、300 元、400 元、500 元 5 个档次,自主选择
	集体补助	有条件的村集体应当给予补贴,并鼓励其他经济组织提供资助
	政府补贴	政府支付基础养老金,其中中央财政对中西部地区按中央确定的基础养老金标准给予全额补助,对东部地区给予 50%的补助。地方政府补贴标准不低于每人每年 30 元,对选择较高档次标准缴费的,可给予适当鼓励。对农村重度残疾人等缴费困难群体,地方政府为其代缴部分或全部最低标准的养老保险费
养老金待遇	基础养老金	中央确定的基础养老金标准为每人每月 55 元 地方政府可根据实际情况提高基础养老金,对于长期缴费的,可适当加发基础养老金
	个人账户养老金	个人缴费以及各项补贴全部计入个人账户 参考中国人民银行公布的金融机构人民币一年期存款利率计息 月计发标准:个人账户总额除以 139(参保人死亡,个人账户中的余额除去政府补贴部分可以依法继承)
	领取条件	年满 60 周岁,未享受城镇职工养老保险待遇的农村居民 制度实施时已年满 60 周岁的,不用缴费直接领取
	待遇调整	根据经济发展和物价变动等,适时调整基础养老金的最低标准
基金管理	管理	基金纳入社会保障基金财政专户,收支两条线管理,按有关规定实现保值增值
	监督	试点阶段,实行县级管理,逐步提高管理层次,有条件的可直接实行省级管理
经办管理	建立参保档案 建立全国统一的信息管理系统 新农保工作经费纳入统计财政预算	
制度衔接	对已参加老农保,未满 60 周岁且没有领取养老金的参保人,应将老农保个人账户资金并入新农保个人账户,按新农保缴费标准继续缴费	

10.3.3 城镇居民社会养老保险制度

根据《中华人民共和国国民经济和社会发展第十二个五年规划纲要》《中华人民共和国社会保险法》(简称《社会保险法》) 的规定，国务院于2011年6月7日发布《国务院关于开展城镇居民社会养老保险试点的指导意见》(简称《指导意见》) (城镇居民社会养老保险简称“城居保”)。《指导意见》规定从2011年7月1日起在全国开展城居保试点工作，2012年基本实现城镇居民养老保险制度全覆盖。

(1) 参保范围和对象。《指导意见》规定，年满16周岁（不含在校学生）、不符合职工基本养老保险参保条件的城镇非从业居民，可以在户籍地自愿参加城镇居民养老保险。

对于城镇非从业居民目前没有统一的规定，从各省市城居保的实施情况来看，城镇非从业居民主要包括以下几类人群：第一，城镇失业居民；第二，城镇残疾居民；第三，城镇60周岁以上没有社会养老保险的城镇居民；第四，城镇就业不稳定人员；第五，城镇灵活从业人员。虽然灵活就业人员被纳入了企业职工养老保险的参保范围，但由于其收入的不稳定，难以承担城镇职工养老保险的缴费负担，使大部分灵活就业人员至今仍游离在社会养老保险费制度之外。所以，对于缴费确有困难的城镇灵活就业人员，可以自愿参加城镇居民社会养老保险。

(2) 基金筹集。城镇居民养老保险基金主要由个人缴费和政府补贴构成。

其一，个人缴费。缴费标准起步阶段设计为100元到1 000元不等的10个档次，各档次差100元，各地政府可以根据实际情况增设缴费档次。部分省市根据地区实际情况，在上述10个基本档次的基础上，增设了相应缴费档次。

其二，政府补贴。政府补贴办法和标准同新农保。对城镇重度残疾人等缴费困难群体，地方人民政府为其代缴部分或全部最低标准的养老保险费。同时，鼓励其他经济组织、社会组织和个人为参保人缴费提供资助。

从政府的补贴来看既“补入口”又“补出口”。“补入口”是指对参保人员缴费进行补贴，包括对缴费困难群体的缴费补助和对普通参保人员的缴费补贴；“补出口”是指在养老金待遇的给付上给予补助，包括基础养老金的全额补助和对缴费年限达到一定标准的，地方政府加发的基础养老金。

(3) 建立个人账户。国家为每个参保人员建立终身记录的养老保险个人账户。同新农保一样，除财政补贴外其他资金来源均划入个人账户，并参考中国人民银行公布的金融机构人民币一年期存款利率计息。参保人员死亡，个人账户中的资金除政府补贴外，可以依法继承。

(4) 养老金待遇及领取条件。城镇居民养老金待遇及领取条件与农村户籍老年人养老金待遇及领取条件相同，即月基本养老金＝基础养老金（每月至少55元）＋个人账户存储额÷139。

中央确定的基础养老金标准为每人每月55元。地方人民政府可以根据实际情况提高和加发基础养老金，其资金由地方政府支出。

个人账户养老金月计发标准是个人账户存储额除以139，与现行企业职工基本养老保险计发系数相同。

10.3.4 城乡居民基本社会养老保险制度

2014 年，在总结新农保和城居保试点经验的基础上，国务院决定，将新农保和城居保两项制度合并实施，在全国范围内建立统一的城乡居民基本社会养老保险制度。政策规定：年满 16 周岁（不含在校学生），非国家机关和事业单位工作人员以及不属于职工基本养老保险制度覆盖范围的城乡居民可在户籍地自愿参保。城乡居民基本社会养老保险制度有两个突出特点：一是城乡居民基本社会养老保险的资金来源除个人缴费外，还有政府对参保人缴费给予的补贴，个人缴费越多，政府补贴也越多，而且个人缴费和政府补贴全部计入参保人的个人账户。二是城乡居民基本社会养老保险的基本养老金由个人账户养老金和基础养老金两部分构成，个人账户养老金水平由账户储存额，也就是个人缴费和政府补贴总额来决定；基础养老金则由政府全额支付。2015 年，财政对城乡居民基本社会养老保险基础养老金资助标准由 55 元每人每月提高至 70 元每人每月。各地根据具体情况可适当提高基础养老金标准，如 2015 年上海为每人每月 645 元，北京为每人每月 470 元。

中国基本社会养老保险建立在经济转型的时代，它不仅是老年收入保障制度，也是社会改革时期的稳定器。它为中国经济体制顺利转型所起的历史作用是不可估量的。企业保险向社会保险转变，并在制度安排上由县（市）统筹向省级统筹过渡，并相应建立了社会化管理体制，这些既是市场经济的内在要求，也是市场经济健康运行的条件。社会养老保险制度的基本方针是广覆盖、保基本、有弹性、可持续。覆盖率的高低是衡量社会养老保险制度公平性的一个重要指标，覆盖率高意味着更多的人受到制度的保护，当然也意味着制度更具有财务上的可持续性。

职工基本养老保险，1991 年保障对象仅限于国有企业职工，到 1995 年扩大到各类企业职工，2005 年则鼓励个体工商户和灵活从业人员参保，现在部分地区农村户籍人口亦可根据意愿选择参加职工基本社会养老保险。双轨制并轨后，职工基本养老保险覆盖范围进一步拓宽至机关、事业单位工作人员，基本打破了体制内外职工养老权益的非公平性。随着新型农村社会养老保险、城镇居民社会养老保险的实施及上述两险的整合，城乡非职工养老保险的公平性有了制度的保障。至此，中国社会养老保险已基本实现全覆盖。

经过 60 余年的改革和发展，我国的职工基本社会养老保险从“国家统筹”模式转向由国家、单位、个人三方负担的“投保资助”模式，从完全的现收现付制转向社会统筹与个人账户相结合的“统账结合”模式。城乡居民社会养老保险从无到有，保障水平由低渐高，基本社会养老保险制度取得了巨大的成就。但是，改革尚不彻底，转轨尚未完成，基本社会养老保险仍存在诸多问题与困难，主要表现在以下几个方面：

一是职工基本养老保险基金的财务可持续性问题。尽管人力资源和社会保障部已经多次通报了当前职工基本社会养老保险基金不存在收不抵支的问题，但仍未有效消除民众的疑虑。人社部是从全国范围考量给出的数据，当前我国职工基本养老保险仍停留在省级统筹层面，地区间基金收支不平衡。青年外出务工量较大的省份需要中央财政转移支付来保证地方退休职工按时足额领取养老金，而广东等省份适龄参保缴费人群庞大，前些年政策允许退保，大量由单位缴费形成的统筹账户养老金被地方截留入库，基金相对富余。“未富先老”的社会现实，加剧了基金的负担，而我国的养老保险名义缴费率已居世界高位，提高缴费（税）率已无空间。城乡居民基本社会养老保险与职工基本社会养老保险基金分账管理，统筹互济功能缺失。人口老龄化、低层级的统筹层次、低效率的基金管理方式加剧了基金的财务负担，职工基本养老保险基金的财务可持续性面临严峻挑战。

二是职工基本社会养老保险与居民基本社会养老保险的保障水平差距悬殊，制度公平性有待进一步提升。双轨制并轨后，体制内外的养老权益实现了形式上的公平。但职工与居民养老金的悬殊并未得到同步化解。2015 年全国职工月均养老金水平达 2 250 元，而城乡居民养老金月均仅 100 余元。[①] 若职工养老金继续保持年 10%的增速，而居民基础养老金仍由 55 元到 70 元的幅度慢增，两者差距将进一步拉大。这将违背社会保险公平优先、兼顾效率的基本理念。十八大以来，习近平同志明确提出“五大发展理念”，并把共享作为发展的出发点和落脚点。坚持共享发展，必须建立更加公平可持续的社会保障制度。

三是在账户设计方面，债务不清晰，个人账户长期空账运行。1997 年国务院颁布了《国务院关于建立统一的企业职工基本养老保险制度的决定》（简称《决定》）。政策规定，基本养老金由基础养老金和个人账户养老金组成。《决定》实施后，相当比例的退休职工没有积累或少有积累，加之为国企改革让路的提前退休者，缩短了其缴费年限，相应延长了他们的待遇领取时间，社会统筹资金远远满足不了支付庞大退休群体基础养老金的需要。在新制度实际执行中，没人承担由现收现付向部分积累制转换的转制成本。为了解决社会统筹资金匮乏的问题，政策规定统筹资金不足支付时，可以透支个人账户养老金。如此，个人账户名存实亡，也即名义账户。截至 2014 年底，个人账户空账超过 3.5 万亿元。[②] 养老金空账正成为国家财政所面临的重大风险之一。

四是作为第二支柱的补充保险发展缓慢。尽管相关部门积极鼓励企业年金和商业性养老保险事业的发展，但实际情况与预期有较大差距。已经参加职工基本养老保险的人群，由于养老待遇多次调增，因而该群体有持续增长的预期，参保意愿不强。而基本养老保险待遇较低的城乡居民，由于缺乏付费能力，参保比例较低。因此，补充性保险领域呈现出严重的结构性矛盾：有购买能力者无意购买，而有购买需求者却无力购买。

按照“2020 年全面建成小康社会”的目标，“十三五”时期基本养老保险制度应当理性地走向定型，补充保险应有更快的发展，国民期待更有效率、更加公平的养老保险制度。

社会保障以保障社会成员基本生活为目标，以追求社会公平为天职。要按照“抑峰填谷”的思路，有效控制并缩小基本养老保险职工与城乡居民的差距；要规范并统一各地养老金待遇调整办法、缴费基数和缴费率调整方法，以统一劳动力基础成本，促进地区之间的公平竞争和全国劳动力市场的健康发展。

基础养老金全国统筹是化解基金压力和个人账户空账的重要条件。养老金收支倒挂

---

① 参见《城乡居民基本养老金月均超百元》，见中国政府网，2015-05-22。

② 参见中国社科院世界社保研究中心：《中国养老金发展报告 2015》，北京，经济管理出版社，2016。

并非全国性问题。事实上，一直到 2013 年底城镇职工基本养老保险基金征缴收入总额均大于支出总额。如果实行全国统筹，即便没有各级财政补贴，基本养老保险基金亦能够实现收支平衡。在这种情况下，便无须借用个人账户资金用于当期养老金发放，个人账户空账规模就不会继续增加，原来用于补贴当期养老金支出的财政资金便可用于做实个人账户。

2015 年 8 月 23 日国务院发布了《基本养老保险基金投资管理办法》，明确提出养老金实行中央集中运营、市场化投资运作的原则。人力资源和社会保障部明确表示 2016 年将出台延迟退休方案，养老金投资战略的转向有望改变基金投资收益跑不过 CPI 的现象。随着延迟退休方案的实施，增加了缴费年限，相应缩短了养老金领取时间，基本养老保险基金财务可持续性压力将大大降低。

在基本养老保险逐步回归“保基本”的过程中，“三农政策”逐步到位，城乡居民支付能力逐步提升。随着各种政策逐步到位，用人单位员工福利计划得以落实，未来企业年金、商业性养老保险等补充性养老保险将会有更大的发展。

本章小结

1. 社会养老保险是社会保险最重要的组成部分。当前，家庭养老保障功能逐渐收缩，社会养老保障逐步增强。人口老龄化将倒逼创新养老保障制度，多数国家由单支柱向多支柱转型。

2. 社会养老保险模式主要有：国家保障、投保资助、强制储蓄和福利国家四种。四种模式特征各异，不同国家甚至是同一国家的不同时期所采用的制度模式亦不完全相同。

3. 中国的社会养老保险制度包括城镇职工基本社会养老保险和城乡居民基本社会养老保险制度两大类。当前中国的社会养老保险已基本实现制度全覆盖。

关键术语

社会养老保险　　人口老龄化　　多支柱养老保险体系　　养老保险制度模式　　城镇职工基本社会养老保险　　城乡居民基本社会养老保险

复习思考题

1. 什么是社会养老保险？它的特征体现在哪几个方面？
2. 何谓“三支柱”社会养老保险体系？
3. 比较社会养老保险的制度模式。
4. 我国城乡居民基本社会养老保险制度的主要内容有哪些？
5. 机关事业单位养老保险改革“五个同步”的具体内容包括哪些？

案例分析

案例 10－1 个人账户领取完了怎么办

朱先生今年刚刚退休，可以安安心心享几年清福了。但是朱先生最近心里有一件事老是放不下。退休时，单位管劳资的同志和他讲，单位为他在社保局建立了个人账户，以后社保局会按个人账户中的钱给他发退休金。可是朱先生一想，他的个人账户刚刚建立不久，以前查询过，账户中也没有多少钱，要是以后个人账户中的钱领取完了，那退休金待遇不就是要少了一部分？朱先生越想越觉得不对劲，想去人社局问个究竟。

思考：如果你是人社局相关部门工作人员，请依据政策解答朱先生的问题。

案例 10－2 企业不为农民工办理基本养老保险可以吗

小王是从贵州农村来到北京打工的农民工，被一家私人保洁公司聘用。小王上班前与老板协商确定工资时，老板对小王说，他们是有规模的正规公司，除了工资之外，他们也给员工上社会保险。但小王的户口在贵州，也不可能一直在北京工作，终究是要回到贵州去的，所以公司就不再为他办理养老保险等手续了，直接每月多付小王 200 元钱，当作养老保险费用。至于他自己上不上保险，由他自己决定。小王心里觉得也对，自己不但省去交保险费的钱，还可以直接多拿工资，将来在银行储蓄，当作养老金用，于是小王同意了老板的建议。

思考：企业不给农民工办理基本养老保险的做法是否合理？

第 11 章

社会福利

福利是现代社会广泛使用的一个概念。福利意为“好的生活”，与人的幸福相联系。它既可以指物质生活的安全、富裕和快乐，也可以是精神上、道德上的一种状态。日本相关学者认为，福利不单单表现为心情等主观因素，而且表现为一个人主动追求人间幸福生活权利的基础、机会和条件，以及在日常生活中所做的各种必要的努力。什么是社会福利呢？社会福利超出了个人的范畴，要求人们在社会的层面上来考虑和解决如何使人能够过一种“好的生活”。它涉及社会根据什么来帮助人们生活得幸福，需要通过什么样的制度和政策安排来保证他们生活得幸福。党的二十大报告指出，“我们坚持把实现人民对美好生活的向往作为现代化建设的出发点和落脚点”，“促进物的全面丰富和人的全面发展”。

11.1 社会福利概论

11.1.1 社会福利概念

社会福利是指政府与社会通过专业化的福利机构，为解决社会上的特殊群体以及一般社会成员的实际困难，提高国民的生活质量而有针对性地提供服务和设施的一种社会保障制度。

社会福利具有以下几层含义：第一，社会福利是由政府和社会举办与实施的一种社会保障制度，这也是与单位职工福利等其他福利相区别的最大特征之一。第二，社会福利实施的对象具有特殊性和普遍性，有些社会福利项目是针对特殊群体的，如老年人、儿童、残疾人等。也有些社会福利项目是面向全体社会成员的，如一些公共福利设施提供的服务等。第三，社会福利所提供的服务，其目的是提高实施对象的生活质量。一般来说，社会福利的保障水平高于基本生活水平，这也是与社会保险、社会救助不同的地方。社会保险提供的是基本生活水平，而社会救助提供的是最低生活水平，社会福利的保障水平高于社会保险和社会救助。第四，社会福利提供的主要是服务而非现金，社会保险和社会救助提供的主要是现金而非服务。

11.1.2 社会福利的类型与内容

按照不同的划分标准，社会福利可以做不同的分类（见表 11-1）。

表 11-1　　社会福利的类型

划分标准	类型
按责任主体划分	企事业单位提供的职工集体福利，民政部门主管的特殊福利，街道、居委会举办的社区社会福利服务
按给付形式划分	货币形式的社会福利、实物形式的社会福利、假期形式的福利等
按服务对象划分	儿童福利、老年福利、残疾人福利、劳动者福利、家庭福利
按福利设施划分	以老年人为服务对象——养老院、敬老院，以儿童为服务对象——儿童福利院等，以残疾人为服务对象——精神病院等
按层次划分	国家福利、社区福利、职工福利

随着社会经济的发展以及人们对生活质量要求的提高，社会福利的内容也在不断充实和丰富。目前，社会福利制度主要由老年福利、儿童福利、残疾人福利等构成。

11.1.3 社会福利水平

社会福利水平是指一定时期内一国（或地区）社会成员享受社会福利的高低程度。社会福利水平是一个质与量相统一的概念。从量上讲，社会福利水平有“高”“低”之分，具体衡量方法是一国社会福利总支出占国内生产总值（GDP）的比重。其计算公式为：

社会福利水平＝社会福利总支出/GDP×100%

其中，社会福利总支出是指一定时期内一国或地区实际支出的各种社会福利费用总和；国内生产总值是指在一国（地区）境内一定时期本国（地区）居民与外国居民生产或提供的最终产品和劳务价值的总和，它实际上是经济活动带来的新增价值总和。社会福利总支出占国内生产总值的比重，集中地反映一国或地区的经济资源用于提高居民社会福利水平的程度。同时，这样一个指标用比例的形式，消除了因量度不同而可能带来的不可比性，有利于不同国家和地区、不同时期之间进行横向和纵向的比较。表 11-2 是部分国家社会福利支出比重表。

表 11-2　　部分国家社会福利支出比重　　（%）

国家	社会福利支出占国内生产总值的比重		
	2000 年	2005 年	2010 年
英国	18.6	20.5	23.7
美国	14.5	16.0	19.9
日本	16.3	18.5	

资料来源：http://databank.shihang.org/data/home.aspx；http://stats.oecd.org/Index.aspx?DataSetCode=SOCX_AGG。

从质上讲，社会福利水平有“适度”“不适度”之分，具体测定标准是社会福利支出要与国家生产力发展水平以及各方面的承受力相适应，它既要保障基本经济生活，又要促进国民经济健康发展。

从质与量的统一上看，社会福利水平并非越高越好，社会福利支出增长速度主要取决于国民收入及国民经济增长速度。超越于国民经济增长的社会福利水平，即便很高，也是不可取的。

11.2 老年福利

11.2.1 老龄化与老年福利概述

1. 老年及人口老龄化

(1) 老年的含义。世界卫生组织（WHO）以及西方一些发达国家对老年的定义为65周岁以上的人群。《中华人民共和国老年人权益保障法》第二条规定：“本法所称老年人是指六十周岁以上的公民。”社会福利的老年，一般是按国家或政府以法律制度规定的年龄标准确定的，一般以享受社会福利或退休金的年龄为标准。部分国家官方规定退休年龄详细情况见表11-3。

表11-3 部分国家官方规定的退休年龄

国家	性别	退休年龄	国家	性别	退休年龄
英国	男 女	65 60	中国	男 女	60 55
美国	男 女	65 65	阿根廷	男 女	60 55
德国	男 女	65 65	波兰	男 女	65 60
法国	男 女	60 60	智利	男 女	65 60
加拿大	男 女	65 65	印度	男 女	55 55
瑞典	男 女	65 65	卢旺达	男 女	55 53

资料来源：孙光德、董克用主编：《社会保障概论》，121页，北京，中国人民大学出版社，2000；世界银行：《防止老龄危机》，246页，北京，中国财政经济出版社，1996。

(2) 人口老龄化及其影响。人口老龄化，是指老年人在总人口中的相对比例上升。按照国际通行的标准，60岁以上的老龄人口在总人口中的比例超过10%，或者65岁以上的老龄人口在总人口中的比例超过7%，即可看作达到了人口老龄化。表11-4为2000—2014年我国65岁以上人口数量以及所占比重。我国老年人口年龄结构的变化趋势见表11-5。

表 11-4　　中国 65 岁以上人口数量以及所占比重

年份	全国总人口数量（万人）	60 岁以上人口数量（人）	占总人数比重（%）	65 岁以上人口数量（人）	占总人数比重（%）
2000	126 743	12 981	10.24	8 821	6.99
2005	130 756	14 408	11.02	10 055	7.69
2010	134 091	17 765	13.25	11 894	8.87
2014	136 782	21 242	15.53	13 755	10.06

资料来源：国家统计局：《人口年龄结构和抚养比》，见 http://data.stats.gov.cn/easyquery.htm? cn=C01。

表 11-5　　中国人口老龄化趋势

年份	总人口（中位方案）（亿）	60 岁以上		65 岁以上		80 岁以上	
		人口（中位方案）（亿）	占总人口比重（%）	人口（中位方案）（亿）	占总人口比重（%）	人口（中位方案）（亿）	占总人口比重（%）
2020	14.72	2.45	16.61	1.74	11.83	0.30	12.07
2030	15.24	3.55	23.30	2.44	15.98	0.43	12.07
2040	15.43	4.09	26.52	3.24	20.98	0.64	15.64
2050	15.21	4.38	28.76	3.32	21.81	1.00	22.91

资料来源：中国人口信息研究中心：《中国人口老龄化趋势》，见 http//www.cpirc.org.cn/tjsj.asp。

人口老龄化是社会文明进步的重要标志，同时也会给经济增长、产业演变、文化进步、社会发展等带来一系列的影响。第一，老龄人口的增长会改变人口的抚养比，被抚养人口的增加必将加重现有劳动人口的负担。第二，伴随人口老龄化而产生的劳动力年龄结构的老龄化，必将对经济发展和劳动生产率的提高产生一定的消极影响。第三，人口老龄化使用于老年社会保障的费用大幅增加，给政府带来比较沉重的财政负担。第四，人口老龄化客观上要求调整现有的产业结构，以满足老年人口对物质和精神文化的特殊需要。为了满足老年人口日益增长的物质和文化的需要，发展老龄产业，增加老年人所需要的社会服务业，改造不适应人口老龄化的住宅、社区和环境，发展老年人衣、食、住、行、用等各种消费品。第五，人口老龄化必然会引起家庭规模和家庭结构的变化，使家庭的养老功能不断削弱，因而迫切要求发展以社区为中心的各项社会福利和社会服务事业，以补充家庭养老功能的不足。基于此，党的二十大报告强调实施积极应对人口老龄化国家战略，发展养老事业和养老产业。

2. 老年福利概述

（1）老年福利的含义和内容。老年福利是以老年人为对象的社会福利项目，指国家和社会为了安定老年人生活、维护老年人健康、充实老年人精神文化生活而采取的政策措施和提供的设施、服务。老年福利的内容包括基本理念、老年保障、机构照顾、老年服务、老年活动以及敬老方式这六部分内容（见表 11-6）。

表 11-6　　老年福利的内容

基本理念	敬老尊贤——社会风气 养亲报恩——个人义务
老年保障	经济——养老年金 健康——医疗保险 家庭——亲属抚养义务 社会——贫困救助

机构照顾	扶养机构——留养、扶养老人 病养机构——疗养、疾患、长期慢性病或瘫痪的老人 休养机构——举办老人休闲、康乐或联谊活动或退休老人生活安养 服务机构——提供老人综合性服务
老年服务	咨询服务——解答老人疑难，提供服务方式 医疗康复——慢性病或残障老人 家庭服务——家庭护理及家政服务 免费住宅——无经济基础的单身老人
老年活动	休闲活动——老年俱乐部 团体活动——各种社团活动与才艺展览 老年教育——老年大学，再就业教育 就业辅导——老年潜能发展
敬老方式	老年礼遇——让座、让位、老人优先 敬老活动——联欢联谊，表彰典范 各种优惠——车船票及康乐等优待

(2) 老年福利的功能。老年福利在整个社会福利制度中占据非常重要的位置，是推动整个社会福利制度不断发展的重要因素，其功能主要表现在以下几个方面：

第一，促进了现代福利项目的多样化。老年人各种需求如长期保健护理、基本医疗保健服务等的发展，丰富了社会福利的整体内容和形式，使得社会福利从内容到形式更加多样化。

第二，扩大了社会福利组织管理和资金筹集的范畴。老年福利不仅在内容和形式上推动了社会福利的多样化，而且在组织管理和资金筹集方面扩大了社会福利的范畴。随着老年人口迅速增长和社会福利需求的不断增加，政府无法满足新增老年福利项目的情况下，对各种非政府组织、非营利组织、慈善组织、志愿者组织、宗教团体、商业机构、公司或企业以及市场资源的开发和利用就成为必然趋势。非政府组织和机构承担了越来越多的老年福利的责任，特别是在策划管理和资金提供方面，非政府组织发挥着日益重要的作用，这促进了老年福利多元化的出现，推动着社会福利朝着多元化的方向发展。

第三，推动了社会福利服务的专业化。当今，医学、生物学、经济学、心理学、社会学等学科领域对老年问题的研究取得了许多显著的成果，使人们对老龄问题有了更加科学的认识，社会福利因此开始在科学研究的基础上更加合理地计划和提供对老年人的服务，使得越来越多的福利项目走上了专业服务的轨道。

11.2.2 国外典型国家的老年福利政策

1. 英国老年福利政策

1942 年英国《贝弗里奇报告》的出台，被视为福利国家的奠基石和现代社会保障制度建设的里程碑。1948 年，英国政府就宣布已建成福利国家，向全民提供了“从摇篮到坟墓”的全部社会福利。英国的老年福利政策也比较完善，主要包括以下内容：

(1) 收入保障。在保障老年人生活方面，有三种收入补贴：退休金、公共救助、养老年金。凡就业的英国国民均参加社会保险，男年满 65 岁、女年满 60 岁就达到法定退休年龄，可以领退休年金；男年满70岁、女年满65周岁，无论有无另外工作，都可以领取额外退休年金。80岁以上的老年退休年金又略微增加。倘若老人年金不足以维持其最低生活水平，就可向补充给付委员会申请公共救助，经查属实，即可按周发给救助金，直至老人经济情况好转而不需要救助时为止。凡残疾不能参加保险或者超龄不能投保，只要合乎条件就给予养老金。

（2）医疗健康保障。英国有专门为老年人设置的老年人医院，它是社区老年人医疗服务的重要组成部分。老年人应先指定家庭医生，患病时接受其服务，持医生所开处方到药房免费取药。若病情比较严重，就送到当地医院接受免费治疗，医院派专车接送。英国政府还设立了特殊医院，如精神病院等。一些社区还为老年人设有周日医院和日诊医院。

（3）老年住宅。英国老年住宅大致可分为六种：公有住宅；出租住宅；老人购房优待；给予老人免费住房；为鼓励子女照顾老人，如果子女附近有空地，可向政府申请，由政府出钱盖一些平房，供老年父母居住；小团体住宅。

（4）老年教育。老年教育的形式有专门为老人举办的推广（或成人）教育项目，利用大众传播媒体或函授学习的项目，入大专旁听或正式学习的项目等。

（5）其他福利服务。英国老年人的福利服务主要包括院舍服务和社区照顾。院舍服务主要有老年人公寓、老年人院和暂托所三种形式。社区照顾包括居家服务、家庭照顾、医护、心理服务。

2. 美国老年福利政策

美国的社会福利制度起步较晚，其特点是实行强制与自愿相结合的原则，但对受益者的条件有严格规定。美国的老年福利政策具体包括以下内容：

（1）老年保险与救助。老年保险与救助包括退休金，老年、遗属、残疾保险，所得安全补助，老年公共救助。凡缴纳社会保险税、年满65岁的公民都可以享受养老退休金。这项退休保险是强制的，雇主和雇员共同投保，从雇员的工资中扣除。凡不能获得社会安全保险年金且年满65岁的老人，经审核都可领取所得安全补助。这项补助分联邦政府基本补助及地方补助两种，联邦政府基本补助每年随物价指数调整，地方补助则由各州自行规定。老年公共救助包括两种：对那些既没有领取老年年金，也没有申请安全补助的老人，生活困难的，经调查可以申请公共救助；对需要医疗救助的老人提供公共救助。

（2）医疗保健。美国老人医疗保健服务项目包括：医疗保险、医疗救助、老人养护之家。凡享有社会安全保险年金及安全补助金者，均可享受医疗保险制度的优惠。医疗救助是给低收入者的医疗照顾，凡是无固定收入或收入太低、领取联邦收入维持金的老人及其家属，都有资格享受此补助。老人养护之家主要是针对患有慢性病而需要长期护理与疗养的老人而设立的，是一种介于医院和家庭之间的机构，其工作重点是护理与康复。老人养护之家分为治疗性的养护之家、修养性的养护之家和居住性的养护之家。

（3）老年住宅。老年住宅是指退休住宅计划。政府及民间组织为老人设计与兴建住宅，以低廉的价格甚至免费提供给老人居住。

(4) 其他老年人福利服务。老年人福利服务包括老年人福利服务机构和福利服务项目。美国的老年人社会福利设有专门的老人福利机构，主要有：养老院、老人活动中心、老人日间托护中心。美国的老年福利服务项目还包括：一些社团或志愿者为老年人提供的电话服务、友好访问、图书服务；对于一些行动不便的老年人提供的膳食服务、家事管理员服务等。

3. 日本老年福利政策

日本政府成立专门机构，由劳动厚生省主管老年人社会福利，颁布法律法令保障老年人权益，更出台一系列措施解决老年人福利问题。日本的老年福利政策具体包括以下内容：

(1) 养老基金。社会养老基金以厚生年金、共济年金、国民年金等形式覆盖了20～59岁的日本全体国民，从而实现了“国民皆年金”的目标。日本政府规定，凡是雇用5人以上员工的机构，都纳入中央厚生省所主办的厚生年金保险，被保险人必须至少在参加保险后20年才能申请退休，凡是超过40岁才开始投保者至少要经过15年才能申请退休。而自雇用者、农民或其他从事工作的人则参加国民年金保险。1994年，政府把领取养老基金的起始年龄推到65岁。

(2) 医疗保健。老年医疗保障包括医疗护理保险和医疗保健制度，主要考虑了老年人的生理需要。日本的医疗保健制度主要有老人保健法案及老人保健医疗、健康检查、健康教育、补助老人医疗费用、卧床残障老人康复训练等。医疗护理保险由国家、地方政府、企业、40岁以上的人和老年人本人等负担。护理保险制度的对象分为两种被保险人：一是65周岁以上的老人，称为第一种被保险人；二是40～64周岁参加了医疗保险的人，称为第二种被保险人。当这两种被保险人因卧床不起、痴呆等原因需要起居护理或需要有人帮助照料家务和日常生活时，可以得到护理保险服务。护理保险费一半是被保险人缴纳的保险费，其中19%是第一种保险人负担，31%是第二种保险人负担；另一半是公费负担。

(3) 精神需求。政府为了满足老年人的精神需求，提供了四种福利服务：老人福利中心、老人休憩之家、老人修养之家、创业或兴趣。

(4) 老年人福利服务。老年人福利服务项目分为两方面：一是设施福利服务，包括养护老人之家、特别养护老人之家、老人安养之家。二是家庭福利服务，包括老人日间照护、提供家务服务人员、为患病老人服务。

4. 国外老年福利政策经验总结与对中国的启示

(1) 建立起相对完善的老年福利法规。发展老年福利，要有齐全的法律使得老年福利服务有法可依、有法必依。先立法，后实践，制度从一开始就纳入规范发展的轨道，会避免许多不必要的问题。颁布和完善法律法规是老年福利发展的必然道路，也是我国必须向西方国家学习和借鉴的一项主要内容。

(2) 形成多元化的老年福利供给主体。在国家主导的福利制度中，资金投入、管理运行等方面都吸收了家庭、个人、非营利组织、社区等各方面的力量。社区照顾服务兴起，社区不仅建立了老年人活动的设施，还派出老年护理人员、志愿者等，社区医院为老年人建立健康档案，提供护理服务。社会各界积极参与，福利分担机制为老年人提供了全方位的系统福利服务。

(3) 发展多样化的老年福利项目。在各国提供的老年福利中，包括老年人生活照料、医疗福利、住房福利、尊重与享受需要福利、交通优惠福利和发展需要福利等，涉及老年人生活的各个方面，丰富发展了老年福利项目。

(4) 完善多层次的养老服务模式。各国养老模式体现出一个共同的特征：形式多样，自主选择。家庭养老为主体，社区养老为依托，机构养老为补充。在养老模式中，公立机构与私立机构并存、不同层次的养老机构并存，拥有不同经济能力和社会地位的老人可以选择适合自己的方式。

(5) 组建专业化的老年服务队伍。积极培养专业的服务人员，发展高学历的护理队伍，给老人提供专业的服务，从而使老年人获得更全面的服务、更高的服务质量。

11.2.3 我国老年福利政策及其变革

1. 改革开放后我国老年福利政策

随着改革开放的浪潮，我国对社会福利制度包括老年福利制度进行了适应新形势的探索。我国社会福利政策改革的历程大致如下：20 世纪 80 年代，民政部开始探索调动多方面的力量兴办社会福利事业，提出“坚持社会福利社会办”的方针；90 年代《农村五保供养工作条例》《农村敬老院管理暂行方法》《中华人民共和国老年人权益保障法》的颁布实施，进一步丰富、健全了我国现行的法律体系，也使得我国的老年人福利工作走上了法制化和规范化的轨道；2000 年居家养老、社区福利服务和福利机构相结合的福利服务体系正式提出；2005 年民政部制定了《关于开展养老服务社会化示范活动的通知》，加快推进社会福利社会化进程，促进老年社会福利事业的发展；2006 年又颁布了《关于加快发展养老服务业的意见》，要求进一步发展老年福利事业、大力发展社会养老服务机构、鼓励发展居家老人服务机构、支持发展老年护理。

2011 年国务院发布《中国老龄事业发展“十二五”规划》，积极探索中国特色社会福利的发展模式，发展适度普惠型的老年社会福利事业，研究制定政府为特殊困难老年人群购买服务的相关政策；进一步完善老年人优待办法，积极为老年人提供各种形式的照顾和优先、优待服务，逐步提高老年人的社会福利水平；有条件的地方可发放高龄老年人生活补贴和家庭经济困难的老年人养老服务补贴。王思斌指出：“构建适度普惠型社会福利制度的基本要素包括三个方面：社会权利的建构、适宜的社会政策的制定与实施以及适度普惠型社会福利制度与企业、社会和家庭的责任。”①

2. 我国老年福利政策存在的问题

尽管我国老年福利的发展取得了一定的成就，但仍然存在一系列问题。目前我国的老年福利政策主要面临以下几个问题：

(1) 政府对老年福利资金投入少。我国对于社会福利的投入较少，不仅低于发达国家水平，而且低于一般发展中国家水平，所以当前老年福利机构资金严重不足。许多社会福利机构缺乏相应的扶持保护政策，影响了社会福利机构自我发展的能力。

---

① 王思斌：《我国适度普惠型社会福利制度的建构》，载《北京大学学报（哲学社会科学版）》，2009 (5)。

（2）缺乏对民办福利机构的大力支持。虽然现行政策提倡社会福利社会化，但制约民办福利机构发展的因素太多：一方面，政府对民办福利机构的准入门槛太高，这不仅从政策上束缚了民办福利机构的生长，而且造成了民办福利机构的僵化。另一方面，民办福利机构虽然承担着与政府举办的福利机构同样的职责，可以收养孤老残幼，却不能与政府举办的福利院分享政府的公共福利资源。

（3）服务队伍的专业化水平低。从社会福利服务工作的岗位职责和专业技能要求来看，现有的服务队伍还远不能适应老年福利发展的客观需要，专业水平低，专门技术人员、专业社会工作者和管理人员严重缺乏，这也严重影响了社会福利内容、项目的扩展和服务质量的提高。

（4）对老年人的长期护理还没有引起足够的重视。老年人晚年的生活或多或少都有较漫长的带病期，这就意味着随着年龄的增长，老年人需要照护的概率更大。在人口老龄化、高龄化以及家庭结构小型化等因素的共同作用下，老年人长期护理问题已经从家庭内部走向社会层面。

3. 我国老年福利政策的变革

在我国经济转轨、社会转型、人口老龄化迅速发展的情况下，我国现阶段的老年福利事业无论在量的规模还是在质的结构方面都不能适应经济和社会发展的需要。目前我国老年福利改革主要从以下几个方面入手：

（1）推进多元筹资方略。一是将企业或用人单位原有规模庞大的职业福利支出中的一部分转化为财政对社会福利项目的支出；二是随着经济的发展和国家财力的持续增长，保持社会福利经费的持续增长，让全体社会成员均能分享到经济增长与经济发展的成果；三是调动民间资财，包括扩大福利彩票的发行规模、积极引导社会捐赠、扶持民办福利事业、充分利用志愿力量等；四是除极少数无依无靠且生活不能自理的社会成员外，绝大多数人在享受社会福利时均应承担一定的缴费义务。

（2）发展和壮大社会公共福利组织。一是将官办福利机构社会化，如将民政部门办的福利院、养老院发展成为独立的社会公益组织，并面向全社会开放；二是对企业或事业单位举办的福利机构实行剥离，使企业或事业单位举办的老年保健服务、职工疗养院等福利性组织转变为社会化的福利组织，成为能够为所在地区全体社会成员提供服务的机构；三是鼓励民间组织举办社会福利项目，简化其申办手续，并提供一些政策优惠，以扶持、促使民办社会福利组织的发展；四是引导并扶持社区服务组织，使社区服务网络化、普遍化。

（3）培训专业的社会工作者。发展社会工作事业，还必须培训和培养专业的社会工作者，以更好地开展老年社会工作、社区工作，为老人提供高效的服务。

（4）逐步建立长期护理社会保险制度。养老问题不仅仅是老年人及其家庭的问题，而是一个重要的社会问题。尤其在现阶段老龄化相对缓和的利好条件下，一些基础性工作需要提前做好充分的准备。为此，我国可以考虑逐步建立社会护理保险制度。社会护理保险不仅能解决养老服务提供的问题，而且能解决资金不足的问题。根据国外“护理保险跟随医疗保险”的做法，在我国人口老龄化程度较高且经济实力较强的上海市、北京市等地先进行社会护理保险的试点，积累经验，然后逐步推广到其他地区。

11.3 儿童福利

11.3.1 儿童及儿童福利概述

1. 儿童的定义及特征

1989 年 11 月 20 日联合国大会通过的《儿童权利公约》中界定的儿童系指 18 岁以下的任何人。中国的《未成年人保护法》等法律的规定是 0～18 岁，儿童福利中儿童一般为 0～18 岁。由于他们年龄小、单纯天真，辨别是非和区分良莠的能力差，自我保护能力弱，对世界和生活环境的认识还停留在幼稚的阶段，所以是一个易受侵害的群体，更容易受到各种违纪、违法、犯罪行为的侵害。儿童的这些特点决定了他们在社会上属于需要特别保护的一个群体——弱势群体。表 11－7 为我国 0～14 岁人口数量以及所占比重。

表 11－7 0～14 岁人口数量以及所占比重

年份	0～14 岁人口（万人）	占总人数的比例（%）
2000	29 012	22.89
2005	26 504	20.27
2010	22 259	16.60
2014	22 558	16.49

资料来源：国家统计局：《人口年龄结构和抚养比》，见 http://data.stats.gov.cn/easyquery.htm? cn=C01。

2. 儿童福利概念界定

儿童福利有广义和狭义之分。狭义的儿童福利是指有特定形态的机构向特殊的儿童群体提供的一种特定的服务。服务对象主要指处于不幸境地的儿童，而服务功能则相应地倾向于救助、矫治、扶助等恢复性功能。此类福利本身具有残补性取向，是一种消极性儿童福利。广义的儿童福利的对象是所有的家庭和儿童，这种观念认为在瞬息万变的现代社会生活中，单凭一个家庭无法面对所有的问题，根本不会存在各种功能完全健全的自然型家庭，每一个家庭都需要外力的帮助，社会对每一个儿童都负有责任。这一类型的儿童福利具有发展取向，是一种制度性的儿童福利。

11.3.2 国外典型国家的儿童福利政策

1. 美国的儿童福利

美国的各项儿童福利都离不开明确的法律规范。美国儿童福利服务分为三类：支持性服务、补充性服务和替代性服务。支持性服务是协助家庭成员运用自己的力量来减轻亲子间的压力和紧张，包括：儿童辅导机构对儿童的直接辅导；家庭服务机构经由服务来增强父母的能力，使其能适当地扮演亲职角色；儿童福利机构为受虐待与疏忽儿童提供的保护。补充性服务是指用来补充父母职责和家庭功能的儿童福利服务，包括因家长失业、残疾而造成家庭贫困时，为保证儿童的基本生活所提供的各项措施以及因父母都要工作而无人照料子女的日间托儿和住宅服务等。替代性服务包括寄养服务、机构式服务和领养服务。在美国，公营和私营的社会服务机构都能够提供家庭寄养服务，但领养服务则必须由非营利机构及其专业人员来执行，并且条件规定得非常严格，以确保儿童的利益。美国儿童福利行政最高领导机构是卫生与公众服务部，但实际负领导责任的却是社会保障署所辖的儿童发展局。在联邦之下，各州大多设有儿童与家庭福利科，具体负责管理儿童福利事务。各州在不违背联邦立法的前提下，制定适用于本州的法案。

2. 英国的儿童福利

英国政府的儿童福利事业，从福利规模、福利内容和服务水平等方面看，其完善性和全面性都堪称典范。首先，英国儿童福利保障的立法不断完善，各种法律法规的出台，不仅涵盖宏大，而且确立了儿童福利至上的原则，对儿童的生存权、发展权、参与权等权利的保护都做出了细致入微的规定和强调。其次，英国“福利国家”建成之后对公民实施“从摇篮到坟墓”的全方位的社会保障，其中惠及儿童的主要有：国民医疗保险，儿童可享受除牙科手术、视力检查和配眼镜以外的一切免费医疗；家庭补贴制度，涵盖产妇津贴、生育补助、儿童津贴、儿童特别津贴、儿童监护津贴、单亲津贴等；教育资助，儿童免费接受中小学教育，配有免费的课本、文具、在校午餐；社会服务，在社区内设立儿童之家，为无暇照顾孩子的家庭提供帮助并收留孤儿、弃儿，负责他们的生活和教育。最后，全社会形成了多层次、立体式、全方位的儿童福利体系。这种方式主要是在政府的宏观管理下，残疾人协会、慈善组织、社会服务机构、各类学校以及社区等组织和团体，在各自领域内开展儿童福利服务，形成了多层次、立体式、全方位的儿童福利服务网络。英国不仅建立起涵盖社会救济、社会保险、社会保障、基础教育、医疗服务等内容的儿童社会福利体系，而且儿童权利在政府政策和法律、医疗以及教育机构等方面的实践中占有越来越重要的地位。

3. 日本的儿童福利

日本是世界发达国家中极富特色的福利国家，其“日本型福利社会”概括起来主要突出以下几点：首先，强调以家庭为主体的福利政策。他们认为国家或政府经济的丧失就是福利的丧失，所以福利政策的出发点就是要帮助每一个人自立，避免让国民过于依赖国家。因此，妇女在养育和照顾孩子方面承担着超乎寻常的责任。其次，推行以地方政府、公共团体、企业、民间团体等多元化供给的福利模式。日本推行多元化供给主体的福利模式，即对儿童的福利由国家、地方政府、公共团体、企业、民间社会团体等共同来完成。国家并不直接承担供给的业务，只限于对委托事务的指导、监督、咨询以及部分国立儿童福利部门的规划和行政管理。最后，以对“儿童自立生活援助”为儿童福利事业的着眼点。

《儿童福利法》中明确规定依据该法进行儿童自立生活援助事业，它包括进行日常生活上的援助、生活指导以及就业指导支援等。例如在日本全国各地，分布着公立和民间的儿童自立支援设施，旨在帮助家庭环境恶劣的初中毕业儿童，他们可在设施内过集体生活并从事劳动。在对残障儿童的福利保障中规定，智力残障儿童设施的设置者，针对残障儿童所具有的能力和适应性，行政机关、教育机关以及其他各相关联机构都应紧密地合作，以使他们能够自立地进行日常生活和社会生活。

4. 国外儿童福利政策经验总结与对中国的启示

第一，推动儿童福利立法建设。加强儿童福利立法，明确儿童福利的相关主体和各自权责、内容、经费来源和监督体制等事宜，加强儿童的福利建设。

第二，建立专门的儿童行政管理机构。设立专门的国家儿童福利局，对全国儿童福利事业进行统一管理。

第三，建设职业化的儿童福利工作人员队伍。设立专业化、职业化的儿童福利工作岗位，培养儿童养护人员、儿童社会工作者和青少年社会工作者。

第四，普及儿童大病救助和对于残障儿童的福利津贴制度。制定具有中国特色的儿童大病医疗救助的福利制度，向残障儿童特别是重残儿童发放生活津贴，鼓励家庭养育他们，尽量避免出现抛弃残障儿童现象。

第五，加强对孤残儿童福利机构以及流浪儿童救助机构的资质审查，严格监督，可建立由政府、个人、企业以及社会第三部门等孤残流浪儿童福利事业参与主体的多元治理机制。

第六，倡导政府儿童福利理念的转变，强调政府主导角色的发挥。政府要广泛宣传儿童福利、儿童权利、儿童参与、儿童优先原则和儿童发展理念，将儿童福利政策导向定位在有利于儿童身心全面发展的层面上。

11.3.3　我国儿童福利政策及其变革

1. 改革开放后我国儿童福利政策

改革开放之后，我国的儿童福利政策重新恢复。1979 年中共中央、国务院转发《全国托幼工作会议纪要》，要求切实解决好儿童入托难的问题。1979 年，开始发放独生子女津贴。1986 年实施的《中华人民共和国义务教育法》规定，凡年满六周岁的儿童，不分性别、民族、种族，应当入学接受规定年限的义务教育。

1992 年发布的《九十年代中国儿童发展规划纲要》，是我国第一部以儿童为主体、促进儿童发展的国家行动计划。1999 年修订后的《中华人民共和国收养法》正式实施。2001 年民政部发布《儿童社会福利机构基本规范》，明确了举办儿童福利机构的硬件标准、服务质量标准和从业人员的标准。2003 年民政部出台《家庭寄养管理暂行办法》《关于社会福利机构涉外送养工作的若干规定》，加强收养的规范和管理。儿童福利服务范围显著扩大，儿童福利服务内容显著增多，涉及儿童身心健康成长所有领域，儿童福利机构空前多样，儿童福利服务人员身份、角色、地位与社会作用空前的多样化、专门化、国际化和专业化。

2. 我国儿童福利政策存在的问题

我国儿童福利已经形成了比较完备的政策体系，这些政策对推动我国儿童福利事业的发展产生了积极的作用，但儿童福利政策还存在一些问题，比如：我国儿童福利政策分散，缺少统一规范，而且实际的、可操作的内容不足，政策的适应性不强；目前儿童福利、儿童权利、儿童参与、儿童优先原则和儿童发展理念尚未被广泛接受；儿童福利政策执行的行政管理体制不顺，多头治理，缺乏协调、整合机制和问责机制；现行儿童福利政策强调政府的主导作用，个人、企业、社会团体、慈善机构、宗教组织等社会团体的力量没有被充分调动起来。

3. 我国儿童福利政策的变革

在国家经济持续高速增长、财政收入不断提高的背景下，儿童福利事业的发展遇到了前所未有的良好机遇，因此进一步推动儿童福利事业的发展、进行儿童福利事业改革有现实可行性和必要性。儿童福利改革应从以下几个方面进行：

（1）推动儿童福利立法，加强儿童福利机构的监管。通过推动儿童福利立法，加强儿童福利机构的监管，鼓励更多的社会力量加入儿童福利事业中，建立健全多元治理机制。通过明确儿童福利的相关主体和各自权责、儿童福利的内容以及财政投入比例与经费来源和渠道等来加强对儿童福利事业的规范管理。

（2）倡导多元参与的儿童福利理念，提升全社会对儿童的重视程度。在社会上大力倡导儿童福利、儿童保护以及儿童权利等价值观念，提升全社会对儿童福利的关注程度，重视和关注儿童事业。思想意识是制定法律和政策的基础与指导原则，在全社会树立起尊重儿童权利、提倡儿童全面发展等观念必将有力地推动我国儿童福利事业的发展和完善。

（3）整合儿童福利资源，建立健全多元治理机制。加强对儿童福利机构以及儿童救助机构的资质审查，严格监督，减少儿童福利事业的违规运作和福利资源的中饱私囊。建立由政府、个人、企业以及社会第三部门等儿童福利事业参与主体的多元治理机制。尽量减少儿童福利事业运作中的信息不对称，促使儿童福利资源运作信息的透明化。在政策设计上达到激励与约束的相容，促进儿童福利事业的良性持续发展。政府应当鼓励、引导个人、组织或社会第三部门创办孤儿院等福利机构，适当给予税收优惠或财政补贴，加强捐赠资源使用去向的信息披露和财务审计，督促其建立多元治理机制，发挥其在儿童福利事业中的重要作用。

11.4 残疾人福利

11.4.1 残疾人及残疾人福利概述

1. 残疾人的定义

国际劳工组织通过的《残疾人职业康复和就业公约》对残疾人的定义是：残疾人是指因经正式承认的身体或精神损伤在适当职业的获得、保持和提升方面的前景大受影响的个人。联合国大会通过的《残疾人权利宣言》中将残疾人定义为：残疾人是指任何由于先天性或非先天性的身心缺陷而不能保证自己可以取得正常的个人生活和社会生活中一切或部分必需品的人。

我国 1990 年 12 月 28 日通过的《中华人民共和国残疾人保障法》第二条规定：残疾人是指在心理、生理、人体结构上，某种组织、功能丧失或者不正常，全部或者部分丧失以正常方式从事某种活动能力的人。表 11－8 是我国 2010 年全国各类残疾人数据。

表 11－8　　全国各类残疾人数据　　单位：万人

视力残疾	1 263
听力残疾	2 054
言语残疾	130
肢体残疾	2 472

智力残疾	568
精神残疾	629
多重残疾	1 386
我国残疾人总人数	8 502

资料来源：中国残疾人联合会网。

2. 残疾人福利的含义及其原则

残疾人福利是国家或社会根据社会的经济、文化发展水平，通过制定相关的法律和政策，给予残疾人相应的康复、教育、劳动就业、文化生活、社会环境等权益保障，以改善残疾人及其家庭的生活条件，不断提高他们的生活质量，维护社会稳定，实现残疾人"平等、参与、共享"的目标。

残疾人福利应遵循以下原则：

(1) 机会均等原则。机会均等是指整个社会体系能为人人所利用，诸如物质和文化环境、住房和交通、社会服务和保健服务、教育和就业及包括体育运动和娱乐设施在内的文化和社会生活，要保证残疾人获得与其他公民平等的机会。机会均等原则体现在立法上的平等、就业机会的平等，平等地享有环境、教育和培训机会以及平等地履行义务等方面。

(2) 特别扶助原则。为了改变残疾人在社会生活中的不利地位，相关法律在重申残疾人享有与其他公民平等的权利和同等机会的同时，普遍规定通过辅助方法、优惠政策和保护措施，给残疾人以特别扶助，以弥补其残疾带来的不利影响，保证其平等权利的实现。

11.4.2 国外典型国家的残疾人福利政策

1. 英国的残疾人福利政策

英国的残疾人社会福利起源很早，残疾人社会福利比较完善，主要包括：

(1) 残疾人医疗康复。医疗康复包括对身体残疾人的医疗康复和精神残疾人的医疗康复。英国对身体残疾人的治疗及其在医学意义上的康复，是由国民保健服务提供的。康复中心为残疾人配备各种训练器具、生活用品及厨房设备等，指导身体残疾者进行适应日常生活的训练，还负责用专车接送来康复中心接受训练的残疾人。国民保健服务还免费为残疾人提供假肢、轮椅和其他辅助用具。

(2) 残疾人就业。英国颁布了《残疾人就业法》《就业及职业训练法》等法律，明确规定了国家及地方政府对残疾人就业和康复及职业训练的责任，也标志着英国残疾人福利开始从以前的经济协助转向尊重残疾人人格并确保其有就业机会和就业能力的全面协助。英国残疾人福利强调为残疾人的就业创造条件，以便残疾人能与正常人一样自立地生活。英国还提供了残疾人职业康复福利服务。

(3) 残疾人教育。英国制定了《初等教育（盲聋儿童）法》《教育法》《学校保健服务及身心残疾儿童规程》等法律，以保护残疾人受教育的权利，要求为残疾儿童提供独立的特殊教育机构。从 1971 年起，英国将重度残疾人纳入正式教育及福利系统中，对重度残疾人提供特殊教育及残疾与随护补助。除此之外，英国政府还提供了大量的资金、人力和物力，提供各种先进的设备、理疗室、信息网络设备等，使残疾人教育的质量得到一定的保障。

（4）其他福利项目。主要包括家庭援助、改善住宅环境等。福利机构还为残疾人提供保健人员、家庭护士的帮助。另外，还根据各人残疾情况，配置或贷给电话、无线电收音机，并发放其他生活用品。

2. 美国的残疾人福利政策

美国的残疾人福利政策主要包括以下内容：

（1）残疾人医疗康复。第一，身体残疾人康复。美国的身体残疾者福利集中体现在康复计划上，美国政府在对残疾人提供帮助的同时，还提供详细周到的康复服务。1973 年国会通过的《残疾人康复法》，强调对重度残疾者进行康复治疗。美国还专门对肢体不自由儿童提供服务。残疾人进行康复训练期间，社会福利工作人员有责任利用精神医学的方法对患者和家属进行心理治疗。第二，精神病人康复。美国对精神病人的护理由社区负责。随着精神卫生服务资金的增加，各州的州立精神病医院制度都得到了不同程度的发展，提供综合而且容易被人接受的治疗服务的社区精神卫生中心也得到了一定程度的发展。精神卫生中心主要提供住院治疗、门诊治疗、急救等服务。各地的精神病患者治疗由精神卫生中心、州立精神病院、普通医院以及其他有关机构协作进行。

（2）残疾人就业。《残疾人法》规定，在工作方面，残疾人和正常人拥有同等的被雇用的权利，雇主不得拒绝雇用残疾人；被雇用者不应因“身体检查”而受到差别待遇。美国在联邦政府卫生教育福利部下设立职业康复委员会，负责指导监督全国九个职业康复区分会工作。美国在各地设置 80 个以上的州立职业康复机构，雇用受过专业训练的康复指导员及社会工作者以个案辅导的方式进行辅导、职业训练、职业安排等服务。

（3）残疾人教育。《残疾人康复法》规定，所有残疾儿童不论其残疾种类及程度都有接受免费及适当教育的权利，从而确定了残疾人教育机会平等的特殊教育基本原则。《残疾儿童教育法》也规定，从学校教育到高级中学有义务为每一个合格的残障儿童提供免费适当教育，这些机构受联邦政府资助。公私立图书馆还为残疾人提供特殊设备及供阅读的仪器。

（4）无障碍环境。美国是世界上第一个制定“无障碍标准”的国家，其无障碍环境建设既有多层次的立法保障，又进入了科研与教育的领域；各种无障碍设施既有全方位的布局，又与建筑艺术协调统一，同时给残疾人、老年人带来了方便与安全，堪称世界一流。

3. 日本的残疾人福利政策

日本的残疾人福利政策主要包括以下几个方面：

（1）残疾人医疗康复。日本残疾人医疗康复福利的相关法律有《体残人士福利法》《智障人士福利法》《精神康复和精神障碍人士保护法》。日本身体残疾人员的福利措施由地方政府尤其是福利办公室与身体残疾人员康复咨询中心管理，由专业知识和技术人员回答其管辖区内身体残疾人员的咨询。被确认为有身体残疾的人员可以享受几种公共福利服务项目，包括咨询与指导、特殊康复与医疗服务、残疾人辅助设备与器械的更换和维修以及在几种康复设施里接受治疗等。

（2）残疾人就业。1960 年 7 月 25 日制定的《残疾人雇佣促进法》（1976 年修正）规定，企业团体的雇主对身体障碍者有提供适当工作场所的共同责任和义务，并详细制定了身体障碍者职业介绍、适应训练、政府与雇主的责任、雇用调整金、雇用缴纳费以及身体障碍者雇用促进协会的装置等。日本政府对于雇用一定数量残疾人的工厂、企业也给予许多优惠条件。

(3) 残疾人教育。1947 年，日本在《学校教育法》中将盲校、聋校及养护学校纳入义务教育范围，同时规定各县市有设置盲校、聋校及养护学校的义务。1973 年起实施《身心残疾人志愿全面就学制度》，并于 1979 年实施《全国特殊儿童全员就学》（包括重度残障者和多重残障者）的义务教育制度。

(4) 无障碍环境。日本为残疾人增设的无障碍设施比较普及，国家所制定的统一建设法规中就包括残疾人无障碍设计。每一幢建筑物竣工时，有专门部门验收其是否符合残疾人无障碍设计标准。日本的交通在无障碍设施建设方面做得也比较好。

4. 国外残疾人福利政策经验总结与对中国的启示

(1) 设立多种残疾人津贴。建立种类繁多的残疾人津贴项目，各种津贴分工明确，专款专用，保障了残疾人生活和看护等各个方面。此外，根据社会经济发展不断完善福利标准，让残疾人共享经济社会发展成果。

(2) 按残疾程度和家庭规模微调津贴标准。残疾程度对需求具有较大的影响，因而也影响残疾人津贴标准的制定。一般来说，残疾程度越严重，所需支出的数量越大，需求的增加与残疾程度的增加呈正相关关系。而残疾程度越严重，个人工作能力越差，收入的增加与残疾程度的增加呈负相关关系。不同的家庭规模，其消费支出需求是不同的，因此应有不同的标准。

(3) 构建完善的法律体系。要切实保障残疾人利益，必须建立完善的法律法规体系，才能做到有法必依、执法必严。

(4) 不断丰富和完善残疾人服务内容。残疾人服务内容不断丰富，为残疾人提供全方位服务，对残疾人的服务不仅要覆盖到其日常生活、身体康复方面，而且要覆盖到其求职、工作和社会参与等各方面。

(5) 实行服务提供主体多元化。只有实行福利提供主体多元化，充分利用政府、非营利组织、家庭、志愿者、市场等力量，才能为残疾人提供全方位的服务，为残疾人构建完备的福利体系。

11.4.3 我国残疾人福利政策及其变革

1. 改革开放后我国残疾人福利政策

改革开放后，国家出台了一系列政策促进残疾人福利事业的发展。1982 年全国人大修改后的《宪法》首次规定，国家和社会帮助安排盲、聋、哑和其他有残疾的公民的劳动、生活和教育。之后，又有一系列措施促进我国残疾人福利事业的发展，使我国残疾人得到社会的尊重和帮助，使之能以平等的权利和义务参与社会。

《中华人民共和国残疾人保障法》于 2008 年 4 月 24 日由第十一届全国人民代表大会常务委员会第二次会议修订通过。新修订的《中华人民共和国残疾人保障法》是与国家经济社会整体发展相协调、保障残疾人利益、发展残疾人事业的基本法律，旨在保障残疾人以平等的权利、均等的机会，充分参与社会生活，共享社会物质文化成果。该法对残疾人迫切需要解决而又能做到的基本问题做出了刚性规定，既保护了残疾人的权益，又指导着残疾人事业的不断发展。

为了促进残疾人社会福利的发展，我国先后制定了国家发展残疾人事业的六个五年计划以及与其配套的残疾人康复、教育、就业、文化、体育、生活保障、扶贫、辅助用具等具体实施方案。除此之外，党中央、国务院印发《关于促进残疾人事业发展的意见》，对发展残疾人事业做出重大部署，提出加快推进残疾人社会保障体系和服务体系建设，努力使残疾人和全国人民一道向更高水平小康生活迈进的目标，为未来一个时期残疾人事业的发展指明了方向。国家修订《中华人民共和国残疾人保障法》，批准加入联合国《残疾人权利公约》，制定实施《残疾人就业条例》和残疾人社会保障、特殊教育、医疗康复等领域的一系列政策法规，为发展残疾人事业、保障残疾人权益奠定了法律制度基础。

2. 我国残疾人福利政策存在的问题

改革开放以后，我国残疾人福利事业得到了发展，内容逐渐丰富，形式日趋多样，但是随着社会文明程度和残疾人自身觉悟的提高，他们的需求层次也由单一的渴求温饱向多层次的发展需求转变。我国现行的残疾人福利政策问题主要表现在以下几个方面：

（1）工作观念落后。目前我国残疾人福利工作的重点仍然是救助，工作观念落后，忽视了残疾人自身的建设，欠缺切实地站在残疾人自身的角度去思考，造成政府和社会无法切实感受到残疾人的真实想法和需求，难以最大限度地帮助他们融入社会，因而国家在这方面大力度的投入并没有换来残疾人生活素质相应的提升。

（2）法制建设不到位。我国保护残疾人合法权益的法律规范欠缺以及执法力度不够，在一定程度上限制了残疾人福利事业的发展。此外，执法不严现象在一定程度上存在，对于违法行为也没有严格的惩罚性规定，不能很好地保护残疾人合法权益。

（3）筹资渠道单一。多元化的筹资渠道是社会福利资金充足的重要保障。我国残疾人社会福利资金的来源仅限于税收和捐助两个渠道，再加上捐助体制不完善，导致福利资金主要依靠国家的财政税收。不仅如此，在行政色彩浓厚的管理体制中，残疾人社会福利资金的管理和运用较为混乱，降低了原本就有限的福利资金的使用效率。

（4）福利供给不足。现阶段国家或社会提供的福利还远远不能满足残疾人的基本需求，福利供给仍然不足。

（5）福利水平地区差距较大。福利水平地区差距主要表现在城乡之间、东中西部地区之间。

3. 我国残疾人福利政策的变革

我国残疾人福利事业改革应该以劳动福利型为主体模式、以单纯福利型为辅助模式。劳动福利型模式是指国家和社会在保证残疾人基本生活需要的同时，使其有机会行使劳动的权利，从事力所能及的社会劳动，而不是单纯地接受国家救济。单纯福利型模式是指对残疾人中已经丧失劳动能力和尚无劳动能力的未成年人按照规定给予供养救济。我国残疾人福利改革必须做到以下几点：

（1）树立全新的工作理念。开展残疾人福利工作应当以尊重残疾人的自尊心为出发点，不能让救助带有浓重的施舍色彩。树立全新的工作理念，帮助残疾人培养自助的能力，这样残疾人福利工作才能更加高尚和有意义。

（2）加强法制建设。完备的法制体系是保障残疾人福利工作顺利开展的基石。首先，应建立健全相关的法律法规。其次，要做好残疾人福利法律、法规、政策落实情况的调查研究和信息反馈工作，确保各地认真地贯彻落实法律法规，同时可以为法律法规的修改完善提供有益的第一手资料。最后，强有力的舆论监督也可以配合残疾人福利的法制建设。新闻工作者应敢于揭露违法行为，积极保护残疾人的合法权益。

（3）开拓筹资渠道。一方面，中央应该加大对各地发展残疾人社会福利事业的财政支持和资金投入。另一方面，残疾人社会福利事业应继续放开，秉持非营利或低营利的原则，尝试由社会、公共团体、企事业甚至个人来创办。国家在进一步重视民间的作用、动员社会力量的同时，应有计划地组织一支志愿（或低报酬）的义务人员队伍，参加残疾人社会福利工作。

（4）加大福利供给。面对残疾人特殊的福利需求，应积极地加大福利供给，主要包括生活、教育、就业和康复几个方面。在生活福利方面，使更多的残疾人纳入城乡最低生活保障制度并获得优于一般人群的照顾，且建立相应的残疾人失业保险、养老保险、医疗保险等；在教育福利方面，优先考虑残疾儿童教育，确保残疾儿童有接受公平的义务教育的机会；在就业福利方面，加强劳动就业法律保护，开展多种形式的就业，积极组织残疾职工参加再就业培训，优先推荐就业；在康复服务方面，重点将残疾人康复事业与工伤保险等康复服务整合起来，共同为残疾人与工伤受害者提供康复服务，促进残疾人康复事业的发展。

（5）提高农村和中西部地区残疾人福利水平。在从整体上提高我国残疾人福利水平的过程中，要重点提高农村和中西部地区残疾人福利水平。第一，政府在社会福利政策上应给农村和中西部地区残疾人以适当的倾斜，优先考虑农村和中西部地区的贫困残疾人，因地制宜、分类推进，逐步建立相应的社会救助体系，保障贫困残疾人的基本生活。第二，在最低生活保障的基础上，应当面向有需要的农村和中西部地区残疾人实施福利性的特殊教育与技能培训，确保我国的残疾人就业政策得到全面贯彻落实，缩小城乡、东中西部地区残疾人福利水平的差距。

本章小结

1. 社会福利是指政府与社会通过专业化的福利机构，为解决社会上的特殊群体以及一般社会成员的实际困难，提高国民的生活质量而有针对性地提供服务和设施的一种社会保障制度。目前，社会福利主要由老年福利、儿童福利、残疾人福利等内容构成。

2. 老年福利是以老年人为对象的社会福利项目，指国家和社会为了安定老年人生活、维护老年人健康、充实老年人精神文化生活而采取的政策措施和提供的设施、服务。

3. 儿童福利是指由国家或社会为立法范围内的所有儿童普遍提供的旨在保证正常生活和尽可能全面健康发展的资金与服务的社会政策和社会事业。

4. 残疾人福利是国家或社会根据社会的经济、文化发展水平，通过制定相关的法律和政策，给予残疾人相应的康复、教育、劳动就业、文化生活、社会环境等权益保障，以改善残疾人及其家庭的生活条件，不断提高他们的生活质量，维护社会稳定，实现残疾人“平等、参与、共享”的目标。

5. 介绍英国、美国、日本等国的老年福利、儿童福利、残疾人福利政策，并分别分析其经验总结及对我国老年福利、儿童福利、残疾人福利的启示。

6. 介绍改革开放后我国老年福利、儿童福利和残疾人福利政策，并指出我国老年福利、儿童福利和残疾人福利存在的问题且提出改革措施。

关键术语

社会福利　福利　社会福利水平　老年福利　老年　人口老龄化　儿童福利　儿童　残疾人福利　残疾人

复习思考题

1. 什么是社会福利？社会福利与社会救助、社会保险有哪些区别？
2. 如何应对我国人口老龄化？
3. 英国、美国、日本三国的老年福利政策对我国老年福利事业建设有什么启示？
4. 英国、美国、日本三国的儿童福利政策对我国儿童福利事业建设有什么启示？
5. 英国、美国、日本三国的残疾人福利政策对我国残疾人福利事业建设有什么启示？

案例分析

案例 11-1　失独老人免费住进村幸福院

涧北村失独家庭高立国、尹逊喜夫妇，今年分别72岁和64岁。1978年生下一女孩，1995年因病治疗无效死亡。这些年来村里都把这个家庭作为特殊家庭，关爱一层、厚爱一层。随着老人年龄的增长，身体行动渐不方便，生活比较吃力，生活自理能力逐渐下降。村里发现这个情况后，根据个人意愿，按照《计划生育双向约定》规定，经村两委研究决定，于2007年村幸福院建成时，优先免费入住村幸福院。幸福院内水电齐全，可以满足老人的基本要求。他们在幸福院的生活开支全部免费，为了保障他们自己的房子不出问题，村里负责给他们租出去。

根据市、镇、村对失独家庭的有关规定，市镇给予每人每年3 600元的生活补贴。在此基础上，村幸福院每人每月发放60元，保障了老人不花自己一分钱。这对夫妇成了涧北村第一对免费入住的老人，在村里引起了很大反响。村里考虑到老人情况特殊，特事特办，每年为老人做两身衣服，两年换一套被褥。每逢老人生日，村两委都派人去陪老人过生日。村里还免费为两位老人加入新型农村合作医疗保险，又解决了老人小病小灾医疗的问题。另外，每年老人节、中秋节、春节等重大节日，市、镇民政、计生办、计生协都上门走访慰问老人。

通过以上这些措施，老人在物质上得到了保障。在此基础上，在乡镇指导下，组织人员对该家庭进行精神安慰、心理疏导，与老人谈心；定期定时为失独家庭打扫卫生，买菜买粮，搞好供暖，采购生活用品、生产用料等，使他们生活有保障、精神有依托，使老人生活得舒心快乐。

涧北村的这一举措，使失独家庭老有所乐、老有所养，缓解了计划生育特殊家庭的后顾之忧，从而带动了涧北村育龄群众婚育观念的转变，得到了广大群众的一致肯定，积极推动了涧北村计生工作的顺利开展。

资料来源：《失独老人免费住进村幸福院》，见 http://health.iqilu.com/rkjs/2014/0524/2000866.shtml，2015-05-24。

思考：如何增加失独老人的福利？

案例 11-2 贵州4名留守儿童家中喝农药集体自杀

2015年6月9日晚11点半，贵州省毕节市七星关区田坎乡4名儿童在家中服食农药自杀身亡。四名儿童的父亲张方其今年3月外出打工，母亲任希芬离家出走多年。四个孩子（张启刚，男，13岁，田坎小学六年级学生；张启秀，女，9岁，田坎小学二年级学生；张启玉，女，7岁，田坎小学一年级学生；张启味，女，5岁，田坎乡中心幼儿园儿童）居住在2011年修建的砖混结构、200平方米的三层楼房家中，平时孩子食宿自理。因缺乏基本的家庭关爱和亲情温暖，四个孩子性格孤僻，常有早退和旷课现象。事发前1个月，4个孩子因为没有生活费辍学在家，家里唯一的食物是孩子父亲去年种的玉米。平时，四个孩子将玉米磨成玉米面，不用筛子筛干净就凑合吃了，“因为太穷了”。大儿子张启刚留下了一份简单的遗书。遗书大概内容是：“谢谢你们的好意，我知道你们对我的好，但是我该走了。我曾经发誓活不过15岁，死亡是我多年的梦想，今天清零了。”

资料来源：http://www.bjqixingguan.gov.cn/，2015-06-10。

思考：如何增加留守儿童的福利？

案例 11-3 残疾人坐火车能否半价优惠

“出行乘火车费用对残疾人来说是一笔不小的开支，如果施行火车票半价优惠，有利于减轻残疾人群体的负担。”2015年3月5日，高晓笛委员在接受记者采访时说。

据了解，我国有8 300多万残疾人，其中处于贫困线以下的达5 000多万人。出行，是人的基本诉求，参与社会则是残疾人的平等权利。由于地域环境、生理障碍、文化水平等诸多因素制约和影响，残疾人群体普遍呈现就业率低的现象，即使有工作，收入也普遍不高。高晓笛委员认为，施行残疾人火车票半价优惠有很好的法律基础和政策基础。一是《中华人民共和国宪法》有规定：中华人民共和国公民在年老、残病或者丧失劳动能力的情况下有从国家和社会获得物质帮助的权利。国家的发展为公民享受这些权利所需要的社会保险、社会救济和医疗卫生提供了保障。国家和社会有保障残疾人的生活、抚恤烈士家属、优待军人家属的义务。国家和社会有责任帮助盲、聋、哑和其他有残疾的公民，改善他们的生活、教育和医疗状况。《宪法》中就有国家对残疾人群体进行社会帮助的法律原则。

此外，《中华人民共和国残疾人保护法》等其他法律法规也规定了国家和社会对残疾人进行帮助的法律原则。

“国家已经对在校大中专学生和伤残军警实施这一项优惠政策，并得到广泛好评。残疾人属于社会弱势群体，更需要政府和社会的关怀与帮助。因此，对残疾人施行火车票半价优惠政策是众望所归。”高晓笛委员说。

资料来源：《残疾人福利——残疾人坐火车能否半价优惠》，见 http://www.rmzxb.com.cn/zt/2015qglh/yc/459428.shtml，2015-03-06。

思考：残疾人坐火车能否半价优惠？

第 12 章 公共服务外包及非政府提供

公共服务外包及非政府提供是民营化运动的结果。当前公共服务民营化已经成为世界各国重要的公共服务管理模式。

> 民营化已经成为席卷世界的滚滚洪流，不论是社会主义国家还是资本主义国家，不论是发达国家还是发展中国家，不论是民主国家还是专制国家，100 多个国家正在推行民营化，还有很多正在考虑实施（Rondinelli，1998）。在美国，不论是民主党还是共和党，自由主义者还是保守主义者，黑人还是白人，都在实践着民营化。民营化已经超越党派偏好或意识形态成为一种务实的并得到广泛应用的治理方式和公共服务管理模式（Daley，1996）。①

民营化运动带来了各国大规模公共服务外包及非政府提供。公共服务外包及非政府提供不仅满足了公众对公共服务多样化、差异化的需求，而且节约了政府成本，改善了公共服务质量，提高了公共服务的供给效率。

12.1 公共服务外包

12.1.1 公共服务的内涵

公共服务是以服务形式存在的公共产品，是市场失灵的重要领域。公共服务是政府的基本职能之一，政府通过提供公共服务可以弥补市场失灵、促进社会公平、体现公共利益。

---

① ［美］E. S. 萨瓦斯：《民营化与公私部门的伙伴关系》，338 页，北京，中国人民大学出版社，2002。

1. 公共服务的概念

公共服务（public service）一般是相对于私人服务而言的。公共服务是现代西方经济学的基本概念，也是21世纪公共行政和政府改革的核心内容，它强调的是政府的服务性。

“公共服务”一词最早是由法国公法学家莱昂·狄骥提出的。莱昂·狄骥用“公共服务”这一概念取代了国家“主权”的概念，认为公共服务就是指那些政府有义务实施的行为。后来，随着公共经济学的建立和发展，“公共服务”这一概念演变为公共经济学对公共产品特征的分析，即公共服务是公共产品的一部分，是以服务形式存在的公共产品。公共服务是指一国政府在特定的历史时期，按照本国自身决策程序，凭借公共权力，利用公共资源向公民所提供的各项服务的总和。

公共服务的概念可以从广义和狭义两个角度理解。广义的公共服务可以理解为公共部门所从事的一切工作，它不仅包括提供公共产品，而且包括宏观调控、市场监管、社会管理、环境保护等方面的服务。狭义的公共服务是指以政府为主体的公共部门向公民提供的满足特定的、直接的需求活动的形式。具体包括公共教育、医疗卫生、文化体育、科技、公共就业、社会保障、住房保障、基础设施、生态环境保护等。对公共服务狭义、具体的概念界定可以使公共服务这一政府基本职能与宏观调控、市场监管、社会管理、环境保护等其他基本职能相区分，赋予了公共服务具体的内容和形式。

在多样化的公共服务中，有一些服务是满足公民最基本、最迫切和最必要的需求，这些服务就是基本公共服务，它是政府公共服务最核心的部分。2012年国务院印发的《关于国家基本公共服务体系“十二五”规划的通知》将基本公共服务定义为“建立在一定社会共识基础上，由政府主导提供的，与经济社会发展水平和阶段相适应，旨在保障全体公民生存和发展基本需求的公共服务。享有基本公共服务属于公民的权利，提供基本公共服务是政府的职责”。党的二十大报告指出，我们要实现好、维护好、发展好最广大人民根本利益，紧紧抓住人民最关心最直接最现实的利益问题，坚持尽力而为、量力而行，深入群众、深入基层，采取更多惠民生、暖民心举措，着力解决好人民群众急难愁盼问题，健全基本公共服务体系，提高公共服务水平，增强均衡性和可及性，扎实推进共同富裕。基本公共服务是针对当前我国经济社会发展水平相对不高、政府无法向所有的社会成员提供全部的公共服务而提出的概念。

2. 公共服务的分类

根据不同的分类标准，公共服务会有不同的分类结果。

（1）按照公共服务的属性特征分类。基于公共产品理论，可以将公共服务分为纯公共服务和准公共服务。纯公共服务是指具有非排他性和非竞争性的公共服务。这种纯公共服务是很少的，现实中人们通常将国防、公共安全、义务教育等视为纯公共服务。准公共服务是指满足非排他性和非竞争性其中之一特征的公共服务。例如，医疗卫生服务、保障性住房、就业服务、部分基础设施等。

（2）按照公共服务的功能分类。公共服务根据其功能不同，可以分为公共安全性公共服务、基础性公共服务、经济性公共服务和社会性公共服务。①

公共安全性公共服务是指政府为公民提供的安全保障服务，包括国防、社会治安等。

---

① 参见宋立根等：《地方政府公共服务提供机制研究》，载《经济研究参考》，2007（53）。

基础性公共服务是指政府为公民及其组织提供从事生产、生活、发展等活动方面的服务，包括供水、供电、供气、交通以及通信设施等。这类公共服务具有规模经济和自然垄断特征。

经济性公共服务是指通过某种政府行为的介入，为公民及企业从事经济发展活动所提供的各种服务，包括科技推广、咨询服务以及政策性信贷等。

社会性公共服务是指政府为满足公民的社会发展活动的直接需要所提供的服务，包括教育、科技、医疗卫生、社会保障以及环境保护等。

（3）按照公共服务的需求层次分类。公民对公共服务的需求会呈现出不同的层次。根据保障人类基本的生存、发展不同需求层次进行分类，可以将公共服务分为保障性公共服务和发展性公共服务。

保障性公共服务是指在一定的经济社会条件下，政府运用国家权力和公共资源来满足全社会公众的共同的、直接的、基本的、关系到公民人权的服务的总和，具体包括义务教育、就业和社会保障等。保障性公共服务的关键在于保障公民基本的人权。

发展性公共服务是指一定时空条件和经济社会发展阶段下，建立在一定社会共识基础上，政府使用公共权力和公共资源满足全社会公众或某一类群体共同的、直接的、更高层次和更高质量的关系到公民人权的社会生产过程，例如高等教育、终身教育等。发展性公共服务相对于保障性公共服务而言，是排除一定经济社会发展阶段下公民应该享有公共服务的最小范围以外的公共服务。[①]

（4）按照公共服务的受益空间分类。公共服务的受益空间是公共经济学的一个重要原则。大多数公共服务的享用都受到受益空间的限制，即公共服务的享用者通常仅限于该地区居民的范围之内。根据公共服务的受益空间将公共服务分为全国性的公共服务、地方性的公共服务和外溢性的公共服务。全国性的公共服务是指可供全国居民共同消费和享用的公共服务，包括义务教育、公共安全、国防、外交等，通常由中央政府提供。地方性的公共服务是指满足地方居民需要而提供的公共服务，包括地方性基础设施、城市垃圾处理、街道照明、治安、消防等服务，通常由地方政府提供。而外溢性的公共服务是指不同地区间居民可以共同享用的具有外部效应的公共服务，包括跨地区的基础设施、环境保护、环境治理等服务，往往由中央与地方政府共同提供。

3. 公共服务的特征

（1）公共性。公共服务是政府的基本职能之一，是政府凭借公共权力，利用公共资源，为满足公共利益，实现公共目标，向社会公众提供的服务。因此，公共服务面向整个社会提供，具有共同受益和联合消费的特点。它体现的是国家责任与公民权利之间的公共关系，即公共性。政府提供公共服务依托的是公共财政，而公共财政最核心的来源是公共税收。公共性是公共服务的内在要求。

（2）公平性。公共服务的公平性是指公共服务的提供不能坚持唯效率至上的原则，应该体现效率与公平的统一，且将公平原则作为首要原则。政府应该确保所有公民都能公平地享用大致均等的公共服务。

（3）均等性。政府要为社会公众提供基本的、在不同阶段具有不同标准的、最终大致

① 参见王海龙：《公共服务的分类框架：反思与重构》，载《东南学术》，2008（6）。

均等的公共服务。均等性是政府基本公共服务其他基本属性和特征的可操作性、可考量化的指标，为实现政府基本公共服务公平性、民主性、统一性、普遍性提供了一个现实的实现途径。[①] 均等性的核心是机会的均等，而不是简单的平均化和无差异化。

（4）民主性。保证政府公共服务的公共性和公平性，需要公众的有效监督，而这种监督本身反映了公共服务民主性的要求。另外，公共服务必须反映公众的需求和意愿。因此，政府提供公共服务时不能以自上而下的方式供给，要结合公众的需求和意愿，以自上而下和自下而上相结合的方式供给。

（5）普遍性。市场经济条件下，市场往往将资源配置到那些效率高、利润大的领域，因此市场调节的资源配置是局部的、歧视性的。而政府的资源配置是为整个社会和全体社会成员服务，服务的对象是公民及其组织包括经济组织和社会组织，具有普遍性、强制性。

12.1.2 公共服务外包概述

公共服务外包起源于新公共管理运动，是民营化发展到第二阶段的主要表现形式，一度被认为是功能民营化，它不改变政府的财政责任，但改变了公共服务的提供主体，这种改变将传统的国家与公民的二元关系转变为夹杂着私人承包在内的三方关系。公共服务外包的核心是在公共服务供给中引入市场竞争机制，实现供给主体多元化，从而提高公共服务供给效率和质量，更好地满足公民多样化的公共服务需求。

1. 公共服务外包的兴起

二战以后，西方国家政府规模膨胀和经济滞胀带来了日益加剧的财政赤字，加之过度的官僚主义导致的管理失调、效率低下等，严重影响到政府公共服务的有效供给。政府以垄断方式和僵化方式所提供的大批量、同质的公共服务已经不能满足社会公众个性化和多元化的公共服务需求。在西方财政危机和政府信任危机的背景下，20 世纪 80 年代新公共管理运动随即兴起，全世界范围内掀起了汹涌澎湃的政府改革浪潮。这次改革的趋势就是将市场机制引入公共部门，即公共服务的市场化与民营化。公共服务外包作为公共服务市场化、民营化的主要形式最早是由工党执政的新西兰发起，随后英国撒切尔政府和美国里根政府致力于推动新公共管理运动，改革政府公共服务领域的职能，大力推行公共服务外包。由此在世界范围内兴起的公共服务市场化、民营化改革，不仅影响到经合组织国家，还影响到不同类型和发展状况的国家。如今，公共服务外包已经成为现代政府的主要特征和公共服务领域的改革热点。

2. 公共服务外包的概念及范围

公共服务外包（public service outsourcing）是指政府将其承担的公共服务职能，采取市场竞争的方式，以合同为载体，转移给政府以外的私营企业、非营利组织或个人实施，政府对服务结果进行评估，并向承包商支付费用。公共服务外包实际上是政府与私营企业、非营利组织和个人在公共服务的生产及提供上的分工合作与安排。在这些安排中，私营企业、非营利组织和个人是生产者，政府是提供者或安排者。公共服务的提供或安排与公共服务的生产之间的区别是十分重要的，是整个民营化概念的核心，是政府角色界定的

① 参见黄恒学、张勇主编：《政府基本公共服务标准化研究》，26～28 页，北京，人民出版社，2011。

基础。萨瓦斯就公共服务提供和生产区分问题指出：

> 政府可以做出用公共开支来提供某种服务的决定，但并不意味着必须依靠政府雇员和设施来提供这种服务。民营化的反对派往往是这样一些人，他们忽视服务提供和服务生产之间的区别，进而错误地认为，如果政府放弃了生产者的功能，它自然就放弃了提供者的角色。这样，在那些被视为政府“天职”的公共服务领域，民营化往往会遇到更大的阻力。其实，即使实施民营化，政府仍然保留服务提供的责任并为此支付成本，只不过不再直接从事生产。①

关于公共服务外包的范围问题，学术界的观点不尽相同。如默瑟（Mercer）认为，地方政府所提供的每一项服务或所履行的每一项职能都能被承包出去。② 但是，大多数学者则认为，并非所有的服务均适合外包。波士顿（Boston）从政府职能范围考虑认为，为了公众利益，传统的政府职能不能外包，这些职能有：政策制定和建议、规划、规制、法律强制执行应急服务等。③ 多纳休（Donahue）则从动机的角度加以分析，即私人承包商是以利润最大化为目的的，而公务员则被认为是对公共服务具有责任心，更能维护公共利益。例如，社会福利或监狱服务，要求提供者具有相当的判断力、耐心及公正，公务员比私人承包商更适合提供这类服务。也就是说，如果一项公共服务不仅要求提供者有熟练的技能，还要求提供者具有强烈的责任感时，该项服务应由政府提供，不适宜外包。④ 哈特（Oliver Hart）从经济学角度分析认为，那些具有质量难以度量特征即质量不可收缩性（non-contractible quality）的服务，由公共部门承担则会更好，虽然这样可能意味着高成本和平庸的质量。⑤ 布朗（Brown）与波多斯基（Potoski）认为，交易成本的高低是公共服务外包决策的重要依据。低交易成本的服务最适宜外包，高交易成本的服务适合内部生产，混合交易成本的服务应视情况而定。⑥ 凯文·莱弗里（Kevin Lavery）则给出了公共服务外包的三个基本条件：服务是硬性的，即该服务的要求和标准能够被清楚地表达；监督成本并不是很高；存在一个提供服务的竞争性市场。⑦

然而，在现实中理论上的公共服务外包与实践中的公共服务外包之间存在较大的反差。从美国的实践来看，不管是否政府核心职能，也不管交易成本的高与低，几乎所有的公共服务项目都能找到被外包的案例。这进一步提示我们，仅从服务本身去思考公共服务外包的范围问题可能过于局限，制度环境、信任、组织的多元功能等因素必须加入分析框架之中。⑧

---

① ［美］E. S. 萨瓦斯：《民营化与公私部门的伙伴关系》，69 页，北京，中国人民大学出版社，2002。

② James L. Mercer, "Growing opportunities in public service contraction," *Harvard Business Review*, 1983 (61).

③ J. Boston, *The State under Contract*, Wellington: Bridget Williams, 1995.

④ J. D. Donahue, *The Privatization Decision: Public Ends, Private Means*, New York: Basic Books, 1989.

⑤ Oliver Hart, Andrei Shleifer and Robert W. Vishny, "The proper scope of government: theory and an application to prisons," *Quarterly Journal of Economies*, 1997 (4).

⑥ Trevor L. Brown, Matthew Potoski, "Transaction costs and contracting: the practitioner perspective," *Public Performance & Management Review*, 2005 (3).

⑦ Kevin Lavery, *Smart Contracting for Local Government Services: Processes and Experience*, Westport: Praegerpublishers, 1999.

⑧ 参见句华：《公共服务合同外包的适用范围：理论与实践的反差》，载《中国行政管理》，2010 (4)。

3. 公共服务外包的动因

由于新公共管理思潮的持续推进，越来越多的公共服务开始通过外包的形式扩散到市场领域来发挥市场在效率和成本方面的优势。在公共服务外包蔚然成风的背景下，我们不禁要问：究竟是哪些因素推动了服务外包的发展？不同国家不同地区的实际情况不同，导致公共服务外包的动因也不一样。学者们提出了不同的观点，萨瓦斯对民营化动因的分析也正是公共服务外包的动因所在。他将民营化的推动力量分为现实压力、经济推动力、意识形态动力、商业动力、平民主义动力等几个方面。①

（1）现实压力。现实压力主要体现在财政压力上。二战以后，西方国家政府活动的成本上升，财政赤字日益加重，政府通过提高边际税率和发行公债缓解财政压力的举措受到公众的强烈反对。而取消或减少政府活动对于受益者来说当然也是不受欢迎的。在这种情况下，只有提高生产率在政治上更具有吸引力。民营化是改进政府机构生产率的根本战略之一。公共服务外包成为民营化的主要形式之一，它能够引发私人产权市场和竞争的力量，从而为公民提供更有效率的服务。

（2）经济推动力。一方面是政府财政的拮据，另一方面却是人们的日益富足。在福利国家诞生之前，大多数人需要国家的社会保障。然而，今天随着人们经济力量的增长，公民对公共服务的需求超出了政府的提供能力。更多的公民可以通过市场来解决教育、医疗、住房、退休保障及其他物品的需求。总之，经济因素正在减少人们对政府服务的依赖，他们更乐于以民营化的方式来满足需求。

（3）意识形态动力。意识形态的动力主要来自反对大政府以及低效率的政府。从政治哲学的角度看，随着政府的规模和权力越来越大，政府对人们生活领域的渗透也会不断增强。因此，权力过大的政府会威胁自由、正义和效率。从经济哲学的角度看，政府对经济活动有着巨大的影响，影响经济活动的政府决策常常是基于政治而非经济考虑，因此大政府会造就贫穷社会。而公共服务外包则能够减少政府的作用，扩大私营部门的作用。

（4）商业动力。商业力量是公共服务外包的积极支持者。商业集团倡导政府内务活动的民营化。私人团体看中政府投资项目，如建筑道路、桥梁、机场和废物利用工厂所提供的商业机会。而在那些拥有国有企业或国有资产的国家中商界领袖鼓励非国有化，认为将国有企业和资产出售给私营部门，这些企业和资产将会有更好的前景。商业力量的作用无疑进一步推动了公共服务外包给私营企业。

（5）平民主义动力。平民主义者不仅反对大政府，也反对大商业集团，主张地方性机构赋权于人民。他们主张，一是公众对公共服务应拥有更大的选择权，二是减少公众对官僚机构过分依赖。平民主义者更倾向于社区及志愿团体提供公共服务。在他们看来，传统的非政府机构为社会提供了安全保障，帮助社会在自由、正义和效率这些相互冲突的目标之间形成动态平衡。因此，通过公共服务外包可以扩大选择权，带来多样性，减少对政府的过度依赖。

---

① 参见［美］E. S. 萨瓦斯：《民营化与公私部门的伙伴关系》，6～14页，北京，中国人民大学出版社，2002。

12.1.3　公共服务非政府提供主体

传统理论认识上，政府提供公共服务是其义不容辞的责任，政府是公共经济活动最重要的甚至是唯一主体。从某种意义上来讲，政府提供公共服务有其天然的优势。但是随着经济和社会组织力量的增强，这种局面发生了深刻的变化，政府作为公共服务唯一提供主体的地位和合法性受到了前所未有的冲击，政府不再是公共服务供给的唯一主体，公共服务供给主体多中心趋势日趋凸显。除了政府以外，私营企业、非营利组织等诸多主体也参与到了公共服务的供给当中，成为主要主体并发挥着越来越积极的作用。

1. 主体之一：私营企业

公共服务市场化改革进程中，私营企业是公共服务非政府提供的主要主体之一。私营企业参与公共服务外包是指通过重新审视政府在经济和社会发展中的地位和作用，将政府的部分职能推向市场由私营企业通过市场化的方式进行提供。

私营企业与公共部门最大的区别就在于私营企业是以营利为目的，追求效率而漠视公平。但是私营企业也具有公民身份，是国家的公民之一，有权利、有责任为社会的发展做出贡献。现代市场经济条件下，越来越多的企业已经重视自己的社会责任、公众的反应和利益要求，努力树立自己的社会形象，寻求企业的经济利益和社会公共利益之间的平衡点。因此，在一定的制度设计下，私营企业参与公共服务外包可以实现服务于公益的目的。①

当然，私营企业追逐利润的本质必然会造成某类公共服务供给真空、部分领域过度竞争等不良现象，所以并不是所有的公共服务都可以交由私营企业供给，私营企业承包公共服务的供给有其优势，同样也有严重的弊端。

2. 主体之二：非营利组织

非营利组织在公共服务外包中发挥着重要的作用，它也是公共服务非政府提供的主要主体之一。非营利组织是指由具有法人资格的私人发起的，以公共服务为目标，不以营利为目的，组织盈余不能分配，且具有独立性、志愿性、公益性的民间组织。目前世界各国非营利组织（第三部门）与政府部门（第一部门）和私营部门（第二部门）一起形成了社会的主要力量。

由于政府对公共服务的供给中存在很多空缺，例如在对老人、妇女、儿童、残疾人的保护等方面，这些公共服务领域是私营企业不愿意介入的。当政府和市场在上述公共服务中供给不足时，非营利组织的地位得以凸显。发达国家非营利组织参与的公共服务多偏向于那些带有社会援助特色的公共服务，实践表明在这些领域非营利组织供给更加高效。例如，日本政府对取得法人资格的非营利组织参与公共服务非政府提供给予资金和政策的支持，其《特定非营利活动促进法》明确规定，非营利组织必须从事该法所规定的相关领域（见表 12－1），以期实现为社会提供更高效率和更优质的公共服务。非营利组织在公共服务领域有其固有的优势，但是由于其介于政府与市场之间，不可避免地带有双重性质，这种自身存在的缺陷也会产生资源配置的失灵，导致“志愿失灵”。

---

① 参见申霞：《私人部门参与公共服务的制度建构》，载《中国行政管理》，2007（4）。

表 12－1　特定非营利组织的活动种类（截至 2014 年 9 月 30 日）

领域	活动种类	法人数
第 1 类	增进保健、医疗及福利活动	28 905
第 2 类	增进社会教育的活动	23 469
第 3 类	推进社区营造的活动	21 600
第 4 类	振兴旅游的活动	1 847
第 5 类	振兴农村、山村、渔村或山区的活动	1 561
第 6 类	致力于振兴学术、文化、艺术及体育的活动	17 000
第 7 类	致力于保护环境的活动	13 773
第 8 类	灾害救助的活动	4 034
第 9 类	地区安全的活动	5 719
第 10 类	致力于保护人权、推进和平的活动	8 099
第 11 类	国际合作活动	9 813
第 12 类	促进形成男女共同参与社会的活动	4 379
第 13 类	致力于儿童培养的活动	21 381
第 14 类	致力于信息化社会发展的活动	5 698
第 15 类	致力于振兴科学技术的活动	2 977
第 16 类	致力于增强经济活力的活动	8 568
第 17 类	支援职业能力开发以及扩大就业机会的活动	12 210
第 18 类	致力于保护消费者的活动	3 056
第 19 类	针对从事以上活动的团体在运营以及活动予以联络、建言或支援的活动	22 399
第 20 类	依据都道府县或指定都市条例开展的上述所列各项活动	136

注：(1) 一个 NPO 法人往往从事多个领域的活动，因此，合计超过了总数 49 456 家。(2) 从第 14 类到第 18 类，是 2012 年修订《特定非营利活动促进法》(2012 年法律第 1173 号) 施行日 (2013 年 5 月 1 日) 以后申请并获得认证的。(3) 第 4 类、第 5 类及第 20 类仅限于 2011 年修订《特定非营利活动促进法》(2011 年法律第 70 号) 施行 (2012 年 4 月 1 日) 以后申请并获得认证的。

资料来源：胡澎：《日本非营利组织参与社会治理的路径与实践》，载《日本学刊》，2015 (3)。

12.2　私营企业参与公共服务外包

12.2.1　私营企业参与公共服务外包的理论基础

私营企业参与公共服务外包是 20 世纪 80 年代以来公共服务领域最伟大的变革之一。把公共服务的提供者与生产者区分开来，让私营企业进入公共服务领域，促使政府回到掌舵者的位置上，而把划桨的职能让渡给私营企业。私营企业参与公共服务外包的理论基础包括：

1. 委托代理理论

委托代理理论兴起于 20 世纪 60 年代末 70 年代初，创始人有威尔逊 (Wilson)、罗斯

(Ross) 等。该理论是基于“理性经济人”假设制定的，将雇主视为委托人，雇员视为代理人，委托人与代理人之间如果存在利益冲突和信息不对称，就会产生机会主义行为。因此，委托代理理论的中心任务是研究在利益相冲突和信息不对称的环境下，委托人如何设计最优契约激励代理人。①

委托代理理论作为西方经济学的一个重要研究领域，目前已成为研究公共服务外包的重要理论基础，该理论对中外公共行政改革中的诸多方面都产生了深刻的影响，如政府可以委托私营企业提供哪些公共服务，政府和私营企业签订契约时如何能在规避私营企业做出消极行为的基础上实现公共服务的有效供给。

2. 交易成本理论

“交易成本”的概念最初是由诺贝尔经济学奖得主罗纳德·科斯提出的，随后经威廉森 (Williamson) 等人的发展，逐渐形成一门新兴经济理论——交易成本理论。威廉森认为，“交易成本”是指为维持经济系统的运行，保证交易活动的有效进行，交易双方签订契约、监督和执行契约关系所产生费用的总和。交易成本理论认为，交易成本是衡量政府服务效率的关键性指标。传统政府在公共服务方面的支出很少像企业那样进行成本收益分析，最终难以实现资源有效配置，导致公共服务提供效率低下、政府财政赤字严重。

交易成本理论的出现不但丰富了经济学的研究内容，而且改变了西方经济学的整个研究基础。它使得政府部门在提供某些公共服务的过程中，能够采用市场化的方式提高服务的质量、降低成本。另外，该理论还明确了政府在公共服务外包中所应承担的责任、扮演的角色以及发挥的作用等。

3. 新公共管理理论

新公共管理理论认为，强调层级节制的传统科层制已经难以适应市场经济的快速发展，在公共服务的提供上存在效率明显低下的问题。因此，主张将私营企业的经营理念与管理方法引入政府的公共服务中，强调公共服务的绩效管理和专业化管理，在政府规模不扩大、公共财政支出不增加的基础上，改善公共服务的提供，提高行政效率，增强政府治理能力。

新公共管理理论的最大贡献是将市场的竞争机制、激励机制和私营企业的经营理念与管理方法引入公共服务领域，建立一个企业家政府，打破了长期以来形成的政府垄断公共服务供给的局面，为公共服务外包提供了理论支撑。

4. 新公共服务理论

新公共服务理论是公共行政学者在对新公共管理理论反思与批判的基础上建立起来的。该理论主要以美国著名公共行政学家罗伯特·登哈特夫妇为代表，他们认为，新公共服务是关于公共行政在将公共服务、民主治理和公民参与置于中心地位的治理系统中扮演角色的一系列思想的理论。

新公共服务理论强调了政府在公共服务系统中的重要作用，为公共服务外包的多中心治理机制提供了理论上的支持。此外，该理论也强调政府在公共服务外包中的责任意识，

---

① Sappington, “Incentives in Principal-Agent Relationships,” *Journal of Economic Perspectives*, 1991 (5).

明确了政府在满足公民所需公共服务方面应承担的责任，对于政府重新定位自己的角色具有重要的意义。

12.2.2 私营企业参与公共服务外包的条件

根据传统经济理论，公共产品和公共服务的“公共属性”，使得它们的生产和消费往往存在搭便车行为，因此，公共产品和公共服务由政府垄断性地生产和提供成为天经地义的信条和规律。然而，实践中完全由政府生产和提供公共产品与公共服务带来的效率低下、成本居高以及资源的浪费，给私营企业参与公共服务外包提供了可能。那么私营企业参与公共服务外包具备哪些条件呢？

1. 私营企业一般介入“准公共产品和服务”领域

纯公共产品与服务不仅具有非竞争性和非排他性，而且这类产品与服务具有异质性的特性，涉及全体国民共同的利益，具有广泛的外部经济，因此最好由政府部门提供，不适宜私营企业介入。相反，对于一些准公共产品和服务可以交给有能力的私营企业来生产与提供。因为这类公共产品和服务的规模与范围相对较小，涉及的消费群体不多，很容易使得消费者根据一致性原则，通过订立契约，自主地通过市场进入让私营企业提供。例如，可收费的道路桥梁、公共图书馆、城市垃圾处理等。

2. 公共服务在消费上必须具备排他性技术

戈尔丁（Goldin）认为，在公共产品的消费上存在“平等进入”和“选择性进入”两种方式。“平等进入”是指公共产品和公共服务任何人都可以免费享用和消费。“选择性进入”是指只有付费后才能够享用和消费公共产品和公共服务。戈尔丁的“选择性介入”为私营企业参与公共服务外包提供了理论指导，并且为解决公共服务“过度拥挤”问题明确了方向。像俱乐部产品这样的准公共产品和服务，由于存在“选择性进入”，可以将那些不付费的消费者排除在消费之外，因此可以大幅降低私营企业提供该类产品和服务的交易成本，激励私营企业参与提供和生产。

3. 私营企业参与公共服务外包的制度保障

私营企业参与公共服务外包必须有一系列制度保障。第一，产权制度。只有界定清楚私营企业对公共服务的产权，并且由法律制度安排来保护产权的行使，私营企业才有动力介入公共服务领域。第二，市场准入制度。私营企业参与公共服务外包必须以放开市场准入为条件，引进竞争机制，但同时政府也要把好市场准入关，防止过度竞争和企业的暴利。第三，科学的价格机制。科学合理的价格机制既能保证公共利益的实现又能让私营企业获得合理的利润。在一定的制度设计下，让私营企业实现服务于公共利益的目的。第四，市场监督制度。政府必须加强监督，对私营企业提供的公共服务的质量、数量、价格、安全性方面进行严格的监督。

12.2.3 私营企业参与公共服务外包的方式

私营企业参与公共服务外包一般会采取私营企业独立供给、私营企业与政府合作供给以及私营企业与其他组织合作供给三种形式。根据发达国家的实践经验，私营企业参与公共服务外包的具体方式有签订协议或合同、特许经营、政府补助、凭单制、政府参股等。

1. 签订协议或合同

签订协议或合同就是合同承包，是指政府通过与私营企业签订承包合同的形式来经营公共服务的活动。合同承包是私营企业参与公共服务外包最普遍、范围最大的一种方式。在合同承包安排中，政府的理想角色是：第一，公共物品和服务的确认者；第二，精明的购买者；第三，对所购物品和服务有经验的检查者和评估者；第四，公平税赋的有效征收者；第五，谨慎的支出者，适时适量对承包商进行支付。①

适用于合同承包的公共服务通常是一些直接面向公众的服务，例如垃圾清扫、街道清洁、自来水供应、桥梁维修、图书馆管理等。一般市政管理部门采用公开、竞争的方法将某一类公共服务的生产经营权赋予私营企业，承包商中标后按照所签合同，向有关社会群体供给公共服务，而政府用财政拨款来支付承包商所供给的公共服务。发达国家的经验表明，所有的政府都在用合同承包安排公共服务，据萨瓦斯的粗略估计，美国地方政府至少有 200 种服务由承包商向政府提供。表 12－2 给出了美国地方政府的一些公共服务项目适用合同外包程度的分析。目前，合同承包在各个国家的适用范围在不断扩大，但其具体范围各国的实践存在一定的差异。

表 12－2　　地方公共服务项目实行合同外包的可能性

服务领域	服务的可描述性	监督	竞争的程度	总体评价
垃圾收集	1	1	1	1
供水	1	1	2.5	1.5
消防服务	3	3	5	3.5
儿童福利	3	3	5	3.5
娱乐设施管理	3	3	3	3
图书馆	2	2	5	4
人事管理	2	3.5	3	3

注：1＝合同外包的可能性最大（服务硬性、容易监督、竞争激烈），5＝合同外包的可能性最低（服务难以描述、监督苦难、竞争很弱）。

资料来源：句华：《公共服务中的市场机制——理论、方法与技术》，95 页，北京，北京大学出版社，2006。

2. 特许经营

特许经营是公共服务领域引入市场机制的另一重要形式。它是指由政府授予企业在一定的时间和范围提供某项公共服务进行经营的权利，即特许经营权，并准许其通过向用户收取费用或出售产品以清偿贷款、回收投资并赚取利润，政府通过合同协议或其他方式明确政府与获得特许权的企业之间的权利与义务。与合同外包一样，在特许经营方式下，政府成为安排者，私营企业成为生产者，但是二者的区别在于生产者支付方式不同，合同外包时政府向生产者付费，而特许经营下消费者向生产者付费。

政府特许的方式特别适用于可收费物品的提供，诸如电力、天然气、自来水、污水处理、固体废物和有害物质处理港口、道路以及桥梁等，通常被称作基础设施或基础领域。

① 参见［美］E. S. 萨瓦斯：《民营化与公私部门的伙伴关系》，73 页，北京，中国人民大学出版社，2002。

这些服务大多属于传统的自然垄断行业，具有资源稀缺性、规模经济效益特征。表 12 - 3 给出了特许经营在一些地方政府服务中的运用。

表 12 - 3　在特许经营安排下由私人企业供应的市镇和县政府服务

服务项目	运用特许经营方式的百分比
天然气经营和管理	20
电力经营和管理	15
商业固体废物收集	14
居民固体废物收集	13
固体废物处置	7
飞机场经营	6
车辆拖运和存放	5
公用事业读表服务	4
救护车服务	2

资料来源：[美] E. S. 萨瓦斯：《民营化与公私部门的伙伴关系》，82 页，北京，中国人民大学出版社，2002。

经过几十年的发展，特许经营已经衍生出 20 多种形式，它们之间存在着一定的相似性，其中以下几种最为主要：经营和维护租赁（operation and maintenance lease）、合作组织、租赁—建设—经营（lease-build-operate，LBO）、建设—转让—经营（build-transfer-operate，BTO）、建设—经营—转让（build-operate-transfer，BOT）、外围建设（wrap-around addition）、购买—建设—经营（buy-build-operate）、建设—拥有—经营（build-own-operate）。

3. 政府补助

为了提高公民对可收费物品和个人物品的消费，政府可能实施补助来刺激消费。补助是政府对生产者的补贴，可能以资金、减免税负或其他税收优惠政策、低息贷款等形式呈现。在补助这种制度安排之下，私营企业或第三部门是公共服务的生产者和提供者，政府与消费者是共同的安排者（政府选择特定的企业或公共部门提供补助，消费者向特定的企业或公共部门购买服务）。政府补助的范围很广，包括科学技术、农产品、医疗设施和医疗器械、住宅、公共汽车等多个领域。

4. 凭单制

与补助相似的是凭单制，不同之处在于补助是政府对生产者的补贴，而凭单则是给予特定消费群体的补贴。在补助方式下，政府和消费者选择的生产者必须是相同的，而在凭单方式下，消费者可以自由选择提供者。消费者将凭单交给他所选择的私营企业服务提供商，然后私营企业提供商将此交给政府而得到支付。凭单制已被地方政府广泛使用，正成为公共服务外包的重要形式，它被用于食品、住房、教育、医疗服务、幼儿保健、老年项目、家庭护理和失业工人的培训等方面。例如，美国教育凭单已有多年的实践。家长凭借凭单可以将孩子送到任何一所学校就读——无论这所学校是公立学校、民营学校还是特许学校。

5. 政府参股

除了上面介绍的几种方式外，政府参股也是公共服务外包的重要形式。政府参股是指在私营企业生产提供的某些公共产品与服务领域，政府以不同的比例参股来提供资金支持，保障该类产品与服务的有效供给。政府参股包括政府控股和政府入股两种形式。政府参股的方式主要有四种：效益分享债券、收购股权、国营企业经营权转让、公共参与基金。政府参股方法主要适用于初始投入较大的基础设施类公共物品项目，如桥梁、水坝、发电站、高速公路、铁路、电信系统、港口、飞机场等领域。政府参股的比例在项目建设初期和投入运营后是不一样的，在项目建设初期，政府参股比较多，而当项目投入正常经营后，能获得较稳定的正常利润，政府便开始出卖自己的股份，抽回资金转向其他项目。

12.2.4 私营企业参与公共服务外包面临的困境

公共服务外包在世界各个国家的兴起和发展，大大地提高了服务效率，降低了成本，缓解了财政压力，带来了经济效益和服务质量的双重提升。但是我们应该清醒地看到，公共服务外包仍然面临着很多的困境与挑战。

1. 社会不公平问题

公共服务具有公共性和保障性，公共服务的供给旨在满足社会全体或大多数成员的需要，谋求社会福利的最大化，体现社会的公共价值，所以这就要求公共服务的供给必须做到公平与公正。在传统的公共服务供给模式下，公共服务由政府等公共部门集体生产和供给，公众集体付费，一般来说在消费者之间不会存在很大的差异，基本上不存在不公平的现象。但在公共服务外包的情况下，打破了原来政府单一的供给模式，市场经济下的竞争机制、激励机制会促使生产者以营利为目的去选择有利于其获利的服务产品，对于那些必须提供但不能很好获利的服务产品则有可能消极供给，这就会造成公共产品和服务供给的不均衡。此外，公共服务交由私营企业提供后，使得消费者可以选择不同公共服务或不同层次的公共服务，生活富裕的消费者在基本公共服务得到满足的基础之上，会不断扩大对高层次公共服务的需要，而那些生活困难的消费者仅能够维持最低生活保障，难以追求较高层次公共服务。例如，在中国医疗卫生领域，“看病难、看病贵”的问题依然突出，地区间医疗卫生服务条件差距进一步扩大。

2. 腐败现象的滋生

公共服务外包模式要求政府通过合同外包、特许经营等方式把许多原先由自己独立承担的公共服务职能转移给市场和私营企业，这不仅是转变政府职能的要求，也是市场化改革的需要。公共服务外包不一定必然带来寻租和权力腐败问题，但如果在实施的过程中缺乏健全的法律制度予以约束和监督，那么以权谋私、权钱交易等腐败行为就很难避免。政府部门通过招标的方式选拔出合适的私营企业，并与其签订合同将公共服务经营权转移给私营企业，这种权力的让渡极有可能成为寻租的目标。在公共服务经营权的转移过程中，政府部门与私营企业之间产生新的委托代理关系，这种关系就给寻租者带来了便利的条件，导致政府人员的腐败。政府部门在寻找提供公共服务的私营企业时，通过暗中交易，收取回扣，产生腐败。而当多家私营企业竞争同一公共服务的经营权时，一些私营企业可能向政府部门寻租，在政府部门和私营企业的边界发生腐败，损害公共利益。

3. 公共责任的缺失

公共服务外包打破了长期以来形成的政府垄断公共服务供给的局面，在强化了政府与私营企业、第三部门间的合作与相互依赖关系的同时，也使得国家与社会、政府部门与私营企业之间的权利和责任边界变得越来越模糊。在公共服务外包的过程中，政府部门和私营企业之间极有可能产生公共服务责任缺失与责任互相推诿的问题。私营企业在公共服务外包的过程中以追求利润最大化为目标，认为宪法和法律没有规定其承担社会公共责任的义务，将相关的责任推向政府；而政府部门也有可能将责任推给私营企业，认为私营企业应该承担起相应的责任，这种公共服务责任缺失与责任互相推诿最终损害的是广大公民的利益。目前许多地方政府在进行市场化改革过程中，更多的考虑是如何解决财政与投资问题，以及减少政府管理职能、减少人员编制等。另外，对于民营化后可能存在的公共责任空缺估计不足。①

12.3 非营利组织参与公共服务外包

20 世纪 80 年代以来，西方发达国家加强了与非营利组织的合作，政府提供资金，将公共服务外包给非营利组织，发挥非营利组织在公共服务中非行政的、非隶属的公共服务方式，有效地弥补了政府服务和市场的不足。

12.3.1 非营利组织的概念

非营利组织（non-profit organization），也被称作为第三部门、非政府组织、志愿组织、慈善组织等。关于非营利组织的定义，不同的学者从不同的角度进行了界定。美国学者莱维特（T. Levit）最早从部门划分的角度对非营利组织进行界定，并使用“第三部门”（third sector）这个概念用以统称这些处于政府和私营企业之间的社会组织。约翰·霍普金斯大学的莱斯特·萨拉蒙（Salamon）教授从组织特征来界定非营利组织满足以下六个特征：组织性、民间性、非营利性、自治性、自愿性和公益性。

萨拉蒙把非营利组织划分为四类：第一类是筹款机构（fund agencies）。这类组织不是为了提供公共服务，而是给提供公共服务的组织提供资源，例如，私人基金会、联合劝募协会、宗教资金筹募联合会等。第二类是会员服务组织。这类组织是为会员服务的，而不是为整个社会或者社区提供商品或服务，例如，专业组织（如律师协会）、工会、合作社、同业公会、互助保险公司等。第三类是公益组织。它们主要是为别人服务，为那些需要帮助的人提供商品或服务，或者为大众福利服务。包括教育机构、文化机构、社会福利机构、日托中心、疗养院、医院等。第四类是包括宗教组织或其他执行神圣的、宗教功能的组织。

---

① 参见王乐夫、陈干全：《政府公共服务民营化存在问题分析——以公共性为研究视角》，载《学术研究》，2004 (3)。

萨拉蒙进一步强调，在上述非营利组织的类型中，人们最应当给予关注的是第三类的非营利组织，即公益服务组织。这些组织致力于提升社区福利，或服务于广泛的公共或教育目标。

12.3.2　非营利组织参与公共服务外包的可能性及必要性

1. 非营利组织参与公共服务外包的可能性

(1) 市场失灵。市场失灵既是公共部门提供公共服务的理论基础，亦是非营利组织存在的重要理由。市场失灵是指在某些外在因素的影响下，如垄断、外部性、公共产品、信息不对称等，市场在资源配置时背离了帕累托最优的情况。市场失灵的一个重要表现就是无力组织和实现公共产品与公共服务的最优供给，因为公共产品具有消费上的非竞争和技术上的非排他特点，它无法排斥不为其付费的消费者，于是不可避免地会产生坐享其成的搭便车者。因此，在可能发生市场失灵的公共服务领域，就需要政府和非营利组织基于利他、道德和正义的理念，去组织公共服务供给。①

(2) 政府失灵。政府失灵理论最早是在 1974 年由美国经济学家伯顿·韦斯布罗德(Burton A. Weisbrod) 提出来的。韦斯布罗德认为，当代经济学长期以来建立的私人企业理论能够很好地验证私人市场的存在及其均衡行为模式，其后又发展了公共部门理论对政府行为进行的系统研究，但现在的经济学无法解释为什么要由非政府部门来提供公共的、集体消费的产品，他试图用剩余分析的策略来解释非政府部门存在的必要性。政府失灵理论的提出意味着打破了传统政府公共服务供给的模式。政府失灵主要体现在：第一，政府在提供公共产品方面存在着浪费和低效率现象，这是由于政府始终难以摆脱官僚主义积弊的拖累；第二，由于政府提供的服务和公共产品具有普遍性和单一性，不能形成差异性服务，难以满足每一个人对公共产品的需求；第三，政府行为失范，容易出现行政规模膨胀、预算经费增加和一系列腐败行为。

(3) 第三部门的兴起。第三部门提供公共产品和公共服务是来自公民、政府以外以及政府本身的压力。20 世纪 70 年代开始，政府垄断提供公共产品和公共服务出现了诸多弊病，在各方压力下，政府不得不从一些公共服务领域退出，这为非营利组织介入公共服务领域提供了机会和可能。美国公共政策学者、非营利组织研究专家萨拉蒙认为，非营利组织的短处恰恰是政府的长处，而政府的短处正好是非营利组织的长处，两者之间是相互补充的。他还认为，非营利组织应该作为最初提供公共服务的制度安排，而只有在非营利组织提供服务不足的情况下政府才需要进一步发挥作用。许多学者也针对政府职能的定位展开了新的思考，开始寻找解决途径，即“第三条道路”。他们认为，政府应该是政策的制定者和资金的提供者，而不是服务的唯一提供者，必须努力推进政府职能转变，利用更多的非营利组织来提供公共产品和公共服务。在提供具体的社会服务时，政府应该更多依靠大量的第三方机构——非营利组织来实施其服务职能，从而出现了精巧的“第三方管理”模式。

① 参见陈振明：《公共服务导论》，198 页，北京，北京大学出版社，2011。

2. 非营利组织参与公共服务外包的必要性

（1）公共服务提供的多样化。约翰·密尔（John Mill）在其《论自由》一书中认为，“政府的工作趋于到处一样化；相反，个人和自愿联合组织则会作出各种不同的实验，得出无穷多样的经验”①。公共服务是政府基本职能之一，政府在很长一段时间里都是公共服务供给的唯一主体，但政府提供的公共服务往往具有普遍性的特点，难以满足公众对公共服务差异化、个性化、多样化的需求。非营利组织参与公共服务外包不以营利为目的，谋求公共利益，因此能对公众需求敏捷反应，敢于大胆创新，不断拓展公共服务的新领域，顺应时代潮流和公众对于公共服务多样化的需求，以弥补政府公共服务提供的不足。

（2）促进社会的公平。“提供服务并非政府的义务，政府的义务是保证服务提供得以实现。”② 公共服务的政府权威型供给模式将公民和各种社会组织排挤在供给体制之外，政府对于提供何种公共服务的选择往往出于主观臆断，使得很多公民真正的公共服务需求并没有得到很好的满足，造成了公共服务的严重短缺和社会资源的浪费。随着非营利组织在公共服务领域开始发挥越来越大的作用，公民对公共服务需求的表达渠道大大增加，其合理诉求得以表达并得到满足，政府越来越重视根据公民所表达的公共服务偏好来制定相关政策。另外，公共服务的供给过程同时也是不同公民群体进行利益博弈的过程，在这一过程中不同公民群体通过妥协、合作等形式最终形成各方都能接受的公共服务供给方案，这一过程对促进社会公平具有很大的作用。

（3）实现公共服务的均等化。公共服务均等化指的是，社会成员在公共服务领域的基本权利都能相对平等地实现，确保人们能够共同享受完善的社会公共服务。这是维护公民基本权利的重要举措。非营利组织参与公共服务外包，对于缩小不同群体、不同地区、城乡间基本公共服务差距、推进社会公平公正、维护社会和谐稳定具有十分重要的现实意义。经过多年的探索，非营利组织参与公共服务外包的实践证明，非营利组织能够有效地化解在公共服务领域存在的提供不足、发展失衡等诸多问题。因此，我们必须继续发挥非营利组织在公共服务领域的重要作用，努力建立起政府、市场、非营利组织多方提供相结合的公共服务体系，推进公共服务均等化。

12.3.3 非营利组织参与公共服务外包的优势分析

1. 非营利组织的公益性

非营利组织不以营利为目的，其宗旨是实现社会利益，因此非营利组织具有很强的公益性。由于非营利组织的成员是因为共同的目的和心愿结合到一起，为非营利组织注入了慈善精神，因此非营利组织往往具有积极正面的社会形象和影响力，能够得到公众信赖。这一优势使得非营利组织在参与公共服务外包时能够更加轻松地动员公众参与公共服务活动。

2. 非营利组织的志愿性

非营利组织的志愿性使其在参与公共服务外包过程中具有很大优势。非营利组织的活

① ［英］约翰·密尔：《论自由》，119页，北京，商务印书馆，1982。

② ［美］戴维·奥斯本、特德·盖布勒：《改革政府》，6～7页，上海，上海译文出版社，1996。

动以志愿为基础，往往是由一些志同道合的志愿人士为了共同的目的和心愿发起的，其目标不是为了追求个人利益，而是为了实现个人的社会价值。非营利组织的这种志愿性特征无疑为其本身的发展壮大提供了强大的动力支持，也为非营利组织提供高质量的公共服务奠定了基础。由于非营利组织内的志愿人员对组织的服务和风险都是完全出于自愿，因此他们往往具有较高的责任感和使命感，能够在提供公共服务时自觉主动地约束自己的行为，保证具有较高的工作效率。

3. 非营利组织的灵活性

和政府相比，非营利组织层级设置简单、组织规模较小，具有很强的灵活性。非营利组织的灵活性使得其在参与公共服务外包的过程中，能够根据具体情况的变化进行及时的调整，灵活地处理一些政府和企业难以解决或者无法快速做出反应的问题。在公共服务领域非营利组织这种反应敏捷灵活的优势能够有效地提升非营利组织的供给效率，并帮助非营利组织在发生突发状况时更加迅速地进入状态。

4. 非营利组织的民间性

非营利组织必须与政府组织相分离，它不是政府组织的组成部分，不承担政府的职能，其决策层也不是由政府官员控制的董事会。由于非营利组织产生于民间，它在参与公共服务外包的过程中能够有效化解社会矛盾，作为弱势群体利益诉求的主体发挥作用，帮助他们解决实际生活中的问题。非营利组织作为弱势群体和政府之间的桥梁，能够帮助二者通过对话进行交流和沟通，从而增加整个社会的凝聚力和向心力。

12.3.4 非营利组织参与公共服务外包的制约因素

1. 政府管理错位

非营利组织在参与公共服务外包的过程中所扮演的角色应该是引导者和参与者，但当前的政府管理存在一定的错位现象。这主要体现在：第一，政府的行政干预。由于非营利组织需要某一个政府部门作为业务主管单位，其人事安排、资金来源、活动开展等都需要受到政府的领导，很多时候政府还会运用行政权力来干预组织的运行。第二，政府职能不清晰，由于在公共服务领域政府同时扮演“裁判员”和“运动员”的双重角色，这种做法也影响到了非营利组织参与公共服务外包的积极性和主动性。

2. 服务资金缺乏

经过多年的探索和发展，非营利组织资金来源单一的问题已经得到初步解决，但服务资金的缺乏仍然是多数非营利组织面临的首要发展瓶颈，这一发展瓶颈的存在严重制约着非营利组织提供公共服务的能力。例如，美国非营利组织收入构成中大约30%来自政府资助，50%来自服务收费收入和经营收入，20%来自慈善捐助。在英国，2007—2008 年间，非营利组织来自政府的收入为 36%，捐助和服务付费收入为 37%，其他来源收入为 26%，彩票收入为 1%。这说明，政府仍然是非营利组织收入的主要来源，非营利组织完全靠自身组织收入能力有限。

3. 组织自律功能的缺失

组织自律功能是组织管理的基础和根本，它能为人们提供仅靠个人没有办法完成的自我管理功能，充分发挥组织自身的主动性、能动性，通过进行自我管理、自我约束实现组织良好的自我发展。但是，由于当前非营利组织并没有建立和完善组织自律与监管促进机制，这导致非营利组织实际上处于自律功能缺失的状态。没有完善的自律功能，意味着非营利组织在参与公共服务外包的过程中，存在管理松散滞后、过于依赖政府、缺乏自治理念、自我发展和自我约束欲望不足等一系列问题，这往往使得非营利组织难以适应时代的瞬息万变，也不利于非营利组织在公共服务供给道路上的进一步发展。

4. 专业人才紧缺，志愿者资源不足

人才对非营利组织的发展至关重要，是其开展服务活动重要的力量源泉，而随着非营利组织日益发展壮大，专业的人才和志愿者也成为非营利组织中的两大稀缺资源。一方面，非营利组织要想在公共服务领域开展相关活动，必然需要具备相关知识和技能的专业人才，但当前专业人才的缺乏使得非营利组织在开展相关服务时的质量和水平远远达不到公众需求，如果这一问题得不到改善，将会有很多非营利组织被激烈的市场竞争淘汰，难以在服务领域占有一席之地。另一方面，非营利组织还面临着社会志愿者资源不足的困境，这制约着非营利组织在公共服务领域进一步发挥作用。

5. 公信力有待进一步提高

公信力是非营利组织的灵魂，一旦受到质疑，不但会影响到非营利组织的声誉，还会影响其捐款来源和人们的支持力度。目前，世界各国非营利组织的公信力均承受着来自各方的质疑。非营利组织公信力不足的原因是：第一，由于社会公众在认识上存在一定的偏差，导致社会公众对非营利组织不信任，主观上认为由政府或者企事业单位来承担公共服务会比让非营利组织提供更加可靠。第二，政府对非营利组织不信任，对于非营利组织在参与公共服务时所形成的权利威胁持谨慎态度，这不但表现为政府向非营利组织提供资源支持时主动性不足，还表现在政府对非营利组织参与公共服务的合法性及其活动组织能力的质疑上。

12.4 公共服务外包的国内外实践

公共服务外包源于西方。早在18、19世纪时，英国就已经有公共服务由私人部门签约承包的情况。公共服务外包从其诞生至今经历了四个阶段：第一阶段是思想阶段，即在公共治理中对市场机制的再认知和讨论。第二阶段是实验阶段，出现了合同管理中的许多新的做法，包括内部承包等。第三阶段是务实阶段，这一阶段各国的私营部门和非营利部门开始逐步参与外包的发展。第四阶段是一个沉思的阶段，政府开始考虑外包改革带来的结果。[①] 纵观各国公共服务外包的实践，美国、英国、澳大利亚的外包实践较为成熟全面，而且在实践过程中形成了各具特色的运行模式，对改进中国政府公共服务外包有很大的借鉴意义。

① 参见张梦中、孙健：《地方政府公共服务外包的中美比较研究》，载《复旦公共行政评论》，2012 (6)。

12.4.1 公共服务外包的国外实践

1. 美国：以合同方式为主的公共服务外包

美国地方政府自 20 世纪 80 年代开始广泛尝试公共服务外包。美国政府公共服务外包主要以合同外包为主，同时采用特许经营、政府补助、凭单制等多种方式将原来由政府承担的公共服务职能转移给私营部门或非营利组织。美国公共服务外包的特征为：

（1）合同外包范围广、涉及的项目较多。在联邦政府层面，政府在国防、医疗卫生、农业、环境、航天航空、能源等领域都实施了合同外包。在地方政府层面，政府在公共工程和运输、公用事业、公共安全、社会服务等 200 多个领域不同程度地进行了合同外包。美国国际市县管理协会（ICMA）对美国地方政府公共服务民营化发展进行专题调查的结果显示，美国地方政府安全外包的公共服务占整个公共服务的比重，1982 年、1992 年、1997 年、2002 年、2007 年分别为 30%、18%、33%、34%、34%。①

（2）采用绩效型外包。美国地方政府在公共服务外包时坚持绩效为主的原则。例如，在饮用水和污水排放标准上设计了非常有用的结果测量指标，许多城市在这两项服务供给上都采用了绩效型外包的安排，将付酬与水质和排放标准挂起钩来。

（3）逆向合同外包呈现增长态势。逆向合同外包（reverse contracting）也被称为倒合同外包，是民营化发展的一种新趋势。它是指公共服务从合同外包的形式转向政府直接提供。美国国际市县管理协会的调查显示，1982—1988 年，美国地方政府就出现了逆向合同外包现象，平均每个地方政府拥有逆向合同外包服务提供数量为 7.1 项。1997—2002 年倒合同外包在所有公共服务提供中的比重为 18%（见表 12-4）。

表 12-4　　1982—2002 年美国地方政府倒合同外包的发展情况

年份	1982—1988	1988—1992	1992—1997	1997—2002
数量/比重	7.1*	5.3*	4.1*，1.1**	18**

注：* 表示此阶段每个政府所拥有的倒合同外包平均数量；** 表示此阶段倒合同外包在所有公共服务提供中的比重。

资料来源：胡伟、杨安华：《西方国家公共服务转向的最新进展与趋势——基于美国地方政府民营化发展的纵向考察》，载《政治学研究》，2009（3）。

虽然 20 世纪 80 年代末开始美国公共服务外包出现了逆向运动，但是美国的公共服务外包实践起步较早、市场发育良好，合同外包取得了显著成就。这是因为：首先，美国在合同签订方面制定了专门法律作为法律依据和后盾，包括《联邦财产和行政服务法》《联邦采购规定》《合同竞争法》等，这些法律规定在公共服务外包过程中必须采取公正、公开的竞争程序。其次，在服务提供者的选择方面，美国将参与提供服务的民间机构分为营利性机构和非营利性机构，并规定根据公共服务的不同特性、标准选择不同的机构类型。最后，在服务质量监管方面，美国根据《联邦政府绩效和结果法》明确规定了政府对外包的公共服务进行绩效监管、考核评估，并建立了信息报告制度、实地巡查制度、投诉处理

① 参见施从美：《政府服务合同外包公共治理的创新路径——美国经验及其对中国的启示》，载《国外社会科学》，2014（1）。

制度等。

在美国公共服务外包的实践中，创新出了三种公共服务供给方式，即传统类、创新类和先锋派类，这种以引入竞争机制为核心的公共服务供给方式的变革不但减轻了美国政府的财政负担，还将公共服务的供给效率和供给质量提高到了一个新的境界。[①]

2. 英国："最佳价值"政策的契约式外包

英国公共服务外包的实践源于1979年撒切尔政府推行的政府改革运动。玛格丽特·撒切尔夫人上台执政后，面对诸多发展问题，采取了一系列措施进行改革。在这场改革中，英国政府大量借鉴私营部门的管理理念、方法和技术，以市场化为导向，以经济和效率为主要目标，实行大规模的私营化，将政府的公共项目建设通过合同出租或公开招标实现公私合作。1980年，英国《地方政府计划与土地法》规定地方当局必须将建筑物和高速公路的修建和维护以竞争性投标方式承包给私营企业，后来政府又将强制性竞争投标适用的范围扩展到医院、伙食供应、清洁工作、学校膳食、垃圾收集、街道清扫等多个领域。布莱尔政府则实施"第三条道路"的改革战略，强调公共部门与私营部门建立合作伙伴关系，将以往由政府承担的公共服务转变为由政府、企业、公民个人等多方共同参与和分担的公共事业。经过几十年的发展，英国的公共服务外包以其运行模式上的先进性和独特性，在世界公共服务外包领域处于领先地位。

英国在公共服务外包实践中的先进性和独特性主要体现在以下几个方面：首先，政府政策性的倾向支持，为了推动公共服务外包实践，英国政府制定了一系列强有力的法律法规，为外包改革提供了制度保障，从而进一步推动英国公共服务外包的发展，并将其常态化。其次，英国政府还积极推动外包方式从强制性竞标向"最佳价值"政策进行转变，更加注重公共服务外包的品质和绩效，从而改变过去政府在公共服务提供方面只重视经济和效率的状况。最后，英国政府为了激励社会组织参与公共服务外包，在资金、政策方面给予了大力支持，并利用"慈善银行"代替政府进行监督和管理，取得了很好的效果。英国在公共服务外包方面的实践和改革给其他英联邦国家带来了较大影响，新西兰、澳大利亚等国家效仿英国也进行了大规模公共服务领域的政府改革运动。

3. 澳大利亚：绩效型的公共就业服务外包

作为一个联邦议会制的民主国家，澳大利亚在公共服务外包领域也进行了积极的探索，其中最为独特而且成效最为显著的就是在政府购买公共就业服务方面的创新。

1998年以前，澳大利亚负责提供公共就业服务的是政府联邦就业服务中心（CES），但是由于缺乏活力和竞争力，效果并不显著。为了改善这一问题，1998年后，联邦政府将公共就业服务的主要部分外包给私营就业服务机构。每三年通过招标选出合格的就业机构，签订外包就业服务合同，这种制度被称为工作网络（JNA）。澳大利亚政府将起初由政府负责提供的公共就业服务外包给300多家私营就业服务机构，到现在，这样的私营机构已经超过2 000家。2009年澳大利亚针对工作网络不能适应澳大利亚变化的经济环境，

① 参见［美］戴维·奥斯本、特德·盖布勒：《改革政府》，43～69页，上海，上海译文出版社，1996。

实行新的外包就业服务网络“澳大利亚就业服务”（JSA）。澳大利亚在就业服务外包方面所采取的基本模式是如图 12-1 所示的“三环节、三要素”关系图。其中的“三环节”指的是供给、生产和消费，“三要素”则指的是作为供给方的政府、作为生产方的就业服务机构和作为消费方的求职者。①

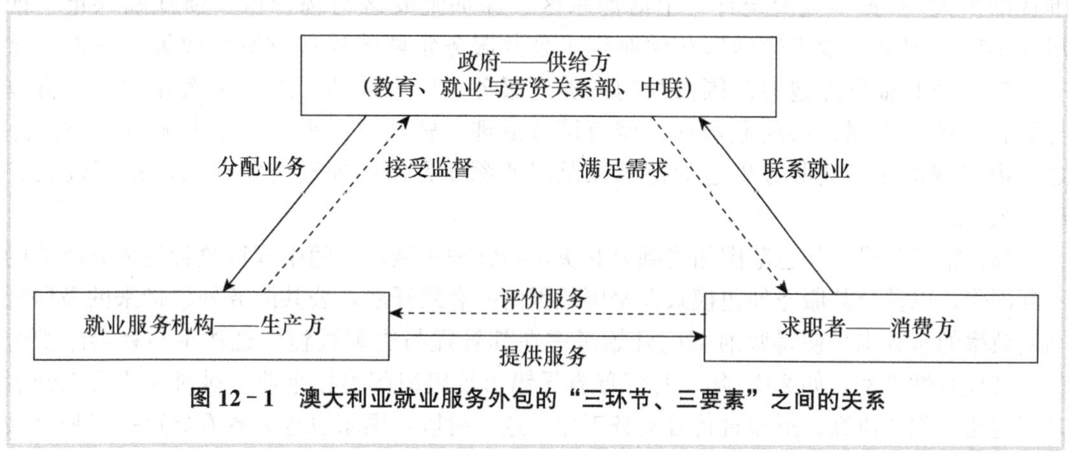

图 12-1　澳大利亚就业服务外包的“三环节、三要素”之间的关系

此外，澳大利亚在公共就业服务外包方面的另外一个重要特色就是形成了一套绩效管理体系，用于对就业服务成果和质量进行考核与评价。在这一绩效管理体系中，作为供给方的政府教育、就业和劳资关系部负责对就业服务结构进行绩效评价，并将其结果和就业服务机构的相关信息在网站上进行公布，帮助求职者选择合适的就业服务机构，也激励就业服务机构不断对自己的就业服务水平进行提升。另外，这一绩效管理系统将质量（quality）、效率（efficiency）和效果（effectiveness）作为评价指标，对就业服务机构进行星级评定，并帮助质量不达标的就业服务机构进行整改，改进其绩效。

12.4.2　公共服务外包的中国实践

1. 中国公共服务外包的发展历程

尽管公共服务外包在中国的实践较晚，但随着西方先进管理理念的引进以及行政管理体制改革的深入，公共服务外包模式在中国得到了实质性的发展。中国的公共服务外包经历了以下三个阶段：

（1）第一阶段：东部沿海城市率先开展试点。20 世纪 90 年代中后期，公共服务外包在中国得到了推行，这一阶段的特征是零星的、探索性的实践。作为中国最早实践公共服务外包的城市，上海市率先将罗山市民休闲中心委托给上海基督教青年会经营与管理，引入了市场竞争机制，打破了之前仅仅依靠政府提供公共服务的模式。1999 年，深圳罗湖区也开始尝试着将公共卫生、环卫清扫等社会性服务委托给社会组织。这一时期，虽然政府和社会组织确立了合约关系，但公共服务主要是依靠委托的形式提

① 参见李业昆、苏增军：《澳大利亚就业服务外包管理的特点及启示》，载《管理现代化》，2012 (6)。

供的。

（2）第二阶段：内陆城市陆续进行探索与实践。进入新世纪以来，随着科学发展观战略的贯彻落实和服务型政府建设的深入开展，全国若干地区和城市陆续展开政府向社会力量购买公共服务的探索实践，政府购买公共服务事业逐步发展，其内容和范围逐渐扩大。[①] 据不完全统计，上海浦东区、深圳宝安区与福田区、浙江嘉兴市、四川成都市、湖南长沙市等地区相继制定了公共服务领域的外包方案与政策。另外，这一时期，公共服务外包的范围由最初的养老服务、城市清洁扩展到了医疗卫生、科技与教育、社区管理、再就业培训、城市综合治理、资质评估审查等公共服务领域。总之，内陆城市在公共服务外包的范围以及服务深度方面的探索与实践均取得了较大突破和成就。

（3）第三阶段：外包范围拓展到公共决策与管理领域。伴随中国行政管理体制改革的不断深化，以及公共服务外包模式在全国范围内的有效开展，公共服务外包带来的高质量与高效率的服务水平使得政府部门开始考虑在其管理与决策过程中也注重与社会组织合作。其代表性事例，如 2010 年 4 月江苏省无锡市委组织部委托企业、科研院所帮助开展基层党建、党建研究、形象宣传等党务工作。这一阶段，国家也越来越看好这一新型公共服务提供模式，不断加快这一方面的法律制度的建设进程，为公共服务外包创造了良好的法律环境。

2. 中国公共服务外包发展取得的成就

近年来，随着公共服务外包在中国的迅速发展，中国政府在公共服务外包方面从政策和资金上给予了大量的支持。2009 年出台的《关于鼓励政府和企业发包促进中国服务外包产业发展的指导意见》规定，鼓励政府通过购买服务等方式，将不涉及机密的业务外包给专业公司。2010 年，国务院发布的《国务院办公厅关于鼓励服务外包产业加快发展的复函》提出了鼓励服务外包的若干意见，并指出，“2010 年至 2012 年，中央财政每年安排示范城市各 500 万元资金用于服务外包公共平台建设”。政策和资金上的支持推动了公共服务外包取得了显著的成就。

（1）公共服务供给的质量与效率明显提高。私营企业与非政府组织参与公共服务的提供保证了公共服务供给的质量与效率。首先，私营企业与非政府组织作为社会组织的重要组成部分，具有政府部门所不具有的优势，这类组织有着专业的技能与管理经验，贴近百姓生活，组织对外界的能动性较强，能够提供多样化、个性化的服务与产品。其次，公共服务外包模式更多地强调市场竞争机制的作用，市场竞争机制能够发挥政府部门与社会组织各自的优势，可以使政府的有限财政与社会组织的优势资源、管理经验有机结合，为老百姓提供质优价廉的公共服务。最后，私营企业与非政府组织参与公共服务的提供，打破了过去政府垄断供给公共服务的局面，由公共服务行政性的供给转变为市场化供给，提高了公共服务供给的效率。

（2）政府的经济职能得到一定程度的转变。市场经济条件下，政府主要承担经济宏观调控、提供公共产品与服务和市场监管这三大经济职能。公共服务领域引入市场机制后，

① 参见王浦劬：《政府向社会力量购买公共服务的改革机理分析》，载《北京大学学报》，2015（4）。

政府的经济职能得到了一定程度的转变，由“全能型政府”转变成“有限政府”，实现了政府角色的转变，树立起服务型、有限型和责任型政府形象。政府部门通过委托和授权的方式将部门公共服务的生产与提供交由社会组织来承担，保证了政府有更多的精力去监督服务的供给质量与效率。另外，政府部门通过购买公共服务，有利于其利用自身优势更好地制定公共政策，实现权力回归社会和政府职能的转变。

（3）促进社会组织进一步发展壮大。公共服务领域引入市场化机制后，在提高公共服务质量与效率、加快转变政府经济职能的同时，也促进了社会组织的进一步发展壮大。私营企业与非政府组织等社会组织通过公共服务外包获得了政府的优惠政策以及来自社会的经济支持，这些资源为社会组织的发展壮大提供了重要基础。社会组织在承担公共服务提供职能后，利用自身的优势安排生产与提供优质的公共服务。在提高人民群众满意度的同时，提高了自身的社会公信力，锻炼了自身的专业技能，积累了社会实践经验，拓宽了成长与发展的空间。

3. 中国公共服务外包未来发展应注意的问题

（1）加快制度保障建设。组织的生存与发展受制度环境与技术环境的影响，其中制度环境影响和规范着一个组织的行为。私营企业与非政府组织参与公共服务的提供需要一个良好的制度环境，而当前中国公共服务外包方面的法律依据以行政法规与规章为主，尚未形成一套系统规范的法律体系。因此，要真正发挥公共服务外包的积极作用，必须尽快改变中国公私合作方面立法不足、规章泛滥的局面，制定系统、权威的公共服务外包法律。此外，借鉴当前各国推行公共服务供给模式改革实践经验，建立和完善公共服务绩效评估制度。

（2）进一步完善市场机制。公共服务外包模式的实质就是在公共服务的供给过程中引入市场机制。市场机制是构建政府与私营企业、非政府组织平等合作的重要纽带，只有进一步完善市场机制、发挥市场机制的竞争作用，才能激发私营企业与非政府组织参与公共服务供给的积极性。完善市场机制，需要在不同供给主体之间建立完善的竞争机制，完善的竞争机制能够对提供服务的机构与人员产生激励作用，在激烈的市场竞争条件下，如果某一私营企业或非政府部门不能提供满足消费者个性化的服务，那么消费者就会选择其他的提供者。另外，进一步完善市场竞争机制还需要深化行政管理体制改革，进一步转变政府的职能，尤其注重深化行政审批制度改革，减少审批事项，精简审批程序，提高行政效率，为公共服务外包扫清制度障碍，为公共服务外包的发展创造良好的外部行政环境。

（3）明确政府与其他主体各自的责任。在公共服务外包的过程中，政府部门作为一个关键主体，其责任的充分履行决定着公共服务外包的质量水平。推行公共服务外包，并不意味着政府连同责任一起外包给私营企业和社会组织，而只是政府责任内部结构的调整，以及履职方式的转变。在公共服务外包过程中，政府在制定公共服务政策时应该尽可能的科学、民主，加大公共服务领域财政的投入，提高基本公共服务水平，加强监管责任，为公共服务外包的顺利实现提供重要保障。此外，作为公共服务外包的另一重要主体，私营企业和非政府组织应该增强其社会责任感，在追求自身利益的同时提高社会的公共利益。当前，在公共服务外包发展还未成熟的情况下，既需要充分发挥社会力量参与公共服务的生产、提供，又需要参与方承担起各自的责任，保证公共服务外包的顺利实现。

本章小结

1. 公共服务外包是指政府将承担的公共服务职能，采取市场竞争的方式，以合同为载体，转移给政府以外的私营企业、非营利组织或个人实施，政府对服务结果进行评估，并向承包商支付费用。20 世纪 80 年代，随着西方国家新公共管理运动的兴起，公共服务市场化与民营化活动得到了空前的发展，公共服务外包作为公共服务市场化的主要形式之一，在西方国家取得了长足的发展。

2. 西方国家的实践表明，私营企业和非营利组织是公共服务外包的两大主要主体。私营企业参与公共服务外包的方式包括签订协议或合同、特许经营、政府补助、凭单制、政府参股等。私营企业参与公共服务外包虽然能够极大地提高公共服务供给的效率和质量，但是私营企业营利性的本质决定了在服务外包中会引起损害社会公平、滋生腐败现象以及缺失公共责任等问题。由于市场失灵、政府失灵的不可避免，给非营利组织参与公共服务外包提供了机会和可能。非营利组织参与公共服务外包有自身的优势，其参与领域更多的是社会服务领域。

3. 美国、英国、澳大利亚等发达国家公共服务外包各具特色，经过多年的发展积累了丰富的经验。中国公共服务外包起步较晚，但是发展迅速，在实践中探索了多种多样的公共服务外包模式，取得了可喜的成就。未来中国公共服务外包应借鉴发达国家先进经验，进一步完善公共服务外包工作。

关键术语

公共服务　基本公共服务　公共服务外包　合同承包　特许经营　政府补助　凭单制　政府参股　公私合作　私营企业　非营利组织　逆向合同外包

复习思考题

1. 什么是公共服务外包？公共服务外包的动因有哪些？
2. 私营企业参与公共服务外包的条件是什么？
3. 私营企业参与公共服务外包的方式包括哪些？
4. 非营利组织参与公共服务外包的可能性及必要性是什么？
5. 如何理解公共服务的提供与生产的分开？
6. 根据个人的理解，中国未来公共服务外包应注意的问题有哪些？

案例分析

案例 12－1　美国纽约市政府购买公共服务

纽约作为美国经济最发达的城市，在购买公共服务流程方面一直被视为美国国内公共服务供给的典范。在购买流程设计上，纽约市购买公共服务遵循以下三个原则：第一，为纳税人高效高质量地提供公共产品和公共服务；第二，寻求最可靠的合作伙伴；第三，保证合同管理过程对所有的供应商都是公平的。在购买方式上，按照存在竞争性的程度分为竞争性方式、延期性方式和非竞争性方式。表 12－5 反映了不同的购买方式类别在 2014 年纽约市财务用于购买服务的分布情况。在绩效评估上，注重合理的循环周期，使得购买流程更具责任性和透明性。纽约市在购买公共服务过程中十分重视政府间的采购方式，利用联邦政府或者纽约州政府主导的合同来购买产品或服务，这样能够降低成本和节约时间。根据纽约市宪章，如果一个机构预签订的合同金额超过 10 万美元，必须举行公众听证会。积极的公众参与不仅使得政府购买公共服务更加公开、透明，而且可以了解公众的诉求，得到公众的支持。此外，政府购买公共服务信息的全面公开也是纽约市的一大亮点。

表 12－5　2014 年纽约市政府公共服务购买方式明细

分类	购买方式	占比（%）
竞争性方式（总占比 48%）	需求方案购买	28
	竞争性密封投标	17
	政府支出性拨款	1
	资源需求类购买	1
	其他竞争性购买方式	1
延期性方式（总占比 28%）	合同更新	14
	其他续签方式	8
	合同修订	4
	修订续签	2
非竞争性方式（总占比 24%）	单一来源授标	15
	政府间购买	3
	其他有限竞争购买方式	3
	紧急合同	1
	协商获取	1
	政府内购买	1

资料来源：孙荣：《纽约市政府购买公共服务的经验与启示》，载《学术前沿》，2016（1）。

思考：为什么纽约市政府购买公共服务被视为美国国内公共服务供给的典范？纽约市政府购买公共服务的成功做法对中国有何启示？

案例 12-2 中国的公私合作

公私合作（PPP）在中国兴起于20世纪70年代末。为了满足公共设施、改进质量、服务交付和效率的需要，中国政府已经调查和促进了PPP的发展。近20年来，PPP的应用由修建—操作—转移方式控制，主要为大的基础性建设项目。例如2004年10月初，组织投入人民币700亿元的54个基础设施项目通过财政部由私人公司中标。政府还通过对私人公司提供补助许可的方式进行公私合作。目前中国基础设施PPP已经进入市场化深入发展阶段，PPP项目的总投资资金不断加大，涉及的领域包括供水、供暖、污水处理、垃圾处理、环境综合治理、交通、新能源汽车、医疗、体育等。2014年11月30日财政部颁发《财政部关于政府和社会资本合作示范项目实施有关问题的通知》确定了天津新能源汽车公共充电设施网络等30个PPP示范项目，总投资约1 800亿元，其中新建项目8个，地方融资平台公司存量项目22个。2015年9月25日《财政部关于公布第二批政府和社会资本合作示范项目的通知》确定了北京市兴延高速公路项目等206个项目作为第二批PPP示范项目，总投资金额6 589亿元。

在中国，PPP的范围是全面的且涉及资金额较高。政府已经认识到了有效提供PPP的重要性，在法律上做出了很大努力，监督和管理的领域内尽量保证资金使用的价值。

资料来源：王德章、宋德军主编：《公共经济学——理论、论据和案例研究》，224～229页，北京，科学出版社，2010。

思考：PPP模式适合哪些公共产品和公共服务领域？结合现实案例分析中国基础设施建设中为什么采用PPP模式？采用PPP模式将面临哪些问题？如何解决？

拓展篇

第13章 国际经济政策

在自由贸易的大门打开之前，贸易保护主义一直是各个国家在关键时刻保护本国产业的盾牌。自由贸易理论起始于法国的重农主义，成论于古典派政治经济学，19世纪李嘉图的比较优势理论为自由贸易奠定了发展基石。对于自由贸易与贸易保护主义的争论，时至今日仍在持续。

然而，无论是自由贸易主义还是贸易保护主义，都有其优缺点。纵观整个国际贸易发展的历史，从没有哪一个国家始终执行单纯的自由贸易政策或贸易保护政策，各国的贸易政策在这两者之间来回摆动，它们的目的就是追求本国利益的最大化。今天坚定的自由贸易主义者，明天就有可能根据国家利益的需要变成贸易保护主义的同盟军。

13.1 自由贸易政策的理论依据

自18世纪中叶英国开始进入产业革命后，工业资产阶级便逐渐实施了废除谷物法和航海法；逐步降低关税，大大减少纳税商品；取消特权公司；开放殖民地贸易；与外国签订列有最惠国待遇条款的贸易条约等为代表的在世界市场上进行无限制的自由竞争和自由贸易的政策。自由贸易政策的理论依据在理论发展的不同阶段主要有绝对优势理论、比较优势理论和要素禀赋理论等。

13.1.1 绝对优势理论

亚当·斯密（1723—1790）是古典政治经济学派的代表。在1776年撰写的《国民财富的性质和原因的研究》（《国富论》）中，斯密通过对贸易原因的实证分析进行推论，认为自由贸易可使参与贸易的双方均获得贸易利益。这个推论使自由贸易理论获得广泛认同。

1. 绝对优势理论产生的背景

亚当·斯密所处的时代，正是英国资本主义逐渐占据统治地位的时期，英国手工制造业开始向大工业过渡，英国从事国内外贸易的一切生产者、商人和工人的活动，不是受到中世纪遗留下来的行会制度的限制，就是遭受重商主义经济政策的桎梏，从而使对外贸易的道路上荆棘丛生。对于工业品的进口，或者加以极重的税负，或者完全禁止。这一时期的英国资产阶级，为了进一步的产业发展，迫切需要建立一个自由的经济学说体系为它鸣锣开道。

2. 绝对优势理论的内容

亚当·斯密可以说是应运而生的。作为国际贸易理论的创始者，也是倡导自由贸易的带头人，斯密花了将近十年的时间，于1776年写出了奠定古典政治经济学理论体系的著作——《国富论》。在这部著作中，斯密第一次把经济科学所有主要领域的知识归结成一个统一和完整的体系，而贯穿这一体系的基本思想就是自由的市场经济思想。斯密提出了以自由贸易为核心的国际贸易学说。他认为，在国际贸易问题上，应主张自由地发展对外贸易，反对垄断和政府限制政策。亚当·斯密认为：

> 一个人所需要的东西，不要样样都靠自己去生产；而应利用其特长，生产最擅长生产的东西，以此与别人来交换，取得他所需要的产品。这样花费最少，最为有利，比他生产个人所需要的一切东西更为有利。如果一件物品的购买费用低于自己生产的成本，那么就不应该自己生产，这是每一个精明的家长都知道的格言。裁缝不想制作自己的鞋子，而向鞋匠购买。如果在每一个私人家庭的行为中是精明的事情，在一个大国的行为中就很少是荒唐的了。如果外国能以比我们自己制造还便宜的商品供应我们，我们最好就用我们有优势的产业生产出来的物品的一部分向他们购买。[①]

他认为，分工可以提高劳动生产率，降低产品成本，促进财富的增加。理由在于：一是分工能使劳动者的熟练程度提高，从而提高劳动生产率；二是分工可使每个人专门从事某项工作，从而节省与生产没有直接关系的时间；三是分工可使专门从事某项工作的劳动者比较容易改变工具和发明机械。以制针为例，每个工人单独劳动时，一日绝对制不成20枚，说不定连1枚也造不出来。但经过较精细的分工后，一人一日竟可制成4 800枚针，劳动效率提高了百余倍。这表明，劳动生产率的极大提高正是得益于人们的分工。

亚当·斯密运用实证的方法，由个人之间的经济关系推及各个国家之间的经济关系，论述了国际分工和国际贸易的必要性。他认为个人之间可以进行分工，国家内部也可以进行分工，国家之间也可以进行分工。每个国家都应充分利用其在生产上的优势，进行专业化生产，向国外输出其产品。对于生产成本高的产品，则可通过进口来获得。通过贸易，各国都可获利。

---

① Adam Smith, *The Wealth of Nations*, London book IV, Chapter Ⅱ, 1910, p. 401.

亚当·斯密还论述了自由贸易所带来的好处，概括说来，大致有三个方面：第一，互通有无，交换多余的使用价值。就是说，把本国多余的商品输出国外，换回本国无法生产或生产不足的商品，满足了双方需要。第二，增加社会价值，获取更大利益。由于各国的社会劳动生产率参差不齐，商品价值的货币表现自然不尽相同，这样，通过对外贸易得到的某些商品的数量会超过本国所可能生产的，从而节省了本国的劳动力或增加了使用价值。第三，互惠互利，共同富裕。一国从对外贸易中得到的主要利益在于输出了本国消费不了的剩余货物，因此，即使两国贸易平衡，由于都为对方的剩余货物提供了市场，双方还是都有利益。所以对外贸易具有共同利益，而不是一方得到，一方受损。

绝对优势理论认为，在某一种商品的生产上，如果一个国家在劳动生产率上占有绝对优势，或其生产所消耗的劳动成本绝对低于另一个国家，如果各个国家都从事自己占有绝对优势商品的生产，然后进行交换，那么双方都可以通过交换从中获得绝对的利益，从而整个世界也可以获得分工的好处。

为了进一步理解绝对优势理论，我们用一个例子来说明。假设世界上只有甲、乙两个国家，每个国家均可生产 X 和 Y 两种产品。它们在分工前和分工后的情况见表 13-1。

表 13-1　绝对优势理论下的国际分工

国家	国际分工前				国际分工后			
	X 产品		Y 产品		X 产品		Y 产品	
	劳动量	产量	劳动量	产量	劳动量	产量	劳动量	产量
甲国	1	1	2	1	3	3	0	0
乙国	2	1	1	1	0	0	3	3
世界	3	2	3	2	3	3	3	3

分工前，甲国生产 1 个单位的 X 产品需要 1 个单位的劳动，生产 1 个单位 Y 产品需要 2 个单位的劳动。乙国生产 1 个单位的 X 产品需要 2 个单位的劳动，生产 1 个单位的 Y 产品需要 1 个单位的劳动。这里可以看出，甲、乙两国的劳动消耗各为 3 个单位，每个国家各生产 1 个单位 X 和 1 个单位 Y 产品，全世界在生产中的劳动消耗共 6 个单位，全世界 X 和 Y 两种商品的产量共 4 个单位。甲国在 X 产品的生产上和乙国在 Y 产品的生产上分别具有更高的劳动生产率，具有绝对的优势。

分工后，甲、乙两国根据自己的绝对优势进行国际分工。甲国将全部 3 个单位劳动用于生产 X 产品，可获得 3 个单位的 X 产品，但是 Y 产品只有 0 单位的劳动，因此 Y 产品也只有 0 单位。乙国用全部 3 个单位劳动专门生产 Y 产品，共获 3 个单位的 Y 产品，但是因只有 0 单位劳动用于生产 X 产品，因此 X 产品为 0 单位。可以发现，通过国际分工，在全部劳动消耗不变的情况下，世界总产量增加了 2 个单位，各国的消费在保持 1 单位 X 产品和 1 单位 Y 产品时，按照 1X：1Y 的比率进行交换，甲、乙两国的消费均会有所增加，或劳动消耗会有所减少，福利水平会有所提高。

总之，绝对优势理论认为，一个国家按照绝对优势的原则参加国际分工和国际贸易，能够增加本国的财富总量，提高本国人民的生活水平。因此，绝对优势理论主张一个国家应该实行自由的贸易政策。

13.1.2 比较优势理论

比较优势理论最早是由英国经济学家罗伯特·托伦斯（R. Torrens）于 1815 年在其《论对外谷物贸易》一书中提出来的，后来大卫·李嘉图在其 1817 年出版的《政治经济学及赋税原理》一书中对此进行了详细的阐述，并加以完善。其目的在于说明国际贸易的基础是比较优势，而不是绝对优势。

比较优势认为，在两国之间劳动生产率的差距并不是在任何产品上都是相等的。每个国家都应集中生产并出口具有比较优势的产品，进口具有比较劣势的产品（“两优相权取其重，两劣相衡取其轻”），双方均可节省劳动力，获得专业化分工提高劳动生产率的好处。

现以两个国家为例进行介绍。李嘉图认为，如果甲、乙两个国家的生产力水平不等，甲国在任何产品的生产上其成本都低于乙国，劳动生产率都高于乙国，处于绝对的优势，而乙国则处于绝对的劣势。这时，甲、乙两国仍然可以根据“两优取强、两劣取弱”的原则进行分工，并通过国际贸易获得好处。因为两国劳动生产率的差异，并不是在所有产品上都一样，这样，处于绝对优势的甲国不必生产全部产品，而应集中生产本国具有最大优势的产品，处于绝对劣势的乙国也不必停止生产所有产品，而应生产劣势较小的产品，通过分工和自由交换，两国可以节约社会劳动，增加产品的产量，世界也会因为自由交换而增加产量，提高劳动生产率。

现假设世界上只有甲、乙两个国家，它们均生产 X、Y 两种产品，其实行分工前后的情况如表 13-2 所示。

表 13-2　　比较优势理论下的国际分工

国家	国际分工前				国际分工后			
	X 产品		Y 产品		X 产品		Y 产品	
	劳动量	产量	劳动量	产量	劳动量	产量	劳动量	产量
甲国	1	1	2	1	3	3	0	0
乙国	6	1	4	1	0	0	10	2.5
世界	7	2	6	2	3	3	10	2.5

分工前，甲国生产 1 单位的 X 产品需要 1 个单位的劳动，而生产 1 个单位的 Y 产品需要 2 个单位的劳动。相比之下，乙国生产 1 个单位的 X 产品和 1 个单位的 Y 产品分别需要 6 个单位和 4 个单位的劳动。显然，甲国劳动生产率在 X 和 Y 产品的生产上均高于乙国。世界全部产出为 4 个单位，每一个国家分别获得 1 个单位的 X 产品和 1 个单位的 Y 产品。世界劳动总支出为 13 个单位，即甲国为 3 个单位，乙国为 10 个单位。根据“两优取强、两劣取弱”的原则进行分工后，由于甲国的比较优势在于生产 X 产品，因而应集中生产 X 产品，放弃生产 Y 产品；乙国的相对优势在于生产 Y 产品，因而应集中生产 Y 产品，而放弃生产 X 产品。

分工后，甲国用原来全部 3 个单位的劳动去生产 X 产品，这时得到 3 个单位的 X 产品（3/1）；乙国用原来全部 10 个单位的劳动去生产 Y 产品，这时可得到 2.5 个单位的 Y 产品（10/4）。甲国在保持专业化分工前 1 个单位 X 产品消费的同时，还可以用 2 个单位的

X 产品来换取乙国生产的 Y 产品进行消费；乙国则在保持专业化分工前 1 个单位 Y 产品消费的同时，还可以用 1.5 个单位的 Y 产品来换取甲国生产的 X 产品进行消费。贸易的基础在于利益的比较：以 X 产品为 Y 产品的价值衡量标准，乙国 Y 产品的劳动成本 2/3 小于甲国的 2/1；而以 Y 产品为 X 产品的价值衡量标准，乙国 X 产品的劳动成本 3/2 大于甲国的 1/2。这就决定了交换的基础，即甲国的优势在于 X 产品的生产，而乙国的优势在于 Y 产品的生产。

比较优势理论认为，一国参与国际分工和国际贸易的基础不是绝对优势而是比较优势。按照“两优取强、两劣取弱”的比较优势原则参与国际分工和国际贸易，也能够增加本国的国民财富总量，提高人民生活水平。因此，一国应该制定自由的贸易政策。

13.1.3　要素禀赋理论

俄林（Ohlin，1899—1979）是当代著名的瑞典经济学家、1977 年诺贝尔奖获得者。其国际贸易学说主要阐述于《区域与国际贸易》一书。由于他采用了其老师赫克歇尔（Heckscher，1879—1952）的主要观点，创立了较完整的要素禀赋学说，因此该学说又称赫克歇尔-俄林原理，简称赫-俄原理或 H-O 原理。

俄林认为，全世界可以看作一个整体，它划分为若干个大区域，每个大区域又可划分为若干个小区域。区域与区域之间的贸易可称为地区间贸易。国际贸易是地区间贸易的一种，两者并无本质区别，只是由于各国的关税制度、贸易政策和货币制度等各不相同，国际贸易才有另行研究的必要。国际贸易只不过是一种重要的地区间贸易罢了。

俄林将个人间的分工推及地区间的分工，各个地区的生产要素比例不同，使各个地区生产不同的产品。那些某种生产要素在本地区比较丰富的地区，会主要生产需要这种生产要素较多的产品。例如，澳大利亚拥有较多的土地，但劳动力和资本相对较少，它就生产使用较多土地及较少劳动力和资本的羊毛、小麦等；英国拥有较少的土地、较多的劳动力资本和矿藏等，它就生产需要大量劳力、资本等的工业品。

地区间贸易或国际贸易存在的必要条件，是商品和生产要素价格在不同区域或国家间存在差异。在各个孤立的地区，每个地区都有一个价格机制，它受四项基本因素影响，即消费者的欲望、生产要素所有权、生产要素的供给、生产的物质条件。当这些因素之间的关系不同时，商品和生产要素的相对价格必然也就不同，除非不同地区之间生产要素的差异恰好等于商品需求的相应差异。

由于生产要素价格的差异，则各个地区生产同种商品的成本不同。这时各个地区生产含本地区比较丰富的生产要素的产品，会比生产含本地区较缺乏的生产要素的商品较有利。

最后，俄林认为，国际贸易的根本原因是世界各国的要素禀赋差异；而且世界各国应该生产并出口本国丰富要素密集型的商品，进口本国稀缺要素密集型的商品；按照要素禀赋的原则参与国际分工和国际贸易，能够提高本国的国民福利水平，因此各国应该制定并实施自由的贸易政策。这就是著名的赫-俄原理。

13.2 保护贸易政策的理论依据

在英国大力提倡自由贸易的同时，由于美国等国家的经济水平相对落后，它们都先后采取了保护贸易政策。

13.2.1 汉密尔顿的关税保护理论

汉密尔顿（Alexander Hamilton，1757—1840）是美国第一届政府的财政部长。1776年以前，北美洲在英国的殖民统治下，经济比较落后，尤以工业为甚。当时大英帝国把它当作农产品及原料的供应地和工业品的销售市场，对其工业发展加以重重限制，使其依赖英国的供应而相当落后。1776年，美国宣告独立。当时摆在美国面前的有两条路：一条是实行保护关税政策，独立自主地发展自己的工业。另一条是实行自由贸易政策，继续向英、法、荷等国出售小麦、棉花、烟草、木材等农林产品，用以交换这些国家的工业品，满足国内市场的工业品需求。

汉密尔顿于1791年向国会递交了一份题为《关于制造业的报告》的报告。在这份报告中，他力主实行保护关税政策，阐述了保护和发展制造业的必要性和有利条件，提出了以加强国家干预为主要内容的一系列措施。他指出，保护和发展制造业对维护美国的经济和政治独立具有重要意义。一个国家如果没有一定的工业基础，不但不能使国家变得更加强大，而且很难保持住其独立地位。况且，美国工业比英国起步晚得多，基础薄弱，技术落后，生产成本很高，根本无法同英、法等国的廉价商品进行自由竞争。为了国家的福利，必须用关税将美国新建立的工业保护起来，使之生存、发展和壮大。

汉密尔顿指出，为了保护和发展制造业，政府应加强干预，采取如下措施：向私营工业发放政府信用贷款，为其提供发展资金；实行保护关税制度，保护国内新兴工业；限制重要原料出口，免税进口极端必需的原料；为必需品工业发放津贴，给各类工业发放奖励金；限制改良机器输出；建立联邦检查制度，保证和提高制造品质量。

汉密尔顿的上述主张虽然仅有一部分被国会采纳，但却对美国政府的内外经济政策产生了重要而深远的影响。

1816年美国通过了第一个明确的保护性关税法案，对进口的棉花、羊毛制品和某些铁制品课税30%～40%。以后美国的关税税率一直保持着保护性的高税率。1890年《麦金莱关税法》使第一次世界大战前的美国关税税率达到了顶点，该法将整体关税率从38%提高到49.5%。在19世纪后半期和20世纪前期，美国都是以高关税保护本国产业的代表。就是在这样高度保护性的关税下，美国取代了英国的工业产量第一地位，上升为世界工业的霸主。

汉密尔顿的关税保护理论是落后国家进行经济自卫和与先进国家相抗衡的国际贸易学理论。这一理论的提出，标志着从重商主义分离出来的两大资产阶级国际贸易学说体系已经基本形成。

13.2.2　李斯特的幼稚工业保护理论

李斯特（Friedrich List，1789—1846）是著名的德国经济学家，资产阶级政治经济学历史学派的主要先驱者，保护贸易理论的倡导人。其主要著作是《政治经济学的国民体系》。当时德国还是一个政治上分裂、经济上落后的农业国，其经济发展水平不但远远落后于工业革命已经完成的英国，而且与早已进入工业革命阶段的法国以及美国和荷兰等也存在相当大的差距。在这种情况下，李斯特提出了幼稚工业保护理论。

1. 保护的对象和时间

李斯特认为，注重农业的国家里，人民精神萎靡，一切习惯与方法偏于保守，缺乏文化、福利与自由。注重工商业的国家则不然，人们充满增进身心与才能的精神。经过比较，李斯特认为：第一，农业不需要保护，只有那些刚从农业阶段进入工业阶段，而且工业尚未成熟、仍处于幼稚时期的时候，才需要保护。第二，一国工业虽然处于幼稚阶段，但如果没有强有力的竞争者也不需要保护。保护的时间为 30 年，如果 30 年后仍不具备与外国竞争的能力，应放弃保护。

2. 保护的对象和手段

李斯特认为，对于幼稚工业的保护应采取征收高额关税的办法来进行。但保护制度并不是要保护一切产品，粮食和原料等贸易不用保护，奢侈品为主的精制品贸易不用保护或只需要轻度保护，只有与国家工业发展有关的产品才应加以保护。

李斯特还指出，对不同工业部门的保护程度要区别对待。那些对国民经济有重要意义，即建立和经营时需要大量资本、大规模机械设备、高度技术知识和丰富经验以及人数众多的、生产最主要的生活必需品的工业部门，要特别注意保护，其保护税率应该与它们的发展水平相适应，既不能太高，也不能太低。对于其他较次要的工业部门，则给予较低程度的保护，其税率应比照主要工业部门适当降低。

李斯特强调，如果一个国家的专门技术和机器制造业虽未获得高度发展，也应该对国外输入的一切复杂的机器设备免税；即使征税，税率也要定得极低。因为机器是工业的工业，对国外输入的机器课征关税，实际上就是限制国内工业的发展，只有当国内机器制造业发展到先进国家那样的水平时，才可征收较高的关税。

李斯特从落后国家发展幼稚工业的角度提出保护贸易的政策主张，具有一定的合理性。值得注意的是，同样出于实现国民福利最大化的目标，幼稚工业保护理论与前文各种主张自由贸易的理论，却提出了截然不同的贸易政策主张，其原因在于它们对于国民福利的定义或理解不同。幼稚工业保护理论是出于实现长期或者未来国民福利的最大化，并认为，只要未来增加的国民福利足够大，为了实现长期国民福利利益的最大化，实行贸易保护主义牺牲当前的一部分国民福利是值得的。而比较优势理论所定义的国民福利则是当前的国民福利。

13.2.3　凯恩斯的超保护贸易理论

1. 超保护贸易政策的产生

在 19 世纪末到第二次世界大战期间，西方各国处于垄断时期。在这一时期，垄断代替了自由竞争，成为一切社会经济生活的基础。此时，各国普遍完成了产业革命，工业得到迅速发展，世界市场的竞争开始变得异常激烈。尤其是1929—1933年的世界性经济危机，使市场矛盾进一步尖锐化。于是，西方各国为了垄断国内市场和争夺国外市场，纷纷推行带有垄断性质的超保护贸易政策。

2. 超保护贸易政策的理论

在上述历史背景下，各国经济学者提出了各种支持超保护贸易政策的理论，其中有重大影响的是凯恩斯主义。

凯恩斯（John Maynard Keynes，1883—1946）是超保护贸易政策理论的代表人物。20世纪30年代，资本主义经济和资产阶级经济理论陷入严重危机，出现了大量的失业现象。凯恩斯认为原来的自由贸易理论已经过时，于是他在1936年出版的代表作《就业、利息和货币通论》中抛弃传统的经济理论，提出了一套以缓和资本主义经济危机、解决就业问题为目的，以有效需求不足为基础，以边际消费倾向、边际资本效益和灵活偏好为核心，以国家干预为政策目标的新学说，受到资产阶级的青睐。

（1）凯恩斯提倡采取保护贸易措施。凯恩斯曾敦促英国政府放弃自由贸易政策，力主恢复保护关税制度，采取直接措施来限制输入，奖励输出。他认为，保护关税制度有三个好处：第一是促使人们增加对国内产品的消费，从而增加就业；第二是解决了贸易差额方面的压力以后，可以腾出一部分资金用来偿付必要的进口量，并可使伦敦对贫困的债务国家进行借贷；第三是最能得到社会舆论的支持。因此，他设计了两种保护税率供英国政府采用，一种是针对制成品和半制成品的，税率为15%，不能免征；另一种是针对食品和原料的，税率是5%，在特殊情况下可以减免。

（2）凯恩斯对自由贸易理论的批评。凯恩斯认为，古典学派的贸易理论是建立在国内充分就业这个假设前提下的。古典学派认为，国与国之间的贸易应当是进出口平衡，以出口抵偿进口，即使由于一时的原因或由于人的力量使贸易出现顺差，也会由于贵金属的移动和因此产生的物价变动得到调整，进出口仍归于平衡。因此，不要为贸易出现逆差而担忧，也不要为贸易出现顺差而高兴。应采取自由贸易政策，不要进行人为的干预。

凯恩斯与其追随者认为古典学派的自由贸易理论已经过时，原因是：第一，20世纪30年代出现了大量的失业，自由贸易理论“充分就业”的假设前提已经不存在。第二，古典学派自由贸易论者虽然以“国际收支自动调节说”来说明贸易顺差和贸易逆差最终均衡的过程，但忽视了在调节过程中对一国国民收入所产生的影响。凯恩斯认为，应当仔细分析贸易顺差和贸易逆差对国民收入和就业的影响。他认为，贸易顺差能增加国民收入、扩大就业，而贸易逆差则会减少国民收入、加重失业。凯恩斯指出，总投资包括国内投资和国外投资。国内投资额的大小由“资本边际效率”和“利息率”来决定，对外投资量由贸易顺差大小来决定。贸易顺差可为一国带来黄金，扩大支付手段，降低利息率，刺激物价上涨，扩大投资，有利于缓和国内危机和扩大就业量。因此，他赞成贸易顺差，反对贸易逆差。

13.3 贸易政策的政治经济学

从亚当·斯密的国际贸易理论开始，经济学家就开始研究国际贸易的收入分配效应问题。赫-俄原理对贸易与收入分配的关系也予以特别的关注。该原理说明了国与国之间按要素禀赋的差异组织专业化生产和从事国际交换，会使两国的总体贸易利益得到改善，这与李嘉图理论模型的结论一致。同时，赫-俄原理还指出，在两国均不可能实现完全专业化的前提下，在短期内，自由贸易会使贸易国内部各生产部门、各要素所有者得到不均等的贸易利益。这个思想在斯托尔帕（Stolper）与萨缪尔森 1941 年合写的经典文章《保护主义与实际工资》（Protection and Real Wages）中得到表述。文中提出关于关税对国内生产要素价格或国内收入分配影响的一种西方经济学理论，被称为斯托尔帕-萨缪尔森定理，该定理证明了实行保护主义会提高一国相对稀缺要素的实际报酬。

斯托尔帕-萨缪尔森定理以 H-O 原理为基础。斯托尔帕-萨缪尔森定理在 H-O 原理的假设条件下证明了当一国实行自由贸易时，贸易使出口产品的价格相对提高，进口产品的价格相对下降，这会使出口产品生产中密集使用的那种生产要素即国内供给相对充裕的生产要素的价格提高；同时，它也使出口产品生产中非密集使用的那种生产要素即国内供给相对稀缺的生产要素的价格下降。例如一国土地充裕、劳动力稀缺，在出口食物并进口衣服时会使土地的价格即地租率相对上升，从而使土地所有者的报酬增加，同时，它使劳动力的价格即工资率相对下降，即使劳动所有者的报酬下降。

斯托尔帕-萨缪尔森定理，指出了政府对贸易进行干预或贸易本身所引致的商品相对价格发生变化，对要素收益有着截然不同的影响。这意味着某种要素越是专业化，或越是集中于出口生产，它便越能够从贸易中获益。相反，某种要素越是集中于可进口商品的生产，它便越容易因为发生贸易而蒙受损失。

斯托尔帕-萨缪尔森定理的结论表明，国际贸易虽然能提高整个国家的福利水平，但是并不对每一个人有利，一部分人在收入增加的同时，另一部分人的收入却减少了。即在一国国内要素自由流动的条件下，该国对其使用相对稀缺要素的生产部门进行关税保护，可以提高受保护产品的相对价格，增加该受保护产品密集使用的要素的收入。

1948 年萨缪尔森在对 H-O 原理进一步研究时发现，在长期内所有的生产要素可以自由流动的条件下，自由贸易会使商品和生产要素的价格均等化（要素价格均等化定理）。如果贸易是在发达国家和发展中国家进行，自由贸易可能会使发达国家非熟练劳动者的工资水平下降，相当数量的非熟练劳动者可能会失业；发展中国家非熟练劳动者的工资水平可能会上升，其生活状况可能会得到改善。这种国际要素价格均等化不仅是一种趋势，而且是一种必然。萨缪尔森认为在多种要素相对价格有差异的情况下，贸易仍将持续扩大和发展，致使两国间要素价格的差异减少，直到两国国内各种商品的相对价格完全均等化为止。他还进一步论证了两国要素绝对价格的均等化问题，指出在商品市场和要素市场存在完全的自由竞争以及两国使用同样的技术等条件下，由于要素的相对价格均等化，将会导致要素的绝对价格也趋于均等化。如果说斯托尔帕-萨缪尔森定理说明了自由贸易带给同一国家不同要素价格的短期影响，而要素价格均等化理论则反映了自由贸易带给不同国家同种要素价格的长期影响。

13.4 贸易政策制定的区域主义和多边主义

20 世纪的世界经济是以贸易、生产、金融乃至经济政策趋向全球一体化为特征的，而这种一体化又首先以区域经济一体化形式表现出来。区域经济一体化的蓬勃发展，对世界经济各个领域、世界经济总体格局以及国际经济秩序都产生了广泛而深远的影响。但是，长期以来不同的国家在贸易政策制定中始终存在着区域主义和多边主义两种主要的政策倾向，它们所代表的是区域经济一体化和多边贸易体制两种经济现象。

13.4.1 贸易政策制定中的区域主义

1. 区域经济一体化的概念

“一体化”一词英文为 integration，它起源于拉丁文 intrgratio，原意为更新，后来具有将各个部分结合为一个整体的含义。在经济领域，最初是用经济一体化（economic integration）概念来表示企业间通过卡特尔、康采恩等形式结合成的经济联合体。20 世纪 50 年代初，人们开始用国际经济一体化来表示将各个分立的国民经济结合成更大范围的经济区，也就是指各国间在经济上结合起来形成一个经济联合体的事态或过程。

关于经济一体化的定义，理论界至今尚未形成明确统一的说法。这主要是因为经济一体化涵盖的内容宽广，每种定义往往只指出经济一体化的某一个或某些特征，无法概括出整个经济一体化的全面内在联系。我们认为经济一体化的含义有广义和狭义之分。广义的经济一体化，即世界经济一体化，是指世界各国经济彼此之间相互开放，形成一个相互联系、相互依赖的有机体。狭义的经济一体化，即区域经济一体化，是指区域内两个或两个以上的国家或地区，在一个由政府授权组成的并具有超国家性质的共同机构下，通过制定统一的对内对外政策、财政与金融政策等，消除国家之间阻碍经济贸易发展的障碍，实行区域内互利互惠、协调发展和资源优化配置，最终形成一个政治经济高度协调统一的有机体的过程。

2. 区域主义对贸易政策制定的影响

区域经济一体化的根本特征是对内自由贸易、对外保护贸易。因此，它对多边贸易体制和全球经济的影响必然是双重的，既有一定的积极影响，又有一定的消极影响。随着经济全球化的不断发展，区域经济一体化的消极影响将会变得越来越突出。

（1）区域经济一体化的积极影响。第一，区域经济一体化有助于自由贸易思想的发展。区域经济一体化在区域内奉行自由贸易原则，清除各种贸易壁垒。自由贸易政策实施所带来的各种好处将有助于成员国增强自由贸易意识，同时区域内部保护贸易的约束机制对于成员国内部的贸易保护主张也起到一定的遏制作用，这主要表现在区域经济一体化的经济效应、区域经济一体化的示范效应、区域经济一体化的约束效应等方面。

第二，区域经济一体化有助于多边贸易体制的完善。多边贸易体制和经济一体化所要解决的基本问题是相同的，即协调成员国之间的经济贸易关系，推动成员国之间的贸易自由化。因此，区域经济一体化组织在建立和运行中的具体做法，可以为多边贸易体制有关问题的解决提供有益的借鉴。尤其是在一些复杂问题上，区域经济一体化拥有涉及谈判主体少、利益关系简单的优势，它可以作为多边贸易体制解决这些复杂问题的“试验区”。

第三，区域谈判与多边谈判具有重要的“协同作用”。所谓区域谈判与多边谈判的“协同作用”，是指在区域集团进行某一问题的谈判时，正值多边贸易体制也在进行同样的谈判，这两场并驾齐驱的谈判可以互相推动，彼此汲取对方的技巧。

第四，区域经济一体化可以为多边贸易谈判提供经验和技巧。区域经济一体化组织和多边贸易体制的建立与运行都要经历一定的谈判过程，在谈判过程中，区域经济一体化组织所积累的谈判经验和技巧对于多边贸易谈判具有重要的参考价值。

（2）区域经济一体化的消极影响。第一，“内外有别”的政策明显背离多边贸易体制的非歧视原则。实行“对内自由贸易、对外保护贸易”的贸易政策是区域经济一体化组织存在的基础，否则，区域经济一体化组织就没有存在的必要。因此，从根本上讲，区域经济一体化组织总是带有贸易壁垒的性质，背离多边贸易体制的非歧视原则。

第二，贸易转移效应的消极影响。区域经济一体化组织内部各成员国同区域外国家和地区相比，不可能在全部产品上都具有比较优势，而一般是在大部分产品上具有劣势。就连经济最发达的欧盟各国也不例外。区域经济一体化组织建立后，由于外高内低的关税壁垒，成员国的贸易必然从外部低成本的优势产品转向内部高成本的劣势产品。因此，各种区域经济一体化组织都具有贸易转移效应，只是程度不同而已。

第三，区域经济一体化组织增加了国际市场上的垄断力量。区域经济一体化组织奉行一致对外的原则，各成员国的贸易和经济政策相互协调，趋于一致，其行为类似于微观经济学中的垄断集团。按照标准的垄断模型，区域经济一体化组织抑制区域内外的竞争，降低世界整体福利，并削弱多边贸易规则的作用。

第四，区域经济一体化组织不利于 WTO 体制发挥作用。区域经济一体化组织的一些好处和 WTO 体制的现实缺陷将使许多国家由追求多边主义转向追求区域主义。区域经济一体化组织的许多成员国往往会满足于区域经济一体化组织贸易保护的好处和既得利益，不愿区域经济一体化组织朝着全球经济一体化的方向改革，也不愿其他国家进行旨在完善多边贸易体制和推进世界贸易自由化进程的谈判。国际货币基金组织就曾指出，区域经济一体化组织可能会满足于业已得到的好处而丧失其与其他贸易集团成员国谈判的积极性，从而增加贸易摩擦的可能的危险。当经济不景气和失业率增加时，这种可能性尤其大，成员国可能把这种区域性贸易安排当作在世界经济事务中增强集团影响的途径。

3. 部分区域经济一体化组织简介

（1）中国—东盟自由贸易区。中国—东盟自由贸易区（China-ASEAN Free Trade Area，CAFTA），是中国与东盟 10 国组建的自由贸易区。中国和东盟对话始于 1991 年，中国 1996 年成为东盟的全面对话伙伴国。2010 年 1 月 1 日贸易区正式全面启动。自贸区建成后，东盟和中国的贸易占到世界贸易的 13%，成为一个涵盖 11 个国家、19 亿人口、GDP 达 6 万亿美元的巨大经济体，是目前世界人口最多的自贸区，也是发展中国家间最大的自贸区。中国—东盟自由贸易区以促进中国、东盟之间的企业对话与合作，促进中国与东盟之间的贸易与投资联系，促进各自国家的经济发展和中国—东盟自由贸易区建设为目标。

建立中国—东盟自由贸易区，对中国与东盟都有着积极的意义。中国—东盟自由贸易区的建立，一方面有利于巩固和加强中国与东盟之间的友好合作关系，有利于中国与发展中国家、周边国家的团结合作，也有利于东盟在国际事务上提高地位、发挥作用。另一方面，有利于进一步促进中国和东盟各自的经济发展，扩大双方贸易和投资规模，促进区域内各国之间的物流、资金流和信息流，促进区域市场的发展，创造更多的财富，提高该地区的整体竞争能力，为区域内各国人民谋求福利。与此同时，中国—东盟自由贸易区的建立，有利于推动东盟经济一体化，对世界经济增长也有积极作用。

其政治意义在于：第一，从中国与东盟各国的关系来看，中国—东盟自由贸易区的建立，有助于中国和东盟全面、深入、快速发展友好关系，对维护东亚和亚太地区的和平与稳定具有积极意义；第二，从建立国际新秩序来看，建立中国—东盟自由贸易区，有助于发展中国家的团结合作；第三，从提高东盟的国际地位来看，建立中国—东盟自由贸易区，有助于东盟在国际社会事务中发挥更大的积极作用。其经济意义在于：第一，使双方获得"贸易创造"效益；第二，使双方获得投资增长效益；第三，使双方获得规模经济效益；第四，推动双方经济发展。

中国—东盟自由贸易区建设大致分为三个阶段：

第一阶段（2002 年至 2010 年），启动并大幅下调关税阶段。自 2002 年 11 月双方签署以中国—东盟自由贸易区为主要内容的《中国—东盟全面经济合作框架协议》始，至 2010 年 1 月 1 日中国对东盟 93%产品的贸易关税降为零。

第二阶段（2011 年至 2015 年），全面建成自贸区阶段，即东盟越、老、柬、缅四国与中国贸易的绝大多数产品亦实现零关税，与此同时，双方实现更广泛深入的开放服务贸易市场和投资市场。

第三阶段（2016 年之后），自贸区巩固完善阶段。

（2）跨太平洋战略经济伙伴关系协定。跨太平洋伙伴关系协定（Trans-Pacific Partnership Agreement，TPP），也被称作"经济北约"，是目前重要的国际多边经济谈判组织，其前身是跨太平洋战略经济伙伴关系协定（Trans-Pacific Strategic Economic Partnership Agreement）。这是由亚太经济合作会议成员国中的新西兰、新加坡、智利和文莱四国发起，从 2002 年开始酝酿的一组多边关系的自由贸易协定，原名亚太自由贸易区，旨在促进亚太地区的贸易自由化。截至 2015 年，成员有美国、日本、澳大利亚、加拿大、新加坡、文莱、马来西亚、越南、新西兰、智利、墨西哥和秘鲁。其经济规模占全球经济总量的 40%，将对近 18 000 种类别的商品降低或减免关税。

根据 TPP 的协议，TPP 成员国家的政治体制必须是尊重自由、民主、法制、人权、普世价值观。而且 TPP 统一监管标准包括：贸易和服务自由、货币自由兑换、税制公平、国企私有化、保护劳工权益、保护知识产权、保护环境资源、信息自由（包括新闻自由、互联网自由等）。

根据 TPP 的协议，TPP 有五大突出特点：一是要求全面市场准入，即消除或削减涉及所有商品和服务贸易以及投资的关税和非关税壁垒；二是促进区域生产和供应链网络的发展；三是解决数字经济、国有企业等新的贸易挑战；四是促进中小企业发展和帮助成员国加强贸易能力建设，实现贸易的包容性；五是作为区域经济一体化平台，吸纳亚太地区其他经济体加入。

(3) 中韩自由贸易区。中韩自由贸易区（China Korea Free Trade Area）谈判于 2012 年 5 月正式启动，旨在为两国货物贸易提供制度保障，拓展电子商务、节能环保、金融服务等新兴战略服务领域的合作，共同构建一个规范稳定可预期的框架。建立中韩自贸区将有力促进亚太区域一体化。2015 年 6 月 1 日，“中韩自贸协定”正式签署，中韩自贸协定创新性地引入地方经济合作条款，明确将中国威海市和韩国仁川自由经济区作为地方经济合作示范区，发挥示范和引导作用。

2015 年 12 月，中韩双方共同确认《中华人民共和国政府和大韩民国政府自由贸易协定》于 2015 年 12 月 20 日正式生效并第一次降税，2016 年 1 月 1 日第二次降税。中韩自贸协定（FTA）终于落地生根。

根据谈判成果，在开放水平方面，双方货物贸易自由化比例均超过“税目 90%、贸易额 85%”。协定范围涵盖货物贸易、服务贸易、投资和规则共 17 个领域，包含了电子商务、竞争政策、政府采购、环境等“21 世纪经贸议题”。中韩自贸区谈判实现了“利益大体平衡、全面、高水平”的目标。

13.4.2　贸易政策制定中的多边主义

在现代贸易政策的制定中“多边主义”(multilateralism) 也为很多国家所青睐。学术界对于“多边主义”仍没有统一的确切定义。按照欧洲人的宽泛定义，多边主义是指“两个以上的国家进行国际合作，旨在解决国际问题、处理由于国际关系中人们所认知的或实际存在的无政府状态所引发的冲突”。约翰·鲁杰认为，“多边主义是一种在广义的行动原则基础上协调三个或者更多国家之间关系的制度形式”。中国一些学者认为，“多边主义是指世界各国在国际事务中应相互尊重、平等协商、加强合作、反对一国一意孤行，无礼对待别国”。多边主义是关涉世界如何运转的一种信念，全球化时代赋予了它新的生命力。当今多边主义的张扬正是源于这一时代的深层动力。一些国际机构都是奉行多边主义的，其中世界贸易组织是最具代表性的机构。2024 年 7 月，世界贸易组织对中国第九次贸易政策审议在瑞士日内瓦圆满结束。党的二十届三中全会作出重要决定和战略部署，指出中国将通过进一步深化改革、扩大开放不断为全球提供新的、更大的机遇。

1. 世界贸易组织产生的背景

在 1986 年 9 月乌拉圭回合发动时，15 项谈判议题[①]中没有关于建立世界贸易组织的问题，只是设立了一个关于修改和完善总协定体制职能的谈判小组。但是由于乌拉圭回合谈判不仅包括了传统的货物贸易问题，而且涉及知识产权保护和服务贸易以及环境等新议题，这样如何有效地贯彻执行乌拉圭回合形成的各项协议就自然而然地提到了多边贸易谈判的议事日程上。无论从组织结构还是从协调职能来看，总协定面对庞杂纷繁的乌拉圭回合多边谈判协议均显示出其“先天”的不足，有必要在其基础上创立一个正式的国际贸易

---

① 15 项议题分别为：关税；非关税措施；热带产品；自然资源产品；纺织品与服装；农产品；GATT 条款；保障条款；多边贸易谈判协议和安排；补贴与反补贴措施；争端解决；与贸易有关的知识产权问题，包括冒牌货贸易问题；与贸易有关的投资措施；GATT 机制的作用；服务贸易。

组织来协调、监督和执行新一轮多边贸易谈判的成果，WTO 便应运而生了。1990 年年初，意大利首先提出建立世界贸易组织的倡议，同年 7 月欧共体把这一倡议以 12 个成员国的名义向乌拉圭回合体制职能小组正式提出来，随后得到加拿大、美国的支持。1994 年 4 月 15 日在马拉喀什部长会议上通过《建立世界贸易组织协定》，决定于 1995 年 1 月 1 日正式建立世界贸易组织。

2. WTO 协定的主要内容

（1）WTO 的宗旨。《建立世界贸易组织协定》（简称《WTO 协定》）序言指出，世界贸易组织的宗旨为："提高生活水平，保证充分就业，大幅度稳步提高实际收入和有效需求，扩大货物和服务的生产与贸易，按照可持续发展的目的，最优运用世界资源，保护和维护环境，并以不同经济发展水平下各自需要的方式，加强采取各种相应的措施"；"需要作出积极的努力，确保发展中国家尤其是最不发达国家在国际贸易增长中的份额，与其经济发展需要相适应"。其目标是"产生一个完整的、更具有活力的和永久性的多边贸易体系，来巩固原来关税与贸易总协定以往为贸易自由化所作的努力和乌拉圭回合多边贸易谈判的所有成果"。

在《WTO 协定》的序言中，明确指出实现其宗旨与目标的途径是"通过互惠互利的安排，导致关税和其他贸易壁垒的大量减少和国际贸易关系中歧视性待遇的取消"。

（2）WTO 的协定、职能与法律地位。第一，世界贸易组织的协定。根据《WTO 协定》，世界贸易组织的协定包括：向成员方就与所有协定有关的各种问题提供一般的法律框架和该协定各个附件中包括的法律手段；附件 1、附件 2、附件 3（统称多边货物贸易协定）所包括的各项协定和有关法律文件；附件 4（统称诸边贸易协定）所包括的各项协定和有关法律，对于那些接受它们的成员国具有约束力。诸边贸易协定对于那些尚未接受它们的国家，既不产生权利也不产生义务；GATT 1994 被列为该协定附件 1A，以从法律上区别于 1947 年 10 月 30 日通过的《1947 年关税与贸易总协定》（简称 GATT 1947），后者是《联合国贸易和发展会议第二次筹备委员会最后文件》的附件，此后相继被修正、修改和完善。

《WTO 协定》的 4 个附件如表 13－3 所示。

表 13－3　《WTO 协定》的 4 个附件一览表

附件 1	附件 1A：多边货物贸易协定（包括 13 项协定：GATT1994、农产品协定、关于实施卫生与植物检疫的协定、纺织品与服装协定、技术性贸易壁垒协定、与贸易有关的投资措施协定、关于实施 GATT1994 第六条的协定、关于实施 GATT1994 第七条的协定、装运前检验协定、原产地规则协定、进口许可证程序协定、补贴与反补贴措施协定、保障措施协定） 附件 1B：服务贸易总协定 附件 1C：与贸易有关的知识产权协定
附件 2	关于争端解决的规则与程序的谅解
附件 3	贸易政策审评机制
附件 4	诸边贸易协定（或称接受才生效的贸易协定）（包括 4 项协定：民用航空器协定、政府采购协定、国际奶制品协定、牛肉协定）

第二，世界贸易组织的职能。根据《WTO 协定》，世界贸易组织的职能有：制定并监督执行国际经贸规则，促进《WTO 协定》和多边贸易协议的执行、管理和运作，并为其提供一个组织，也为诸边协议的实施、管理与运作提供框架；组织各成员进行开放市场的

谈判，为成员提供谈判的场所和谈判成果执行的机构；建立成员间的争端解决机制，管理附件 2《关于争端解决的规则与程序的谅解》；管理附件 3《贸易政策审评机制》；为达到全球经济政策一致性，世界贸易组织将以适当的方式与国际货币基金组织和世界银行及其附属机构进行合作。

第三，世界贸易组织的法律地位。根据《WTO 协定》的规定，世界贸易组织及其有关人员具有以下法律地位：世界贸易组织具有法人资格；世界贸易组织每个成员方向世界贸易组织提供其履行职责时所必需的特权和豁免权；世界贸易组织官员和各成员方代表在其独立执行与世界贸易组织相关的职能时，享有每个成员方提供的所必需的特权与豁免权；每个成员方给予世界贸易组织的官员、成员方代表的特权和豁免权等同于联合国大会于 1947 年 11 月 21 日通过的《联合国专门机构特权和豁免公约》所规定的特权与豁免权。

（3）黄箱、绿箱和蓝箱。世贸组织《农业协议》共有 13 个部分、21 个条款和 5 个附件。其主要内容包括四个方面，即市场准入条款、国内支持条款、出口补贴条款、卫生和动植物检疫措施条款。在国内支持条款中，涉及了有关“绿箱”和“黄箱”等政策措施。

第一，必须削减的国内政策措施——“黄箱”政策措施。

《农业协议》将那些对生产和贸易产生扭曲作用的政策称为“黄箱”政策措施，要求成员方必须进行削减。“黄箱”政策措施主要包括：价格补贴，营销贷款，面积补贴，牲畜数量补贴，种子、肥料、灌溉等投入补贴，部分有补贴的贷款项目。

《农业协议》要求各成员方要用综合支持量来衡量国内对农业的支持水平。综合支持量是指“给基本农产品生产者生产某项特定农产品提供的，或者给全体农产品生产者生产非特定农产品提供的年度支持的货币价值”。

《农业协议》规定：其一，对具体农产品（或所有农产品）的支持，只要其综合支持总量不超过该产品生产总值（或农业总产值）的 5%（发展中国家为 10%），就无须削减其国内支持；其二，综合支持量必须以 1986 年到 1988 年的平均水平为基础，自 1995 年开始，发达国家在 6 年内逐步削减 20%，发展中国家在 10 年内逐步削减 13%；其三，对发展中国家的特殊待遇和差别待遇，对发展中国家的某些“黄箱”政策措施，也列入免于削减范围，如农业投资补贴、为鼓励生产者不生产违禁麻醉作物而提供的国内支持、对低收入者或资源贫乏的生产者获得的农业投入补贴等。

第二，免于削减的国内支持政策——“绿箱”政策措施。“绿箱”政策措施是指对农产品贸易和农产品生产没有扭曲作用，或者最多只有微不足道的影响作用，而实行的支持措施。

“绿箱”政策措施主要包括：农业一般服务，为保障粮食安全储备而提供的补贴，国内粮食补贴，单亲家庭的收入补贴，收入保险和收入安全网计划中的政府补贴，自然灾害救济补助，农业生产者退休或转产补助，通过资源停用计划提供的结构调整援助，农业生产结构调整性投资性补贴，环境保护下的补贴，区域发展援助计划下的补贴。

第三，“蓝箱”政策。“蓝箱”政策是指，WTO 允许一个国家给予那些被要求限制生产的农民以某种直接支付，这些补贴与农产品限产计划有关，成员方不须承担削减义务。“蓝箱”政策主要包括：按固定面积和产量给予的补贴（如休耕补贴）、按基期生产水平的

85%或85%以下给予的补贴、按固定牲畜头数给予的补贴等。

本章小结

在各种国际经济政策中，国际贸易政策是最重要的，同时也是学术界研究最多和最成熟的。

1. 自由贸易政策是国家对贸易活动不加或少加干预，任凭商品、服务和有关要素在国内外市场公平、自由地竞争。而自由贸易政策的理论依据在理论发展的不同阶段主要有绝对优势理论、比较优势理论和要素禀赋理论等。

2. 保护贸易政策，是指国家广泛利用各种措施对进口和经营领域与范围进行限制，保护本国的产品和服务在本国市场上免受外国产品和服务的竞争，并对本国出口的产品和服务给予优待与补贴。国家对于贸易活动进行干预，限制外国商品、服务和有关要素参与本国市场竞争。其代表性理论包括幼稚工业保护理论、超保护贸易理论等。

3. 斯托尔帕-萨缪尔森定理说明了自由贸易带给同一国家不同要素价格的短期影响，而要素价格均等化理论则反映了自由贸易带给不同国家同种要素价格的长期影响。

4. 不同的国家在国际经济活动中始终存在着区域主义和多边主义两种主要的政策倾向，它们所代表的是区域经济一体化和多边贸易体制两种经济现象。

关键术语

自由贸易政策　保护贸易政策　比较优势　要素禀赋　幼稚工业　GATT
WTO　中国—东盟自由贸易区　TPP　中韩自由贸易区

复习思考题

1. 如何正确评价比较优势理论？
2. 如何评价要素禀赋理论？
3. 保护贸易政策的理论依据包括哪些内容？
4. 试论述贸易政策制定的区域主义和多边主义的关系。
5. 简单介绍中国—东盟自由贸易区组建的意义。

案例分析

案例13-1　蜡烛工的请愿

在重商主义哲学盛行时期，保护主义蔓延，被激怒的法国经济学家巴师夏（Bastiat，

1801—1850），通过以子之矛攻子之盾的方法压倒了保护主义者。巴师夏在 1845 年虚构的法国蜡烛工人请愿的故事中，最成功地打击了贸易保护主义。现摘录如下：

> 我们正在经受着无法容忍的外来竞争，他看来有一个比我们优越得多的生产条件来生产光线，因此可以用一个荒谬的低价位占领我们整个国内市场。我们的顾客全都涌向了他，当他出现时，我们的贸易不再与我们有关，许多有无数分支机构的国内工业一下子停滞不前了。这个竞争对手不是别人，就是太阳。
>
> 我们所请求的是，请你们通过一条法令，命令关上所有窗户、天窗、屋顶窗、帘子、百叶窗和船上的舷窗；一句话，所有使光线进入房屋的开口、边沿、裂缝和缝隙，都应当为了受损害的工厂而关掉。这些值得称赞的工厂使我们以为已使我们的国家满意了，作为感激，我们的国家不应当将我们置于一个如此不平等的竞争之中……仅仅因为或部分因为进口的煤、钢铁、奶酪和外国的制成品的价格接近于零，你们对这些商品的进口就设置了很多限制，但为什么，当太阳光的价格整天都处于零时，你们却不加任何限制，任它蔓延？如果你们尽可能减少自然光，从而创造对人造光的需求，哪个法国制造商会不欢欣鼓舞？如果我们制造更多的蜡烛，那就需要更多的动物脂，这样就会有更多的牛羊。相应地，我们会见到更多人造草场、肉、毛、皮和作为植物生产基础的肥料。

案例中当时盛行贸易保护主义，认为进口产品会威胁本国产业，进口限制可以保护国家利益，因此政府应当鼓励出口，不主张甚至限制商品的进口。比较优势理论有力地压倒了贸易保护主义者。巴师夏在 1845 年虚构的法国蜡烛工人请愿的故事更有力地打击了贸易保护主义。太阳可以看作能高效生产太阳光的厂商，生产成本为 0。由于有了这个“厂商”，使得国内“太阳光”厂商失去了国内市场，倘若没有太阳，国内会生产并出口人造光。根据贸易保护主义，太阳光威胁到了国内人造光市场，应该禁止使用太阳光。但事实上没有一个国家会禁止使用太阳光，而自己进行生产。原因就在于，根据比较优势理论该国应该进口其具有比较劣势的太阳光。一国的资源是有限的，该国停止生产“太阳光”会节约资源生产具有比较优势的其他商品，从而提高整个国家的福利。

思考：贸易保护主义如何造成福利损失？

案例 13-2 中美贸易中的产业分布

中美 1990 年的贸易数据如表 13-4，这些数据来自一项旨在验证赫-俄原理的研究。研究者根据技术密集度将 131 个样本产业分为 10 组。第一组中的产业技术含量最高，而第十组的产业技术含量最低。

表 13-4 中美贸易状况比较

	技术组（关键产业）	中国对美国出口百分比	美国对中国出口百分比
高技术	杂志、办公与计算机设备	4.8	7.7
↓	客机及零部件、工业无机物	2.6	48.8
	机械、涡轮机、油脂和石油	3.9	21.3
	水泥、非电力探测锤和加热设备	11.5	4.3
	手表、计时器、玩具和运动品	18.9	6.3
	木制品、鼓风炉、生铁	8.2	1.3
	造船和修船、家具和设备	4.1	2.8
	香烟、摩托车、钢铁铸造	5.2	1.8
低技术	编织、羊毛、皮革加工和制成品	17.2	0.4
	童装、非橡胶鞋	23.5	5.2

美国对中国的出口集中在高技术产业；第 1 组至第 3 组占美国对中国出口的 77.8%。相反，中国对美国的出口集中在低技术产业，中国对美国出口的 40.7%集中在第 9 组和第 10 组。

根据赫-俄原理，要素禀赋是国家间比较优势的源泉，在要素禀赋方面的差异决定了各国的贸易模式。资本丰富的国家在资本密集型产品中具有比较优势，应专业化生产并出口资本密集型产品，而劳动力丰富的国家在劳动力密集型产品中具有比较优势，应专业化生产并出口劳动密集型产品。

正如我们所知，美国人力资本（技术）丰富，而非熟练劳动力稀缺。相反，中国则拥有大量的非熟练劳动力。那么根据赫-俄原理，美国在生产技术密集型产品上具有比较优势，将向中国出口富含大量熟练劳动力的产品，而中国在劳动密集型产品的生产中具有比较优势，向美国出口包含大量非熟练劳动力的产品。上述案例中，美国对中国的出口集中在杂志、办公与计算机设备，客机及零部件、工业无机物，机械、涡轮机、油脂和石油等高技术产业组；而中国对美国的出口集中于编织、羊毛、皮革加工和制成品，童装、非橡胶鞋等低技术产业组，中美之间的这一贸易模式非常符合赫-俄原理的预测，验证了赫-俄原理的结论。

思考：要素禀赋在国际贸易中的作用体现在哪些方面？

第 14 章

农业政策

“民以食为天”，农业关系到人们的生产生活，也关系到国家的长治久安。清代学者张履祥指出，“食者生民之原，天下治乱，国家废兴存亡之本也”。1979 年诺贝尔经济学奖得主西奥多·舒尔茨指出：

> 世界上大多数人是贫穷的，所以如果我们懂得穷人的经济学，也就懂得许多真正重要的经济学原理。世界上大多数穷人以农业为生，因而如果我们懂得了农业，也就懂得了穷人的经济学。

正确的农业政策可以因应社会经济发展需要，做到社会经济发展不以牺牲农业为代价，甚至促进农业发展与农民收入的增加。而错误的农业政策可能会带来农业衰落和经济衰败，甚至是饥荒。一国农业盛衰可以从政策安排中找到根本原因，合理的政策安排会促进农业的快速增长，而失误的政策总是在鼓励无效率。

14.1 农业政策的必要性与科学性

14.1.1 什么是农业政策

政策是指管理部门为使社会或社会中的一个区域向正确的方向发展而提出的法令、措施、条例、计划、方案、规划或项目。农业作为社会经济的一个部门，农业政策从属于一般经济政策，属于部门经济政策，其目的是保持农业生产的长期稳定发展。农业政策有狭义和广义之分。狭义上的农业政策是指政府为实现一定的社会经济及农业发展目标，对于农业发展过程中的重要方面及环节所采取的一系列有计划的措施和行动的总称。而广义上的农业政策不仅涵盖农业，也涉及农村和农民相关范畴，但它们更关心农民收入、生活质量以及社区发展。

14.1.2 农业政策的特点

农业政策带有明显的具体性、可行性、规范性、协调性和层次性等特征。政策性强，也就意味着时间短暂但变动剧烈，具有明显的政府导向性，也就是很容易受到政府出台政策的影响。

1. 农业政策的具体性

农业政策目标的具体性是指农业政策目标具有明确指向，不存在模棱两可或含糊不清，没有容易引起误解的问题。农业政策的具体实施者主要是县乡干部，其作用对象主要是农业生产者，因此只有明确具体，才有可能在现实中得到较好的贯彻、实施和执行。农业政策的具体性意味着它在现实中虽然更易于被执行、考核及控制，但也在一定程度上缺少灵活性。

2. 农业政策的可行性

政策可行性是指在现有技术、资源和环境条件下，政策能否按期成功完成。农业政策的可行性主要包括如下内容：第一，政治可行性，即政策方案获取政治资源支持的程度和对政治价值观的影响。第二，经济可行性，即政策执行中获取政策资源的可能性，资源包括人力、财力、物力和信息资源。第三，行政可行性，即政府行政部门在执行能力和工作效率方面的支持程度。第四，法律可行性，即政策方案是否符合宪法和法律的有关原则和条款。第五，技术可行性，即在现有技术条件下实现政策目标的可能性。第六，社会可行性，即社会对政策方案的认同和支持的可能性，传统文化、道德观念、社会环境和意识形态都是重要的影响因素。

3. 农业政策的规范性

所谓规范性，是指农业政策的内容具有约束和规范人们行为的性质。农业政策的设定、运行和废止均需经过一定的程序。

4. 农业政策的协调性

所谓协调性，是指系统内部各子系统之间在运行机制和功能上的协调配合与紧密衔接。农业政策的最重要实施者是政府，政府在农业政策执行过程中不能就农业问题解决农业问题，而必须放到国民经济全局，处理好农业与非农产业、农村与城市、农村居民与城市居民的关系，必须处理好与其他相关政策的协调问题。

5. 农业政策的层次性

层次性是指一个系统内部的各子系统之间的排列组合方式或者构成系统的结构性安排。就农业而言，其属于社会经济系统的一个子系统，农业部门是国民经济的子系统。农业政策，同样属于政策系统的一个子系统，它必须服从于社会经济整体制度，并且与其他相关政策共同发挥作用。

14.1.3 市场失灵与农业政策的必要性

农业政策的必要性主要是因为市场失灵所致，如农业的外部性、农业基础设施和公共服务的公共产品属性、信息的不完全和非对称性、农业在市场竞争中的不利地位、收入分配的不公平性等因素所致，现分述如下：

1. 农业的外部性

就正外部性而言，农业可以为该经济体的发展做出生态贡献，有助于该经济体生态环境的改善，也可以带来社会政治贡献，有利于该经济体的政治稳定和社会有序发展。就负外部性而言，农业发展不当会带来面源污染，损害人民的身心健康，也会带来严重的食品不安全乃至社会恐慌。1999 年国家退耕还林，随着山区植被恢复、森林覆盖率大幅提升，生态环境得以改善。但农业的负外部性也已成为不容忽视的问题，据 2010 年国务院公布的面源污染普查报告，农业已成为中国面源污染第一大贡献。

2. 农业基础设施和公共服务的公共产品属性

农业生产离不开公共产品支持，水利灌溉设施、电力设施、大型农业固定资产投入、农产品供求信息服务、农业科技推广、农业气象服务等均非个人所能提供。如单纯由市场供给，势必出现严重的短缺。农民急需的生产性公共物品供给不足，如农业新技术缺乏、水利灌溉设施匮乏已经在现实中制约了农业与农村发展。

农村公共产品供给短缺与如下因素有关：一方面是因为市场经济条件下农民利益分化导致了农民行为的原子化，也与农村改革后村级组织行动能力持续下降有关。税费改革后，乡村制度外筹集财政资金的渠道基本被堵死。中央和省的财政转移支付相对于长期“缺血”的农村地区来讲可谓杯水车薪。另一方面，乡镇及村两委行为目标多元化。它既有为本地区供给公共产品的社会利益目标，也有维护自身组织利益的组织利益目标，还有执行和落实上级下达的计划任务指标的行政利益目标。此外，县乡领导干部还有创造政绩、实现升迁的个人利益目标。社会利益、组织利益、行政利益、个人利益等多重利益目标的交错，直接影响到乡镇政府的政策输出和行政作为，影响社区公共产品供给的数量、质量和种类。

3. 信息的不完全和非对称性

有效的农业信息可以帮助市场主体做出理性决策，把握市场机遇。由于农产品市场运行机制不完善，相关市场主体信息处理能力差异较大。对于大多数缺乏相关信息或者信息处理能力的市场主体而言，它们只能模仿其他主体行为。如果个别市场行为主体故意散布谣言，就会导致农产品市场价格异常波动。① 2008 年 10 月下旬，一则“广元橘子在剥皮后的白须上发现小蛆状的病虫……”的短信谣言，致使柑橘严重滞销，市场价格暴跌至 0.15 元/千克。2009 年下半年至 2010 年上半年大蒜价格从每千克不足 1 元的价格一路上涨到每千克 10 元以上，在全国大蒜主产地山东金乡形成了全民炒蒜狂潮。在 2012 年，金乡大蒜中间商普遍巨亏，100 万吨储存量亏损达 40 亿元。这些凸显了解决农业生产信息不对称问题的紧迫性。这就需要加快推进农业信息化建设，并解决好如下问题：

首先是信息透明度的问题。对生产者来说，最关心的是面积、产量和价格。由于数据信息采集处理和发布发展滞后，致使相关数据难以为农业提供有力支持，生产者决策只能

① 参见常伟：《农产品价格异常波动的机理分析与对策探讨》，载《价格理论与实践》，2011 (3)。

靠经验。消费者购买选择也主要通过口碑、经验和营销手段，尽管质量可追溯体系、远程视频监控等信息化手段已开始运用，但运用范围依然有限。

其次，要解决信息发布的权威性问题。除了不同市场主体自身采集的信息以外，政府部门的信息也出自多门，相关数据和信息相互打架。一些机构为获取暴利而投机炒作，有意对信息进行歪曲传播。还有一些机构在发布相关信息时不采用科学的办法，随意性过大，不实信息最终会伤害农产品市场的相关各方。

最后，要解决信息采集的标准统一问题。不同标准下采集出来的信息无法对比，有的甚至相互矛盾。直接按不同口径完全不同的标准采集出来的数据，普通消费者无法比较。现在大量农业信息资源孤岛化，相互割裂、开发利用不足，导致信息浪费。

解决以上问题，需要进一步提高农业数据的采集、监测、统计、分析能力。建立符合中国国情的农业信息监测预警体系，统筹生产流通消费等各环节，变事后被动跟进管理为事前主动引导服务，降低农业生产经营决策的盲目性，帮助千家万户对接瞬息万变的大市场，缓解农产品价格波动。在“互联网＋”背景下，农业信息监测预警需要信息资源管理和商业模式创新。开发利用农业信息资源，通过政策引导，吸引社会力量参与，在兼顾公益性的同时，实现社会化服务，即由政府部门监测并及时公布基础数据，各类机构据此建立模型进行中短期预测，向服务对象收取一定的服务费，实现社会化农业信息服务。此外，还要健全农业信息化法治建设，依法保证涉农信息的高效畅通和真实安全。

4. 农业在市场竞争中的不利地位

农业是国民经济的基础，农业现代化是建设有中国特色社会主义的有机组成部分。从发展的角度看，作为基础性产业，农业对于发展工业和其他事业、为国家的资金积累、对推进国家大型工程建设等发挥了一定的作用。但随着社会经济的新发展，其局限性日渐显现。针对这一问题，党的二十大报告指出，要坚持农业农村优先发展，坚持城乡融合发展，畅通城乡要素流动。

首先，中国现代化应该是农村城市化、城乡一体化、人民生活富裕化的过程。计划经济年代，农民长期被束缚在土地上，农业生产率长期无法提高。其次，向农业攫取大量资金是农业基础地位削弱的表现。中国 GNP 中工业份额早已超过农业，工业应进入反哺农业的新时期。最后，就市场贡献而言，农业可以成为工业的重要市场。美国虽然实现了高度工业化，但其农业有着强大的基础，与 GDP 一半的产业均属于为农业服务的相关产业。现代农业离不开现代工业的支持，而化肥、农药、农机等现代工业离开了农业也会失去其发展意义。

5. 收入分配的不公平性

在工业化和现代化进程中，中国农民为工业化付出了巨大牺牲。他们通过农业税为国家工业化做出直接贡献，还通过剪刀差机制为工业化做出间接贡献。剪刀差在我国新中国成立前就已经存在，新中国成立后不仅没有缩小反而日益扩大，发展成为工农之间、城乡之间以及城市居民和农民之间的重大问题。从统购统销开始到取消统购统销制度，国家通过工农产品剪刀差从农民手里取得多少钱的问题官方一直没有给出正式数据。相关学者的测算结果见表 14-1。无论何种结果均表明农民负担十分沉重。

表 14-1 农民负担数量测算

测算者	时间	金额
王梦奎	1952—1986	5 823.74 亿元，年平均为 200 亿～300 亿元。①
仲大军	1952—1986	“剪刀差”抽走 5 823.74 亿元，加上农业税 1 044.38 亿元，共计 6 868.12 亿元，约占农业创造价值的 18.5%。②
陈锡文	1953—1985	国家通过剪刀差无偿从农民手里拿走了 6 000 亿～8 000 亿元资金。③

剪刀差机制违背了价值规律并带来了严重后果。就农业而言，剪刀差过大，农产品价格很低，使得农业丧失了自我积累和发展能力，也使得农民生活水平得不到提高，造成农业劳动生产率增长长期停滞，剩余产品率下降。就工业而言，剪刀差机制下的农产品价格过低影响农民生产积极性，不仅造成轻工业原材料国内供应短缺，也使得农民对农用工业品有支付能力的需求不旺，从而限制了重工业产品的市场扩大。

农村改革后，中国农村有所发展，但由于宏观经济政策调整滞后，致使农民负担问题日渐突出和城乡收入差距扩大。虽然近年来粮食直补、新农合、新农保等惠农政策的出台改善了农民的处境，城乡收入差距有所缩小，但总体差距仍然巨大。根据《2014 年国民经济和社会发展统计公报》，2014 年全国居民人均可支配收入 20 167 元，城镇居民人均可支配收入28 844 元，农村居民人均可支配收入 10 489 元，城乡居民人均可支配收入之比为 2.750。④ 对过大的城乡收入差距进行调解，也是农业政策的重要职能。党的二十大报告强调，“发展乡村特色产业，拓宽农民增收致富渠道。巩固拓展脱贫攻坚成果，增强脱贫地区和脱贫群众内生发展动力”。

14.1.4 政府失灵与农业政策的科学性

所谓政府失灵，是指个人对公共产品的需求得不到很好的满足，公共部门在提供公共物品时趋向于浪费和滥用资源，致使公共支出规模过大或者效率降低，政府的活动或干预措施缺乏效率，或者说政府做出了降低经济效率的决策或不能实施改善经济效率的决策。政府失灵的原因主要有决策信息的有限性、政府机构的垄断性、利益矛盾导致的寻租活动、政策决策和执行的滞后性以及政策决策实施过程中面临的风险和不确定性等。

1. 决策信息的有限性

现实性的决策判断取决于有限理性，这种条件下人们寻求的是满意解，而非最优解。就农业政策而言，决策信息有限导致的市场失灵和资源浪费可谓比比皆是。近年来全国各地多次出现的农产品滞销现象，是市场供求失衡的结果，也与赖以决策的关键性农业信息发布获取不及时有关。很显然，这与决策信息数量不足、质量不高有关。

2. 政府机构的垄断性

农村改革后，政府提出要发展农业社会化服务，20 世纪 90 年代初把建立农业社会化

---

① 参见王梦奎主编：《中国经济发展的回顾与前瞻（1979—2020）》，106 页，北京，中国财政经济出版社，1999。

② 参见黎明主编：《中国的危机》，206 页，北京，改革出版社，1998。

③ 参见毕泗生主编：《中国农业农村农民前沿问题报告》，95 页，北京，人民日报出版社，2003。

④ 参见《2014 年国民经济和社会发展统计公报》，见中华人民共和国国家统计局网，2015-02-26。

服务体系明确为农村经济体制改革的重要任务。1998 年和 2008 年，中共中央又两次对构建农业社会化服务体系做出部署。但时至今日，农业社会化服务体系建设仍然滞后于农业发展需要。农业社会化服务供给“部门化”是这一政策未能起到应有效果的根本原因。要健全农业社会化服务体系，就必须超越“部门化”。

中国农业社会化服务体系运行涉及中央、部门、地方政府、中小农户或规模经营主体四个群体。“部门化”运行的农业社会化服务体系制约其功能的发挥。首先，部门化的服务组织间的不合理不规范竞争，导致服务效率低下。其次，部门化的多主体造成多种服务间不能有效衔接，农户获取服务成本上升。再次，部门化的多主体服务体系竞相进入利润高、缺乏有效监管的服务领域，使公益性服务领域形成空白。最后，面对部门化的多服务主体，农户组织化程度偏低致使其无法有效表达服务需求。

在这种背景下，农民的低度组织化，使得在公益性服务领域，农民无法作为弱质产业和多功能性产业从业者获得应有的合理扶持；在经营性服务领域，农民也无力作为强大的服务需求方，通过集体行动对供给方予以约束，而只能采用逃避（如弃耕、不使用服务）或忍耐（支付高价、容忍低质）表达需求，成为服务体系“部门化”的牺牲品。

3. 利益矛盾导致的寻租活动

农业政策的实施会在一定程度上带来利益分配格局的改变。以农业保险为例，中国产粮大县县级财力普遍不足，制约了拓展农业保险的广度和深度，也影响了粮食安全。财政部于 2015 年加大对产粮大县稻谷、小麦和玉米三大粮食作物农业保险支持力度。中央财政于 2015 年进一步提高对产粮大县的农业保险保费补贴比例。[①] 2015 年价格保险试点扩展到 26 个省份，承保农作物增加到 18 种。[②]

自 2007 年中央财政农业保险保费补贴政策实施以来，2007—2015 年期间中央财政共拨付保费补贴资金 780 多亿元，年均增长 27%，累计为 14 亿户次农户提供风险保障超过 7 万亿元。全国农险保费收入从 2006 年的 8.46 亿元上升至 2015 年的 374.7 亿元，参保农户约 2.3 亿户次，提供风险保障接近 2 万亿元。随着农险财政补贴的逐年提升，盈利逐渐好转，农业保险由“鸡肋”变成“香饽饽”。个别地区的乡镇政府和保险公司分支机构，或通过虚报承保面积来骗取补贴资金，或通过引入保险中介控制农险市场资源。高比例财政补贴，引发利益相关方的寻租冲动。这不仅导致政府补贴资金流失，有违政策性农业保险建立的初衷，也加剧了农业保险的经营风险。

4. 政策决策和执行的滞后性

政策从形成、实施到发挥作用，均需要一定的时间。2015 年下半年，因为粮食库存太多，中国包括玉米、小麦和水稻等在内的粮食价格均大幅下跌。从 20 世纪 80 年代中期开始，中国经历了多次周期性粮食过剩现象。每次粮食过剩情况都是，农民粮食卖不动，装不下，政府收不起。周期性现象催生周期性政策，导致粮食库存增加。政策调整又给农业和农民甚至宏观经济带来冲击。

---

① 参见《中央财政印发通知加大农业保险保费补贴比例》，见 http://www.jinnong.cn/news/2016/1/18/201611813245470476.shtml，2016-01-18。

② 参见《2015 年全国保费收入 2.4 万亿 保险业总资产达 12.4 万亿》，见 http://finance.ifeng.com/a/20160125/141886980.shtml，2016-01-25。

2002 年以后，我国对农业和粮食给予大量补贴，在补贴刺激下粮食产量连年增加。据美国农业部报告《粮食：世界市场与贸易》显示，2015/2016 市场年度中国小麦、稻谷、玉米的期末库存分别是 8 729.5 万吨、4 768 万吨、11 349.4 万吨，合计约 2.5 亿吨，主粮库存规模世界第一。另一方面，中国农产品进口飙升，2015 年玉米进口 473 万吨，小麦进口 297 万吨，稻米进口 335 万吨，大豆进口 8 169 万吨，大麦进口 1 070 万吨，高粱进口 1 069 万吨。[①] 由于补贴和进口管制，国内粮食市场价格已全面超出国际市场价格 40%～50%，派生出“进口入市、增长入库”现象。2015 年秋粮上市后，玉米市价从 9 月初每吨 2 300 元下跌到 11 月中旬 2 000 元上下，跌幅约 15%，小麦价格也下降一成左右。[②]

5. 政策决策实施过程中面临的风险和不确定性

农业生产以及与农业相关的决策均需要面对风险和不确定性。如 2008 年 1 月中国发生的大范围雪灾。中国的上海、江苏、浙江、安徽、江西、河南、湖北、湖南、广东、广西、重庆、四川、贵州、云南、陕西、甘肃、青海、宁夏、新疆等 20 个省（区、市）均不同程度受到低温、雨雪、冰冻灾害影响，农作物受灾面积 1.78 亿亩，成灾 8 764 万亩，绝收 2 536 万亩，因灾直接经济损失 1 516.5 亿元人民币，受灾人口已超过 1 亿。这样的自然灾害以及由此伴随而来的风险和不确定性很难预先被估计到，而只能通过相关政策的实施加以克服。

14.2　农业具体政策

14.2.1　农业政策手段

1. 价格保护和限价政策

价格与收入政策手段集中体现为农产品价格保护和限价政策。粮食作为人的生活必需品，需求价格弹性较低。粮食价格降低，需求并不会随之增加，由于粮食生产在时间上的特殊性，供给又不能马上增加，农民的收入就会减少。办法之一就是实行农产品价格保护。绝大多数国家重视本国粮食生产，尤其是具有一定人口规模的国家，采取了各种保证粮食安全、保护农民利益的支农政策。农产品价格保护也是对农民利益的保护。

农产品价格保护政策的局限性如下：一是成本高，要维持粮价，政府就要按保护价收购市场上卖不掉的粮食，为此要支付大量库存费用。二是由于对农民的补贴按产量进行，农业大户得到补贴较多，但他们不是农村穷人，而真正需要补贴的小农场主因产量低反而得到的补贴少。这种补贴减缓了农业生产调整，使得投入农业的劳动力和其他生产要素没有及时按价格信号转移到其他部门。为保护农民种粮积极性，国家规定 2015

① 参见《中国 2015 年粮食进口数据揭底　多个品种刷新纪录》，见 http://futures.hexun.com/2016-02-01/182121027.html？from=rss，2016-02-01。

② 参见吴斌：《不仅是住房，粮食也急需“去库存”》，载《南方都市报》，2015-12-28。

年小麦收购继续实行最低保护价：一等小麦每 50 千克 122 元，二等小麦每 50 千克 120 元，三等小麦每 50 千克 118 元。但因保护价收购点大量减少，个体粮食收购点和游走粮贩急剧增多，加之缺乏仓储设施，许多农民收获之后立即低价卖粮，小麦并不能卖到这一价格。

反之，农产品价格过高情况下的限价政策也会产生消极作用，甚至会引发社会动荡。因欧美国家发展生物燃料，据联合国粮农组织统计数据显示，全球粮食价格 2006 年上涨了 12%，2007 年上涨了 24%，2008 年前 8 个月涨幅超过 50%。粮食买卖投机活跃致使国际市场粮价不断攀升，出口商趁势投机。作为传统稻米出口国的泰国国内也出现了米荒，大米价格飙升幅度超过 100%。粮价飙升后来演变成粮食危机，并对世界经济和全球安全产生了严重影响，发展中国家受到的影响最大。喀麦隆、布基纳法索、塞内加尔、科特迪瓦等多个非洲国家相继发生“粮食骚乱”，造成不少人员伤亡。

2. 农业补贴制度

农业补贴是政府对农业生产、流通和贸易进行的转移支付。其目的是保证本国农业安全、维护农产品价格稳定和保障农民收入。以粮食直补政策为例，该政策是为了促进粮食生产、保护粮食综合生产能力、调动农民种粮积极性和增加农民收入，国家财政按一定补贴标准和粮食实际种植面积，对农户直接给予补贴。这一政策对稳定粮食生产与供求、缓解农民“卖粮难”发挥了积极作用。

3. 转移支付制度

如为改善和增强产粮大县财力状况、调动地方政府重农抓粮的积极性，2005 年中央财政出台了产粮大县奖励政策。2010 年产粮大县奖励资金规模约 210 亿元，奖励县数达到 1 000 多个。为鼓励地方多产粮、多调粮，中央财政依据粮食商品量、产量、播种面积各占 50%、25%、25%的权重，结合地区财力因素，将奖励资金直接“测算到县、拨付到县”。对粮食产量或商品量分别位于全国前 100 位的超级大县，中央财政予以重点奖励。对于超级产粮大县实行粮食生产“谁滑坡、谁退出，谁增产、谁进入”的动态调整制度。常规产粮大县奖励标准为 500 万～8 000 万元，奖励资金作为一般性转移支付，由县级人民政府统筹使用，超级产粮大县奖励资金用于扶持粮食生产和产业发展。在奖励产粮大县的同时，中央财政对 13 个粮食主产区的前 5 位超级产粮大省给予重点奖励，其余给予适当奖励，奖励资金由省级财政用于支持本省粮食生产和产业发展。

4. 政府收购制度

这一制度最典型的代表是苏联和新中国建国初期。1922 年春，苏联为掌握必要数量的谷物、油料等农产品，除征收农业税以及后来通过设立拖拉机站为集体农庄提供服务收取实物报酬外，还通过买卖关系向集体和私人收购农产品。农产品收购制度数量固定，价格偏低。1953 年 11 月，中国政府对粮食实行有计划的统一收购，以后又把统购的范围扩大到油料、棉花、生猪等。在农业生产不发达、农产品供应紧张的情况下，该政策对保证农产品供应和社会主义工业化资金的积累曾起过重要作用，但其限制了农民的经营自主权，抑制了农民的生产积极性。

5. 生产者赋税制度

2006 年前，国家对一切从事农业生产、有农业收入的经营者征收农业税。2006 年 1

月 1 日起，国家正式废止《农业税条例》，但对于烟草仍征收农业税。在 2006 年，国家取消农业税之后，烟叶农业特产税改称为“烟叶税”，税率仍为 20%，主要针对收购企业而非农户征收。烟叶税成为烟叶种植地区重要的地方财政收入来源。

14.2.2　农业土地政策

农业土地政策涉及土地所有政策、土地使用政策、土地流转政策、土地保护政策以及稳定土地承包政策。就土地所有政策而言，主要涉及土地私有制或者公有制等相关制度的选择。就土地使用政策而言，各国不尽一致，中国主要是家庭承包经营制度。就土地流转政策而言，主要涉及的是人们通过何种市场化手段获得农地经营权。农业土地政策相关表述如下：

1. 健全土地承包经营权登记制度

相关政策规定，建立健全土地承包经营权登记制度，是稳定农村土地承包关系、促进土地经营权流转、发展适度规模经营的重要基础性工作。完善承包合同，健全登记簿，颁发权属证书，强化土地承包经营权物权保护，为开展土地流转、调处土地纠纷、完善补贴政策、进行征地补偿和抵押担保提供重要依据。建立健全土地承包经营权信息应用平台，方便群众查询，利于服务管理。文件强调，土地承包经营权确权登记原则上确权到户到地，在尊重农民意愿的前提下，也可以确权确股不确地。切实维护妇女的土地承包权益。

2. 推进土地承包经营权确权登记颁证工作

文件指出，按照中央统一部署、地方全面负责的要求，在稳步扩大试点的基础上，用五年左右时间基本完成土地承包经营权确权登记颁证工作，妥善解决农户承包地块面积不准、四至不清等问题。文件也指出，有关部门要加强调查研究，有针对性地提出操作性政策建议和具体工作指导意见。土地承包经营权确权登记颁证工作经费纳入地方财政预算，中央财政给予补助。

3. 鼓励创新土地流转形式

鼓励承包农户依法采取转包、出租、互换、转让及入股等方式流转承包地。鼓励有条件的地方制定扶持政策，引导农户长期流转承包地并促进其转移就业。鼓励农民在自愿前提下采取互换并地方式解决承包地细碎化问题。在同等条件下，本集体经济组织成员享有土地流转优先权。以转让方式流转承包地的，原则上应在本集体经济组织成员之间进行，且需经发包方同意。以其他形式流转的，应当依法报发包方备案。抓紧研究探索集体所有权、农户承包权、土地经营权在土地流转中的相互权利关系和具体实现形式。按照全国统一安排，稳步推进土地经营权抵押、担保试点，研究制定统一规范的实施办法，探索建立抵押资产处置机制。

就土地流转行为规范而言，相关文件指出，流转期限应由流转双方在法律规定的范围内协商确定。没有农户的书面委托，农村基层组织无权以任何方式决定流转农户的承包地，更不能以少数服从多数的名义将整村整组农户承包地集中对外招商经营。防止少数基层干部私相授受，谋取私利。严禁通过定任务、下指标或将流转面积、流转比例纳入绩效考核等方式推动土地流转。

就土地流转管理和服务而言，相关规定指出要加快发展多种形式的土地经营权流转市场。依托农村经营管理机构健全土地流转服务平台，完善县乡村三级服务和管理网络，建立土地流转监测制度，为流转双方提供信息发布、政策咨询等服务。土地流转服务主体可以开展信息沟通、委托流转等服务，但禁止层层转包从中牟利。土地流转给非本村（组）集体成员或村（组）集体受农户委托统一组织流转并利用集体资金改良土壤、提高地力的，可向本集体经济组织以外的流入方收取基础设施使用费和土地流转管理服务费，用于农田基本建设或其他公益性支出。引导承包农户与流入方签订书面流转合同，并使用统一的省级合同示范文本。依法保护流入方的土地经营权益，流转合同到期后流入方可在同等条件下优先续约。加强农村土地承包经营纠纷调解仲裁体系建设，健全纠纷调处机制，妥善化解土地承包经营流转纠纷。

就农地流转规模而言，相关政策强调各地要依据自然经济条件、农村劳动力转移情况、农业机械化水平等因素，研究确定本地区土地规模经营的适宜标准。防止脱离实际、违背农民意愿、片面追求超大规模经营的倾向。现阶段，对土地经营规模相当于当地户均承包地面积 10～15 倍、务农收入相当于当地二三产业务工收入的，应当给予重点扶持。创新规模经营方式，在引导土地资源适度集聚的同时，通过农民的合作与联合、开展社会化服务等多种形式，提升农业规模化经营水平。

4. 扶持粮食规模化生产

政策规定相关补贴的新增部分应向粮食生产规模经营主体倾斜。在有条件的地方开展按照实际粮食播种面积或产量对生产者补贴试点。对从事粮食规模化生产的农民合作社、家庭农场等经营主体，符合申报农机购置补贴条件的，要优先安排。探索选择运行规范的粮食生产规模经营主体开展目标价格保险试点。抓紧开展粮食生产规模经营主体营销贷款试点，允许用粮食作物、生产及配套辅助设施进行抵押融资。粮食品种保险要逐步实现粮食生产规模经营主体愿保尽保，并适当提高对产粮大县稻谷、小麦、玉米三大粮食品种保险的保费补贴比例。

5. 强化土地用途管制

中国坚持最严格的耕地保护制度，严禁借土地流转之名违规搞非农建设。严禁在流转农地上建设或变相建设旅游度假村等。严禁占用基本农田挖塘栽树及其他毁坏种植条件的行为。严禁破坏、污染、圈占闲置耕地和损毁农田基础设施。

14.2.3 农业科技政策

科技是推动农业发展的第一生产力。2015 年我国农业科技进步贡献率超过 56%，在调结构、转方式、稳粮增收等方面发挥了重要作用。[①] 一方面，农业科技为粮食持续增产提供了有力支撑。2015 年因单产提高增产粮食约 221 亿斤，对粮食增产的贡献率为 76.9%。农作物良种覆盖率已稳定在 96%以上，我国农业生产用种已全部实现了更新换代。我国农业发展已从主要依靠增加资源要素投入进入主要依靠科技进步的新时期。另一方面，农业科技为农业面源污染防治做出了突出贡献。2015 年三大主粮作物化肥、农药

① 参见冯华：《农业科技进步贡献率已超五成》，载《人民日报》，2015-12-27。

利用率分别比 2013 年提高 2.2 个和 1.6 个百分点。全面普及测土配方施肥技术，推广面积达到 14 亿亩。深入实施绿色防控，设立国家级绿色防控示范区 150 个，陆续淘汰高毒农药 33 种。推进畜禽养殖污染防治，安排中央财政资金 1.8 亿元在九省市实施畜禽养殖废弃物综合利用试点项目；因地制宜发展农村沼气工程，提升农村养殖粪便污水处理能力。此外，还积极开展秸秆综合利用和农田残膜污染治理等试点工作。

14.2.4 农业对外政策

农业对外政策主要包括进口关税、非关税壁垒、利用国际农产品市场以及农业走出去等方面，分述如下：

1. 进口关税

出于保护国内农业生产和农民利益的需要，一些国家对农业实行高额进口关税保护政策。据 WTO 公布的数据，日本对农业的补贴甚至超过了农业收入，补贴强度高居世界第一。据《日本经济新闻》2013 年 11 月 15 日报道，针对日本进口大米 1 千克征收 341 日元关税额，日本农林水产省将其原换算成 778%的关税率调整为 280%。

2. 非关税壁垒

非关税壁垒是指一国政府采取除关税以外的各种办法，试图在一定程度上限制进口，以保护国内市场和国内产业发展。非关税壁垒可以分为直接壁垒和间接壁垒。前者是由海关通过进口限额制、进口许可证制等手段直接对进口商品的数量、品种加以限制。后者是指进口国通过进口押金制、苛刻的技术标准和卫生检验规定等严格的条例和标准，间接限制商品进口。如欧盟甚至设定了动物福利等社会壁垒，2002 年乌克兰曾有一批生猪经过 60 多个小时的长途跋涉运抵法国却被拒收，其理由是运输中没有考虑猪的福利，中途未按规定时间休息。

3. 利用国际农产品市场

合理利用国际农产品市场，可以优化农业产业结构和农业布局、改善农业经济资源配置效率。中国 2015 年进口大豆 8 169 万吨，如按照大豆亩产 150 千克计算，要生产 8 169 万吨大豆大致需要 36.31 万平方公里的耕地。如何在合理利用国际农产品市场的同时，维护好农民利益、促进农业科学发展是当前亟待解决的重要难题。

4. 农业走出去

中国农业实施走出去战略有其必然性。首先，“走出去”是缓解经济增长与资源紧缺矛盾的重要手段。随着工业化和城市化步伐的发展，中国耕地、水资源、人口与粮食安全的矛盾更加突出。一方面，人均耕地资源和耕地质量不断下降，水资源紧缺；另一方面，人口增长和城市化导致对农产品的需求急剧增加。海外农业资源开发是解决食品安全的有效途径，是缓解我国经济增长与资源紧缺的长期矛盾的重要手段。其次，走出去是打破外资企业垄断、维护国家经济安全的重要保障。少数跨国公司操纵国际市场，导致粮食市场行情异常波动，使进口国蒙受损失。中国是世界上最大的大豆进口国，但由于国际农业资本对国内大豆市场的争夺，导致国内大豆产业全面沦陷。通过海外农业投资，可以直接掌握国际粮源、稳定国内粮食供应，一定程度上阻断跨国公司的风险转移链条，保障粮食安全。最后，开展农业“走出去”是资本输出的有效形式。日本和韩国从工业化中期开始，一方面对本国农业实行保护，一方面到海外建立农产品生产基地。[①] 日本在南美建立玉米、大豆等土地密集型农产品生产基地，在中国建立蔬菜、水果等劳动密集型农产品生产基地，已成为农产品市场的重要供给来源。[②] 日本在世界各地拥有 1 200 万公顷农田，相当于其自身国内农田面积的 3 倍左右。韩国企业在俄罗斯垦荒，其耕作面积相当于韩国耕地的 1/6。

中国曾通过农业技术援助有效帮助一些发展中国家解决了粮食不足问题，维护了全球粮食安全。2006 年后，一些企业凭借其资金、技术甚至管理的经验，开始“走出去”，通过租地或者购买土地等形式经营农业，有的甚至成为我国农产品进口和供给的有效渠道。通过“走出去”协调全球粮食安全，可以更好地保障粮食安全并赢得国际声誉。

14.3 国外农业政策

农业政策要更好地发挥作用，必须顺应社会经济发展需要，结合工业化所处的阶段进行调整。在工业成长阶段，农业政策主要体现为支持农业发展、为城市和工业提供食品与资金。在实现工业化以后，农业政策的目标主要表现为农村发展政策，目的是提高农民收入和改善农村环境，为解决工业和城市发展所产生的问题提供空间。本节主要结合美国、欧盟、日本以及俄罗斯、印度的实践，讨论经济发展中的农业政策调整问题。

14.3.1 发达国家的农业政策

1. 美国的农业政策

美国自然资源丰富，为农业的发展提供了得天独厚的条件。美国大部分地区雨量充沛且分布比较均匀，土质肥沃，有利于农业机械化耕作和规模经营。美国的谷物总产量在世界上具有强大竞争力。基于“农业曾经是并将继续是美国经济增长的重要源泉”的认识，美国农业政策的目标如下：(1) 提高农业生产效率；(2) 增加农场主收入；(3) 增进社会福利和促进农村发展。基于这一目标，美国农业政策主要是农产品价格支持和收入政策。农产品价格支持政策主要包括休耕补贴、农产品差额补贴等，其目的是抑制国外农产品对于本国市场冲击的同时、积极扩大农产品国内外需求。收入政策则是指政府通过对于农业基础设施、农业科研与教育、信息服务等方面的投入，扶植农民合作组织发展，进而推动农民收入增长。不同时期，美国各利益集团在农业政策上的争论主要体现为对农产品价格支持政策和收入政策的取舍。

鉴于美国近年来财政压力巨大，2014 年 2 月 7 日，奥巴马总统签署了《食物、农场及就业法案》。该法案取消了每年 50 亿美元的直接支付补贴项目，提出 10 年内增加 70

① 参见龙晓柏、洪俊杰：《韩国海外农业投资的动因、政策及启示》，载《国际贸易问题》，2013 (5)。

② 参见晏莹、龙方：《美日韩粮食安全保障资源国际配置的经验》，载《世界农业》，2015 (5)。

亿美元的农场主农作物保险，并为水稻种植户和花生种植户设立新补贴。该法案有助于减少 230 亿美元的财政赤字，也标志着美国农业逐渐由政策驱动为主向市场调节为导向转变。

2. 欧盟的农业政策

欧盟是世界上最大的发达经济体，但由于资源禀赋状况相对于美国、澳大利亚较差，在国际市场上无法与大农场竞争。欧盟在其长期发展进程中，因应不同发展阶段需要，对农业政策进行了调整，其具体内容见表 14－2。

表 14－2　　不同时期的欧盟农业政策措施

时间	问题	目标	措施和内容
1962 年	生产能力较弱，自给水平不高	提高各自的农业生产力和农产品自给率	1962 年签订《建立农产品统一市场的折中协议》，改变完全依靠市场机制发展农业的思路，加强政府对农产品价格的干预，对农业生产实施补贴制度，提高农产品价格以刺激农业生产，增加农民收入
20 世纪 70 年代后期	价格支持和补贴制度引起农产品积压，农民收入下降	抑制生产过剩，并开始强调对农业环境的保护	对共同农业政策进行了改革，降低价格支持力度，采用收入补贴的形式对农民进行补偿，同时实施农田休耕计划，对牛奶实行配额生产制度
1991 年 12 月	欧盟正式成立后农业预算过重	进一步降低农业预算负担，履行 WTO《农业协议》中“降低农产品支持水平”的承诺，应对多哈回合农业谈判	引入农业多功能性概念，强调农业和农村的可持续发展，并进一步削减价格支持，增加对农民的直接收入补贴。补贴不再与产量挂钩，而是以作物平均种植面积和牲畜饲养头数为基数进行补贴，同时开始实施休耕补贴和环保补贴
2003 年至今	农业竞争力不高	使欧盟农业更具竞争力和可持续发展的方向改革	将市场价格支持力度降到最低，全面实施与产量脱钩的单一支付补贴制度，从对农产品支持政策转向对农业生产者的支持政策，重点在提高农民收入、调整农业结构和改善农业环境

欧盟的农业政策目标主要是：(1) 促进资源合理配置，提高农业生产率水平；(2) 维持和稳定农业从业人员的收入和生活水平；(3) 稳定农产品市场供给；(4) 保证食品安全；(5) 为消费者提供价格合理的农产品。

随着欧盟共同农业政策的实施（见表 14－3），农业人口减少，农业人口占总人口的比重逐渐下降。与此同时，欧盟农业资金投入大幅增长，农业投入占欧盟总财政支出的比重，由 2005 年的 24.1%上升到 2013 年的 48.1%，几乎翻了一番（见表 14－4）。[①]

① 参见梁芷铭、吴雪平：《欧盟共同农业政策分析》，载《世界农业》，2014 (11)。

表 14-3　　欧盟共同农业政策内容与效果

类别	目标	内容	效果
价格政策	稳定市场秩序 保护农民利益 防止进口农产品对欧盟农产品造成冲击	目标价格 门槛价格 干预价格	降低了市场风险，达到了稳定农产品市场、保护农业发展、提高农民收入及保护消费者利益的目标
结构政策	改善农业生产条件和外部环境	调整农业结构，提高农业现代化水平农业补贴①，提供技术指导、职业培训等服务 大力扶持贫困地区农业发展	有效改善了农业环境和生产条件

表 14-4　　欧盟共同农业政策实施效果

年份	2005	2006	2007	2008	2009	2010	2011	2012	2013
农业投入占总财政支出比例（%）	24.1	26.3	25.4	27.8	30.2	32.6	34.5	39.7	48.1
农业人口比重（%）	25.8	25.0	24.3	23.7	22.2	18.5	16.4	15.3	13.9

3. 日本的农业政策

日本耕地面积 4.55 万平方公里，2015 年农业就业人口 209 万人，就业人员平均年龄 66.3 岁，其中 65 岁以上达 63.5%，老龄化现象十分严峻。在不同的历史阶段，日本及时对农业政策进行调整，并取得了较好的效果（见表 14-5）。

表 14-5　　日本农业政策的阶段性调整

时间	现实问题	目标	措施	效果
1868—1910 年	破除旧制度，推动工业化	减轻农民税收负担，以农业发展支持工业化	● 1872 年发放地契，承认地主和自耕农的土地所有权从欧美大量引进农业机械，1897 年建立“日本土地抵押银行” ● 1900 年，建立“日本农协”	● 农业走出停滞状态，为工业化提供资金 ● 农业出口从欧美换回了大量工业技术和设备 ● 农业发展与工业化呈现出相互促进的状态②
1910—1946 年	● 工业产值超过农业，农村资本流向工商业 ● 粮价下跌 ● 农业衰退和农村困难 ● 1918 年 8 月“米粮暴动”	缓解农村贫困问题	● 1925 年 4 月成立农林省 ● 支持稻米价格 ● 租佃调解 ● 政府资助农民修路、修渠和开荒 ● 提供生产贷款	由于财政支持和农业税负减免，农业保持了增长态势

① 每个欧盟农场一年可以得到 1.8 万～2 万美元的补贴。

② 参见王德祥：《明治维新以来日本的农业和农村政策》，载《现代日本经济》，2008（2）。

续前表

时间	现实问题	目标	措施	效果
1946—1975 年	● 地主所有制 ● 城乡收入差距大	● 废除土地地主所有制 ● 增加农民收入 ● 实现粮食自给 ● 促进农村发展	● 1946 年，民主化改革和农地改革 ● 1947 年，颁布《农业协同组合法》，重建“日本农协”	● 在农村建立自耕农体制 ● 60 年代后，稻米生产实现自给 ● 1975 年后农村家庭人均收入超过城市
1975 年至今	● 农民不愿退出土地 ● 农业失去竞争力 ● 人口老龄化	保证食品安全、农业可持续发展和振兴农村	● 1969 年建立稻米双价机制和自愿限产机制 ● 1970 年，日本农林省制定农村综合发展政策 ● 1999 年，日本国会通过《食物、农业、农村基本法》 ● 2013 年推出农业收入倍增计划 ● 2015 年推出农业经济倍增方案	较好地维护了日本农民的利益，保障了日本社会稳定

日本现行农业政策主要包括：(1) 农产品价格支持政策；(2) 稻作经营安定支持政策；(3) 农协发展支持政策；(4) 一般性支持政策；(5) 农业对外贸易支持政策（见表 14-6）。

表 14-6　日本现行农业政策框架与效果

类别	内容	作用
农产品价格支持政策	● 价格管理制度 ● 最低价格保证制度 ● 稳定价格补助金制度 ● 稳定基金制度	较好地稳定了农产品价格
稻作经营安定支持政策	政府和农户两方面共同出资建立基金，对稻米价格下降而带给农民的损失进行补偿，支持稻米产业发展	日本稻米产品价格始终高于市场价格，有效保护了稻米产品生产农户的利益
农协发展支持政策	免除营业收益税和营业税、农协所得税 3 种税目，对农协建设仓库、增加固定设施投资等提供 80%的补贴	对农民生活及农业的生产起到了非常重要的作用
一般性支持政策	设立了农田改造、水利设施建设等多种财政预算补贴项目	有效维护了农业生产基本条件
农业对外贸易支持政策	● 进口农产品征收高额关税 ● 通过立法禁止或限制进口 ● 建立进口数量价格限制机制 ● 农产品贸易技术壁垒限制进口	● 有效维护了生产者利益 ● 保护了国内农业生产①

① 参见董捷：《日本农业支持政策及对中国的启示》，载《日本问题研究》，2013 (1)。

14.3.2 发展中国家的农业政策

1. 俄罗斯的农业政策

俄罗斯耕地面积约为1.34亿公顷，小麦、葵花子、马铃薯、鸡蛋、牛奶、羊毛等产量位居世界前列。就农业生产效率和农产品人均消费量而言，与发达国家差距较大。俄罗斯农业大而不强。但俄罗斯农业资源丰富，发展潜力巨大，如果政府能够将发展农业作为未来优先发展方向，并在政策和资金等方面予以扶持，成为农业强国并非没有可能。

十月革命前，沙皇俄国是一个农业国。苏联时期通过“剪刀差”机制推进重工业化战略，不仅束缚了农民的生产积极性，造成大量人口非正常死亡，也导致农业发展缓慢。①20世纪50年代苏联通过大规模垦荒运动和集约化生产，使农业得到较快发展。20世纪70年代后，苏联农业处于停滞状态。苏联解体后，俄罗斯农业陷入滑坡状态。2000年后，随着政府扶持力度的加大，农业生产有所增长。俄罗斯农业政策主要体现在农业补贴、农产品市场准入、农产品出口以及农地流转等方面。②

首先，就农业补贴而言，俄罗斯农业补贴主要体现在三方面：(1) 农业税收优惠政策。2003年俄罗斯引入了农业统一税（SAT）制度，规定SAT税额为农业企业总收益与总成本之差的6%，采用SAT的农业企业可享受免征所得税、财产税、社会税单、增值税等优惠。此外，俄罗斯还出台了农产品增值税优惠政策，采用10%的增值税税率（标准税率为18%）。(2) 优惠信贷政策。优惠信贷是俄罗斯重要农业支持措施之一，主要是对银行贷款利率补贴。(3) 价格和收入支持政策。俄罗斯根据种植面积和牲畜头数给予价格和收入支持政策，使农民获得更多补贴。在地区层面上，对出售的肉类、牛奶、鸡蛋和羊毛等畜产品实施补贴支付。政府还通过预算，欲对亚麻和大麻种植者实施生产者补贴，对谷物、马铃薯和其他农产品提供农作物补贴。

其次，俄罗斯农产品市场准入政策主要体现在如下方面：(1) 进口配额政策。俄罗斯进口配额政策主要针对肉类及其制品的进口，目的是减少肉类进口。俄罗斯对独联体以外的国家实施畜禽肉进口配额政策，进口配额以上年度进口额度为依据。(2) 关税政策。2006年俄罗斯通过了对进口牛肉和猪肉的最低海关估价规定，根据其估价报告征收关税。此外，还实施糖类特别进口制度，对从独联体以外国家进口的白糖征收关税，对进口的大米、谷物加工制品及部分蔬菜征收季节税。(3) 动植物检疫保护政策。除关税保护，俄罗斯还采用植物检疫、动物疾病和技术理由等措施限制进口。

再次，就农产品出口补贴政策而言，俄罗斯农产品出口政策与农产品市场价格联系紧密，出口政策随价格变化而灵活多变。如2007年底和2008年粮食价格上涨期间，粮食出口管理由鼓励出口转为限制出口，并通过专案进口法规来减少农产品价格上涨压力。2008年7月，因粮食特大丰收，对小麦和大麦取消出口关税，又重返免费出口管理。2012年8月22日俄罗斯正式加入世界贸易组织，入世协议中规定的最高补贴上限达到了90亿美

① 参见姜长斌：《社会主人——俄国农民的悲剧命运——反思苏联模式中农业政策失败的沉痛教训》，载《探索与争鸣》，2007 (3)。

② 参见刘瑞涵、张怀波：《俄罗斯农业支持及改革政策分析》，载《农业经济问题》，2010 (12)。

元。诸如化肥和燃料等领域不仅涉及农业，也涉及俄罗斯重要的工业部门，因此相关政策的出台需要更加慎重，以尽可能同世贸组织规则接轨。

最后，就农地流转政策而言，2002 年 7 月 24 日俄罗斯通过《俄罗斯联邦农地流转法》，并在 2003 年 7 月做了重大修改。俄罗斯农地流转强调保护地块合法利用、防止农地过度集中、限制外国人获得农地。鉴于近年来的困难局面，俄罗斯试图通过发展农业突破僵局。2015 年俄总理梅德韦杰夫签署命令，从联邦预算中划拨约 90 亿卢布用于农村地区发展，鼓励青年人回到农村，并吸引各类专业人才在农村安家。[①] 在国家提供的资金中，有 45 亿卢布将用来对 80 个联邦主体的农村居民进行补助，帮助改善住房条件。愿意迁往农村的专业人才及其家庭也将获得政府提供的住房。另有 43 亿卢布用来投资农村基础设施建设。

2. 印度的农业政策

印度耕地面积 170 万平方公里，位居亚洲第一。作为世界第二人口大国以及世界贫困人口最多的国家，重视农业发展，不仅可以实现包容性增长，且有助于减贫。自 1947 年独立以来，为促进农业发展、保障农业安全、增加农民收入和削减贫困，印度政府制定了一系列强有力的农业支持和保护政策。[②] 但在不同的历史时期，农业政策的取向和侧重点有所不同。印度农业政策演变可以大致划分为四个阶段（见表 14－7）。

表 14－7　　印度农业政策的演变

年份	问题	代表性领导人	目标	措施	效果
生产关系变革阶段（1947—1965 年）	● 粮食安全压力大 ● 土地分布不均	尼赫鲁	● 鼓励农民增加生产 ● 按合理价格向消费者提供粮食	● 废除柴明达尔土地所有制，颁布土地持有最高限额法 ● 1950 年农产品价格委员会，出台农产品最低保护价，建立粮食收购储存和公共流通管理系统	● 部分实现耕者有其田 ● 粮食增产有限 ● 1966—1967 年印度陷入粮食危机
绿色革命阶段（1966—1990 年）	● 粮食安全压力大 ● 贫困问题	英迪拉·甘地、拉吉夫·甘地	● 提高粮食产量，缓解粮食供给压力 ● 实现农作物特别是粮食稳产高产[③]	● 推广高产优良品种、扩大灌溉面积以及发展农业机械 ● 设置农产品最低收购价 ● 农业生产税收减免政策 ● 支持基础设施建设 ● 大规模利用外援进行农业投资等	● 粮食大幅增产，粮食危机初步解决，实现自给并有余粮出口 ● 农机、化肥和农药工业均得到长足发展 ● 减少了贫困人口，使经济逐步走上良性循环道路

① 参见曲颂：《俄罗斯扶持农业出新招》，载《人民日报》，2015-05-05。

② 参见杨少亮：《印度农业政策演变及趋势研究》，载《世界农业》，2013（6）。

③ 参见王立新：《农业资本主义的理论与现实：绿色革命期间印度旁遮普邦的农业发展》，载《中国社会科学》，2009（5）。

续前表

年份	问题	代表性领导人	目标	措施	效果
农业市场化改革阶段（1991—2005年）	80年代中后期农业发展缓慢，一些地方甚至有所下降	拉奥	利用价格机制刺激农业生产	● 逐渐削减对农业的优惠贷款 ● 逐步削减对农业投入的补贴 ● 改进农村信贷体制	由于大规模种植单一高产作物和化肥、杀虫剂的滥用，致使农业生态系统失衡、土壤盐碱化、水源污染等弊端日益凸显
支持二次绿色革命农业政策阶段（2006年以后）	农民增收困难	曼莫汉·辛格、纳伦德拉·莫迪	● 确保国民食品和营养安全 ● 增加农民的收入和就业机会 ● 让农民过上好日子	● 增加对农业科研、基础设施的投入 ● 提高土壤肥力和用水效率、推广低息信贷、减轻农民的债务负担 ● 改善市场环境，鼓励种植面向出口的水果、蔬菜等 ● 2007年出台国家农民政策 ● 莫迪上台后压制了农产品最低支持价格进一步上涨，缩减了农村就业计划 ● 推动技术驱动型农业农业发展，通过“数字印度”建设将宽带覆盖至农村所有地区	● 辛格的政策促进了农民的消费能力，缓解了金融危机的冲击，但也引发了通货膨胀 ● 莫迪的农业政策有待观察

14.4 中国农业政策

14.4.1 中国农业政策的历史演变

新中国成立至今，农业政策变迁大体可区分为三个阶段：

第一个阶段是重工业化与计划经济形成时期（1949—1978年）。新中国成立后实施重工业化战略，建立了以“工农产品交换剪刀差”为核心的经济制度。首先是农产品统购统销制度，在保证国家掌握必需的农产品数量的同时把一部分农业剩余转移到了工业部门。其次是在农村推进集体化，把农业生产纳入国家控制之下。最后是通过户籍制度把农民限定在土地上。这些制度安排保证了剪刀差政策的长期推行和重工业化战略的资本需求，但也带来了农民权利受损和农村的普遍贫穷。

第二个阶段为农村改革时期（1978—2002年）。农村改革后，解放并发展了农业和农村生产力，扭转了重工业化发展战略，转而大力发展以轻工业为主的加工制造业。决策层积极改革农产品统购统销制度，并于 1988 年对“三农”服务机构进行改革，实行“块块”管理，这也是农村公共产品提供机制走向衰落的重要转折。中共十六大提出了全面建设小康社会的目标，农业政策保护重点从保护城市居民回到保护农民。1993 年粮食统购统销制度终结，国家建立粮食风险基金，粮食补贴以风险基金形式补贴粮食企业等流通环节，2000 年开始农村税费改革试点，2002 年开始粮食生产直接补贴试点。1994 年实施分税制后，导致 20 世纪 90 年代后期农民负担迅速加重、农村矛盾激化。

第三阶段为 2002 年至今的工业反哺农业阶段。2001 年 12 月，中国正式加入世界贸易组织。2005 年 10 月，十六届五中全会公报指出，“建设社会主义新农村是我国现代化进程中的重大历史任务”，农业成为工业保护和支持对象。中国相继推出并实行了粮食收购保护价格、良种补贴、农机购置补贴、农资综合补贴等农业支持政策，并取得较好成效。但由于农村人口大规模流动以及人口老龄化，农业政策亟待进一步调整。

14.4.2　当前中国农业政策取得的成效与存在的问题

1. 当前中国农业政策取得的成效

就中国农业所取得的成绩而言，主要体现在以下几个方面：

(1) 粮食连年增产。2002 年至今，党中央推出系列惠农政策，2004 年至 2016 年的一号文件均锁定三农问题。粮食产量从 2004 年开始连年增产，对保障国家粮食安全和社会稳定发挥了重要作用。

(2) 农田水利设施条件大为改善。和 2000 年相比，2014 年全国农田有效灌溉面积增加 1.3 亿亩。农田水利灌溉效率也提高很快，单方灌溉水粮食产量从 2006 年的 1.33 千克增长到 2014 年的 1.75 千克。

(3) 农业科技化、机械化和产业化得到了较大发展。就新品种推广而言，2013 年主要农作物的良种覆盖率达 96%，国家级审定的品种的推广面积达到种植面积的 60%。就机械化而言，2014 年底耕、收、种三个环节综合机械化水平达到 61%。就三大主粮综合农业机械化水平而言，小麦达到 93.7%，水稻达到 73.1%，玉米达到 79.8%。就农业产业化经营而言，截至 2014 年底，全国流转土地达到 200 亩以上的家庭农场达到 87.7 万家。到国家工商局注册的农民专业合作社达到了 128.9 万家，加入农民专业合作社的农户超过9 200 万户。[①]

(4) 农民收入快速增加。2004 年后，随着中央一系列惠农政策的实施，农民收入实现十二连增，城乡居民收入比不断缩小。

2. 中国农业政策存在的问题

(1) 国内外农产品价格严重倒挂。近年来农产品成本急剧上升，大宗农产品价格已经超越国际市场价格，农产品保护价格和支持价格的实施导致库存大量增加。

(2) 农业发展中出现了波动性风险和结构性矛盾。猪肉、油料、食糖和部分蔬菜，每年价格都大起大落，而且完全没有规律性可循，国家宏观调难度较大。

(3) 农业资源环境趋于恶化。根据全国耕地质量等级情况公报显示，中国有 18.26 亿

---

① 参见钟真、孔祥智：《经济新常态下的中国农业政策转型》，载《教学与研究》，2015 (5)。

亩耕地，其中质量评价为7到10等的占27.9%，达到5.1亿亩，这给粮食增产和农产品供给提出了新挑战。

（4）财政支农效率低下。政策着力点和农民收入结构不协调。就农民收入结构而言，农民的工资性收入超过家庭经营收入，成为农民第一大收入来源，国家支农惠农政策投入对农民收入增长影响不大，给未来相关政策出台增加了难度。

（5）农业政策法治化管理有待进一步增强。在依法治国的大背景下，农业政策亟待建立在法治的基础上。我国法治建设，尤其是农村法治建设的成果毋庸置疑，但一些重大农业政策的出台事实上却是以违法为代价的。

14.4.3 中国农业政策的改革目标

1. 深化改革，完善市场经济体制

就当前而言，农村社会主义市场经济体制仍然很不完善，农村土地制度仍相对滞后，农村改革仍有待于进一步深化。因此，深化农地制度改革、继续完善社会主义市场经济体制，仍然是中国农业政策的重要内容。

2. 支持农业发展，保证主要农产品供求基本平衡

2015年中国粮食总产量为62 143.5万吨。但就粮食生产而言，除1993—1996年以及2010年以来，绝大多数年份中国人均粮食产量并未达到人均400千克这一联合国粮农组织规定的粮食安全标准。表14-8表明，个别年份粮食安全压力较大。即便可以进口部分粮食，由于大国效应，也会给广大第三世界国家通过国际市场获取粮食带来严重困难。作为一个负责任的世界大国，粮食安全问题必须也只能靠自己来解决。支持农业发展、保证粮食等主要农产品供求基本平衡仍是中国农业政策的重要内容。

表14-8　中国粮食总产量与人均产量状况

年份	总产量（万吨）	人均产量（千克）
2000	46 217.52	364.92
2003	43 067.00	333.27
2014	60 702.61	444.20

3. 增加投入，提供农业所需的公共产品

如前所述，农业需要得到农村公共产品的支持。在世界贸易组织框架下，“绿箱”政策可以通过提供农村公共产品，为农业发展提供有力支持。“绿箱”政策的实施主体必须也只能是政府。因此，政府唯有承担起这一责任，才能更好促进农业发展。

4. 保护农业资源，改善生态环境

农业生产和粮食安全需要建立在一定的农业资源基础上。农业资源相对匮乏是中国的基本国情。不仅如此，有相当部分耕地需要退耕还林、还草、还湿和耕地休养生息等逐步调整；有相当数量耕地受到污染，不宜耕种；还有一定数量的耕地因开矿塌陷造成地表土层破坏、地下水超采，已影响正常耕种。必须保护农业资源，进一步改善中国农业面临的生态环境。

5. 实施向农业倾斜的政策，增加农民收入

从国民经济结构来说，2014年中国第一产业增加值占GDP的比重为9.20%，但同年中国农村常住人口占总人口比重为 45.23%。二者之间的结构性扭曲表明中国城镇化严重滞后于工业化，这也是城乡收入差距巨大的结构性原因。因此，通过各种必要手段进一步增加农民收入，缩小城乡差距，也是农业政策的重要职能。

6. 进一步完善农业发展的法治环境

针对我国法治建设滞后的客观现实，应在宪法的基础上，系统梳理与农业相关的政策法规，使农村改革和农业政策均在宪法和相关法律法规的基础上运行，从而更好地维护好发展好农民的财产权利，更好地促进农业与农村发展。

本章小结

1. 政策是指管理部门为使社会或社会中的一个区域向正确的方向发展而提出的法令、措施、条例、计划、方案、规划或项目。农业政策是指政府为实现一定的社会经济及农业发展目标，对于农业发展过程中的重要方面及环节所采取的一系列有计划的措施和行动的总称。

2. 农业政策的必要性主要是市场失灵所致，如农业的外部性、农业基础设施和公共服务的公共产品属性、信息的不完全和非对称性、农业在市场竞争中的不利地位、收入分配的不公平性等因素所致。农业政策更加强调的科学性主要是由决策信息的有限性、政府机构的垄断性、利益矛盾导致的寻租活动、政策决策和执行的滞后性，以及政策决策实施过程中面临的风险和不确定性等所决定的。

3. 农业政策的特点主要体现为具体性、可行性、规范性、协调性和层次性。

4. 通常采用的农业政策手段有价格政策、补贴制度、转移支付、政府收购、生产者赋税。

5. 中国农业政策的改革目标是：(1) 深化改革，完善市场经济体制；(2) 支持农业发展，保证主要农产品供求基本平衡；(3) 增加投入，提供农业所需的公共产品；(4) 保护农业资源，改善生态环境；(5) 实施向农业倾斜的政策，增加农民收入；(6) 进一步完善农业发展的法治环境。

关键术语

农业政策　　市场失灵　　政府失灵　　科学性　　农业政策特点　　农业政策目标
农业政策手段　　土地政策　　农业对外政策

复习思考题

1. 怎样理解农业政策的必要性？
2. 怎样理解农业政策的科学性？
3. 试析农业政策的特点。
4. 怎样理解中国农业走出去战略的必要性？

5. 怎样理解中国农业政策的改革目标？

案例分析

案例 14-1 美国农业补贴政策变迁

1933 年罗斯福开启了美国政府对农业进行补贴的时代。农业高补贴造就了美国全球农业霸主地位。占全国人口 1%的美国农民，不仅养活了 3 亿多美国人，而且还使美国成为全球最大的农产品出口国。由于农产品价格下跌，2015 年美国农业贸易顺差仅为 95 亿美元，但其竞争力十分强大。美国政府农业补贴 90%以上集中在小麦、大豆、玉米、大麦和棉花五种农作物上。国内补贴是为了扶持本国的农民，出口补贴则是帮助农民出口农产品，使他们的价格通常都低于其他国家的相应产品。美国农业补贴政策主要分为贷款差额补贴、直接收入补贴、反周期补贴、资源保育补贴和农产品贸易补贴五大类。

1996 年前，美国政府主要采取贷款差额补贴政策。具体实施方式为：农业部提前确定一个目标价格，如果商业贷款利率高于目标价格或收获后全国市场均价低于目标价格，差额将支付给农民。差额补贴的实质是政府提供保护价格，确保农民的基本利益。

1996 年后，差额补贴政策逐渐退出，直接支付登场。其特点是：与农产品的生产、价格脱钩，而补贴数量由政府按照基期的补贴产量和补贴面积直接确定。这种政策的实施导致农民自主性增强，可以自由选择种植种类和种植面积。因为自由度太高，道德风险扩大，最终结果演变为：财政支付压力大，农场主撂荒面积增加，最后直接支付政策退出历史舞台。

2002 年反周期补贴大行其道。其具体实施流程为：农业部事先确定目标价格，如果市场价格加上直接支付高于目标价格，则不启动反周期补贴；如果市场价格加上直接支付低于目标价格，则政府就启动反周期补贴，补贴额为两者间的差额。资源保育补贴主要用于自然灾害发生后的土地资源保护。美国政策对资源和环境的保护，有助于农业的可持续发展。农业资源保护计划的主要内容包括土地休耕计划、农田与牧场环境鼓励项目、农田水土保持、湿地保护等。2002 年和 2008 年颁布的两大农业法都大量增加了对环境保护的投入。2008 年新法案预算分配中，自然保护占补贴总量的 19%，仅次于农产品支持计划。2005 年，美国的农业补贴金额达 250 亿美元，比 2001 年增加了 68%。

近年来美国农业补贴制度有所变化。2011 年 10 月 21 日，美国参议院决定停止向年收入超过 100 万美元的农场主发放农业补贴，减少以直接支付的方式提供补贴。2014 年 1 月 29 日，美国国会众议院通过了新的五年农业法案。根据该法案 2014—2018 年，美国政府将安排总额度为 9 564 亿美元的财政预算，用于支持农产品贸易、农业研究、可再生能源和粮食援助等项目。该法案还取消了农民直接支付、反周期补贴和平均作物收入选择补贴等项目，并决定以优惠价格为农民提供农作物保险，加大农业保险的支持力度和覆盖范围。

思考：美国农业补贴为什么放弃了直接支付方式？

案例 14－2　剪刀差与社会主义原始积累规律

剪刀差（price scissors）是指工农业产品交换时，工业品价格高于价值、农产品价格低于价值所出现的差额。它表明工农业产品价值的不等价交换。“剪刀差”一词源于 20 世纪 20 年代的苏联，首见于 1919 年托洛茨基在俄共八大上的发言，随后列宁及托洛茨基又曾提及了这个问题。

一战前的 1913 年，农民用 650 千克燕麦可以“买”到 2 100 千克盐，而 1923 年却只能“买”到 410 千克。农民卖出一普特（16.38 千克）粮食，以换得 7 俄尺（1 俄尺＝0.304 8 米）花布，到了 1923 年只能换得 1.9 俄尺。1923 年苏联国有企业生产的工业产品涨价幅度过大，这种价格剪刀差使农产品贬值了 50%，使得农民在粮食丰收的情况下，在缴纳农业税后仍不愿向国家出售余粮。在这种背景下，党内高层人士对于农业和农民问题产生了分歧。

布哈林认为：繁荣的农民经济是工业复苏的先决条件，任何其他政策将损害同农民的有历史意义的联盟。为了扩大当下的农业生产，也为了提高工业本身的效益，必须降低工业品的价格。这样就能通过国家工业利润的日益增长，通过对繁荣的农业部门实行征税，并通过富裕农民或富农的储蓄，获得投资的资本。普列奥布拉任斯基则认为只有农民，才能够为工业发展提供所必需的资本。他在《新经济学》中提出了“社会主义原始积累规律”，并指出：

> 一个正向社会主义生产组织转变的国家愈在经济上落后，愈是适应于小资产阶级和农民，则这个国家的无产阶级在社会主义革命发生时能为社会主义积累做出的贡献也就愈小；其社会主义积累势必有赖于从社会主义以前经济成分的剩余产品中提取的份额（在比重上）愈大，它靠自己生产进行积累的相对重要性就愈小，也就是说，它将愈加无法依靠社会主义工业中工人的剩余产品来积累资金。

斯大林认可了社会主义原始积累规律，并凭借剪刀差机制，在社会主义工业化建设中取得了重大成就。1937 年，苏联的工业产值跃居欧洲第一、世界第二，在二战后成为在全球范围内唯一能与美国分庭抗礼的世界大国。但这种模式严重束缚了农民的生产积极性，并使得苏联农业问题成为其发展中难以解决的痼疾。

思考：剪刀差机制是如何推动工业化的？

第 15 章

乡村与城市

乡村与城市是社会生产力发展和大分工的产物。自从城市与乡村分离之后，城乡关系便随之产生。城乡之间是一个极其庞大、复杂的关系系统，也是长期以来累积形成的政治、经济、社会、文化和空间关系形态的综合体系。与传统的城市偏向和城乡分割的认识和策略相比，城乡结合、城乡统筹和协调越来越成为国内外学界的共识。美国著名城市学家刘易斯·芒福德（Lewis Murnford，1961）指出：

> 城与乡，不能截然分开；城与乡，同等重要；城与乡，应当有机结合在一起。如果问城市与乡村哪一个更重要的话，应当说自然环境比人工环境更重要。①

习近平总书记指出："在现代化进程中，如何处理好工农关系、城乡关系，在一定程度上决定着现代化的成败。"近年来，中国正全面进入破解城乡二元结构、推动信息化和工业化深度融合、工业化与城镇化良性互动、城镇化与农业现代化相互协调的新阶段，正逐步形成城乡经济社会一体化发展的新格局。"城乡一体化"改革思想具有重要的理论和实践意义。2015 年，习近平总书记在中共中央政治局第二十二次集体学习时指出，要把工业和农业、城市和乡村作为一个整体统筹谋划，要继续推进新农村建设，使之与新型城镇化协调发展、互惠一体，形成双轮驱动。2024 年，党的二十届三中全会进一步指出，城乡融合发展是中国式现代化的必然要求。完善城乡融合发展体制机制，是一项关系全局、关乎长远的重大任务，将贯穿推进中国式现代化全过程。因此，彻底扭转城乡二元结构、全面破解城乡关系困局，就必须深入推进新型城镇化，大力改革户籍制度，促进城乡要素自由流动，真正实现城乡一体化和城乡融合发展。

15.1 城乡关系

15.1.1 城乡关系变迁

1. 明清时期城乡关系变迁

明清时期，较大城市数量较少，小市镇开始兴起与发展，反映了乡村逐步城镇化的进

---

① 参见［美］刘易斯·芒福德编：《城市发展史：起源、演变与前景》，北京，中国建筑工业出版社，1989。

程。清代中后期，市镇被作为介于两者之间的过渡，而乡村不再包括市镇，以知识阶层为代表的民众对于城市和乡村的区分已有清晰的认识。在大量的地方历史文献中，编撰者们常将镇之四周村落地方，称为“四乡”，有时也叫“乡脚”。

城乡之间的各种关系是通过两者之间的人员变动和交往表现出来。而这种人口的流动，在明清时期已相对静止下来，人口移动的诱因减弱，在全国大范围内出现了人口过剩的现象。但在江南地区，市镇作为商贩向农户收购产品的集散点，市镇数量越来越多。相对而言，村的数量越来越少。这种乡村人口向市镇流动，大量变乡村为市镇的城市化过程，是明清时期的重要特征。

城镇的发展带动了相关地域乡村的经济勃兴，在人口数量与土地资源关系紧张的形势下，给大量的乡村剩余劳动力提供了较为宽泛的谋生途径。城乡关系也逐渐成为引人关注的理论和实践问题。

2. 民国时期城乡关系变迁

在民国时期，南京、上海、苏州、无锡、镇江等，这些城市已成为时人心目中的“大邑”，都市之繁华，生活之优越，有着一般城镇及乡村很难超越的“现代化”。但处在无数村落、市镇包围中的这些城市，却显得十分突兀，因为城乡的差距随着“现代化”在加大。尤其是在乡民的心目中，城市生活总是显得遥不可及。当然在心理上，还在于乡民总是感觉较市民低等。而在充满优越感的市民心目中，对乡民则素来怀有程度不一的鄙薄感。

城市时刻要向乡村需索各类食粮、新鲜蔬菜和廉价劳动力，乡村却被当作倾倒垃圾、排放污水的处理场所，这种不太令人满意的城乡关系，从“现代化”伊始就开始显得严重起来。与城乡关系相比，乡村与市镇之间的契合程度显得更深，不过城乡分化的态势或区分感一直是明显的。

综上所述，民国时期的城乡关系变现得更为密切，大量的市镇在城乡之间扮演着亦城亦乡的角色。城镇生活中无法摆脱的乡土性、乡村生活对于城镇的依赖性、城乡生活中正在加大的分离感等，在民国时代已经十分明显。

3. 新中国成立后城乡关系变迁

新中国成立后，党和政府坚信要想从根本上解决中国的贫穷落后面貌，就必须大力发展工业，加速推进工业化进程。因此，从新中国成立到改革开放的这段时期，我国采取了苏联的社会主义工业化模式，即依靠建立单一的公有制和计划经济体制来实施优先加速发展重工业的战略举措，大力倡导农村支持城市、农业支持工业，由此逐步建立起城乡分隔的二元经济结构。具体来说经历了以下几个阶段：

(1) 1949—1952 年的城乡关系相对自由和谐时期。新中国成立以来，为了改变社会经济落后的局面，中国共产党秉承农业为基础、工业为主导、城市乡村统筹兼顾发展的思想，在经济发展上采取的政策是多种经济成分并存，城乡之间的生产要素可以自由流动，城乡之间有较好的往来交流，城市居民和乡村居民可以较自由地迁移。这个时期城乡关系相对自由和谐，城乡结构比较开放。

(2) 1953—1957 年的城乡分割体制“二元结构”形成时期。从 1953 年开始，我国的粮食供应日趋紧张，人口无秩序盲目地迁移，为了限制农村人口向城市迁移的速度、确保城市的稳定、保证优先加速发展工业，中国共产党发布了《国务院关于防止农村人口盲目外流的指示》，设立专门的机构负责劝阻农村人口向城市迁移，遣返盲目外流的农民回乡，并且严格限制城市工作单位从农村招收工人，这些措施促进了城乡分割的户籍制度和就业制度的形成，进一步促使了城乡二元结构体制的形成。

(3) 1958—1977 年的城乡分割体制“二元结构”固化时期。这一时期，政府通过人民公社实施集体经营，进一步强化了政府对农民生产和农业生产要素的约束限制，农民被完全束缚于农村的集体生产经营中，城乡之间的生产要素完全不能自由流动。1961 年以来，城乡二元户籍管理也日益严厉起来，再加上农副产品统购统销以及单一公有制和计划经济体制下的有计划的招收工人，城市和农村人口之间的自由流动基本上被完全禁止。这一时期的城乡关系严重不协调，分割现象明显。1979 年改革开放后，经济运行方式的转变带来了我国城乡社会和经济关系的巨大变化，城乡关系出现了新局面，城乡分割和不协调的现象逐渐得以改善。

(4) 1978—1984 年的城乡分割体制松动时期。我国的改革开放政策在党的十一届三中全会以后全面展开，城乡分割体制出现了松动。首先，党中央转变了优先发展工业的战略举措，不再倡导农村支持城市、农业支持工业，而是把改变农业发展的局面作为现代化建设的重要任务。其次，改革开放政策的实施使得我国长期以来坚持的计划经济体制发生了变化，逐渐开始向市场经济体制转变。市场经济的灵活性带来了城乡生产要素之间的自由流动和配置。最后，改革开放后农村开始实施家庭联产承包责任制，这一新型的农村社会经济体制将农村土地的经营使用权重新交到农民的手里，让农民重新获得自由支配自身劳动的权利，这在很大程度上提高了农民的积极性，农村经济得以快速改善，城乡差距逐步缩小。在这一时期，城乡之间的生产要素开始自由流动，城乡关系的不和谐状态有所改善，城乡分割的社会现象有所缓解。但是到了 20 世纪 80 年代中期以后，很快又呈现出新的不协调局面。

(5) 1985—2003 年城乡差距急剧扩大时期。1985 年以后，我国经济体制改革的重点由农村转向城市，随之各种生产要素开始向城市和工业倾斜，城市经济得以快速发展，工业增长速度突飞猛进。加上国家对“三农”实施了“多取、少予”的政策，特别是“三统筹、五提留”政策使得农民背上的负担大幅上升。并且这一时期，农产品价格的涨幅要低于农资价格的涨幅，农民收入增长缓慢甚至不增长或负增长，这一切导致工业和农业的增长速度出现相当大的落差，城乡差距急剧扩大，城乡关系重新失衡，呈现出新的不协调局面。

(6) 2004 年至今为城乡关系的历史性转折期。城乡差距的急剧扩大所带来的城乡关系不协调严重影响我国经济的持续均衡发展，严重威胁社会的和谐稳定。在此背景下，中国共产党重新思考了我国的城乡发展问题，认为工业化初期农村应支持城市、农业应支持工业，当工业化发展到一定程度后，城市应该支持农村发展，而工业也应该反哺农业，统筹工业和农业、城市和乡村的发展，实现城乡的协调可持续发展。2005 年 12 月，在第十届全国人民代表大会常务委员会第十九次会议上《农业税条例》被废止，这一农村体制的重大创新是城乡发展战略的重大调整，统筹了全局发展，带来了城乡生产要素的重新分配，为突破城乡分割的二元经济体制奠定了基础。

15.1.2　城乡关系理论演变

城乡之间是一个极其庞大、复杂的关系系统，也是长期以来累积形成的政治、经济、社会、文化和空间关系形态的综合体系。城乡关系理论演变经历了一个“合—分—合”的过程；经典理论强调城乡之间的紧密联系，“二元经济结构”等理论存在城乡分割和城乡有所偏重的倾向，近年来的城乡理论在思想上逐渐回归传统，城乡关联发展已经成为共识。由于在实践中各国所处的发展阶段不同，所以对于中国城乡关系的研究，还应该注重独特的历史文化传统与全球化和现代化快速演进的双重背景这一特征。

1. 早期城乡关系理论

早期的理论家大多强调城乡关联发展，亚当·斯密“乡村—城市”的自然顺序论，是其分析城乡关系的起点。斯密的自然顺序论不仅说明了产业的发展顺序，揭示了城乡关系的本质和初始状态，认为城乡之间是一种基于产业分工而形成的互为市场的互利关系，而且强调城镇的建设应该与农村和农业发展成比例。自亚当·斯密的自然顺序论后，早期的思想家们对城乡关系理论进行了衍化与发展，其本质都体现为城乡的协调与均衡。早期的思想主要经历了从空想社会主义者的“城乡协调发展观”至马克思主义的“城乡融合”理论，从埃比尼泽·霍华德的“田园城市”理论到芒福德的“城乡发展观”，从西奥多·舒尔茨的“城乡发展理论”到赖特的“区域统一体”“广亩城市”思想。城乡结合研究虽然从未终止，但也一直未能成为主流意识。

2. 城乡关系偏向理论发展

20 世纪 50 年代之后，“二元经济结构”理论的提出是城乡关系研究的转折点。城乡关系问题越来越受到理论家们的关注，城乡关系理论得到新的突破，各学派的纷纷崛起以及理论模型框架的交锋，构成了这一时期独特的景象。

（1）从刘易斯的“二元经济结构”理论到“刘易斯-拉尼斯-费景汉”模型。1954 年，阿瑟·刘易斯在《劳动力无限供给条件下的经济发展》一文中提出了“二元经济结构”理论思想。刘易斯认为，发展中国家存在着“传统”和“现代”两个部门经济，由于现代部门的高工资水平和不断扩张，传统农业部门的“剩余劳动力”会被现代部门全部吸纳，进而经济结构由“二元”转为“一元”。之后，拉尼斯和费景汉继承并发展深化了刘易斯模式，将其演变为三个阶段（劳动力无限供给—农业剩余转移减少—农业商业化），从而形成了“刘易斯-拉尼斯-费景汉”模型。该模型一经提出便得到广泛认可和应用，认为农业对经济发展的贡献不仅在于为现代部门供给了所需的劳动力，也在于为现代工业部门提供了农业剩余，传统农业部门和现代工业部门的平衡增长才是经济增长的最佳保证。

（2）“乔根森模型”“托达罗模型”与“城乡空间极化发展”模型。由于“二元经济结构”理论以及“刘易斯-拉尼斯-费景汉”模型带有浓重的重“城市工业”轻“农村农业”的色彩，基于对此的反思，“乔根森模型”和“托达罗模型”应运而生。

乔根森在《二元经济的发展》一文中指出，工业和农业必须从一开始就保持平衡发展，农业剩余是传统部门剩余劳动力转移的充要条件，农业剩余越大，剩余劳动力转移也就越快，伴随着工业部门的技术进步和资本积累，经济增长也就越快，最终完成二元经济结构的转化。

托达罗在其著名的“托达罗假说”中指出，发展农村经济、提高农民收入是解决城市失业、城市病、农村病的根本出路，农村和城市必须协调发展，工业化才能顺利推进。虽然“乔根森模型”和“托达罗模型”在一定程度上都更加重视农业发展和技术进步以及市场机制在劳动力转移过程中的作用，但仍带有城市偏向的特性，并未完全跳离这一偏向范畴。

与此同时，20 世纪 60 年代以佩鲁“增长极”理论和美国学者弗里德曼“核心—边缘”理论为基础的“城乡空间极化发展”的非均衡发展理论模型也被相继提出，即城乡发展应实行先城市后乡村的城市偏向战略。

(3) 从“城市偏向”理论到“乡村城市”战略。进入 20 世纪 70 年代后，由于城市偏向的非均衡发展战略导致的城乡差距愈演愈烈，由此进一步引发了理论界对“自上而下”的城市导向发展政策的激烈批判与深度反思，从而使以利普顿“城市偏向”理论为代表的均衡发展理论和以弗里德曼和道格拉斯为代表的“乡村城市”战略被提了出来。这一战略指出：应将城镇作为非农业和行政管理功能的主要场所，而不是作为一个增长极来看待。同时应将本地文化纳入地区规划的范畴，只有通过地方层面与城市发展相关联，乡村的发展才有可能取得最好的效果。

(4) 从“城市偏向”到“乡村偏向”再到“城乡融合”。20 世纪 80 年代后，世界经济迅猛发展，关于城乡关系的理论研究更是进入了一个新的高潮，依次出现了“自上而下的城市偏向”理论、“自下而上的乡村偏向”理论、“上下互动的城乡融合”理论，这一理论的过渡也是城乡关系发展的必然。

3. 城乡关系融合理论的发展

世纪之交，一系列强调“城乡协调发展”的新理论陆续被提出，这也进一步表明城乡发展进入了一个崭新的时代。加拿大学者麦吉，通过对亚洲许多国家进行长期研究，以及与西方传统城市化比较之后，提出了城乡混合带模式，即在区域综合发展基础上建立城市化，其实质就是城乡之间的统筹协调和一体化发展。道格拉斯从城乡相互依赖角度提出了“区域网络发展”模型，他认为，乡村的结构变化和发展通过一系列的“流”(人、生产、商品、资金和信息)与城市的功能和作用相联系，其中每一种流都有多重成分和效果，同时它们还体现出不同的空间联系模式和多样的利益趋向特点。通过“流”可以导向一种城乡联系的良性循环，从而确保均衡发展目标的实现。从某种程度上看，“区域网络发展”模型其实是对“乡村城市”战略和“次级城市”战略的深化与拓展。

纵观城乡关系理论研究的历史进程，城乡关系理论研究的脉络轨迹与西方发达国家城乡发展实践历程基本相似，也遵循了“城市出现—城市偏向—乡村偏向—城乡融合”的基本路线。也就是说，关于城乡关系的理论在演变过程中无论在形式上以何种名义出现，其本质都体现与反映着城乡均衡发展的社会理性，即致力于消除城乡差距与实现城乡协调。

15.1.3 当前城乡关系新格局：城乡一体化

自 2004 年以来，党的一号文件都要求坚持“多予、少取、放活”的方针，坚持建立长期有效的机制促进工业对农业、城市对乡村的带动发展。党的十七大提出“建立以工促农、以城带乡长效机制，形成城乡经济社会发展一体化新格局”。党的十八大又提出“推动城乡发展一体化”的战略思想，党的十八届三中全会提出“形成以工促农、以城带乡、工农互惠、城乡一体的新型工农城乡关系”的新要求。党的二十届三中全会指出，促进城乡要素平等交换、双向流动，缩小城乡差别，促进城乡共同繁荣发展。这些政策的提出是党总结建国后我国城乡关系演变的经验教训得出的科学结论，是应对城乡差距急剧扩大、城乡关系严重失衡的重大举措，也是探索解决“三农”问题的重大尝试，标志着我国城乡关系发生了历史性的转折和进入新的发展阶段。

1. 城乡一体化的背景

改革开放以来，中国社会经济发展取得了举世瞩目的伟大成就，但是经济社会发展的深层次问题，如城乡二元结构问题，不仅没有消除，反而反过来对经济社会发展产生了重要的负面影响，主要表现在以下方面：

(1) 城乡发展差距依然突出。居民收入和消费支出水平是衡量经济发展水平的重要指标。改革开放后，中国城乡收入差距一直在扩大。1985 年城镇居民家庭人均可支配收入是农村居民家庭人均纯收入的 1.86 倍，1995 年扩大到 2.71 倍，2010 年达到 3.23 倍，绝对差距超过 1.3 万元，虽然 2014 年下降到 2.91 倍，但绝对差距扩大到 1.67 万元（见表 15-1）。

表 15-1　改革开放以来中国城乡收入差距变动情况

年份	城镇居民家庭人均可支配收入		农村居民家庭人均纯收入		城乡收入比
	绝对数（元）	指数（1978=100）	绝对数（元）	指数（1978=100）	
1978	343	100	134	100	2.56
1980	478	127	191	139	2.50
1985	739	160.4	398	268.9	1.86
1990	1 510	198.1	686	311.2	2.20
1995	4 283	290.3	1 578	383.6	2.71
2000	6 280	383.7	2 253	483.4	2.79
2005	10 493	607.4	3 255	624.5	3.22
2010	19 109	965.2	5 919	954.4	3.23
2014	25 449	957.3	8 744	1 052.9	2.91

资料来源：根据《中国统计年鉴》2000—2015 年数据整理。

城乡之间消费支出和消费结构也存在较大差异。城乡人均消费支出差距，由 1990 年的 694 元扩大到 2010 年的 9 089 元，继而扩大到 2014 年的 12 158 元。2000 年以来，城乡居民人均消费支出比例基本上稳定在 3 左右（见表 15-2）。

表 15-2　2000 年以来中国城乡居民人均消费支出变动情况

年份	城镇居民家庭人均现金消费支出		农村居民家庭人均消费支出		城乡居民人均消费支出比
	绝对数（元）	指数（2013=100）	绝对数（元）	指数（2013=100）	
2000	4 998.0	—	1 670.1	—	2.99
2005	7 942.9	108.9	2 555.4	114.5	3.11
2010	13 471.5	106.4	4 381.8	105.9	3.07
2013	18 022.6	105.4	6 625.5	109.0	2.72
2014	19 481.0	105.7	7 322.6	110.2	2.90

资料来源：根据《中国统计年鉴》2000—2015 年数据整理。

（2）城乡二元结构依然严重。教育文化和卫生发展差距突出。2000年以来，各级政府加大了对农村义务教育的投入，生均办公经费和各种教学设施投入明显增长。2005—2009年间，农村小学、初中的生均教育经费收入年均增长率分别为20.08%和27.68%，农村小学、初中的生均教育支出年均增长率分别为25.16%和29.06%，这两项快速增长正表明前期农村教育投入太少。近年来，国家进一步加大对基础教育的投入力度。2014年，农村、城市小学生均预算内事业性经费分别比2010年增长94.69%、91.08%；农村、城市初中生均预算内事业性经费分别比2010年增长98.35%、95.17%。由于城市基础教育投入基数大，投入增长率比较接近，表明农村与城镇教育投入的绝对差距并没有缩小。

同时，尚有24万名农村教师文化素质没有达到国家标准，尚有37万名代课型教师。与城市相比，农村公共文化与卫生方面的投入和发展水平差距巨大。文化设施建设滞后，经费少，群众文化活动开展很少。虽然目前基本上建立了新型农村合作医疗体系，但在疾病预防、健康保健、环境卫生等方面的建设与发展，农村远远落后于城镇。

城乡公共基础设施差距巨大。二元经济发展格局下，城乡公共基础设施建设实行两种不同的制度：城市基础设施主要依靠国家财政投资；农村基础设施，在很长一段时间内主要依靠人民公社组织和村庄集体经济组织投资建设，而国家只给予适当补助，这导致农村因为财政能力和建设资金不足，基础设施越来越落后于城市。

（3）工农关系失衡。工农关系失衡主要表现为城镇化、工业化与农业现代化之间三者关系不协调，城镇化严重滞后于工业化。安置工业化国家城镇化的一般规律是，工业化和城镇化呈现高度正相关性，两者差距一般不超过10个百分点。2015年，中国常住人口城镇化率为56.1%，而非农产业增加值占比达到89.5%，超过城镇化率33.4个百分点。这表明，伴随中国工业化快速推进，第一产业劳动力没有同步向城镇转移。

2. 城乡一体化的主要特征

城乡一体化是经济社会发展到一定阶段的产物，主要包括城乡开放、城乡融合、城乡一体和城乡共享等特征。

城乡开放是指打破城乡界限，实现城乡开放互通，全面放开城市，使城乡的劳动力、资金、技术等要素能自由流动，是推动城乡融合和一体化的前提条件。为此，需要构建土地、户籍、就业和资本市场等制度，为城乡人口、商品和要素自由流动创造条件。城乡融合包括城乡经济、社会和生态融合，是城乡开放的结果。其中经济融合是城乡融合的关键内容，产业融合互动是经济融合的核心。居民融合是社会融合的主要内容，要求消除城乡居民的身份差别，建立城乡统一的户籍登记制度，实现城乡居民的自由迁徙和双向流动。城乡一体是指城市与乡村形成一个有机的整体，是城乡互动和城乡融合的结构。从理念上必须抛弃过去城市偏向的政策和做法，将乡村和城市放在同等重要的位置，坚持“多予、少取、放活”，赋予乡村居民同等权利。城乡共享是指通过资源共享、发展机会共享、公共服务共享和发展成果共享，逐步缩小城乡差距，实现城乡的共同繁荣与发展，这既是中国特色社会主义的根本要求，也是城乡一体化发展的重要特征。

3. 城乡一体化的主要内容

针对二元结构对中国经济社会发展带来的不利影响，以及当前转变经济发展方式、调整经济结构的需要，城乡一体化的主要内容包括以下三个方面：

(1) 建立城乡经济社会发展一体化体制机制。建立并完善社会主义市场经济制度是保障城乡一体化的根本制度，在此框架下建立和完善城乡一体的经济建设、社会发展、公共服务、生态文明、社会管理等诸多领域的体制机制，确保城乡经济社会一体化发展，确保城乡居民共同享受发展带来的成果。

(2) 建立城乡社会经济协调发展新格局。建立城乡社会经济协调发展新格局主要包括以下几个方面：一是建立城乡经济发展一体化新格局；二是建立城乡社会发展一体化新格局；三是建立城乡公共服务一体化新格局；四是建立城乡生态建设一体化新格局。

(3) 塑造新型城乡工农关系。特定发展方式下形成的城乡工农关系，将随着发展方式的转变而改变。二元结构向城乡一体发展方式的转变，要求建立新型的城乡工农关系。因此，新型城乡工农关系的塑造也成为城乡发展一体化的重要内容之一。

15.2 城乡一体化格局下的新型城镇化

15.2.1 中国城镇化的演变历程

根据城镇化的推进速度和演变特点，新中国成立以来城镇化的历程大体上可以分为波浪起伏时期（1950—1977 年）、稳步推进时期（1978—1995 年）和加速推进时期（1996 年至今）三个时期。

1. 波浪起伏时期

在改革开放之前，由于国家政策的变化，中国的城镇化进程呈波浪状推进。这一时期又可以分为六个不同的阶段：一是 1950—1953 年的恢复和稳步推进阶段；二是 1954—1955 年的停滞阶段；三是 1956—1960 年的城镇化大冒进阶段；四是 1961—1963 年的反城镇化阶段；五是 1964 年的恢复性增长阶段；六是 1965—1977 年的停滞和衰退阶段。

2. 稳步推进时期

改革开放以来至 1995 年，中国城镇化呈现出稳步推进的特点。在这一时期，随着改革开放的不断深入和工业化的快速推进，中国的城镇化水平稳步提升，其中，1978—1987 年间，全国城镇化推进的速度较快；而 1988—1995 年间，由于受 1989 年治理整顿政策的影响，全国城镇化速度区域放缓。总体上看，这一时期虽然全国城镇化在稳步推进，但由于工业化推进较快，加上历史上各种矛盾的积累，导致城镇化严重滞后于工业化。

3. 加速推进时期

自 1996 年以来，中国城镇化步入了加速推进时期，中国的城镇化在经历“九五”至“十一五”时期的高速推进后，“十二五”时期已有减缓的趋势。预计在“十三五”期间，中国城镇化的速度将逐步减缓，开始进入速度与质量并重的转型时期。

15.2.2 中国城镇化的基本特点

改革开放以来，随着经济的高速增长和工业化的快速推进，中国城镇化呈现出不断加快的趋势。城镇化水平显著提高，城市经济日益占据支配地位，城镇化的带动作用不断增强。这期间，中国仅用30年左右的时间，就完成了英国等发达国家历经上百年才走过的进程，在世界上创造了一个又一个“中国奇迹”。

与其他国家相比，中国的城镇化具有四个鲜明特点，主要包括：

一是城镇化起点低、规模大、速度快。中国城镇化的起点低，改革开放初期，城镇化率仅为19.4%，与当时的世界平均水平相比约低20%，比同期欠发达地区还低10%。从1978年到2015年，中国城镇人口由1.72亿人增加到7.71亿人，城镇化率由17.92%提高到56.10%。这种速度和规模在世界上都是罕见的，有关改革后中国城镇化率变动情况见表15-3。

表15-3　中国城镇化率历年统计数据（1976—2015年）

年份	城镇化率（%）	年份	城镇化率（%）	年份	城镇化率（%）	年份	城镇化率（%）
1976	17.44	1986	24.52	1996	29.37	2006	43.90
1978	17.92	1988	25.81	1998	30.40	2008	45.68
1980	19.39	1990	26.41	2000	36.22	2010	49.90
1982	21.13	1992	27.63	2002	39.09	2012	52.57
1985	23.71	1995	29.04	2005	42.99	2015	56.10

资料来源：根据《中国统计年鉴》1978—2015年数据整理，最新年份数据来源于国家统计局网站。

这表明中国城镇化进程已经超过世界平均水平。世界城镇化率由30%提高到50%平均用了50多年时间，英国用了50年，美国用了40年，而中国仅用了15年。

二是城镇化水平呈现出明显的地区差异。由于工业化和经济发展阶段不同，中国各地区城镇化水平差异较大，不同地区城镇化阶段也各不相同。总体上看，东部和东北地区城镇化水平较高，而中西部地区较低；东部地区城镇化加速较早，中西部地区加速较晚，而东北地区推进速度较慢。然而，自2010年以来，东部地区城镇化增速已开始放慢，而中西部地区仍处于加速之中，其城镇化速度开始超过东部地区，东西部差距正朝着不断缩小的方向转变，具体情况见表15-4。

表15-4　1978—2015年间中国四大区域城镇化率变化

年份	城镇化率（%）			
	东部	东北	中部	西部
1978	15.73	37.01	14.08	13.78
1980	17.91	39.08	15.23	15.76
1985	28.00	45.98	19.57	20.16
1990	32.44	48.69	22.32	21.96
1995	39.29	51.37	26.99	25.97
2000	44.61	52.26	29.82	28.68
2005	51.78	55.15	36.55	35.36
2010	59.70	57.62	43.58	41.43
2015	61.86	59.60	47.19	44.74

注：东部地区包括河北、北京、天津、山东、上海、江苏、浙江、福建、广东、海南10个省市；东北地区包括辽宁、吉林和黑龙江3省；中部地区包括山西、河南、安徽、湖北、湖南、江西6省；西部地区包括内蒙古、广西、陕西、甘肃、宁夏、青海、新疆、重庆、四川、贵州、云南、西藏12个省区市。

资料来源：根据《中国统计年鉴》1978—2012年数据整理。

三是城市群已成为城镇化的主体形态。近年来，随着经济全球化、区域一体化与交通网络化的快速推进，中国涌现出了一批大小不同、规模不等、发育程度不一的城市群。较典型的有长三角城市群、珠三角城市群、京津冀城市群、山东半岛城市群、辽中南城市群、海西城市群、哈大长城市群、中原城市群、长株潭城市群等。这些城市群作为国家参与全球竞争与国际分工的全新地域单元，已经成为引领和支撑中国经济高速增长的主导地区，主宰着中国经济发展的命脉。

四是城镇化成为经济发展的重要引擎。城镇化既是经济社会发展的结果，也是促进经济增长和结构变迁的重要驱动力。中国改革开放以来的经济快速增长，是与城镇化的快速推进紧密相连的。快速发展的城镇化带来了大量的投资和消费需求，促进了内需扩大和经济增长。此外，中国城镇化的快速推进还促进了基本公共服务的改善和城乡发展差距的缩小。

15.2.3 中国城镇化存在的基本问题

应该看到，中国改革开放以来城镇化的快速推进是建立在外延式的粗放发展模式之基础上的。这种传统的粗放型城镇化模式已经走到了尽头，难以为继。总体上看，当前中国城镇化主要面临着四大问题。

1. 城镇化推进的资源环境代价大

目前，中国的城镇化是一种重外延扩张、轻内涵发展的粗放模式，城镇化的快速推进是建立在资源高消耗、“三废”高排放的基础上，耕地资源多被侵占，水资源危机日益加重，能源矿产消耗急剧增长，主要污染物排放居高不下，城镇化推进的资源环境代价较大。

2. 城镇化建设过度依赖土地扩张

自“十五”以后，中国城镇建成区和城市建设用地规模迅速扩张，其增速远快于城镇人口的增长速度。从某种程度上讲，近年来中国城镇经济的高速增长主要依靠土地的“平面扩张”来支撑。这种“平面式”蔓延扩张，造成了大量耕地被侵占，耕地数量与质量均趋于下降。尽管国家实行严格的耕地“占补平衡”政策，但各类建设项目占用的大多是优质耕地，耕地占优补劣现象较为严重。

3. 城镇化进程中两极化倾向严重

近年来，在中国城镇化的进程中，城镇规模结构严重失调，出现了明显的两极化倾向。一方面，大城市数量和人口比重不断增加，一些特大城市规模急剧膨胀，逼近或超过区域资源环境承载能力，大城市膨胀病凸显；另一方面，中小城市数量和人口比重减少，一些小城市甚至出现相对萎缩态势，城镇体系中缺乏中小城市的有力支撑。

4. 农业转移人口市民化进程滞后

中国农业转移人口规模大、市民化程度低，这是中国城镇化的最大特色，但在推进城镇化的过程中，受财力有限、对地方特色和文化认识不足以及急于求成、急功近利等思想的影响，各地城镇建设“千篇一律”，缺乏特色和个性，城镇质量和品位不高。这主要是因为，许多城市大拆大建，对当地特色文化、文物、标志性建筑和特色村镇保护不力。除此之外，建筑、小区设计崇洋媚外，盲目崇拜模仿外来建筑文化，对民族文化、本土文化不自信，造成城镇建设“千城一面”，文化缺失。

15.2.4 推进新型城镇化的目标和方向

1. 中国城镇化建设的目标

在新时期，中国推进城镇化建设具有多重目标。一是城镇化速度保持适度，2013—2030 年，城镇化速度保持在 0.8～1.0 个百分点；2031—2050 年保持在 0.6～0.8 个百分点。二是市民化与城镇化同步。力争在 2025 年前基本解决农业转移人口市民化，实现市民化与城镇化同步推进。三是城镇化格局日趋合理，逐步形成分工明确、功能互补、等级有序的城镇体系和布局合理、集约高效、适度均衡的空间格局，实现大中小城市和小城镇协调发展。四是城镇可持续性全面提升。五是新型城乡关系逐步形成，实现城乡要素自由流动、平等交换和公共资源均衡配置。

2. 推进新型城镇化的基本方向

中国人多地少，耕地资源有限，人均资源占有量少，城乡区域差异大，农民市民化程度低、成本高，面临的障碍多，这是中国的基本国情特点。推进新型城镇化建设，必须立足中国国情，推动城镇化由追求数量向追求质量转变、由粗放型向集约型转变、由城乡分割型向融合共享型转变、由不可持续向可持续发展转变，实现更高质量的健康城镇化目标。

推进新型城镇化的基本方向主要包括以下几个方面：

一是走渐进式城镇化之路。这就要求根据资源环境承载能力、城镇公共设施容量、人口吸纳能力和政府财力等，科学确定城镇化的规模，合理把握城镇化的速度和节奏，在确保质量的前提下采取渐进方式积极稳妥地推进。

二是走集约型城镇化之路。这就要求坚持节约资源的基本国策，大力推广城市节能、节材、节水、节地技术，提倡节能节地型建筑，培育节约型生产、生活方式和消费模式，建立高效集约节约利用资源的长效机制，走紧凑节地、高效节约的集约型城镇化道路，减少城镇化过程中的资源消耗，提高城镇资源配置效率。

三是走多样化城镇化之路。坚持大中小城市和小城镇协调发展，综合考虑城镇承载能力和人口吸纳能力，合理引导农业人口有序转移，推动形成合理分工、协调发展、等级有序的城镇化规模格局。积极引导城市群有序发展，着力提升其国际竞争力、自主创新能力和可持续发展能力，使之成为引领全国发展的主导地区和推进城镇化的主体形态。

四是走可持续城镇化之路。坚持生态环境保护优先，充分利用自然山体、河流、湖泊、森林、农田等，构建开放的城镇生态廊道和生态网络，积极推广节能环保、绿色低碳技术。加快构筑绿色生产和消费体系，推进生态城市、园林城市、森林城市、环保模范城市和“阳光城市”建设，推动形成与资源环境承载能力相适应的城镇化格局，促进城镇发展与生态资源保护深度融合，走绿色、低碳、环保、宜居的可持续城镇化之路。

五是走智慧型城镇化之路。坚持城镇建设与智慧系统建设相结合的基本理念，综合利用现代科学技术，积极推动城镇化与信息化深度融合，加快智慧城市、智慧社区、智慧园区建设，完善智慧型产业体系和交通体系，强化城市智慧管理，依靠智能技术和智慧管理破解“城市病”，积极推进城镇化建设。

六是走和谐型城镇化之路。要更加注重保障和改善民生，积极推进各项民生工程建设，加强城市危旧房、城中村、棚户区和边缘区改造。进一步完善社会保障体系，高度关注城市各类弱势群体，制定统一的城市贫困标准和反贫困政策，妥善解决好失地农民就业安置和社会保障问题，有效破解农村留守儿童、留守妇女和留守老人难题，逐渐消除城乡和城市内部双重二元结构，真正把和谐发展的理念贯穿到城镇化的全过程和各个领域，切实处理好城镇化进程中各种利益关系，构建一个平等、公正、共享为特征，不同群体和谐共处、相互包容的新型城镇化格局。

15.3 城乡一体化进程中的户籍制度改革

15.3.1 户籍制度变迁

1. 户籍制度的内涵界定

顾名思义，户籍制度就是对户口、户籍进行管理的制度，是围绕户籍这个中心进行管理的一整套规范的总和，是各级国家管理机构对其辖区范围内的户口进行调查、登记、申报，并按照一定原则进行立户、分类和编制的户口管理制度。当今世界通行的户籍制度是国家为统计人口的需要，根据公民的常住地址而编户入籍的人口管理制度，主要是为普查人口、了解国情，为政府决策提供依据的。我国现行的户籍制度是新中国成立以后，为适应计划经济体制的确立而逐步建立起来的，有狭义和广义之分。

就狭义来说，户籍制度就是按户登记人口的一种人口统计和管理的制度，其主要目的是掌握人口信息，了解人口中的出生、死亡、迁入、迁出等基本事项的变化情况。而就广义而言，户籍制度具有更深更广的意义。它主要包括与户籍或户口有关的政治制度、意识形态、经济制度以及各项法规政策。

2. 中国历史上的户籍制度演变

中国的户籍制度有着悠久的历史，在漫长的岁月中虽然有过无数次的战争和内乱，又经历王朝的更迭，户籍制度总是以某种方式继承或沿袭下来，并且始终执行着多种社会功能，成为历代王朝统治者征调赋役、落实行政管理、实施和执行法律的主要依据，也是国家对农民实行道德教化、经济剥削、人身控制的重要途径。

据有关史料记载，在商代农业经济已经占有主导地位，因此土地的分配和管理制度也就显得十分重要。大小奴隶主为了巩固自己的权力和利益，便按照土地来编制民众，登记造册，以实行统治和管理。在殷墟出土的甲骨文中也有明确的记载，商王朝已开始实行人口登记制度，即所谓的“登人”或“登众”。

春秋战国时期由于地方经济的发展，诸侯势力随之壮大，争霸争雄的战争频繁四起。由于战争的需要，各诸侯国自然会重视人口登记、户口保养及户口管理。因此，户籍制度在春秋战国时又得到了很大发展，具体表现为两个方面：其一，书社制度在许多国内已经普遍起来；其二，在上述基础上，上计制度在战国七雄中的大多数国家中都已开始严格执行。书社制度就是将社中的人口书于版图的制度；上计制度是一种上报人口，以便预算来年的税役负担的制度。

秦国自商鞅变法以后，对人的管理和控制进行了改革，推行“户籍相伍”的措施，也就是什伍制，其内容包括：以五家为伍，十家为什，“而相牧司连坐，不告奸者腰斩，告奸者与斩敌首同赏，匿奸者与降敌同罚”。这样，户口的编制已成为对民间社会进行社会控制的重要手段。秦统一中国后，在户籍编制方面仍沿袭了以往的什伍制，而且在组织和施行方面比以前更加完备、更为严厉。

西汉年间，户籍管理备受统治者的重视，在户口编制和管理方面，西汉王朝承袭了秦朝什伍制的部分做法，此外又采用了编户以及乡亭制等有力措施，从而使户籍管理更加完善和周密。编户齐名，就是按照土地来编排户口，按民数来授田地，其目的在于让农民能安土乐耕。

三国时期的户籍登记分为两大类：一类是地方常规户口登记，另一类是特殊户口登记。地方常规户口是指州县政府所登记的户口，它是国家征收赋役的依据。特殊户口主要指豪门贵族、吏户、屯户、兵户、少数名族户等，他们不单独列入政府统一的编户，也不直接向地方政府缴纳赋税，而是服务于、隶属于各种官僚贵族。到西晋时期，统治者一改过去半军事化的屯田制，而采取占田制、课田制和户调制。

在东晋时期，由于北方连年战乱，大量流民涌向江南，为便于统治，东晋实行了土断法和闾伍制，即根据土地来断定流民的户籍，把他们的户口编入“白籍”，本地户口皆为“黄籍”。而到了北魏孝文帝时期，进一步推行了一系列的改革措施，其中主要是三长制和均田制。

隋文帝统一后，进行了相应的户籍改革，推行保闾族里党制。唐承隋制，但在户籍管理上却更加完备周密，加强了立法和法治，把户籍事务列入了法治范围，坊村分治是唐朝户籍制度的重要措施之一。宋代采用了丁账、形势版簿以及户帖等户籍调查登记和管理办法。金时期，在户籍管理体制上，采取了州县保伍法与猛安谋克制相结合的措施。元代的户籍制度沿袭宋代，推行按田产和人丁多少来定户，按户来定籍。在管理体制方面，则实行了村社制。明朝的户籍制度则采用户贴制。清朝在继承明朝的基础上进行了改进，提出了摊丁入亩。民国时期则是通过《户籍法》来对户口进行管理的。

3. 当前中国户籍制度演变

当前中国的户籍制度主要指城乡分治的二元户籍制度，它从新中国成立后的基本建立再到逐步定型和完善，走过了几十个春秋。以《中华人民共和国户口登记条例》的颁布为界，可以明显划分为以下几个主要的阶段：

（1）二元户籍制度的酝酿和形成期（1949—1957 年）。新中国成立之初，特别是《中国人民政治协商会议共同纲领》的颁布首次明确了迁徙自由的价值取向。《城镇户口管理暂行条例》成为我国第一次制定的全国统一的城市户口管理法规，标志着新中国城市统一户口管理制度开始形成。随着 1953 年粮食统购统销政策的实施，户口类别正式划分为非农业户口和农业户口，二元户籍制度由此形成。1955 年《关于建立经常户口登记制度的指示》规定，户口管理行政工作由内务部和县级以上人民委员会民政部门主管。《国务院关于农村户口登记、统计工作和国籍工作移归公安部门接办的通知》的出台，标志着全国城乡的户籍管理机构得到了统一。《关于防止农村人口盲目外流的指示》则进一步限制了农民向城市的流动。

（2）二元户籍制度的建立和巩固（1958—1977 年）。以 1958 年《中华人民共和国户口登记条例》的公布实施为标志，我国户籍制度正式确立起来。与此同时《关于制止农村人口盲目外流的指示的补充通知》则更加严格限制农民向城市流动，1961 年《关于减少城镇人口和压缩城镇粮食销量的九条办法》规定要求三年内城镇人口必须减少 2 000 万以上，掀起了反城镇化的运动。而 1975 年的《宪法》甚至不再规定公民享有居住和迁徙自由权利，从宪法层面强化了政府对人口流动的限制。1977 年《关于处理户口迁徙的规定》则强调严格控制人口迁徙。

（3）改革开放至今的户籍制度。改革开放后，我国的户籍制度经历了从城乡隔离，到开放本地有效的蓝印户口，再到中小城市的落户准入条件的放开，最后到全国户籍一元化的发展趋势，政府对户籍的管制程度越来越宽松，人口流动的制度条件和社会环境明显改善。与此趋势相对应的是，我国从完全的城乡二元结构，逐渐发展到允许农民进入城镇从事工商业，再到目前的城市内部出现了户籍人口和外地人口两种福利保障体系，最后到城乡之间、区域之间基本公共服务均等化的趋势。

4. 中国户籍制度不同时期的特征

在计划经济时代逐步形成并逐渐强化的城乡分治二元户籍制度已经远远超出了单纯户籍制度本身所应具有的社会功能，伴随着改革开放进程的户籍制度改革遵循了渐进式变迁的轨迹，户籍制度改革的过程中也形成了我国独特的户籍变迁特征。具体如下：

（1）城乡二元性，限制流动性。新中国成立后户口的划分客观上在农民和市民之间形成了两个不同的身份群体，把人口人为标示身份和强制隔阂，以法律形式严格限制农民进入城市，同时也限制城市间人口流动。在这之后，我国政府又颁布一系列与户籍管理相关的法律、法规和政策，城乡二元户籍制度逐渐形成并不断强化。

（2）利益分配性，身份继承性。二元户籍制度不仅包括基本的人口信息登记与管理功能，城镇劳动就业、社会福利、教育、住房等社会管理制度也和户籍制度紧密关联，二元户籍制度还承担了资源配置、利益分配、控制迁徙等诸多附加功能，并且逐步形成了一种户籍与身份、权益、地位相结合的社会分层体制。二元户籍制度从建立至今，其间经历了不少修改和完善，但是，二元户籍制度的身份继承特征一直保留下来。户籍身份世袭流传，取得户籍的依据不是居民地点或职业类别，而是家庭身份的延续。更确切地讲，是母亲身份的延续。

（3）户籍制度政治功能减弱，经济功能逐渐增强。改革开放后，我国人口流动性不断增强，传统的户籍制度也适应形势的发展做了调整，不再是限制人口流入城镇的工具，而主要保留了城市福利和保障载体的基本经济功能，政治功能逐渐减弱。

（4）落户的决定权下放，户籍政策地方化特征明显。在政府分权改革日益深化的背景下，传统的以中央层面为主制定户籍政策的局面正逐渐转向各地方政府在中央统一户籍改革要求下单独制定适合当地情况的户籍政策，户籍制度的创新主体呈现出明显的地方化特征。中央落户权限的下放，使得城市政府各自制定自己的落户条件，各城市间的户籍门槛存在显著差别。

（5）落户的渠道增加，户籍福利功能在不同区域出现分化。随着我国户籍制度改革的不断向前推进，广大流动人口落户城镇的渠道日益多样化。在户籍制度改革推进的过程中，我国先后存在自理口粮户口、蓝印户口、居住证等多种类型的城镇户口。流动人口城镇落户的条件也在不断放宽，落户渠道包括亲友投靠入户、购房入户、投资入户、人才入户等多种形式。

(6) 以准入条件代替指标管理，城市政府对人口迁入目的导向明显。从以指标管理向以准入条件为主要户籍控制手段的转变，是我国户籍制度改革的一大特点。各级城镇的户籍准入条件主要与学历、投资额、技术职称、商品房购买量等条件挂钩，通过准入条件的限制和筛选，城市政府可以以城市福利与落户对象相交换，满足城市对人才、资金、技术等资源和要素的需求，同时也达到对落户对象质量和数量的控制。

15.3.2 当前深化户籍制度改革存在的主要问题

近年来，我国一直在探索建立更加有利于人口自由迁徙的户籍制度改革路径，但是受到的阻力较大，成效不明显，主要问题包括以下几个方面：

1. 对户籍制度改革的顶层设计体系尚不完善

户籍制度改革的复杂性客观上要求完善顶层设计，这主要是因为顶层设计不完善将会导致地方改革难以深化，部门之间难以形成改革的合力，同时在实践层面如何具体操作的问题上仍然会产生分歧，实践层面上的顶层设计难度较大。

2. 现行公共服务体制与深化户籍制度改革矛盾较大

从以往的改革实践来看，户籍制度改革成功与否很大程度上取决于相关配套制度的改革。目前公共服务体制改革明显滞后于户籍制度改革，同时公共服务体制改革也面临着多方利益的博弈。

3. 现行土地制度对进一步深化户籍制度改革制约较大

土地制度改革是户籍制度改革过程中必须正视和面对的又一项关键性改革。如果说公共服务体制改革是使农村不该转移劳动力留得下，那么土地制度改革就是要让农村该转移的劳动力离得开。因此，深化户籍制度改革与土地制度改革密不可分，但同时土地制度改革的难度很大。

4. 大城市及特大城市户籍制度改革的矛盾集中

在经济社会发展过程中，我国地区间发展差异不断拉大，不同城市户籍含金量差别也比较大。我国多年户籍制度改革的实践表明，户口含金量越高，对农村转移人口的吸引力也就越大，落户需求也就越旺盛，同时所需要的配套成本也就越高，面临的潜在人口涌入压力也就越大，地方政府的抵触情绪也就越强烈，改革阻力也就越大。突出的矛盾主要表现为以下几个方面：一是大城市及特大城市入户需求较大；二是对大城市及特大城市的管理部门来说户籍放开挑战难度较大；三是寻找户改与城市发展的最优结合点难度较大。

5. 解决存量流动人口的相关改革问题难度大

伴随着我国经济社会的发展，庞大的农民工群体已经成为城市发展必不可少的一部分。当前解决好农民工群体的户籍制度改革问题已经显得非常紧迫，但农民工户籍制度改革的难点多、情况复杂，农民工成为户籍制度改革过程中矛盾最为突出的群体。这主要表现在：其一，长期以来，在国家经济发展的过程中，对农民工的欠账较多；其二，农民工的总量较大；其三，农民工户改涉及多方面改革。

6. 户籍制度改革成本分担机制的合理设计缺位

户籍制度改革不是简单的废除或弱化已有的制度，而是在分解旧制度的基础上构建新制度。户籍制度改革本质上是利益的再分配，其背后是政府公共支出结构的再调整。因为合理的成本分担机制是户籍制度改革的基础，同时成本分担机制的设计面临众多难点。

15.3.3 我国户籍制度改革的实践

近年来，我国一些地方政府先后推出了一系列不同模式的户籍改革举措，取得了较大的进展，为全国层面探索和推广户籍制度改革积累了不少有益经验。其中，上海的居住证制度、广东的积分落户制度在全国都具有典型意义。

1. 上海的实践

2002 年以来，上海市开始实行人才居住证制度，此后到 2009 年上海市又发布《持有〈上海市居住证〉人员申办本市常住户口试行办法》，明确规定了居住证转常住户口的具体路径。虽然“居转常”的准入条件较为苛刻，并且偏好人才与公众的期待存在一定差距，但作为人口、资源、环境压力巨大的特大城市，上海能在设置一定门槛的前提下缓缓打开外来人口入户的大门，对于我国特大城市的户籍制度改革还是具有一定的启发意义。纵观来看，上海户籍制度改革的历程是一个逐步地、十分有控制地打开户籍大门的过程，体现出很强的人才优先的选择性特征。进一步改革应解决的关键问题在于增强深化改革的紧迫意识，更好地保障不同类别、不同层次外来人口的平等权益。

2. 广东的实践

广东的农民工积分入户政策是我国首先出现的发达地区省级行政区域针对农民工入户的改革，对于农民工大量集聚的发达地区和大中城市的户籍制度改革具有重大的探索价值。这一政策在包含人才与资本入户这种选择性指标的同时，又通过参保情况、居住情况、社会贡献等普惠性指标，为普通农民工入户打开了大门，相比上海实行的较单一的人才入户政策，在发达地区大城市是一个突破；相比其他城市例如成都、重庆，将户籍改革对象主要针对限定为本市户籍人口，则突破了地域限制，对推进跨省流动农民工当地入户积累了有益的经验。然而，广东的农民工积分入户政策也暴露了一些问题，如户籍开放度不够，入户指标太少；未涉及入户农民工的土地财产处置机制问题；等等。这也是外来农民工聚集的沿海发达地区推进户籍制度改革面临的共同问题，需要全国层面的统筹安排和顶层制度设计。

本章小结

1. 乡村与城市是社会生产力发展和大分工的产物。城乡之间是一个极其庞大、复杂的关系系统，也是长期以来累积形成的政治、经济、社会、文化和空间关系形态的综合体系。工农城乡关系是我国基本的经济、政治和社会关系之一，我国的工农城乡关系经历了一个从互惠型到割裂型，又从恢复型到汲取型的演进过程，近年来正逐步形成城乡一体化发展的新格局。

2. 城乡关系理论研究的脉络轨迹与西方发达国家城乡发展实践历程基本相似，也遵循了“城市出现—城市偏向—乡村偏向—城乡融合”的基本路线。城乡关系的理论在演变过程中，其本质都体现与反映着城乡均衡发展的社会理性，即致力于消除城乡差距与实现城乡协调。

3. 新中国成立以来城镇化的历程分为波浪起伏时期、稳步推进时期和加速推进时期三个时期。与其他国家相比，中国的城镇化具有四个鲜明特点，主要包括：一是城镇化起点低、规模大、速度快；二是城镇化水平呈现出明显的地区差异；三是城市群已成为城镇化的主体形态；四是城镇化成为经济发展的重要引擎。

4. 户籍制度就是对户口、户籍进行管理的制度，是各级国家管理机构对其辖区范围内的户口进行调查、登记、申报，并按照一定原则进行立户、分类和编制的户口管理制度。我国户籍制度改革的过程中也形成了独特的户籍变迁特征。具体特征如下：城乡二元性，限制流动性；利益分配性，身份继承性；户籍制度政治功能减弱，经济功能逐渐增强；落户的决定权下放，户籍政策地方化特征明显；落户的渠道增加，户籍福利功能在不同区域出现分化；以准入条件代替指标管理，城市政府对人口迁入目的导向明显。

5. 当前深化户籍制度改革存在的主要问题包括：对户籍制度改革的顶层设计体系尚不完善；现行公共服务体制与深化户籍制度改革矛盾较大；现行土地制度对进一步深化户籍制度改革制约较大；大城市及特大城市户籍制度改革的矛盾集中；解决存量流动人口的相关改革问题难度大；户籍制度改革成本分担机制的合理设计缺位。

关键术语

城乡关系　城乡融合　城乡一体化　城乡关系理论　二元结构理论　托达罗模型　新型城镇化　统筹城乡发展　户籍制度

复习思考题

1. 当前城乡关系中存在的主要问题有哪些？历史因素有哪些？应如何看待？
2. 结合当前实际，对新型城镇化与新农村建设的关系谈几点看法。
3. 中国当前城镇化发展存在何种问题？新型城镇化的发展趋势如何？
4. 户籍制度改革迟滞的原因有哪些？如何破解？
5. 目前，国内一线城市实施严格的户籍管理制度，与中央大力推进的城乡一体化精神和要求有无相悖？对此，请谈谈你的看法。

案例分析

案例 15－1　韩国统筹城乡发展的成功做法

20 世纪 60 年代，韩国实施了优先推进工业化的发展战略，但在工业快速发展的同时，农业严重萎缩，出现了城乡发展不平衡、城乡收入差距扩大的现象。在这种情况下，韩国政府学习别国的先进经验，积极实施工农业均衡发展战略。韩国推动统筹城乡发展的措施主要有以下几方面：

(1) 实行“新农村工厂计划”。其目标是改善农村居住条件，吸引工业企业家到农村地区投资，同时实行“农户副业企业计划”。1983 年起，韩国推行“农村工业园区计划”，有选择地在农村人口聚居中心发展非农产业，实现了城乡产业的对接，为农民提供了大量的就业机会，增加了他们的收入。

(2) 新乡村建设运动。注重农村经济社会的全面协调发展，不仅包括修路、电力、水利、修建住宅等，还注重加强农村自然和社会环境的治理。20 世纪 80 年代以来，韩国农村的生产和生活环境得到了极大的改善。

(3) 加强制度建设，保证政策的连续性。韩国政府在发挥政府主导作用的同时，注重用制度约束行政管理权限，防止政府过度作为。1991 年至 1994 年，韩国连续出台了一些发展农业的惠民政策。此外，韩国政府还大力加强市场体系建设，建立健全农业服务体系，提高了农产品的流通效率，走出了一条成功之路。

(4) 发展教育事业。韩国坚持教育立国，全国多数人读过大学。同时，他们加强对小城市和农村教育事业的投入，在农村形成了特色教育、农渔民后继者教育和专业农民教育的新体系，为农村发展培养了大批高素质人才，推动了农村的全面发展。

资料来源：李林杰、石建涛：《日韩城乡统筹发展的经验借鉴》，载《日本问题研究》，2008 (4)。

思考：韩国统筹城乡发展的成功做法对中国有何启示？中国目前推行多年的新农村运动存在何种问题？

案例 15－2　巴西城市化进程中的贫民窟问题

巴西是一个大型发展中国家。2010 年巴西总人口为 1.9 亿人，位居世界第五。过去几十年中，巴西的城市化进程呈现的典型特征是过度城市化。1950—1980 年 30 年间，巴西城市化率从 36.2%上升到 67.6%，同期发达国家的 GDP 增加了 2.5 倍，而巴西仅仅增加了 60%。伴随过度城市化的另一个特征就是大城市化，大量农村人口涌向大城市，目前巴西最大的 9 个城市集中了全国人口的 29%。

过度城市化的典型病症就是严重的贫民窟现象。贫民窟是指 50 户以上人口汇聚在一起，房屋建筑无序，占用他人或公共土地，缺乏必要的卫生服务等基础设施。2000 年，巴西有 3 905 个贫民窟。其中圣保利州的贫民窟最多，有 1 548 个；里约热内卢市 550 万人口中有 150 万人生活在贫民窟中。

人口过度集中以及贫民窟问题，为巴西城市的社会问题、环境卫生、住房、交通带来巨大的负面影响。贫民窟成为贫穷、犯罪、贩毒、环境污染等社会负面因素的集中地和代名词。有资料表明，巴西贫民窟基本上被黑帮控制，里约可卡因年交易量达 7 吨。巴西的过度城市化和贫民窟问题与其农村土地占有的严重不贫衡、城市就业机会相对缺乏、公共服务不完善等密切相关。巴西的绝大多数土地一直被极少数大地主控制，大量无地农民流向城市，沦为无家可归的无业游民，便强占城市国有土地违法搭建，教育、医疗、住房、社会保障无法有效覆盖，形成自我复制和固化的贫民窟。

资料来源：李振京、张林山：《我国户籍制度改革问题研究》，134～136页，济南，山东人民出版社，2013。

思考：巴西贫民窟形成的原因有哪些？对正在大力推进新型城市化的中国有何启示？结合中国实际情况，谈谈中国如何防范大城市化可能带来的城市贫困和社会稳定问题。

第 16 章

市场经济危机与危机管理

2015 年 6 月，当股票从 5 000 多点峰值大幅下跌时，股灾来了。让笔者想到了在上课之时讲到的：乐视网董事长抛售套现了，股市还会涨吗？事实上，这样的例子在金融市场上比比皆是。“你听到大力推销的 CEO 们说，一切都很好，但是，他们正大量出售股票。”一个资产组合经理说。这种矛盾，他认为“简直无法调和”。

所有股市涨跌不断出现的主题是信息，并非所有的投资者都拥有完全的信息。由于股票拥有者知道真实的情况而抛售，投资者对出售公司股票的股东就会不断抱怨，而其他投资者甚至员工都蒙在鼓里。这种不对称拥有的信息，经济学术语为“不对称信息”。

16.1 经济中的信息与危机

16.1.1 市场中的信息不对称概述

市场中交易成本的存在可以在一定程度上解释金融中介和间接金融在经济中的重要作用，但是要深入理解经济结构，还需要研究信息在经济中的作用。信息不对称是经济中的一个重要特征，它是指交易的一方对另一方缺乏充分了解并影响在交易中做出正确的决策。要想了解信息在市场中的重要性需要理解两个问题：第一，什么样的市场最有可能受到信息问题以及产生的危机重创？第二，危机怎么样将人们的注意力从一种信息转向另一种信息？首先，我们知道，随着市场规模的扩大，较大的市场会带来很多好处，但信息不对称的问题会随之扩大，即较大市场有可能见证信息问题引发的危机。2015 年 6 月的股灾已经见证了这个问题。其次，股灾以历史偶然的事件形式改变了信息的价值。危机可以极大地减少某些信息的价值，使得经济中的投资者从某些投资中撤退。危机也对通过咨询使投资者逃离灾难的金融中介起到很好的作用。金融中介可以帮助金融市场尽可能克服不对称信息所带来的问题，并使市场扩展到其旧的边界之外。

市场上几乎所有的投资都是有风险的，投资者进行投资所依靠的无非就是对收益率高低概率的预测。预测可能源于研究，而研究基本上都是基于一些决定的相关信息：收入报告、股市分析师的推荐和还款记录等。这就是为什么信息对于市场交易重要的原因。没有信息，投资者就会两眼一抹黑。理想的情况下，投资者都会拥有相同的信息，但即使拥有相同的信息，仍会存在困难。就像实验经济学的工作所表明的那样，即使拥有相同的信息，仍会被一些错误的想法所困扰。实际来看，相关的信息几乎从来不是平等分享的。如公开上市的公司的 CEO 常常比大多数的股东更能了解公司的营业收入情况，这种信息的不对称事实上引发了很多危机并给金融市场造成了巨大的麻烦，并且这一点也揭示了金融中介如此重要的原因。

信息不对称和危机之间的联系是有关资本市场问题的重要组成部分。但是信息不对称不仅仅是金融危机的一个主要原因，也是资本市场创新的重要刺激因素。危机猛烈冲击资本市场之后，很多金融制度就产生了，产生的目的就是为了解决信息不对称问题。

在市场中，信息专家常常成为金融中介。这些专家和中介的一个潜在风险是，他们自身可以利用他们应该解决的那些信息问题，并利用那些使用他们服务的未被告知信息的个人。这就产生了另一种信息不对称并对市场产生冲击，正如 2016 年中国股市国家救市过程中发生的问题（中信证券问题）。各种各样的方法让信息专家守规矩，并减少与其失当行为相关的问题，这就是政府的处罚。2016 年中国的中信证券事件和美国安信达倒闭进程就是其中的例子。市场上的信息不对称可能折磨金融市场，出现了大量制度来应对产生的问题——每一项制度有其自身的困难。就如 2016 年中国股票市场一样，当市场回暖时，过去的股灾记忆可能会被更近期的事件以及因市场持续繁荣而产生的信心推到一边——市场观望情绪浓重。

纵观全球市场，在任何情况下，信息不对称的困难都不会被更好的技术扫除。虽然随着网络的发展，信息传播得更快，但这些技术的进步没有一个消除了金融危机。随着经济的发展和技术的进步，危机并没有被消除，反而有扩大的趋势，这可能是因为经济中总是存在着信息不对称问题。但在经济中却保留下来一个不变的规律：没有一个矫正的方法曾经消灭金融危机。

16.1.2 市场危机的概念和特征

1. 市场危机的概念

危机无处不在，金融市场也不例外。市场危机主要指银行危机、货币危机、债务危机和次贷危机，具体表现为社会整体出现经济萧条的现象，大量企业倒闭和失业率急剧上升。在这种情况下，融资方式单一、管理和风险意识薄弱的金融市场就会更容易受到冲击。

相比较而言，较大的金融市场常常具有巨大的优势。较大的市场通过挖掘更大范围的投资者，可以获得比较小市场更多的资金，而给予投资者多元化的机会，使得投资者可以避免一些风险，降低了资金的成本。但伴随这些优势的却是信息不对称，由于信息不对称的产生，使得投资者在较大的市场获得了较大的收益，这种收益来自更多的投资者，也是来自多元化较大市场公平交易的一个不可避免的副产品。

金融市场中信息的不对称也会带来危机，不可避免地与较大市场规模如影随形。这是较大市场带来巨大好处的不好的一面。金融市场越大，危机种类越多，是因为市场参与者不仅有借款人和贷款人，也有金融中介——彼此了解较少，对交易的金融产品了解较少，为大众利用其他人所未知的信息留下了较大的空间。

较大金融市场上的危机也可能是由于很难习惯新的金融工具而引发的。市场的扩张，给各种各样的信息问题打开了大门。缺乏信息就会带来无知、诈骗和错误陈述，尤其是在市场扩张时也不可避免地掉进各种陷阱，互联网泡沫就是例子。互联网是一种新的运营技术，投资者在估计公司的盈利时会遇到困难，不对称信息加剧了这种困难。所以在较大的金融市场中会有更多的信息问题，也会有更多的机会产生金融危机。因为较大的市场会受到更多信息问题的冲击，所以危机产生之后人们常常无法说清楚准确的原因。即使找到了原因，经济理论也常常无法告诉我们应该做什么。甚至当理论告诉我们能够做什么的时候，其建议也常常无人理睬，因为进行大多数的制度改革的金融中介或者政府官员一般不会倾听经济理论的要求，而是服从个人利益。

2. 市场危机的特征

市场危机的主要特征可以概括如下[①]：第一，客观性。不以人的主观意志为转移。第二，可控性。虽然大部分都是因为偶然事件的发生而引起的市场危机，这并不意味着危机的发生和发展没有一定的规律可循。我们可以根据市场危机的性质和发生条件对危机进行预测，企业也可以通过对自身金融制度和监管制度进行改革，尽量把损失控制在最低。第三，扩散性。市场危机发生后并不仅仅影响金融行业自身，它有可能影响到整个经济体系，严重的还会造成社会风险。第四，隐蔽性。信用可以利用其自身的特点对市场危机进行一定程度的掩盖，这样市场危机就具有一定的隐蔽性，因此可以帮助金融业在短期内进行有效的缓冲，对风险进行弥补。

市场危机发生之后，可以采取一些适当的解决方案，但是这些方案的设计也只是为了防止刚刚过去的危机（原方案的设计存在很多缺陷，危机之后不是去修正缺陷，而是变换交易法则），2015 年股灾之后我国期货交易的改变就是例子。2015 年 8 月股市的暴跌是在政府救市之后，政府支付了部分损失——至少使得部分投资者不至于吓得逃离市场。但是截至 2015 年末，市场观望情绪仍然浓厚，说明金融制度改革仍然没有取得预期的效果。

著名经济学家米什金曾阐述过信贷膨胀型泡沫：乐观的经济前景预期、或宽松的信贷环境、或金融市场的变化都将导致信贷泡沫。[②] 根据维尼斯的分析，股市火爆的各种成因可以表达为表 16-1。

① 参见张全凌：《金融市场危机与管理规范》，载《财政金融》，2015。

② Frederic Mishkin, "Not all Bubbles Present a Risk to the Economy," *Financial Times*, 9 November, 2009.

表 16-1　　股市火爆的起因

- 全社会涌现了鼓励投资的潮流
- 股价不断上升激发了乐观情绪以及股市将持续繁荣的预期
- 良好的经济运行与增长环境提升了公司的盈利能力
- 管制放松为发达市场、新兴市场提供了新的机会
- 极为宽松的廉价信贷助长了购买力
- 发股筹资成为主要的市场特征
- 新的衍生品被推出，信用交易的比重增加
- 股价涨幅超过债券价格涨幅
- “谈论股市”成为政府官员以及中小投资者的必然话题
- 受骄人的业绩鼓舞，基金经理、金融界人士举手投足俨然“宇宙的主宰”
- 巨额投机回报的新闻报道刺激大量新手进入股市
- 基金经理、专业投资者以及其他金融人士为追求更高收益不惜承担越来越大的风险

2015 年股灾之后我国所采取的制度改革和吸取的教训又会怎么样呢？是否会重整市场？是否对防止未来的危机作用很小或者根本没有作用？还是对危机的预防作用很大呢？或者我国注册制的推出，是否使虚假会计和高管随便减持在未来发生的可能性更小？要说清楚这些问题为时尚早，因为危机的后续影响和制度改革措施一样需要很长的时间才能总结。

16.1.3　危机对信息价值的影响

金融市场所需要的信息不会简单地成为现实：市场参与者对投资的信息有需求。市场参与者之间的互动是产生信息的方式，信息事实上是在市场中产生的。市场的危机会影响这一进程，主要是因为市场会改变各种不同的信息的价值。危机会极大地减少某些信息的价值，使投资者从这些投资中撤出。

金融中介由于其某些信息的错误也会遇到相同的命运。就如 2015 年度的中信证券一样，由于错误地使用了某些信息而煎熬度日。但我们应该知道，市场中的每一种情况，应该说清楚什么是可接受的投资，什么不是。虽然市场中的规则不会被经常修订，但在某些情况下确实会变化。当市场繁荣时，规则会放松（2014 年的配资制度）；在股灾之后，规则会被修订，会被强制实施新的法规。很多危机的特点都是这种相同的模式：危机之前放松规则，危机之后强制实施新的法规。20 世纪 90 年代的“2·23”国债事件和 2015 年的中国股灾都是如此。

危机迫使投资者修正自己的观点，并思考什么样的信息在未来最有用这一问题。结果就是信息的需求出现转变。这样转变，大多数情况下促进了一系列新规则的出现。这些新的规则会取代被放松的法规，在股灾爆发前的繁荣时期那些规则助长了股灾的爆发。当然，在比较现实的情况下，投资者会不断持续修订投资法则，在繁荣的时候也不会放松警惕。但一般而言，正是由于股灾的出现，投资者才会推动可接受的投资行为的新标准。他们可能包含在法律之中或者只是对投资行为非正确的理解。

因此，历史事件，特别是危机将会引导金融市场的改变（制度改革），除非与历史分析相结合，否则经济学将无法单独解释引导的方式。危机将会成为市场改革的转折点，在这样的时刻，规则将会得以重塑，因为信息不对称不会消失，所以危机也不会消失，它们

总是会重新调整经济（金融）的发展方向。

16.2 市场经济危机

16.2.1 马克思关于经济危机的论述

在马克思的经典著作中，马克思将经济危机解释为生产过剩和商品的供给大于需求，以至于导致了社会大混乱的现象。也就是讲经济危机主要表现为两个方面：一是实体经济的严重倒退，二是国民经济运行体系的巨大破坏。在现代经济中，经济危机常常演变为金融危机。

《1857—1858年经济学手稿》《1861—1963年经济学手稿》和《1863—1865年经济学手稿》以及《反杜林论》中对经济危机理论都有所论述。《剩余价值理论》中谈道：世界市场危机是“资本主义生产最复杂的现象”[①]，“世界市场危机必须看作资产阶级经济一切矛盾的现实综合和强制平衡。因此，在这些危机中综合起来的各个因素，必然在资产阶级经济的每一个领域中出现并得到阐明”[②]。马克思在《资本论》中指出：“一切真正的危机的最根本的原因，总不外乎群众的贫困和他们的有限的消费，资本主义生产却不顾这种情况而力图发展生产力，好像只有社会的绝对的消费能力才是生产力发展的界限。”[③] 在资本主义社会，生产和消费的关系发生异化和扭曲，使得经济危机的爆发成为可能。马克思指出，经济危机的实质是相对过剩，相对过剩是指相对于劳动人民有支付能力的需求来说社会生产显得过剩，而不是与人民的实际需求相比的绝对过剩。

经济危机一般包括危机、萧条、复苏和高涨四个阶段。马克思尖锐地指出，资本主义经济危机的根源在于资本主义的基本矛盾，即生产的社会化与生产资料的资本主义私人占有之间的矛盾。

从2008年的美国次贷危机而引发的全球性金融危机来看，美联储的连续降息使地产商和信贷机构看到了潜在的商机。在利润的驱动下，信贷机构一方面大力支持地产商开发房地产，另一方面又降低购房者门槛，使一些信用等级较低的居民也加入了购房者的行列，从而达到扩大市场需求的目的。最终美国楼市出现了供需两旺的繁荣局面，而政府却放松了对金融的监管，造成信用极度膨胀。正像马克思所说的：“虚拟的货币资本大大减少，从而它的所有者凭它在市场上获得货币的力量也大大减少。这些有价证券在行情表上的货币名称的减少，虽然和它们所代表的现实资本无关，但是和它们的所有者的支付能力关系极大。”[④] 所以，2008年美国次贷危机爆发的原因不是传统上有效需求不足引发的，恰恰是虚拟资本基础上的有效需求过旺造成了经济泡沫，是虚拟经济严重脱离了实体经济的发展。由于次贷的群体是低收入或者信用度相对较差的人，而房地产商通过降低贷款利

---

① 《马克思恩格斯全集》，中文1版，第26卷Ⅱ，572页，北京，人民出版社，1973。

② 同上书，582页。

③ 《马克思恩格斯全集》，中文1版，第25卷，548页，北京，人民出版社，1974。

④ 同上书，559页。

息等手段，使得消费者举债消费后出现了支付链断裂而引发的信用危机。正如马克思在分析货币的支付手段时指出的：在支付手段的链条中，隐藏着危机发生的可能性。

16.2.2 西方经济学家关于经济危机的论述

为阐述经济危机产生的原因以及寻找解决危机的途径和方法，西方经济学家试图用不同的经济理论与模型对其进行解释。英国著名经济学家凯恩斯认为经济危机的产生源于三种心理倾向所导致的需求的不足。所谓三种心理倾向，也就是经济行为主体的"消费倾向""对资本未来收益的预期""对货币的偏好"。布伦纳则预见了美国经济繁荣背后的负面性："资本主义的生产过剩以及用私人赤字的增加代替财政赤字来刺激需求必然引发的泡沫经济。"福斯特和马格多夫认为金融危机的发展是实体经济的停止和债务大量增多导致贷款人难以偿还的结果。沃尔夫认为美国停滞的工资和增加的剩余使得银行向大量的工人贷款，成为美国金融危机爆发的条件。而拉帕维查斯则全面分析了金融化的历史过程中掠夺的产生、银行业的转型、现代食利者的形成以及金融化政策和社会影响，从而阐释了金融危机发生的必然性。总之，西方经济学"把资本主义市场看做是一种自然的、自发的和最优的经济组织形式，其观点或者否认资本主义社会会发生全面危机的可能性，或者把危机产生的原因归结为政策和行为偶然失误以及外部因素的冲击，并没有从制度的层面上剖析经济危机产生的根源"①。

16.2.3 经济危机波动的类型

由于不同时期经济发展情况不同，不同的国家也有差异，经济危机的波动形式包括升降的幅度和经历的时间长短不会一样，位势或大或小，时间或长或短，形式多种多样，这就是所谓的经济周期。经济周期是指经济围绕长期增长趋势周期性出现的经济扩张与经济紧缩交替更迭往复的一种现象。西方的经济学家根据经济危机周期性波动的长短，通常将其划分为长波、中波和短波。

1. 长波

长波理论是由俄国经济学家康德拉季耶夫于 1925 年提出的。所谓长波，是指平均长度为 50 年左右的长期经济运行循环，后来被称为康德拉季耶夫周期。康德拉季耶夫根据对 1780—1920 年间西方工业国家的经济统计资料进行分析指出：这些国家的经济运行可划分为两个半长的经济危机长波，并较准确地预测了当时资本主义经济已进入下降阶段。随后熊彼特对经济长波理论做了论证，进一步提出技术创新为特征的经济长波，用以揭示经济发展中的周期波动现象。

2. 中波

中波理论是法国经济学家朱格拉于 1860 年提出的。所谓中波，是指平均长度为 9～10 年的经济危机的周期性波动，后来称为朱格拉周期。他在《论法英和美的商业危机及其发生周期》一书中提出，危机在西方国家里不是一种独有现象，而是周期性发生的具有连续性阶段的过程。同时，他把经济危机的周期划分为三个阶段，即繁荣、危机和清算。朱格

---

① 张宇：《金融危机的政治经济学分析》，6 页，北京，经济科学出版社，2009。

拉首次明确提出“商业周期”这一概念并在西方得到广泛应用。

3. 短波

短波理论是美国经济学家基钦于 1923 年提出的。所谓短波，是指平均长度为 40 个月左右的短期性经济危机的周期波动，后来称为基钦周期。基钦在《经济因素中的周期与趋势》一书中，对 1890—1922 年间的英美经济发展史进行了研究，重点对物价和利润率指标的变动进行了分析，认为这些国家的经济有周期性波动的现象。这种周期可以分为大周期和小周期，小周期是大周期的组成部分，一个大周期要包含三个小周期。

1939 年美籍奥地利经济学家熊彼特在《经济周期》第一卷对经济危机的各种周期性波动进行了综合。他认为，一个长周期包括六个中周期，一个中周期包括三个短周期，其中短周期为 40 个月，中周期为 9～10 年，长周期为 48～60 年。

了解和把握经济危机的周期性波动规律，通过人的主观能动性理解经济危机的因素和传导过程，可以对经济危机进行有效预警，再借助各种经济杠杆进行有力的宏观调控，对经济危机的周期尽量减缓坡度，缩短回落和低谷时间，这对经济的发展十分重要。

16.3 危机管理

16.3.1 基于金融危机理论深入剖析金融危机成因

围绕金融危机成因这一问题，长期以来，经济学家从不同的角度和立场、不同侧面用不同的方法进行了很多探索和研究，并形成了理论。由于金融危机成因涉及范围广，因素变化多，相关问题也复杂，因此不同的经济学家对金融危机的成因有不同的看法。《新帕尔格雷夫经济学大辞典》将金融危机定义为“全部或部分金融指标——短期利率、资产（证券、房地产、土地）价格、商业破产数和金融机构倒闭数——的急剧的、短暂的和超周期的恶化”。金融危机可以分为货币危机、债务危机、银行危机等类型。① 近年来的金融危机越来越呈现出某种混合形式的危机。金融危机最开始表现为固定汇率的瓦解，或者成为货币危机，而后则呈现出外汇市场、银行、房地产市场、股票市场同时出现崩溃的复杂症状。国际金融危机主要表现为货币危机，具体表现为市场流动性不足，信用紧缩，市场停滞，交易大量减少，市场恐慌性抛售，信心崩溃。

20 世纪 80 年代以来金融危机不断爆发，包括 80 年代初拉美的债务危机、1994—1995 年的墨西哥危机和 1997 年爆发的东亚危机，对主流经济学和追求经济自由化及宏观经济稳定的政策框架提出了挑战。经济学家们提出了不同的理论模型来解释金融危机，主要包括金融恐慌（多种均衡）、商业周期（实质的危机）、政府宏观经济政策、泡沫的产生和破灭、扩大（传染性和脆弱性）、有缺陷的政府微观经济政策。

第一代危机论的代表人物是罗伯特·弗勒德和彼得·加伯。其理论认为，金融货币危机是由政府经济政策之间的冲突造成的，一国财政、货币政策与固定汇率制度的矛盾是引

① 参见马君潞、陈平、范晓芸主编：《国际金融》，北京，高等教育出版社，2011。

起危机的基本原因。扩张性的宏观经济政策导致了巨额财政赤字，为了弥补财政赤字，政府只好增加货币供给量并征收铸币税，同时为了维持汇率稳定而不断抛出外汇储备，一旦外汇储备减少到某一临界点时，投机者会对该国货币发起冲击。财政赤字的持续货币化会导致固定汇率制度的崩溃并最终引发货币危机。该理论有效解释了 20 世纪 70 年代末 80 年代初拉美国家的金融危机。

第二代危机理论的代表人物是莫里斯·奥巴斯特菲尔德、杰拉多·埃斯奎韦和菲利普·拉润。20 世纪 80 年代中后期，经济学家开始从基本面没有出现持续恶化这一角度来解释危机。奥巴斯特菲尔德在寻找危机发生的原因时强调了危机的自我促成性质，关注政府与市场交易主体之间的行为博弈。该理论以博弈论为核心，认为市场参与者，包括中央银行和投资者由于各自掌握的信息不同，在博弈中会有不同的选择，会形成多重的均衡。以奥巴斯特菲尔德为代表的学者在强调危机的自我促成时，仍然重视经济基本面的情况，如果一国经济基本面的情况比较好，公众的预期就不会发生大的偏差，就可以避免危机的发生。而另一些第二代危机模型则认为，即使一国经济基本面尚好，但如果其中某些经济变量并不是很理想，由于种种原因，投资者发生信心和预期上的偏差，这种信心的丧失通过市场机制扩散开来，在金融市场存在缺陷的情况下，传染效应和羊群效应推动了金融危机的爆发。

第三代危机理论的代表人物是保罗·克鲁格曼和麦金农。克鲁格曼指出，一些第三代模型实质上非常像伯南克和格特勒提出的封闭经济条件下的金融脆弱性模型。第三代模型认为金融体系本身是脆弱的，再加上道德风险、隐形赤字等因素使得金融体系更加脆弱。这种情况下投资者信心的敏感性很高，容易受到自我实现式的冲击而撤出投资，银行面临挤兑，企业因为财务困难而抛售资产，迫使资本贬值，从而导致危机的发生。克鲁格曼建立了一个开放的小国经济模型，分析了贸易及实际汇率变动的影响与效应，用企业、脆弱的金融体系以及亲缘政治等概念进一步解释了 1997 年东南亚金融危机。这一理论假设的前提条件和研究重点类似于第一代和第二代，不同的是更侧重从金融体系本身寻找危机的根源，更强调道德风险和金融体系脆弱性等导致金融恐慌自我实现的作用。

第四代危机理论是以资产的价格变化为核心，认为若一国宏观经济已经出现某种程度的内外不均衡，则国际短期资本流动所形成的巨大冲击很容易成为最终引起货币危机、金融危机全面爆发的导火索。弗拉兹瑟将金融危机的传导归纳为三个渠道：基础性经济因素、金融市场多元化和紧密的贸易关系。通过分析 1994—1995 年的墨西哥金融危机和 1997 年的亚洲金融危机，他认为最重要的传导渠道是贸易关系和金融部门的一体化。如果一个国家面临大量的资本流出或者其金融部门非常脆弱，该国就更容易受到外部冲击。外部因素和汇率的失衡在解释金融危机传导方面并不重要。杰克逊在《亚洲金融危机》一书中将亚洲国家的危机归纳为五种特征：（1）资本账户的突然恶化；（2）固定汇率制；（3）国内信贷过度扩张造成私人投资不当；（4）不完整的监督和管理体制；（5）不正确的经济和金融政策。

应该说一国经济基本面某一方面的失衡仍是金融危机爆发的大背景，在危机的传导机制方面，羊群效应、传染效应仍旧发挥着关键作用。纵观历次金融危机，资金链的断裂都是危机爆发的直接原因。贝尔斯、雷曼兄弟等投资银行和大量商业银行的破产，原因就在于此。

前述金融危机，无一例外地都对各国的实体经济产生了极大的影响，导致了相应国家经济的衰退。近年来的危机很多都是以货币危机和银行危机的“孪生危机”的形式同时发生。根据新古典的观点，货币金融不稳定或者危机关键不在于金融市场本身，而在于管理货币金融的政策措施，因此如何加强对政策的设计和政府管理至关重要。

在经济全球化的背景下，从金融危机反思的视角，系统探讨金融市场与金融稳定等问题，无疑会为未来防范金融风险、促进经济复苏和稳步发展的进程提供有力的理论支撑。

16.3.2　政府应对危机的策略

纵观对现代经济中发生的各类金融危机的研究，查尔斯·金德尔伯格的研究最为引人注目。查尔斯·金德尔伯格对金融狂热和崩溃的学术研究始于他撰写的题为《金融危机：一个亘古难题》的书稿。[①] 他很清楚的是，金融危机是经济世界的常规特征。

金德尔伯格发现金融危机通常与经济周期的峰值阶段相关。我们没理由不同意这一观点。金德尔伯格接着说：“市场通常会发挥作用，但偶尔会失灵。当市场失灵时，就需要政府干预来提供稳定性这一公共品。”

就如2015年中国股灾一样，当人们反复念叨“改革牛”“新的经济起点”“我们已度过了最困难的时期”“配资增股”和“上市公司高管减持”等话题的一些变体时，就应该明白，大家享受到的大好时光已经不可持续了，泡沫的破裂已经为时不远了。在这点上，加尔布雷斯的一段文字值得引述：“我们不仅要将非凡的才智与大型机构的领导人联系在一起……他们控制的资本资产和收入流越大，人们就越认为他们对于金融、经济以及社会的洞见越深刻，只有发生惊天动地的崩溃之后，真想才会大白于天下……金融天才必然惨败。”[②]

从萧条到繁荣再到萧条的经济周期表明，各国政府、商业银行和投资银行、央行以及监管机构在消解经济运行、资金借贷、内部控制、游说冲击等问题，以及痴迷于债务膨胀和金融创新上，屡屡犯同样的错误。上述所有主体以及经济界、金融圈的专业人士必须吸取的主要教训之一是应该高度重视海曼·明斯基的跨周期金融模型。[③] 这一模型的主要观点是：在繁荣时期，银行竞争十分激烈，这极易造成宽松的监管环境，导致实际利率为负，致使银行信贷约束相当于废弛，包括信用分析尺度放松、对个别产业部门的放贷比重过高。由此，“裙带”贷款成为欠发达市场银行业特征之一。即使在发达市场上，银行业以及部分非金融企业的债务也达到了令人难以承受的高水平。

纵观我国的经济发展过程，造成今天经济相对困难的原因也许从中可以窥知一二。经济危机并非新现象，经济危机始于经济周期的繁荣现象，要想阻止危机，就必须在经济繁荣时期倾心关注、倾力作为；市场通常运行良好，但偶尔也会失灵；一旦失灵，倘要恢复

---

① Charles P. Kindleberger, *Manias, Panics, and Crashes*, 3rd edition, John Wiley and Sons, Inc., 1996.

② John Kenneth Galbraith, *A Short History of Financial Euphoria*, Whittle Books, 1990.

③ Hyman P. Minsky, *Stabilizing an Unstable Economy*, McGraw-Hill, 2008.

经济（金融）的稳定性，政府必须尽早进行干预。如果企业成为投机旋涡中的泡沫，就应该谨小慎微。微利企业随处可见，资源配置效率低下。在这种情况下政府必须阻止这类局势，具体措施如下：

第一，在一定时期坚持一定程度的保护主义，高度警醒各种各样的虚假信息，尤其是有可能对市场造成不良后果的信息。政府应该制定关于传播这类虚假信息的处罚规定。

第二，必须对银行和金融机构进行严厉监管。设立数量众多的监管机构不能增强它们履行力避系统性风险、维护经济稳定运行的职责。不同的监管机构之间极易滋生有效监控的漏洞，最终会发现它们之间彼此指责（包括各监管机构施行的政策不一）。为防止这种现象，有必要进行监管性创新。监管性创新是指金融当局自觉地适应金融的变化、超前进行法律方面的变革。

第三，在经济发展中，信心是必不可少的，所以政府应该在所有可能的场合提振公众对经济体系的信心。对政府行为的意外后果视而不见是非常危险的。道德风险就是信息不对称中的最佳例证。政府有时候不得不救助市场，一旦市场对此心知肚明，就会承担过高的风险。2015 年 6 月股灾爆发之后，7 月政府救助股市就是最佳例证，结果仍然不可避免地发生了 8 月的股市暴跌，政府承担了较高的风险。

16.3.3 金融机构（包括监管者）应对危机的策略

金融机构在现代经济运行中起着非常重要的作用。我们赞同博森的忠告，即金融风险监控应该重点关注四大因素：房地产的价格膨胀、金融机构的高杠杆率、资产负债的错配、金融产品和金融机构的迅猛增长。回顾我国经济发展历程，这四个因素在我国早已出现：2009—2012 年房地产价格的快速上涨，2013 年出现的所谓“钱荒”，2014 年到 2015 年上半年出现的高杠杆率以及近几年金融理财产品的快速增长和金融机构（民营银行、村镇银行）的迅猛增长。是不是这些因素最终导致了 2015 年的股灾？对于这一问题是见仁见智的。到目前为止，金融机构（包括监管者）应予吸取的教训都与雷萨洛兹归纳的金融灾难成因是一致的，这些成因可以用表 16－2 来表示。

表 16－2　　金融灾难成因

（1）大量使用杠杆
（2）过度承担风险
（3）松懈的监管
（4）表外会计处理
（5）风险管理水平低下
（6）急功近利（和贪婪）的激励举措
（7）金融业务的互联性和复杂性大大增强，其复杂性向任何一位愿意倾听的决策者发出了“系统性风险”的强烈警告

这些因素如果同时发力，则经济体系（包括金融体系）必将面临某类冲击，这类冲击将造成巨大的经济（金融）风险。2015 年的股灾已经证明了这一点。在今后的经济发展过程中，金融机构（包括监管者）应注意以下几点：第一，银行债务决不允许达到股灾前持续高企的水平，必须控制它们的债务—股本比率。任何其他或者加速经济危机（金融危机）重演的因素也应该得到相应的控制。第二，银行家（或者高管）根据想象的短期利润

获得与其投入极不匹配的巨额奖金机制应该予以废止。此举有赖于国家的金融改革或者金融机构的自我约束。否则政府监管就应该迅速介入。第三，以价值疲软的资产为担保、依托高债务的产品变体进行的金融创新是繁荣时期金融的主要特征之一。这是一个高风险的战略（这一驱动是因为利益丰厚）。不合理的奖金结构很可能是此类做法的推手。第四，制定相关规则，防止投资银行（包括机构投资者）违背代理交易的原则用自己的账户从事自营交易。第五，必须禁止银行和公司的大量报表粉饰行为。第六，监管机构必须时刻警惕房地产的价值膨胀、财务的高杠杆率、资产负债的错配、金融产品和金融机构的迅猛增长。如果要避免危害程度更大的下一轮危机，监管当局就必须改进这方面监管实践。第七，禁止评级机构在股灾爆发前极不专业的执业表现。评级机构的业务应该由国务院（或者中国人民银行）在向评级机构征税后出资聘请的监管机构进行监管。第八，谨慎对待宽松监管、自我监管以及进一步放松管制的呼吁。

根据党的二十届三中全会精神，为应对上述要求，对于监管者来讲应注意以下几点：第一，统筹发展与金融安全的关系，要注意协同治理，有序推进，在稳定经济增长的同时也要注意防范风险。第二，要加快建设中央银行制度，健全货币政策和宏观审慎政策双支柱调控框架。第三，完善宏观调控体系，统筹推进财税、金融等领域的宏观政策取向一致性。第四，稳慎扎实推进人民币国际化，推动境内金融机构更好地参与国际竞争，实现在更大范围内市场资源的优化配置。加强短期资本的流动管理和国际收支监测预警。

总之，在信息时代，有两种人、两种机构和两种组织：要么遭受危机受到重创，要么遭受危机受损较轻。无论是大型的国有企业集团还是自营户（私人企业主），已经不需要怀疑自己是否面临危机，而只需要考虑危机何时发生。与此相类似，对于目睹危机爆发过的人而言，世界上也只有两种人、两种机构和两种组织：要么能够控制灾难性局面，要么不能。

简而言之，危机无处不在，对每一个行为人都有影响。危机是当今经济信用社会的一种自然状态。在现代社会奔驰的车轮下，不论你是保护某个品牌形象的商业人士，还是捍卫个人名誉的公众人物，或者是在老板面前维护个人形象的员工，如果不能迅速对危机进行反击，那么在短暂的难堪或者残忍的时刻之后，你的品牌、你的企业或者个人形象就都不复存在。我们希望，不论是谁面临危机，不论危机大小，我们都能正确而迅速地进行处理。

本章小结

1. 在我们这个时代，危机已经成为常态。危机成为常态的原因是信息传播渠道的激增、信息传输速度加快、人们对所收到信息信任度的崩塌以及信息新的社交属性等。

2. 在危机成为常态的情形下，市场上的危机尤其是金融危机更要引起我们的注意。金融是现代经济的核心，金融危机的每一次发生都可能引起社会动荡。因此对金融危机的预防就成为政府和金融机构的重点。

3. 面对发生的危机，未来政策层面、监管层面、投资层面、市场层面和法律层面，还需要在多个方面有效防范金融风险。

关键术语

信息不对称　经济危机　经济周期　三种心理倾向　监管性创新　金融危机　金融中介　风险　金融机构

复习思考题

1. 信息不对称的主要内容是什么?
2. 为什么会发生危机?
3. 经济危机周期波动的类型有哪些?
4. 什么是金融危机?其分类有哪些?
5. 危机发生后会不会引起制度改革?为什么?
6. 危机发生后对政府有什么要求?

案例分析

案例 16-1　2011 年银行理财乱象

《文汇报》7 月 15 日报道，2011 年上半年各商业银行共发行理财产品 9 371 款，较 2010 年 1 月至 6 月产品数量增加 5 170 款，增幅达 123.1%。2010 年上半年月均发行 700 款，而 2011 年上半年月均发行产品数量为 1 561 款，产品数量同比增幅明显。以上统计数据足以说明 2011 年上半年国内银行理财市场明显的上行趋势。而从到期产品来看，2011 年，实际收益率（年化）前 10 位的产品均为结构性产品，而 14 款零负收益产品也均为结构性产品，结构性产品可谓冰火两重天。在 2011 年发行的理财产品中，其他类产品（在产品分类中，属于信托类产品、结构性产品、打新股产品及 QDII 理财产品类别之外的产品）发行 6 534 款，占比 69.7%，同比增长 399.2%；结构性产品发行 994 款，同比增长 251.2%；信托类产品发行 1 843 款，同比下降 29.4%。

当前在银行理财产品暴涨的同时，理财业务多重违规，市场呈现五大乱象：

第一，理财产品短期化趋势明显，其收益率持续攀升，甚至引发部分银行间的恶性竞争，个别银行发行的理财产品有变相高息揽储之嫌。

第二，银行规避银信合作的监管新规，出现了新的融资类理财业务模式。由于银信合作受限，房地产及其他行业贷款收紧，部分银行绕过信托公司，以理财资金为资金来源，通过委托贷款业务来满足融资客户的需求。

第三，银行变相调节监管指标，进行监管套利。比如部分银行通过投资购买他行或本行理财产品的方式调节监管指标；还有部分银行迫于信贷规模控制和盈利压力，通过投资其他商业银行发行的信贷资产类机构理财产品或本行的理财产品，来达到不占信贷规模、提高资金收益水平的目的；还有部分银行违规开展信贷资产转让业务，将银行票据融资排除在信贷资产之外，不经过信托公司直接将理财产品投资于银行票据资产。

第四，银行建立资产池类理财产品，通过期限错配获得利差。资产池类理财产品采取滚动发售、集合运作、期限错配、分离定价的运作模式，银行可获得一定的期限利差。由于不能实现理财产品和资产的一一对应，单个理财产品无法实现成本可算、风险可控，无法进行股指和测算投资收益。同时，这些资产类理财业务支付给客户的收益也是按事先约定的预期收益率兑付。

第五，部分银行追求理财规模的过快增长。个别银行一季度产品发行增速超过100%，在理财资金投向方面，仍有个别银行理财资金间接投向政府融资平台、“两高一剩”企业、“铁公基”和房地产开发项目等限制型行业和领域。

思考：银行理财产品乱象下的风险正在积聚，从商业银行自身经营管理的视角出发，应如何有效控制风险？从监管部门角度你认为应该如何有效规范市场？

案例 16－2　通货紧缩困扰日本

早在 20 世纪 90 年代初经济泡沫破灭后不久，在日本经济运行与发展中就开始出现了一系列通货紧缩性征象。对此，日本政府虽也一再告诫“日本经济正面临着陷入通货紧缩恶性循环的危险”，但始终都未承认日本经济已经处于通货紧缩状态。直到 2001 年 3 月 16 日，前森喜朗政府才公开认定“现在的日本经济正处在缓慢的通货紧缩之中”。

根据日本官方观点，目前日本经济出现的通货紧缩状态在战后还是第一次。以往物价下跌大多具有局部性和短暂性的特点，而目前日本的物价下跌却具有全面性和持续性的特点，即一方面表现为几乎全部或绝大部分商品的价格都同时呈现下跌态势，如在 1999 年和 2000 年，不仅综合批发物价指数分别比上年下跌了 3.3 个和 0.1 个百分点，而且综合消费者物价指数也分别比上年下跌了 0.3 个和 0.7 个百分点；另一方面还表现为物价下跌已成为日本经济运行与发展中的一种长期态势。进入 2001 年，日本物价总水平的下降趋势更加强烈，前六个月无论是批发物价还是消费者物价，月月都是负增长，其中消费者物价在 5 月还创了单月下跌的最高纪录。

日本通货紧缩的一个突出特点为：它是在日本政府长期推行扩张性财政金融政策的背景下形成的；物价总水平的持续下降与巨额财政赤字和超低利率水平等正常情况下不应同时出现的现象，目前却纠缠在一起。20 世纪 90 年代初，日本政府为刺激经济回升，连续推出了力度强大、规模空前的扩张性财政货币政策。一方面，从 1992 年 8 月起连续 10 次推出以减税和增加公共事业投资为主要内容的扩张性财政政策，涉及财政收支规模达 130 万亿日元之巨。其后果是财政赤字和政府债务规模急剧扩大，财政危机空前恶化。到 1999 年，其国债发行额已猛增至 37.5 万亿日元，比 1989 年增加了4.7倍，其中赤字国债也增至24.3万亿日元，比90年代前的最高水平还高2.4倍；若加上地方政府债务，日本的公共债务余额将达666万亿日元，相当于其全年GDP的1.3倍。成为西方发达国家中财政赤字与公共债务危机最严重的国家。另一方面，日本银行也不断推出以降低官定利率为中心的扩张性货币政策。日本银行曾于1999年2月至2000年8月实行了“零利率”政策，且到2001年2月又连续两次下调官定利率，分别下调至0.35%和0.25%。这意味着该阶段日本的官定利率不仅处于历史上从未有过的超低水平，而且创下了连续下调幅度的历史最高纪录。愈演愈烈的通货紧缩，已经并仍将对日本经济的运行与发展造成多层面的消极影响：一是恶化了企业经营环境；二是加剧了消费需求低迷；三是加重了财政赤字危机。从1997年到2000年，日本的国税收入由539 415亿日元减少为456 780亿日元，3年间减少了15.2%。在导致税收减少的因素中，除政府为刺激经济回升而主动采取的减税政策外，物价下跌导致企业利润和个人收入的减少也是其重要原因。

思考：对比日本的状况，思考当前我国有无通货紧缩的现象。

参考文献

Aaron Wildasky. Political Implications of Budgetary Reform. *Public Administration Review*, 1961

Aaron Wildasky. *Politics of the Budgetary Process*. Boston: Little Brown, 1964

R. Aísa, J. Clemente, and F. Pueyo. The Influence of Public Health Expenditure on Longevity. *International Journal of Public Health*, 2014 (5)

Charles P. Kindleberger. *Manias, Panics, and Crashes*. 3nd ed. John Wiley and Sons, Inc., 1996

Donald Axelord. *Budgeting for Modern Government*. New York: St. Martin Press, Inc., 1998

Feldstein, and Martin. Social Security, Induced Retirement and Aggregate Capital Accumulation. *Journal of Political Economy*, 1974 (5)

Frederic Mishkin. Not all Bubbles Present a Risk to the Economy. *Financial Times*, 2009 (9)

Hendrikus J. Blommestein. *Government and Markets*. Kluwer Academic Publisher, 1994

Hyman P. Minsky. *Stabilizing an Unstable Economy*. McGraw-Hill, 2008

Y. S. Joseph, Cheng. Institutions, Perceptions and Social Policy-making of Chinese Local Governments: A Case Study of Medical Insurance Policy Reforms in Dongguan. *Journal of Asian Public Policy*, 2014 (1)

John Kenneth Gaibraith. *A Short History of Financial Euphoria*. Whittle Books, 1990

Muthi Samudram. Japan International Cooperation Agency, Japan Muthi Samudram. *Empirical Economics*, 2009 (3)

Paul A. Samuelson, and William D. Nordhaus. *Economics*. McGraw-Hill Higher

Education，2009

L. P. Pablo，M. N. Silvana，and E. M. Eugenia. Decentralization and Equity：Public Health Expenditure in the Municipalities of the Province of Buenos Aires. *Salud Colectiva*，2012（3）

Weixian Cai，Jian Chen，and Hui Ding. Medical Insurance Effects on Household Durable Goods Consumption：Evidence from China. *Emerging Markets Finance and Trade*，2016（2）

［美］埃尔查南·科恩，特雷·G. 盖斯克. 教育经济学. 上海：格致出版社，2009

［英］阿德利安·巴克莱. 金融危机：成因、背景与后果. 大连：东北财经大学出版社，2013

［美］布鲁斯. 公共财政与美国经济. 北京：中国财政经济出版社，2005

毕泗生主编. 中国农业农村农民前沿问题报告. 北京：人民日报出版社，2003

陈振明. 非市场缺陷的政治经济学分析——公共选择和政策分析学者的政府失败论. 中国社会科学，1998（6）

陈共编著. 财政学（第八版）. 北京：中国人民大学出版社，2015

陈丽，姚岚，舒展. 中国基本公共服务均等化现状、问题及对策. 中国公共卫生，2012（2）

陈晓和. 国防经济与国防安全. 上海：上海财经大学出版社，2010

陈心德等. 养老保险政策与实务. 北京：北京大学出版社，2008

陈银娥. 社会福利. 北京：中国人民大学出版社，2004

陈庆海主编. 政府预算与管理. 厦门：厦门大学出版社，2014

曹艳春，王建云，汪婷. 老年福利国际比较及经验借鉴. 长沙民政职业技术学院学报，2013（6）

陈振明. 公共服务导论. 北京：北京大学出版社，2011

常伟. 农产品价格异常波动的机理分析与对策探讨. 价格理论与实践，2011（3）

丛树海主编. 中国预算体制重构——理论分析与制度设计. 上海：上海财经大学出版社，2000

代鹏. 公共经济学背景与案例. 北京：中国人民大学出版社，2006

邓子基，林致远. 财政学. 北京：清华大学出版社，2008

董问樵. 国防经济论. 北京：北京理工大学出版社，2004

邓大松等. 改革开放 30 年中国社会保障制度改革、评估与展望. 北京：中国社会科学出版社，2009

邓大松. 社会保险（第三版）. 北京：中国劳动保障出版社，2015

戴建兵，曹艳春. 残疾人社会福利的国际比较及其对我国的启示. 长沙民政职业技术学院学报，2012（1）

邓子基. 财政学. 北京：中国人民大学出版社，2014

董捷. 日本农业支持政策及对中国的启示. 日本问题研究，2013（1）

邓晓兰主编. 财政学. 西安：西安交通大学出版社，2007

樊勇明编著. 公共经济学导引与案例. 上海：复旦大学出版社，2003

樊勇明，杜莉编著. 公共经济学. 上海：复旦大学出版社，2003

范先佐主编. 教育经济学. 北京：中国人民大学出版社，2014

高培勇编著. 公共经济学（第三版）. 北京：中国人民大学出版社，2011

国家卫生和计划生育委员会编. 中国卫生和计划生育统计年鉴 2015. 北京：中国协和医科大学出版社，2015

顾建一. 现代国防经济前沿问题研究. 北京：解放军出版社，2009

国防大学国防经济研究中心编. 科学发展观与我国国防经济建设. 北京：国防大学出版社，2005

国防大学国防经济研究中心编. 新军事变革与国防经济建设跨越式发展. 北京：国防大学出版社，2004

国防大学国防经济研究中心编. 面向 21 世纪的中国国防经济. 北京：国防大学出版社，2002

郭宏. 高等教育投资与人力资源强国建设的国际比较研究. 福建师范大学学位论文，2014

顾建光. 公共经济与政策学原理. 上海：上海人民出版社，2014

黄新华. 公共经济学. 北京：清华大学出版社，2014

黄志冲. 农村公共产品供给机制创新的经济学研究. 中国农村观察，2000（6）

黄恒学主编. 公共经济学（第二版）. 北京：北京大学出版社，2009

胡鞍钢. 政府与市场. 北京：中国计划出版社，2000

[荷] 汉斯·范登·德尔，本·范·韦尔瑟芬. 民主与福利经济学. 北京：中国社会科学出版社，1999

黄恒学，张勇主编. 政府基本公共服务标准化研究. 北京：人民出版社，2011

[加] 约翰·利奇. 公共经济学教程. 上海：上海财经大学出版社，2005

姬鹏宏等. 加快军民融合创新体系建设的对策研究. 装备学院学报，2013，24（1）

姜鲁鸣，王文华. 中国近现代国防经济史（1840—2009）. 北京：中国财政经济出版社，2012

句华. 公共服务中的市场机制——理论、方法与技术. 北京：北京大学出版社，2006

姜长斌. 社会主人——俄国农民的悲剧命运——反思苏联模式中农业政策失败的沉痛教训. 探索与争鸣，2007（3）

江沁，杨卫编著. 政府经济学. 上海：同济大学出版社，2009

[美] 理查德·W. 特里西. 公共部门经济学. 北京：中国人民大学出版社，2014

李怀. 公共权力腐败行为的经济学分析及其政策导向. 经济研究，1996（9）

勒希斌. 教育经济学. 北京：人民教育出版社，2008

刘志民. 教育经济学. 北京：北京大学出版社，2007

刘柄秀. 我国教育投资存在的问题及建议. 改革与开放，2008（4）

厉以宁. 教育投资在国民收入中的合理比例和教育投资经济效益分析研究报告. 高等教育学报，1987（5）

李珍主编. 社会保障理论（第二版）. 北京：中国劳动保障出版社，2007

刘晓梅，邵文娟. 社会保障学. 北京. 清华大学出版社，2014

李宗泽，张玉杰. 澳大利亚人力资源服务业和公共就业服务外包制度. 北京：中国人事出版社，2013

黎鸣. 中国的危机. 北京：改革出版社，1998

刘国永. 预算绩效管理专业基础. 苏州：江苏大学出版社，2014

龙晓柏，洪俊杰. 韩国海外农业投资的动因、政策及启示. 国际贸易问题，2013（5）

梁芷铭，吴雪平. 欧盟共同农业政策分析. 世界农业，2014（11）

刘瑞涵，张怀波. 俄罗斯农业支持及改革政策分析. 农业经济问题，2010（12）

陆益龙. 户籍制度——控制与社会差别. 北京：商务印书馆，2004

李振京，张林山. 我国户籍制度改革问题研究. 济南：山东人民出版社，2014

李树生，祁敬宇. 从美国次贷危机看金融创新与金融监管之间的辩证关系. 经济与管理研究，2008（7）

梁朋主编. 公共财政学（第三版）. 北京：首都经济贸易大学出版社，2012

雷良海. 财政支出增长与控制研究. 上海：上海财经大学出版社，1997

郭小聪主编. 政府经济学. 北京：中国人民大学出版社，2003

[美] 林德尔·G. 霍尔库姆. 公共经济学——政府在国家经济中的作用. 北京：中国人民大学出版社，2012

[美] 约瑟夫·E. 斯蒂格利茨. 政府为什么干预经济——政府在市场经济中的角色. 北京：中国物资出版社，1998

[美] 约瑟夫·E. 斯蒂格利茨. 公共部门经济学（第三版）. 北京：中国人民大学出版社，2013

[美] 斯蒂格利茨. 公共部门经济学（第三版）. 北京：中国人民大学出版社，2005

[美] 罗纳德·哈里·科斯. 企业、市场与法律. 上海：格致出版社，2009

[美] 埃莉诺·奥斯特罗姆. 公共事物的治理之道. 上海：上海三联书店，2000

[美] 弗雷德·E. 弗尔德瓦里. 公共物品与私人社区：社会服务的市场供给. 北京：经济管理出版社，2007

[美] 鲍德威，威迪逊. 公共部门经济学（第三版）. 北京：中国人民大学出版社，2000

[美] R. 科斯，A. 阿尔钦，D. 诺思等. 财产权利与制度变迁. 上海：上海人民出版社，1994

[美] 布坎南. 自由市场和国家. 北京：北京经济学院出版社，1988

[美] 曼瑟尔·奥尔森. 集体行动的逻辑. 上海：上海人民出版社，1994

[美] 丹尼斯密·C. 缪勒. 公共选择理论. 北京：中国社会科学出版社，2002

[美] 查尔斯·沃尔夫. 市场还是政府：市场、政府失灵真相. 重庆：重庆出版集团，2009

[美] 布坎南，马斯格雷夫. 公共财政与公共选择. 北京：中国财政经济出版社，2000

［美］查尔斯·林德布洛姆. 政治与市场——世界政治经济制度. 上海：上海人民出版社，1994

［美］罗伯特. 霍尔茨曼. 21 世纪可持续发展的养老金制度. 北京：中国劳动社会保障出版社，2004

［美］珍妮特·登哈特，罗伯特·登哈特. 新公共服务：服务而不是掌舵. 北京：中国人民大学出版社，2004

［美］E. S. 萨瓦斯. 民营化与公私部门的伙伴关系. 北京：中国人民大学出版社，2002

［美］哈维·罗森. 财政学. 北京：中国人民大学出版社，2000

［美］格鲁伯. 财政学. 北京：机械工业出版社，2015

［美］莱斯特·M. 萨拉蒙. 公共服务中的伙伴——现代福利国家中政府与非营利组织的关系. 北京：商务印书馆，2008

［美］戴维·奥斯本，特德·盖布勒. 改革政府. 上海：上海译文出版社，1996

［德］马克思. 资本论. 第 3 卷. 北京：人民出版社，1975

马君潞，陈平，范晓芸. 国际金融. 北京：高等教育出版社，2011

彭成洪主编. 政府预算. 北京：经济科学出版社，2010

仇雨临，郝佳. 中国儿童福利的现状分析与对策思考. 中国青年研究，2009（2）

［日］青木昌彦. 市场的作用、国家的作用. 北京：中国发展出版社，2002

钟仁耀主编. 社会救助与社会福利. 上海：上海财经大学出版社，2013

［美］舍曼·富兰德，艾伦·C. 古德曼，迈伦·斯坦诺. 卫生经济学（第六版）. 北京：中国人民大学出版社，2011

孙光德，董克用，唐昭. 社会保障概论（第四版）. 北京：中国人民大学出版社，2011

［美］斯蒂格里斯. 政府经济学. 北京：春秋出版社，1988

宋文，杨学忠，樊恭嵩编著. 国防经济学概论. 北京：国防大学出版社，2005

王雍君编著. 公共预算管理. 北京：经济科学出版社，2008

王宏新主编. 公共经济学. 北京：清华大学出版社，2013

万东铖主编. 中国军事百科全书·国防经济手册. 北京：中国大百科全书出版社，2007

武希志主编. 国防经济学教程. 北京：军事科学出版社，2012

吴鸣主编. 国防经济运行与管理. 北京：国防科技大学出版社，2007

王善迈. 教育投入与产出研究. 石家庄：河北教育出版社，1996

王志彬. 我国高校教育基金会投资运作研究. 当代经济，2015（10）

王善迈. 我国教育投资比例的历史分析. 北京师范大学学报，1987（5）

王彩霞. 社会保障学. 北京：电子工业出版社，2014

王江曼. 我国残疾人社会福利的问题及对策. 法制与经济，2011（8）

吴东民，董西明. 非营利组织管理. 北京：中国人民大学出版社，2003

王梦奎主编. 中国经济发展的回顾与前瞻（1979—2020）. 北京：中国财政经济出版

社，1999

王立新．农业资本主义的理论与现实：绿色革命期间印度旁遮普邦的农业发展．中国社会科学，2009（5）

王德祥．明治维新以来日本的农业和农村政策．现代日本经济，2008（2）

武力．1949—2006年城乡关系演变的历史分析．中国经济史研究，2007（1）

文贯中．吾民无地——城市化、土地制度与户籍制度的内在逻辑．北京：人民东方出版社，2014

王伟光，魏后凯，张军．新型城镇化与城乡发展一体化．北京：中国工人出版社，2014

谢自强．政府干预理论与政府经济职能．长沙：湖南大学出版社，2004

徐双敏主编．公共管理学．北京：北京大学出版社，2014

夏永祥．改革开放30年来我国城乡关系的演变与思考．苏州大学学报（哲学社会科学版），2008（11）

［英］约翰·亚当斯等主编．公共经济学——理论、论据和案例研究．北京：科学出版社，2010

袁义才．公共产品的产权经济学分析．江汉论坛，2003（6）

［英］C. V. 布朗，P. M. 杰克逊．公共部门经济学（第四版）．北京：中国人民大学出版社，2000

［英］亚当·斯密．国民财富的性质和原因的研究．北京：商务印书馆，1983

［英］亚当·斯密．国富论．北京：商务印书馆，1974

［英］安东尼·B. 阿特金森，［美］约瑟夫·E. 斯蒂格里茨．公共经济学．上海：三联书店上海分店，1992

［英］彼德·M. 杰克逊．公共经济学的前沿问题．北京：中国税务出版社，2000

［英］朱利安·勒．格兰德，卡洛尔·普罗佩尔，雷·罗宾逊．社会问题经济学．北京：商务印书馆，2006

杨翠迎．社会保障学．上海：复旦大学出版社，2015

［英］约翰·密尔．论自由．上海：商务印书馆，1982

叶响裙．公共服务多元主体供给：理论与实践．北京：社会科学文献出版社，2014

晏莹，龙方．美日韩粮食安全保障资源国际配置的经验．世界农业，2015（5）

杨少亮．印度农业政策演变及趋势研究．世界农业，2013（6）

叶超，陈明星．国外城乡关系演变及其启示．中国人口资源与环境，2008（1）

叶超，曹志冬．城乡关系的自然顺序及其演变——亚当·斯密的城乡关系理论解析．经济地理，2008（1）

杨龙主编．公共经济学．北京：中国社会科学出版社，2014

赵建国，吕丹．公共经济学．北京：清华大学出版社，2014

郑万军主编．公共经济学．北京：北京大学出版社，2015

郑功成．中国社会保障制度变迁与评估．北京：中国人民大学出版社，2002

张向达，赵建国．公共经济学．北京：中国商业出版社，2001

中华人民共和国国家统计局编．中国统计年鉴 2014．北京：中国统计出版社，2014

中华人民共和国国家统计局编．中国统计年鉴 2015．北京：中国统计出版社，2015

［美］詹姆斯·亨德森．健康经济学（第二版）．北京：人民邮电出版社，2008

周孝，冯中越，孙珊．个人健康投资能促进就业吗？——基于 CHNS 的实证分析．人口学刊，2015（2）

朱坚真．海洋国防经济学．北京：经济科学出版社，2011

张成福，党秀云．公共管理学．北京：中国人民大学出版社，2007

郑功成．社会保障学．北京：中国劳动保障出版社，2005

赵曼．社会保障学．北京：中国财政经济出版社，2003

中国社会科学院经济研究所社会保障课题组．多轨制社会养老保障体系的转型路径．经济研究，2013（12）

曾燕波．儿童福利政策的国际比较与借鉴．当代青年研究，2011（7）

钟真，孔祥智．经济新常态下的中国农业政策转型．教学与研究，2015（5）

张谦元，柴晓宁．城乡二元户籍制度改革研究．北京：中国社会科学出版社，2012

张全凌．金融市场危机与管理规范．财政金融，2015（35）

张宇．金融危机的政治经济学分析．北京：北京经济科学出版社，2009

赵建国，吕丹主编．公共经济学．北京：清华大学出版社，2014

张弘力主编．公共预算．北京：中国财政经济出版社，2001

赵早早．英国公共预算改革的途径：管理、政治和法律．石家庄：当代经济管理出版社，2005

人大版公共管理类教材

公共管理类专业教材——学科基础课教材

书名	作者
现代管理学原理（第三版）（“十一五”国家级规划教材）	娄成武　魏淑艳
一般管理学原理（第四版）	张康之　周　军
管理学基础（第三版）	方振邦
政治学原理（第三版）	景跃进　张小劲
现代政治学原理（第四版）	石永义　刘玉萼　张　璋
公共管理学（第二版）	陈振明
公共管理学——一种不同于传统行政学的研究途径（第二版）	陈振明
公共管理学（第三版）（数字教材版）（“十二五”国家级规划教材）	蔡立辉　王乐夫
公共管理学（精编版）	王乐夫　蔡立辉
公共管理学（第二版）	张康之　郑家昊
公共管理概论（第二版）	朱立言　谢　明
公共政策导论（第五版）（数字教材版）（全国优秀教材二等奖）	谢　明
公共政策概论（第二版）	谢　明
公共政策学——政策分析的理论、方法和技术（“十一五”国家级规划教材）	陈振明
公共政策学（第二版）	杨宏山
政策科学——公共政策分析导论（第二版）	陈振明
公共经济学（第三版）（“十二五”国家级规划教材）	高培勇
公共经济学教程	秦立建
政府经济学（第四版）（“十一五”国家级规划教材）	郭小聪
政府经济学（第四版）	潘明星　韩丽华

公共管理类专业教材——方法课教材

书名	作者
公共管理研究方法	何兰萍　张俊艳
行政学研究方法与应用案例	萧鸣政　等
管理定量分析：方法与技术（第三版）	刘兰剑

公共管理类专业教材——行政管理、公共事业管理专业教材

书名	作者
行政法学导论	姜晓萍
公共部门人力资源管理（第四版）	孙柏瑛　祁凡骅
公共部门人力资源开发与管理（第五版）（“十二五”国家级规划教材）	孙柏瑛　祁凡骅
公共部门人力资源管理（第三版）	滕玉成　于　萍
公共部门人力资源管理概论	方振邦
公共部门人力资源管理案例	周均旭
行政管理学（第五版）（数字教材版）	郭小聪
公共行政学（第五版）	彭和平
公共行政学（第二版）	张康之　张乾友
行政学导论（第三版）	齐明山

书名	作者
行政管理学导引与案例	陈季修
管理心理学（第二版）	范逢春
公共组织行为学（第三版）（“十一五”国家级规划教材）	孙　萍　张　平
公共组织学（第四版）	李传军
行政组织学（第二版）	张　昕　李　泉
公共组织理论	陆明远　冯　楠
公共事业管理概论（第三版）	朱仁显
公共组织财务管理（第三版）（“十一五”国家级规划教材）	王为民
国家公务员制度（第五版）（数字教材版）（“十二五”国家级规划教材）	舒　放　贾自欣
国家公务员制度概论（第二版）	刘碧强　郗永勤
公务员制度概论	李如海
当代国家公务员制度：理论与实践	胡春艳
行政领导学（第三版）	朱立言　李国梁
领导学（第五版）	邱霈恩
领导学	孙　健
现代市政学（第五版）（数字教材版）	王佃利
市政管理学（第五版）（“十一五”国家级规划教材）	杨宏山
社区管理（第四版）	汪大海　魏　娜　郇建立
社区管理原理与案例	魏　娜
电子政务教程（第三版）（“十一五”国家级规划教材）	赵国俊
电子政府与电子政务（第二版）（“十一五”国家级规划教材）	张锐昕
行政伦理学教程（第四版）（“十二五”国家级规划教材）	张康之　李传军
公共危机管理概论（第二版）	王宏伟
公共危机管理	唐　钧
当代中国政府与政治	景跃进　陈明明　肖　滨
当代中国政府与行政（第三版）	魏　娜　吴爱明
地方政府学概论（第二版）	方　雷
地方政府管理（第二版）	陈瑞莲　张紧跟
管理秘书实务（第三版）	赵锁龙
行政秘书学	唐　钧
公文写作与处理	赵国俊
机关管理的原理与方法（第三版）	赵国俊　陈幽泓
公共部门绩效管理	方振邦
政府绩效管理（第二版）	方振邦　葛蕾蕾
政府绩效评估	蔡立辉
政府公共关系（第二版）（“十一五”国家级规划教材）	廖为建　张　宁
西方行政学理论概要（第二版）（“十一五”国家级规划教材）	丁　煌
公共行政学史（第二版）	何艳玲
西方公共管理名著导读	汪大海
文化管理学（第三版）（“十二五”国家级规划教材）	孙　萍
文化创意产业导论	魏鹏举
卫生事业管理（第二版）（“十一五”国家级规划教材）	李　鲁
现代公用事业管理	崔运武

公共管理类专业教材——劳动与社会保障专业教材

书名	作者
社会保障概论（第七版）	孙光德　董克用
社会保障学	戴卫东
劳动经济学（“十一五”国家级规划教材）	董克用　刘　昕
劳动法与社会保障法	黎建飞
社会保险学（第四版）	孙树菡　朱丽敏
社会保障基金管理	李春根
社会保障国际比较	仇雨临

公共管理类专业教材——土地资源管理专业教材

书名	作者
土地经济学（第八版）（“十一五”国家级规划教材）	毕宝德
土地法学（中国人民大学“十三五”规划教材）	严金明
土地资源学	张正峰　赵文武
土地资源管理学（第二版）	张正峰
国土空间规划学	张占录　张正峰
不动产估价（第二版）（“十一五”国家级规划教材）	叶剑平　曲卫东
土地信息系统	曲卫东　韩　琼
地籍管理（第五版）（“十一五”国家级规划教材）	谭　峻　林增杰

公共管理类专业教材——城市管理专业教材

书名	作者
城市管理学（第四版）	杨宏山
城市管理学：公共视角	陆　军 等
城市管理法	王丛虎
城市总体规划原理	郐艳丽　田　莉

公共管理类教材——应急管理专业教材

书名	作者
突发事件风险管理	张小明
应急管理新论	王宏伟
新媒体时代的应急管理与危机公关	唐　钧
公共安全风险治理	唐　钧

公共管理硕士（MPA）教材——核心课教材

书名	作者
全国公共管理硕士（MPA）核心课程教学指导纲要	全国公共管理专业学位 研究生教育指导委员会
社会主义建设理论与实践（第三版）	李景治　蒲国良
公共管理英语（修订版）	顾建光
学术规范和论文写作	胡宏伟
公共管理学（第三版）（全国优秀教材二等奖）	张成福　党秀云
公共管理学原理（修订版）	陈振明

书名	作者
公共管理导论	竺乾威　朱春奎　李瑞昌
公共政策分析	陈振明
公共政策分析导论	陈振明
公共政策分析概论（修订版）	谢　明
公共部门经济学（第三版）	高培勇　崔　军
公共经济学	唐任伍
行政法学（修订版）	皮纯协　张成福
行政法学概论（第三版）	胡锦光
非营利组织管理概论（修订版）	王　名
非营利组织管理	王　名　王　超
公共管理伦理学（修订版）	张康之
社会研究方法	陈振明
电子政务理论与方法（第五版）	金江军
公文写作概论	高永贵

公共管理硕士（MPA）教材——专业方向必修课、选修课教材

书名	作者
公务员制度教程（第六版）	舒　放　王克良
比较政府与政治（修订版）	卓　越
当代中国政府与政治（第三版）	吴爱明　朱国斌　林　震
公共部门人力资源管理及案例教程（第三版）	陈天祥
公共部门绩效评估（修订版）	卓　越
公共部门危机管理（第三版）	张小明
应急管理通论（第二版）	李雪峰
公共部门战略管理（修订版）	陈振明
MPA 学位论文写作指南	汪大海

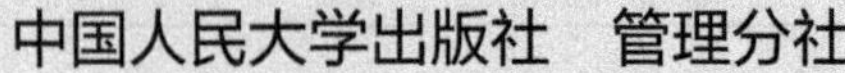

中国人民大学出版社　管理分社

教师教学服务说明

中国人民大学出版社管理分社以出版工商管理和公共管理类精品图书为宗旨。为更好地服务一线教师，我们着力建设了一批数字化、立体化的网络教学资源。教师可以通过以下方式获得免费下载教学资源的权限：

- ★ 在中国人民大学出版社网站 www.crup.com.cn 进行注册，注册后进入“会员中心”，在左侧点击“我的教师认证”，填写相关信息，提交后等待审核。我们将在一个工作日内为您开通相关资源的下载权限。

- ★ 如您急需教学资源或需要其他帮助，请加入教师 QQ 群或在工作时间与我们联络。

中国人民大学出版社　管理分社

教师 QQ 群：648333426（工商管理）　114970332（财会）　648117133（公共管理）
教师群仅限教师加入，入群请备注（学校+姓名）

联系电话：010-62515735，62515987，62515782，82501048，62514760

电子邮箱：glcbfs@crup.com.cn

通讯地址：北京市海淀区中关村大街甲 59 号文化大厦 1501 室（100872）

管理书社

人大社财会

公共管理与政治学悦读坊